SPEKTRUM DER NATUR

Laubgehölze

Wildwachsende Bäume, Sträucher und Zwerggehölze

Dr. Ulrich Hecker
Wissenschaftlicher Leiter des Botanischen Gartens der Universität Mainz

Büchergilde Gutenberg

Bildnachweis

Angermayer: 8
Apel: 191
de Cuveland: 176, 297 u
Eisenbeiss: 19 u, 26, 27 u, 39 u, 45, 49 o, 63 l, 63 r, 70, 72 o, 75 o, 75 u, 77 l, 81, 82 u, 85 o, 87 u, 99, 109, 111, 119 o, 123 o, 125 u, 129 o, 129 u, 131, 143, 151 o, 153 l, 153 r, 155 u, 170, 175, 181, 183 o, 183 u, 185, 189 o, 195 o, 200, 203 or, 203 u, 207 u, 211 u, 231, 247 o, 264, 275 o, 275 u, 281 u, 290 r, 293 o, 297 o, 307 o
Ewald: 79, 94, 187 l, 189 u, 260
Haase: 281 o
Handel: 83 r, 117 o, 137 o, 137 u, 227 u
König: 25 r, 77 r, 139 o, 167 u, 209, 254, 255, 263, 268 r, 271, 299 o
Lüpnitz: 272
Pforr: 19 o, 25 l, 29, 31, 35 o, 41 o, 47, 51, 59, 61, 105 o, 107 o, 113 o, 123 u, 125 o, 133 o, 141, 142 o, 148, 151 u, 158, 163 r, 171, 197 o, 223 u, 227 o, 237, 243 u, 249 o, 253 r, 288, 292, 293 u, 301 u, 303 o
Pott: 65, 97 l, 117 u, 133 u, 145 u, 207 o, 211 o, 257, 279 o, 287 o, 305 l
Pfletschinger/Angermayer: 73 l, 73 r
Reinhard: 23 u, 41 u, 113 u, 135 o, 145 o, 157 o, 163 l, 177, 184, 217 u, 219, 223 o, 235, 249 u, 259, 265, 268 l, 299 u
Schölch: 91 o, 97 r, 165 u
Schrempp: 33 o, 39 o, 62 l, 62 r, 82 o, 103 r, 105 u, 107 u, 119 u, 135 u, 140 r, 147, 159 o, 161 o, 197 u, 221 l, 225 o, 241 r, 245, 253 l, 287 u, 289, 291, 307 ur, 309 o, 309 u, 310
Seibold: 21 u, 165 o, 193 o, 195 u, 267, 305 u
Seidl: 35 u, 53, 72 l, 72 r, 124, 199, 236
Synatzschke: 37 l, 37 r, 91 u, 95, 146, 239 r, 261, 301 o, 303 u, 305 o
Willer: 224, 225 u
Wothe: 27 o, 89, 157 u, 167 o, 179, 247 u, 251 o, 266, 269, 270, 279 u

Alle anderen Fotos stammen vom Autor

Die Vorlagen für die Fotos auf den Seiten 39, 63 r, 72, 82, 155, 203, 231, 275 wurden freundlicherweise von den Furnierwerken Karl Danzer zur Verfügung gestellt

Farbzeichnungen: Marianne Petry

Schwarzweißzeichnungen: Hellmut Hoffmann

Titelfoto: Seidl (Stiel-Eiche)

Lizenzausgabe für die Büchergilde Gutenberg, Frankfurt am Main, Olten, Wien, mit freundlicher Genehmigung der BLV Verlagsgesellschaft mbH, München

Satz und Druck: Appl, Wemding
Bindung: Großbuchbinderei Monheim

Printed in Germany · ISBN 3 7632 3136 6

Vorwort

Die Pflanzenwelt Mitteleuropas zeichnet sich, verglichen mit der Flora klimatisch entsprechender Breiten Nordamerikas und Ostasiens, durch eine artenärmere Vegetation aus. Namentlich die letzte Eiszeit hat zum Aussterben vieler Arten geführt, da, anders als z. B. in Nordamerika, die Alpen als Gebirgsriegel ein vorübergehendes Ausweichen von Pflanzen nach Süden verhinderten.

Dennoch bietet die mitteleuropäische Flora ein vielgestaltiges Formenspektrum, das von den meist hohen Bäumen der Au- und Gebirgswälder bis hin zu den nur wenige Zentimeter hohen Zwerggehölzen der Hochgebirge reicht.

Durch massive menschliche Eingriffe sind die ursprünglichen Wälder fast ganz verschwunden und durch Forste ersetzt worden. Dabei hat sich das Artengefüge einschneidend verändert. Die im Vordergrund stehende, ausschließliche Nutzbarkeit führte vielfach zu öden Monokulturen. Die letzten, verbliebenen natürlichen Wälder in den Alpen wurden durch Holznutzung und Beweidung ebenso verändert wie die Auwaldreste entlang des Rheines und der Donau durch Flußbegradigungen und Grundwasserabsenkung. Erst die unmittelbar drohenden Folgen für den Menschen führten zu einem Umdenken. So ist man zu der Einsicht gekommen, daß es nicht genügt »Naturwaldinseln« zu schaffen, sondern daß wieder großflächige Mischwälder angelegt werden müssen. Nicht übersehen werden darf, daß – durch die Jahrzehnte lange Zerstörung auch kleinerer Biotope – zahlreiche Arten an Feuchtstandorten und Feldgehölze jetzt in ihrer Existenz bedroht sind und in der »Roten Liste« aufgeführt sind.

Der vorliegende Intensivführer erhebt keinen Anspruch auf die vollständige Erfassung aller heimischen Gehölzarten. Namentlich bei artenreichen Gattungen, wie Weiden und Rosen, sind nur die wichtigsten aufgeführt. Berücksichtigt wurden hingegen seit langem eingebürgerte Arten, häufig anzutreffende Ziergehölze, zumindest in manchen Teilen Mitteleuropas winterharte, süd- und südosteuropäische Gehölze, einige ehemals häufiger angepflanzte Obstgehölze sowie schließlich charakteristische Arten des Mittelmeergebietes, die dem Touristen öfter begegnen und auch als Topf- und Kübelpflanzen gehalten werden, soweit sie nicht geschützt im Freiland überwintern können.

In der Einführung werden wichtige Gestaltmerkmale und Strukturen erklärt bzw. durch Skizzen veranschaulicht. Es folgen Erläuterungen zu den Lebensformen der Gehölze, den Vegetationszonen und Höhenstufen sowie zur Benennung der Pflanzen. Im Speziellen Teil werden die Arten zunächst ausführlich beschrieben. Bestimmungsschlüssel fehlen. Sie hätten den Rahmen dieses Buches gesprengt. Die nach Naturvorlagen gefertigten Habitusbilder und Detailzeichnungen dürften in Verbindung mit den Beschreibungen ein sicheres Ansprechen der Arten ermöglichen. Es folgen Anmerkungen zur Blütezeit und Fruchtreife, den Standortverhältnissen, der geographischen Verbreitung sowie Angaben zu Gattungs- und Familienzugehörigkeit. Breiteren Raum nehmen Ausführungen bezüglich der blüten- und verbreitungsbiologischen Erscheinungen, der Verwendung, der Kulturgeschichte, Volkskunde und der Namenserklärung ein. Ein Literaturverzeichnis weist auf weiterführende Werke hin.

Inhalt

Allgemeiner Teil

Spezieller Teil

Anhang

Einführung

Wie bei allen Samenpflanzen setzt sich auch der Körper eines Gehölzes aus 3 Grundorganen zusammen: Wurzel, Sproßachse und Blatt. Ihre Abwandlung führt zu der großen Formenvielfalt, die uns namentlich bei den Gehölzen entgegentritt.

Die Wurzel

Die aus einer Keimwurzel hervorgegangene Primärwurzel bildet durch Wachstum und Verzweigung ein Wurzelsystem aus, das die Pflanze im Boden verankert und sie zur Aufnahme von Wasser und mineralischen Nährstoffen befähigt. Auch an der Sproßachse können Wurzeln entstehen, die ihrer Herkunft nach als sproßbürtige Wurzeln bezeichnet werden. Sie können entweder nur der Ernährung oder, wie bei manchen Lianen (Wurzelkletterer), als Haftorgane zur Befestigung der Sproßachse dienen.
An den Wurzeln bilden sich bisweilen Knospen, aus denen sich Wurzelsprosse entwickeln, die der vegetativen Fortpflanzung dienen. Die Wurzeln selbst tragen niemals Blattorgane. Wurzelsprosse dürfen nicht mit Ausläufern verwechselt werden. Letztere sind von einer Sproßachse ausgehende, bei Gehölzen stets unterirdische, meist waagerecht wachsende Sprosse, an deren Enden sich aufrechte, oberirdische Sprosse entwickeln.

Die Sproßachse

Die Sproßachse gliedert sich in Knoten (Nodien), an denen die Blätter sitzen, und Zwischenknotenabschnitte (Internodien). Bei den Gehölzen verholzt die Sproßachse nach Beendigung des jährlichen Längenzuwachses. Bei den Halbsträuchern beschränkt sich die Verholzung dagegen auf die basalen Teile der Jahrestriebe. Der Holzkörper gliedert sich in das zentrale Mark, den Holzteil, die Rinde und die Borke.
Die Zellen des Marks sterben bald ab, sie sind dann lufterfüllt und dadurch meist grau oder weiß gefärbt. Wenn das Mark degeneriert, entstehen durchgehende oder von massiven Knoten unterbrochene Hohlräume. Seltener kommt es zur Bildung eines gekammerten Marks (Walnußbaum). Der durch sekundäres Dik-

Querschnitt durch eine verholzte Sproßachse

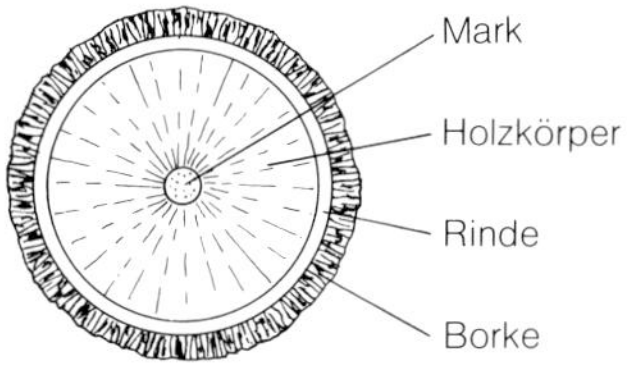

kenwachstum stetig zunehmende Holzkörper gliedert sich in einen zentralen Kern und einen peripheren Splint. Der Wassertransport in den Gefäßen (Tracheen) erfolgt lediglich im Splint. Der Kern, dessen abgestorbene Zellen durch Einlagerung von Stoffwechselprodukten oft dunkel gefärbt sind, dient zur Stabilisierung der Achse.
In der Rinde werden vor allem Assimilate transportiert. Nach außen wird sie anfangs durch eine Epidermis begrenzt, der eine nicht zellulär gegliederte Kutikula aufliegen kann. Die Rinde ist unterschiedlich dicht mit Korkwarzen (Lentizellen) besetzt, Öffnungen die dem Gasaustausch dienen. Mit zunehmendem Achsenumfang strecken und vergrößern sich die Korkwarzen beträchtlich.

Beim sekundären Dickenwachstum werden durch ein spezielles Bildungsgewebe (Kambium) unterschiedliche Zellen gebildet. Nach innen werden Holzzellen (Xylem), nach außen Bastzellen (Phloem) abgeschieden. Im Holzkörper kommt es durch die jahresperiodisch bedingte Anlage von großen und kleinen Zellen zur Entstehung der sogenannten Jahresringe, mit deren Hilfe das Alter eines Gehölzes exakt bestimmt werden kann. An älteren Stämmen und dickeren Ästen bildet sich meist eine Borke. Dazu werden von den Kambiumschichten im Wechsel Bast- und Korklagen geliefert. Das außerhalb der Korkschichten liegende Gewebe stirbt ab und allmählich bilden sich unterschiedlich mächtige Borkenschichten, die infolge weiteren Dickenwachstums und durch Austrocknung aufreißen. Je nach ihrer Struktur unterscheidet man zwischen Platten-, Schuppen-, Streifen- (bzw. Rippen-) oder Ringelborke. Wenn vorwiegend Korkzellen angelegt werden, entstehen mehr oder weniger dicke Korkschichten, mitunter auch nur Korkleisten.

Das Blatt

Die Laubblätter dienen der Assimilation. Sie gliedern sich in ein Ober- und ein Unterblatt. Das Oberblatt setzt sich aus der Blattspreite (Lamina) und dem Blattstiel (Petiolus) zusammen, dieser ist oft verkürzt oder er kann ganz fehlen. Das Unterblatt

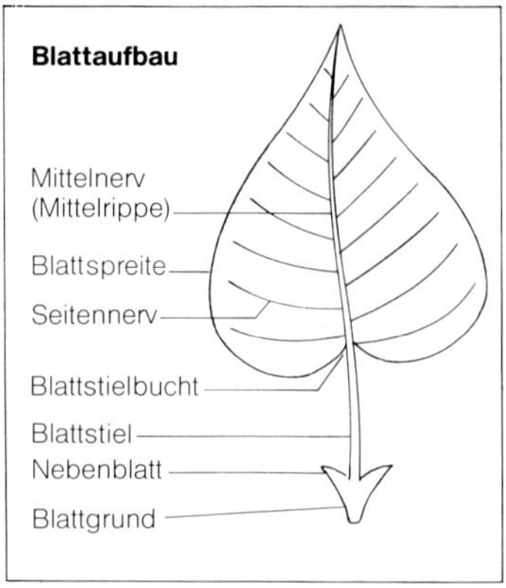

besteht im wesentlichen aus dem Blattgrund, mit dem das Blatt an der Sproßachse ansitzt. Er kann erweitert sein und die Sproßachse scheidig umgeben (Blattscheide). Dem Blattgrund sitzen häufig zipfelartige Anhängsel, die Nebenblätter (Stipeln) an; sie sind mitunter spreitenartig vergrößert. Die Nebenblätter haben vor allem Schutzfunktion und fallen ziemlich bald nach der Blattentfaltung ab, wenn sie nicht erhalten bleiben. Bisweilen sind sie auch mit dem Blattstiel verwachsen (Rose).

Die Blattspreite läßt meist eine unterschiedlich gestaltete Ober- und Unterseite erkennen. Auch die Blattform und der Blattrand sind ganz charakteristisch ausgebildet. Die Spreite kann einheitlich, eingeschnitten, gebuchtet oder aus einzelnen Blättchen (Fiedern) zusammengesetzt sein.

Die Sprosse sind häufig mit Haaren

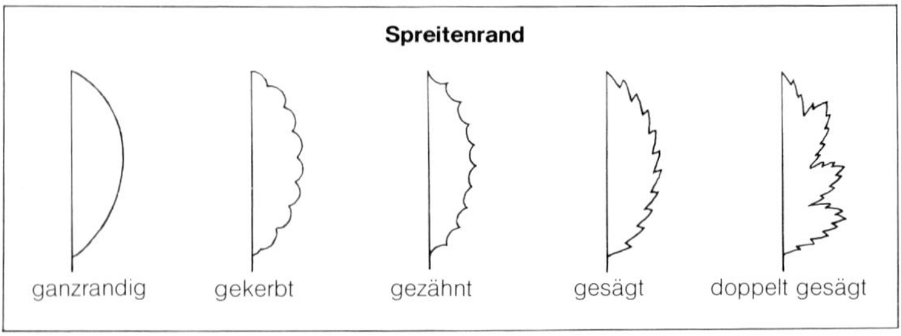

mannigfaltigster Ausprägung, Bau und Gestalt betreffend, bekleidet. Sie können gerade oder kraus, weich oder borstig sein, den Sprossen anliegen oder abspreizen. Die Haardichte reicht von zerstreut bis filzig. Nicht selten beinhalten die Haare Exkrete (Drüsenhaare). Besonders stark treten Haare an den Blattunterseiten auf, wo sie vor allem im Winkel zwischen Mittelrippe und Seitenadern sogenannte Achselbärte bilden können.

Die Blattspreite wird von Leitbündeln durchzogen, die als Adern oder »Nerven« mehr oder weniger deutlich hervortreten und sehr charakteristische Muster ergeben können. Das in der Symmetrieebene des Blattes liegende Leitbündel wird als Mittelrippe oder Hauptnerv bezeichnet.

Die Laubblätter haben eine unterschiedliche Lebensdauer. Bei sommergrünen Gehölzen sterben sie am Ende einer Vegetationsperiode ab, um danach abzufallen. Demgegenüber sind die immergrünen Gehölze das ganze Jahr über mit lebenden und funktionstüchtigen Blättern ausgestattet. Doch kann die Lebensdauer auch hier auf 1 Jahr beschränkt sein. So bezeichnet man Gehölze als wintergrün, wenn die vorjährigen Blätter erst nach Entfaltung der jungen Blattorgane im Frühjahr abfallen. Bei vielen immergrünen Gehölzen beträgt die Lebensdauer jedoch 2 oder mehr Jahre.

Der Blattaustrieb erfolgt in der Regel am Beginn einer neuen Vegetationsperiode und ist bald abgeschlossen. Schößlinge dagegen bilden mitunter bis in den Spätsommer noch Blätter aus. Bei manchen Gehölzen kommt es im Juni zu einem zweiten Blattaustrieb an den sogenannten Johannistrieben.

Die Blätter sitzen jeweils in einer ganz bestimmten Ordnung an der Sproßachse, daraus ergeben sich verschiedene Blattstellungen. Wenn pro Knoten nur 1 Blatt steht, so ist die Blattstellung schraubig, d.h. die Blätter rings um die Sproßachse sind in mehreren Längszeilen angeordnet. Von einer zweizeiligen Blattstellung spricht man hingegen, wenn die einzelnen Blätter im Abstand von 180° in 2 Längszeilen angeordnet stehen. Gegenständigkeit liegt vor, wenn an einem Knoten jeweils 2 Blätter einander gegenüberstehen, wobei die Blätter aufeinanderfolgender Knoten um jeweils 90° versetzt sind (Kreuzgegenständigkeit). Wirtelige Blattstellung setzt schließlich mindestens 3 Blätter an einem Knoten voraus.

Die Blattstellung bezeichnet die regelhafte Anordnung der Blätter am

Fiederblätter

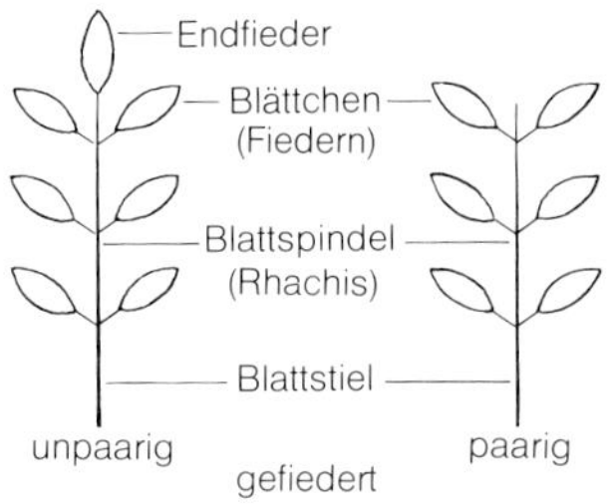

Haare

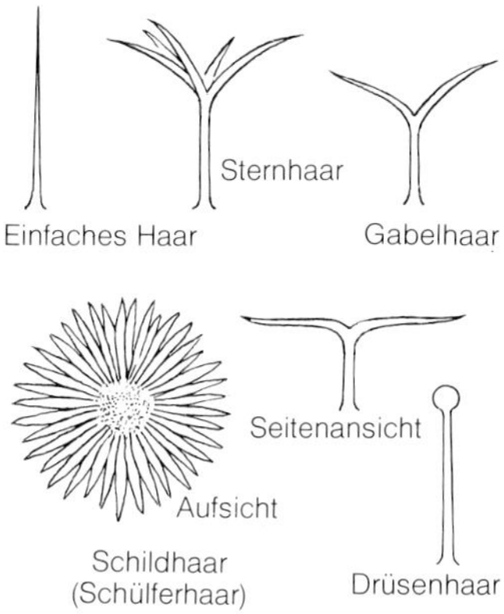

Umfang der Sproßachse, während die Blattfolge sich auf die Anordnung der Blätter in deren Längserstrekkung bezieht. Die Beblätterung beginnt mit den Keimblättern, die bereits am Embryo im Samen angelegt sind. Den Keimblättern folgen oft Niederblätter, die nur schuppenförmig ausgebildet sind. Assimilationsfunktion kommt dagegen vor allem den Laubblättern zu, bei denen bisweilen Jugend- und Altersformen unterschieden werden können. Blattorgane im Blütenstandsbereich werden als Hochblätter bezeichnet. Sie können auffällig gefärbt oder zu schuppenförmigen Blättchen reduziert sein. Die ersten Blattorgane eines Seitensprosses heißen Vorblätter, sie sind bei den Zweikeimblättrigen Pflanzen stets in 2-Zahl vorhanden.

Verzweigung

Die Sproßachse ist in der Regel verzweigt. Alle Verzweigungen entspringen der Achsel eines Blattes, das als Tragblatt bezeichnet wird. Die in der Blattachsel gebildeten Knospen heißen daher Achsel- oder Seitenknospen, die an der Spitze eines Sprosses stehenden bezeichnet man als Endknospen. Entstehen in einer Blattachsel neben der Achselknospe noch weitere Knospen, bezeichnet man diese als Beiknospen. Nicht alle angelegten Seitenknospen gelangen zur Entfaltung, sie können jedoch über Jahrzehnte hinweg lebensfähig sein.

Verzweigung

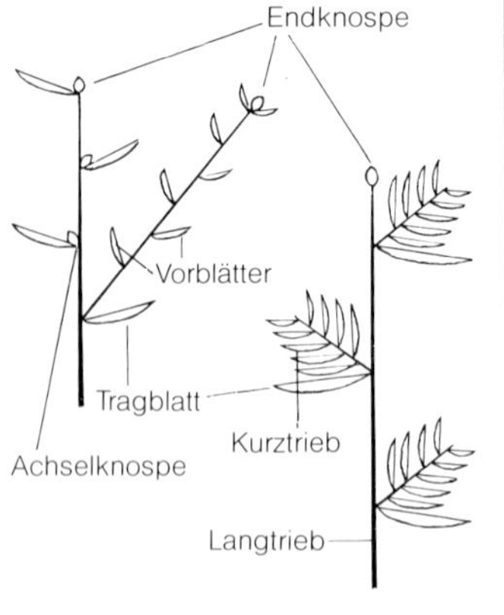

Winterknospen sind meist durch besondere Blattorgane, die Knospenschuppen (Tegmente) geschützt. Durch Sproßstauchung stehen sie dicht beieinander und decken sich. Bei der Sproßentfaltung fallen sie in der Regel ab. Schutzfunktion können jedoch auch normale Laubblätter ausüben, die zunächst in der Entfaltung gehemmt sind, sich in der nächsten Vegetationsperiode aber meist zu normalen Blättern entwikkeln (offene oder nackte Knospen). Neben den normalen Sprossen, an denen die Blätter infolge mehr oder minder gestreckter Zwischenknotenabschnitte entfernt stehen, treten als Seitensprosse häufig sogenannte Kurztriebe auf, die sich durch ein stark gehemmtes Längenwachstum auszeichnen und an denen die Blätter in Rosetten stehen. Bei vielen Holzgewächsen werden Blüten nur an solchen Kurztrieben gebildet.

Sonderbildungen bei Sprossen und Blättern

Durch flächige Ausbildung und begrenztes Längenwachstum können Sprosse auch blattähnliche Gestalt annehmen (Blattsprosse oder Phyllokladien). Stellt ein Sproß sein Dikkenwachstum unter starker Verholzung allmählich ein und stirbt am Ende ab, kommt es zur Ausbildung von Dornen, die oft nur kleine oder reduzierte Blätter tragen. Sowohl Haupt- als auch Seitensprosse können verdornen. Bei vielen Lianen sind Sprosse zu fädigen Ranken

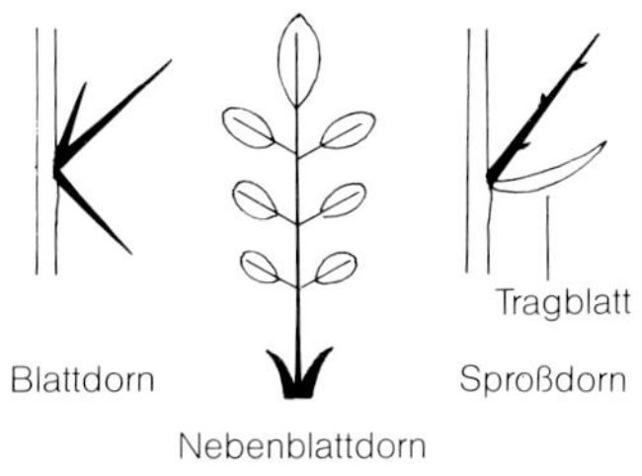

Dornen

umgebildet (Sproßranken). Entsprechende Bildungen begegnen uns auch an Blättern (Blattranken). Mitunter treten an den Sprossen dornartige, stechende Auswüchse auf, die dem Rindengewebe entstammen. Man bezeichnet sie als Stacheln. Auch ganze Blätter können, einhergehend mit einer Spreitenreduzierung, zu Dornen umgebildet sein (Blattdornen). Bei manchen Schmetterlingsblütlern sind nur die Nebenblätter dornig ausgebildet und bleiben nach dem Laubfall erhalten.

Die Blüte

Die Blüten bestehen im Normalfall aus einer doppelten Blütenhülle, Staub- und Fruchtblättern. Die Blütenhülle kann aus gleichartigen Elementen (Tepalen) bestehen und wird dann als Perigon bezeichnet. Meist jedoch ist sie in einen grünen Kelch und eine, zumal bei den von Tieren bestäubten Blüten, auffällig gefärbte Krone untergliedert. Mitunter ist die Blütenhülle auch nur einfach (Seidelbast). Die Kelch-, vor allem aber die Kronblätter können untereinander verwachsen sein, so daß es zur Bildung einer Kronröhre kommt, an deren Saum die Zipfel ansitzen. Windblütige Pflanzen haben meist eine unauffällige oder gar keine Blütenhülle (nackte Blüten).

Die Staubblätter, aus dem Staubfaden und den Staubbeuteln mit Pollensäcken bestehend, sind in recht unterschiedlicher Anzahl vorhanden. Bisweilen treten neben den fertilen Staubblättern auch sterile, sogenannte Staminodien auf, die mitunter sehr auffällig oder sogar kronblattartig gestaltet sind.

Die Fruchtblätter sind in Ein- oder Mehrzahl vorhanden. Sie können frei und einzeln an der Blütenachse sitzen oder zu einem Stempel (Pistill) verwachsen sein. Dessen basaler Teil, das Ovar, enthält die Samenanlagen. Es verlängert sich nach oben in einen mehr oder weniger langen Griffel, der von einer Narbe zur Aufnahme des Pollens gekrönt wird.

Blütenbau

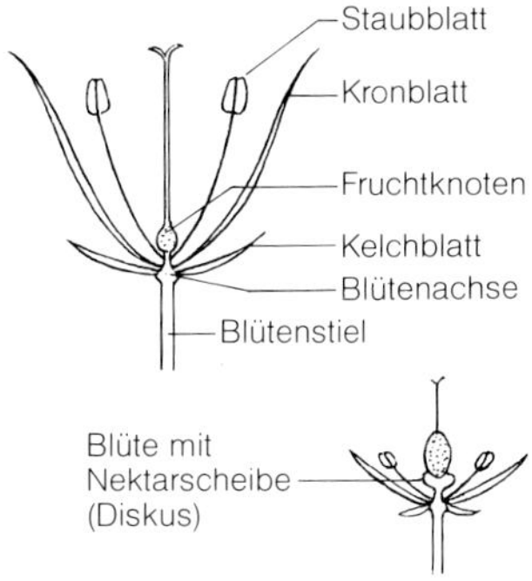

Meist bilden die Blüten Nektar aus, der in unterschiedlich gestalteten Nektarien entsteht. Die Nektarien können besonders auffällig sein und den Fruchtknoten bei den Zweikeim-

Stellung des Fruchtknotens

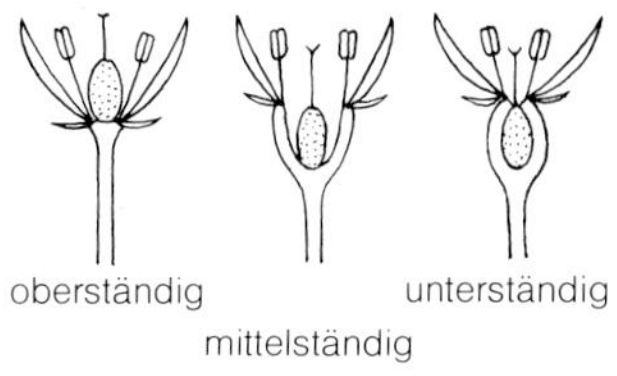

blättrigen Pflanzen als sogenannte Nektarscheibe bzw. Griffelpolster umgeben. Selten treten Nektarien an den Pflanzen auch außerhalb der Blüte auf (extraflorale Nektarien), so bei den Kirschen, am Spreitengrund bzw. am Blattstiel.

Blüten sind sehr unterschiedlich gestaltet, besonders was ihre Symmetrieverhältnisse angeht. Durch eine radiäre Blüte lassen sich mehrere Symmetrieebenen legen. Sind dagegen nur 2 Symmetrieebenen möglich, handelt es sich um bilaterale Blüten (Kreuzblütler). Zygomorphe Blüten verfügen nur über eine Symmetrieebene.

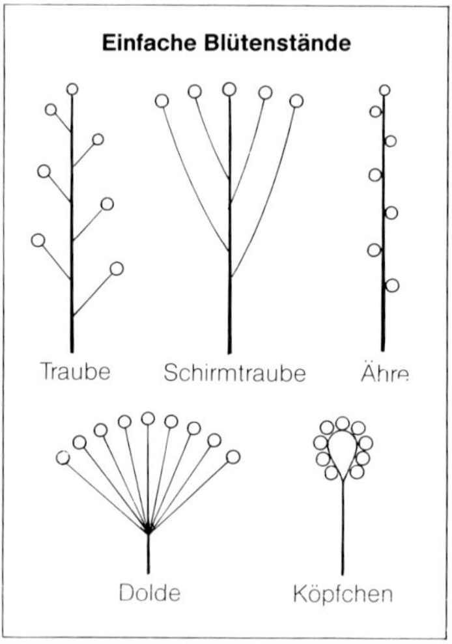

Je nach den Geschlechtsverhältnissen unterscheiden wir zwittrige Blüten mit funktionstüchtigen Staub- und Fruchtblättern und eingeschlechtige Blüten. Diese besitzen entweder nur funktionstüchtige Staubblätter oder Fruchtblätter. Blüten sind steril, wenn sie weder Staub- noch Fruchtblätter aufweisen oder diese nicht funktionstüchtig sind. Sie sind an Blütenständen oftmals vergrößert und haben Schaufunktion.

Pflanzen, die sowohl männliche als auch weibliche Blüten besitzen, bezeichnet man als einhäusig. Bildet eine Pflanze hingegen nur Blüten eines Geschlechtes aus, so sind die Blüten zweihäusig verteilt. Treten neben getrenntgeschlechtigen Blüten auch Zwitterblüten an einer Pflanze auf, so spricht man von Vielehigkeit. Je nach der Stellung des Fruchtknotens unterscheidet man ober-, mittel- und unterständige Blüten.

Falls es sich nicht um Einzelblüten handelt, sind die Blüten oft in besonderen Ständen angeordnet, die für viele Pflanzenfamilien charakteristisch sind. Man bezeichnet Blütenstände als einfach, wenn die Blüten einer gestreckten oder einer gestauchten Blütenstandsachse unmittelbar ansitzen (Traube, Ähre, Kolben, Köpfchen, Dolde). Zusammengesetzte Blütenstände (Doppeltraube, Doppeldolde) bzw. komplexe

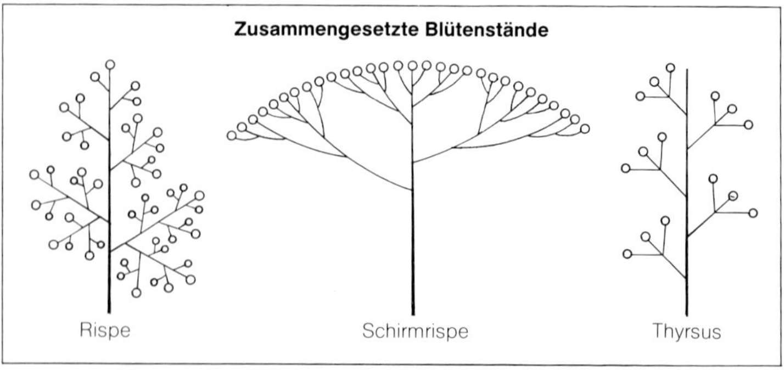

Blütenstände (Rispe, Wickel) bestehen aus mehr oder weniger komplizierten Teilblütenständen.

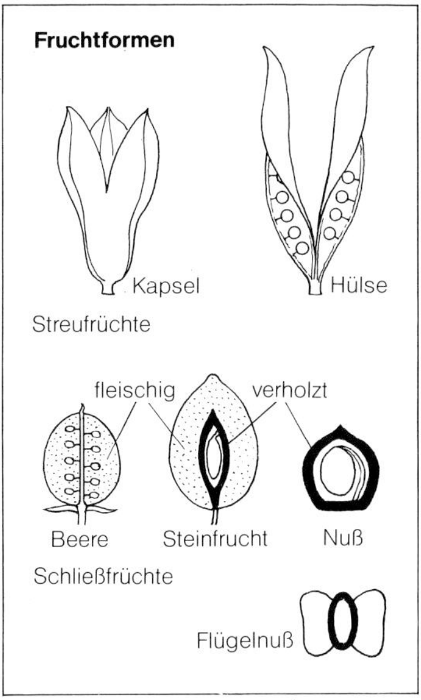

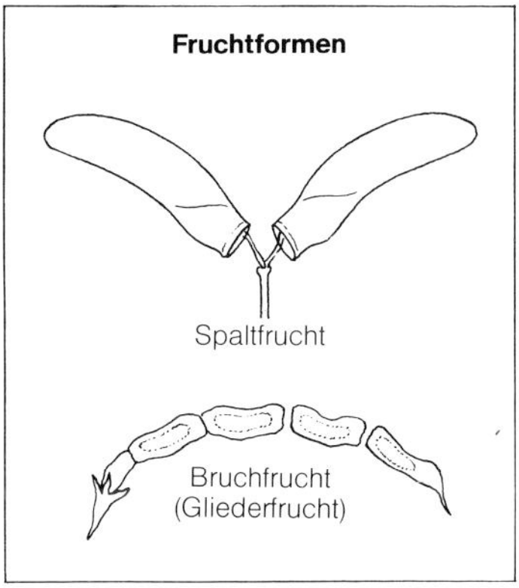

Die Frucht

Eine Frucht ist eine Blüte im Zustand der Samenreife. Diese recht allgemeine Definition besagt zugleich, daß außer den Fruchtblättern auch andere Blütenteile am Bau einer Frucht beteiligt sein können (Blütenachse, Kelch usw.). Sind die Fruchtblätter nicht miteinander verwachsen, so besteht die Frucht aus mehreren Früchtchen, weshalb sie oft auch als Sammelfrucht bezeichnet wird. Mindestens bis zur Reife bleiben die Samen von der Fruchtwand eingeschlossen. Sie liegen entweder in einem einheitlichen Hohlraum oder in getrennten Fruchtfächern.
Bleiben die Früchte zur Samenreife geschlossen, spricht man von Schließfrüchten. Je nachdem wie die Fruchtwand beschaffen ist, unterscheidet man Nüsse (Fruchtwand verholzt), Steinfrüchte (nur innerer Teil der Fruchtwand verholzt) und Beeren (Wand fleischig). Auch bei Spalt- und Bruchfrüchten werden die Samen nicht entlassen: Erstere zerfallen in die einzelnen Fruchtblätter, letztere zerbrechen quer zur Längsachse in mehrere, einsamige Fruchtteile (Gliederhülse).
Meist jedoch öffnet sich die reife Frucht und entläßt die Samen (Streu- bzw. Springfrucht), je nach Fruchtbau, durch einen besonderen Öffnungsmechanismus, so daß wir Balgfrüchte, Hülsen, Schoten und Kapseln unterscheiden können. Balg und Hülse bestehen aus einem einzigen Fruchtblatt. Der Balg öffnet sich nur an einer Seite (Bauchnaht), die Hülse sowohl an der Bauchnaht als auch im Bereich der Mittelrippe. Eine Schote besteht aus 2, eine Kapsel aus 2 bis mehreren Fruchtblättern. Mitunter öffnen sich Früchte, insbesondere Hülsen, explosionsartig, so daß die Samen mehr oder weniger weit fortgeschleudert werden.
Die Samen werden meist bald nach der Samenreife entlassen. Gelegentlich gelangen sie jedoch erst im Frühjahr ins Freie, weil die Früchte den Winter über geschlossen am Gehölz bleiben (Wintersteher). Auch manche Schließfrüchte überwintern an der Pflanze.

Wichtige Lebensformen und -gemeinschaften

Wuchs- bzw. Lebensformen der Gehölze

Sträucher Vom Grunde an verzweigte Gehölze, bis 5 (10) m Höhe.
Zwergsträucher Bis 0,5 m hohe Sträucher.
Spaliersträucher Zweige dem Erdboden bzw. Gestein angedrückt, z.T. auch wurzelnd.
Klettersträucher (Lianen) Sproßachsen, zwar verholzt, aber nicht von selbst aufrechtstehend: Winde- und Rankenpflanzen, Wurzelkletterer.
Halbsträucher Nur die basalen Teile der oberirdischen Triebe verholzend.
Bäume (Meist) einstämmige, sich erst entfernt vom Boden verzweigende Gehölze mit Kronenbildung; meist größer als 5 m.

Pflanzenareale

Das Wohngebiet einer Pflanzensippe wird als Areal bezeichnet. Areale können groß oder klein, geschlossen oder flächenmäßig zerstückelt sein. Ist das Vorkommen einer Pflanzenart lokal auf ein kleines Areal beschränkt, bezeichnet man sie als Endemiten bzw. für eine Region als endemisch. Weltweit verbreitete Pflanzen nennt man Kosmopoliten. Das Areal einer Pflanzensippe läßt sich am besten anhand einer Areal- oder Verbreitungskarte darstellen.

Vegetationszonen Europas

Das Pflanzenkleid eines Gebietes bezeichnet man als Vegetation, den Gesamtbestand an Pflanzenarten hingegen als seine Flora. In Europa lassen sich 4 Hauptvegetationszonen unterscheiden:
Arktische Zone Temperaturen aller Monate im Mittel unter +10 °C. Vegetationsperiode sehr kurz. An Gehölzen nur Klein- und Zwergsträucher, kein Wald. Nur nördlichstes Europa, Teile Islands und Skandinaviens.
Nadelwaldzone (Boreale Zone) 1–3 Monate mit Mittelwerten über +10 °C. Kurze Sommer, mäßig kalte bis sehr kalte Winter. Wälder mit immergrünen und sommergrünen Nadelgehölzen, lediglich wenige, sommergrüne Laubgehölze (Birken). Nord- und Osteuropa, europäische Hochgebirge.
Laubwaldzone (Nemorale Zone) Mindestens 4 Monate mit Mittelwerten über +10 °C; Winter mit Temperaturen unter −10 °C; Vegetationsperiode lang. Wälder vorwiegend mit sommergrünen Laubgehölzen, daneben immergrüne Nadelgehölze. Überwiegender Teil West- und Mitteleuropas sowie große Teile Süd- und Osteuropas.
Hartlaubzone (Meridionale Zone) Lange Vegetationsperiode mit nur kurzer Ruhezeit. Wintertemperaturen bis −10 °C. Immergrüne Laub- und Nadelwälder. Mittelmeergebiet und Südteil der Iberischen Halbinsel.

Höhenstufen in Mitteleuropa

(vereinfacht)

Planare Stufe Ebene Tieflagen.
Kolline Stufe Hügellandstufe, bis ca. 500 m.
Montane Stufe Bergwaldstufe, ca. 500–1200 m.
Subalpine Stufe
a) subalpine Nadelwaldstufe, ca. 1200–1800 m.
b) subalpine Krummholzstufe, von der Waldgrenze (ca. 1800 m) bis ca. 2200 m.

Alpine Stufe Hochgebirgsstufe, ca. 2200–2800 m.
Nivale Stufe Schneestufe, oberhalb 2800 (–3000) m.

Benennung der Pflanzen (Nomenklatur)

Wissenschaftliche Pflanzen- und Tiernamen bestehen seit Linnés grundlegender Arbeit, »Species Plantarum« (1753), aus 2 Teilen (binäre Nomenklatur): Einem lateinischen oder latinisierten Gattungsnamen, z.B. *Genista,* wird ein jeweiliges Artepitheton angefügt. Der Deutsche Ginster heißt also *Genista germanica.* Der Gattungsname wird stets groß, das Artepitheton klein geschrieben. Dem Epitheton folgt der (oft abgekürzte) Name des Autors, der die Pflanzenart benannt und mittels einer lateinischen Diagnose beschrieben hat. Nicht selten kommt es, aus mannigfachen Gründen, zu Umbenennungen. Wird z.B. eine Pflanzenart einer anderen Gattung zugeordnet, so steht hinter dem Artepitheton der ursprüngliche Autor in Klammern und danach der Autor des neuen Namens, z.B. *Genista radiata* (L.) Scop.

Arten, wir verstehen darunter eine Gruppe von Individuen, die sich in wesentlichen, erblich konstanten Merkmalen gleichen und untereinander fortpflanzungsfähig sind, können in noch kleinere Einheiten bestimmter Rangstufen (Taxa, Singular: Taxon) unterteilt, bzw. zu größeren Taxa (Familie, Ordnung, Klasse) zusammengefaßt werden. Einheiten unterhalb der Art sind Unterarten (subspecies, abgekürzt ssp.), Varietäten (varietas bzw. var.) oder Formen (forma bzw. f.); sie werden durch ein weiteres Epitheton ergänzt, dem dann gleichfalls der Autorenname folgt (z.B. *Genista tinctoria* L. var. *alpestris* Bertol.).

Die in gärtnerischer und forstwirtschaftlicher Kultur entstandenen Sorten (Cultivare) werden mit einem zwischen 2 Anführungszeichen stehenden Sortenepitheton, das stets groß geschrieben wird, gekennzeichnet (z.B. *Genista tinctoria* L. 'Royal Gold').

Auch die deutsche Namensgebung unterliegt, um Mißverständnisse zu vermeiden, bestimmten Regeln. So heißt die Gattung *Genista* auf deutsch Ginster, demzufolge werden die einzelnen Arten Färber-Ginster oder Behaarter Ginster genannt. Hingegen muß *Chamaecytisus purpureus* Roter Zwergginster heißen, da die Gattung *Chamaecytisus* auf deutsch Zwergginster genannt wird.

Hybriden (Bastarde) werden dadurch gekennzeichnet, daß man zwischen die Artepitheta der Eltern ein × einfügt *(Aesculus hippocastanum × pavia)* oder dem neuen Hybridepitheton ein × voranstellt *(Aesculus* x *carnea).*

Einteilung der Steckbriefe für die Arten

K = Kennzeichen: Größe, Gestalt, Sproßaufbau, Verzweigung ■ Blattgestalt und -stellung, Laubfärbung ■ Blütenbau und -merkmale, Geschlechtsverhältnisse, Frucht und Samen ■ Blütezeit und Fruchtreife.

S = Standort: Boden- und Klimaansprüche, Höhenstufen, Vergesellschaftung.

V = Verbreitung: Gesamtareal und Verbreitung in Mitteleuropa.

G = Gattung: Gattungsmerkmale und -größe ■ Familienzugehörigkeit, -charakteristika und -areal. Gattungs- und Artenzahlen.

Silber-Weide

Salix alba L.

K Sommergrüner, ausladend-breitkroniger, 10–15 m hoher Baum mit grauer, tiefrissiger, breitrippiger Borke. Zweige oft überhängend mit graubrauner Rinde. Junge Triebe sehr biegsam, gelbbraun, anfangs anliegend behaart, verkahlend und glänzend. Korkwarzen braun, zerstreut. Winterknospen 6–7 mm lang, länglich-oval, dunkel- bis rotbraun, den Zweigen angeschmiegt. ■ Laubblätter kurz gestielt, lanzettlich, nach beiden Enden zu verschmälert, 6–10 cm lang, bis 2 cm breit; am Rand gesägt und mit kleinen Drüsen besetzt; oberseits grau- bis dunkelgrün, matt oder schwach glänzend; unterseits graublau; beidseitig silbrig behaart bis kahl. Nebenblätter lanzettlich. ■ Blüten in eingeschlechtigen Kätzchen, Pflanze zweihäusig. Männliche Kätzchen aufrecht, gebogen, bis 7 cm lang und 10 mm dick, mit den Blättern erscheinend (!), an Kurztrieben. Tragblätter der Blüten gelb. Männliche Blüten mit 2 Nektarien und 2 Staubblättern, ohne Blütenhülle. Weibliche Kätzchen gebogen-aufrecht, 5 cm lang und dünner als die männlichen, zur Reifezeit deutlich gestreckt. Fruchtknoten fast sitzend, kahl. Lediglich 1 Nektardrüse vorhanden. ■ Blütezeit: April/Mai; Fruchtreife: Mai/Juni.

S An Flüssen, Bächen und Seen; in Auenwäldern mit Pappeln, Erlen und anderen Weidenarten als wichtiger Bestandteil der sog. Weichholzaue; teilweise auch reine Bestände oder Säume bildend. Die Silber-Weide stockt auf nassen, periodisch überschwemmten, nährstoff- und basenreichen, oft kalkhaltigen Auenböden sowie Schlick- und Tonböden. Ihre Hauptverbreitung liegt im Tiefland und in den Stromtälern. In den Gebirgen bis ca. 900 m Höhe.

V In ganz Europa mit Ausnahme Islands, der Britischen Inseln, Dänemarks, Skandinaviens; nach Osten zum Ural hin seltener werdend; in Westasien bis zum Himalaja. In England schon seit langem eingebürgert und weit verbreitet.

Zweig der Silber-Weide

G Die Gattung *Salix* umfaßt rund 500 Arten und enthält ausnahmslos Holzgewächse, von Zwergsträuchern bis zu hohen Bäumen. Blätter stets ungeteilt, Nebenblätter vorhanden. Blüten eingeschlechtig, Pflanze zweihäusig, Kätzchen seitenständig, bereits im Vorjahr ausgebildet. In Mitteleuropa sind 30 Arten vertreten. Das Areal der Gattung erstreckt sich von der nördlichgemäßigten Zone, wo die meisten Arten beheimatet sind, bis nach Java, den Philippinen, Madagaskar, Südafrika und Südamerika.

Die Silber-Weide ist nicht nur sehr vielgestaltig, sondern bildet darüber hinaus auch zahlreiche Bastarde, insbesondere mit der Knack-Weide *(Salix fragilis)*, mit der sie auch häufig verwechselt wird. Die Knack-Weide hat jedoch meist längere und breitere, lang zugespitzte bis geschwänzte und vor allem kahle Blätter (!), die im jugendlichen Zustand klebrig sind; ihre Zweige brechen leicht an den Verzweigungsstellen mit einem Knack-Geräusch ab; sie blüht fast 2 Wochen früher als die Silber-Weide. Die Schwierigkeit bei der Bestimmung liegt darin, daß alle genannten Merkmale nur beim unmittelbaren Vergleich deutlich sind.
Die Silber-Weiden wurden früher zur Gewinnung von Ruten alle 2–3 Jahre geschnitten, so daß die alten Bäume ein kopfiges Aussehen bekamen. In den knorrigen Köpfen siedeln nicht selten andere Pflanzen, wie Holunder und Bittersüßer Nachtschatten, deren Samen durch Vögel eingebracht werden. Die Ruten eignen sich zum Binden von Weinreben und zum Flechten von Zäunen und Körben.
Die Silber-Weide wird 80–200 Jahre alt und hat bis zu 1 m dicke Stämme. Das weiße Holz ist häufig hohl oder kernfaul und kann meist nur für Brennzwecke verwendet werden. Es

Beginnende Samenverbreitung

ist weich, gut biegsam, leicht spaltbar aber nur wenig dauerhaft.
Eine besondere Form der Silber-Weide ist die Dotter-Weide *(Salix alba* ssp. *vitellina)*, die sich von der Normalform durch hellgelbe bis rötliche Zweige, lebhaft grüne Blätter und einen mehr hängenden Wuchs unterscheidet. Die Form 'Tristis' ist die häufig angepflanzte Trauerweide mit gelben, schlaff hängenden Zweigen.

Borke der Silber-Weide

Salix ist die römische Bezeichnung für die Weide. Der Name soll sich vom lat. »sal« = Natursalz wegen der grauen Farbe der Blätter ableiten. Das gleiche Wortelement »sal« existiert im indogermanischen Sprachraum mit der Bedeutung von schmutziggrau.

Ohr-Weide

Salix aurita L.

K Sommergrüner, reichverzweigter, bis 2 m hoher Strauch mit sparrig abstehenden Ästen und schwarzbrauner, flacher, längsrissiger Borke. Junge Zweige dünn, anfangs filzig behaart, unterschiedlich stark verkahlend, graubraun. Holz unter der Rinde mit feinen erhabenen Striemen. Knospen braun bis rötlich, mitunter sogar rot, kahl, den Zweigen anliegend, 3–5 mm lang. ▪ Laubblätter ca. 10 mm gestielt; Spreite verkehrteiförmig bis verkehrt-lanzettlich, bis 5 cm lang und 2,5 cm breit, die Spitze meist gedreht und zurückgebogen (!), der Grund keilförmig verschmälert; oberseits grün, unterseits weißlich bis blaugrau, beidseitig behaart; Adernetz oberseits eingesenkt, unterseits stark erhaben. Blattrand gewellt, unregelmäßig grob gesägt. Nebenblätter groß, nierenförmig, bleibend (!). ▪ Blüten eingeschlechtig, Pflanzen zweihäusig. Kätzchen sich vor dem Laubaustrieb entfaltend. Männliche Kätzchen bis 2,5 cm lang, eiförmig; Tragblätter der Blüten am Grund hell mit brauner, langbärtiger Spitze, viel kürzer als die beiden Staubblätter; Staubbeutel purpurn, geöffnet gelb; Blüten mit 1 Nektarium und ohne Blütenhülle. Weibliche Kätzchen bis 3 cm lang, fruchtend aufgelockert und verlängert. Fruchtknoten lang gestielt und weißfilzig behaart. ▪ Blütezeit: März bis Mai; Fruchtreife: Mai/Juni.

Zweig der Ohr-Weide

S In Flach- und Heidemooren, Quellsümpfen, Brüchen, an Grabenrändern, Gewässerufern sowie in feuchtem, bodensaurem Gelände; bevorzugt auf kalkfreien, torfighumosen Ton- und Sandböden bei hohem Grundwasserstand. Die Ohr-Weide wächst vergesellschaftet mit der Sal-Weide, Moor-Birke, Grau-Erle, Schwarz-Erle und dem Faulbaum.

V In Europa von Nordspanien bis zum Ural mit Ausnahme Nordskandinaviens, Islands, der Apenninen-Halbinsel, Sardiniens, der südlichen Balkan-Halbinsel und Südrußlands; Westasien. In Mitteleuropa von der Küste und dem Tiefland bis zu einer Höhe von 1800 m in den nördlichen Alpen.

Die Ohr-Weide unterscheidet sich von der nah verwandten Sal-Weide vor allem durch den gedrungeneren

Wuchs, die kleineren, am Spreitengrund keilförmigen Blätter, die ihre größte Breite oberhalb der Blattmitte haben (!), die dünneren Zweige, die kleineren Kätzchen und vor allem durch die im Verhältnis zur Blattspreite wesentlich größeren Nebenblätter, die der Pflanze den Namen eingebracht haben. Verwechslungsmöglichkeiten ergeben sich auch mit der Grau-Weide *(Salix cinerea)* und der Schlucht-Weide *(S. appendiculata).*

Wie viele Weidenarten neigt die Ohr-Weide stark zur Bastardbildung. Die Blüten werden durch Insekten, insbesondere Hautflüglern, bestäubt, die vor allem den Pollen sammeln. An den walzlichen Nektarien ist der Nektar gut erkennbar.

Die Fruchtkapseln, aus zwei miteinander verwachsenen Fruchtblättern gebildet, öffnen sich zur Reife zweiklappig bis zum Grund und entlassen die zahlreichen, nur millimetergroßen Samen, die mit einem mehrfach längeren, am Grunde ansitzenden, seidigen Haarschopf ausgestattet sind und meist miteinander zu kleinen lockeren Ballen verfilzen. Die Haarbüschel sind keine Bildungen des Samens selbst, sondern gehen aus dem Plazentagewebe der Fruchtwand hervor. Sie ermöglichen es dem Samen, auch auf der Wasseroberfläche zu schwimmen. Durch ihre Kleinheit und das außerordentlich geringe Gewicht werden sie sofort vom Wind weggetragen. Die Verbreitungsstrecken können viele Kilometer betragen. Die Samen keimen zuverlässig schon nach wenigen Tagen. An geeigneten Standorten kann es zu dichten Jungpflanzenteppichen kommen.

Neben der Fortpflanzung durch Samen lassen sich die meisten Weiden auch gut und problemlos durch Steckhölzer vermehren. Im zeitigen Frühjahr in das Erdreich gebrachte Sproßstücke bewurzeln sich bereits nach wenigen Tagen, was man sehr gut bei Weidenzweigen in der Vase beobachten kann.

Die Ohrweide wird kaum irgendwie verwendet. Ihre Blüten sind nicht attraktiv genug, um das Gehölz in den Gärten anzupflanzen. Aufgrund ihrer hohen Feuchtigkeitsansprüche sind der Anwendung für naturnahe Begrünung ebenfalls Grenzen gesetzt. Das lat. Epitheton heißt übersetzt »mit Ohren versehen« oder »geöhrt«. Unser Wort Weide geht auf das althochdeutsche »wida« bzw. mittelhochdeutsche »wide« zurück. Die Wurzel liegt im Indogermanischen und bedeutet biegsam.

Weibliche Blütenstände

Männliche Blütenstände

Sal-Weide

Salix caprea L.

K Mäßig verzweigter, sommergrüner, aufrechter Strauch oder bis 10 m hoher Baum mit grauer bis schwarzbrauner, längsrissiger Borke. Junge Zweige graugrün, behaart, später kahl, rundlich, sehr biegsam. Winterknospen gelbbraun bis braun, zunächst behaart, später verkahlend, den Zweigen anliegend. ▪ Laubblätter 1–2 cm lang gestielt; Spreite länglich-elliptisch bis breit-oval, 4–12 cm lang, 2–6 cm breit, am Grunde abgerundet bis herzförmig. Blattrand gewellt, gesägt bis gezähnt; oberseits dunkelgrün, verkahlend und schwach glänzend; unterseits dicht flaumhaarig bis filzig, graugrün. Nebenblätter klein, bleibend. ▪ Blüten in eingeschlechtigen Kätzchen, Pflanze zweihäusig. Kätzchen sich lange vor den Laubblättern entfaltend, nach dem Abfall der Knospenschuppen zunächst fellartig weich behaart durch die dicht stehenden, langbärtigen Tragblätter. Männliche Kätzchen eiförmig, 3 cm lang. Blüten ohne Blütenhülle, die beiden Staubblätter die zweifarbigen Tragblätter weit überragend, wie bei den weiblichen Blüten mit 1 Nektarium. Weibliche Kätzchen sich während des Erblühens lang streckend. Fruchtknoten gestielt, dicht behaart. ▪ Blütezeit: März bis Mai; Fruchtreife: Mai/Juni.

Zweig mit Blättern; Winterknospen (rechts)

S Die Sal-Weide besiedelt Wald- und Wegränder und ist ein Pioniergehölz auf Waldschlägen, Brachland, in Kiesgruben und Steinbrüchen. Häufig ist sie mit anderen Weidenarten im Saum von Gewässern und in der Weichholzaue der Auenwälder anzutreffen. Sie bevorzugt einen nährstoffreichen, dauerfeuchten, humosen, steinigen oder sandigen aber auch reinen Lehmboden. Es werden sowohl kalkhaltige als auch saure Böden besiedelt.

V Europa bis West- und Nordostasien. In Portugal und auf Sardinien fehlend; in Südrußland nur im Bereich der Flüsse; im südlichen Europa auf die Gebirgslagen beschränkt. In Mitteleuropa vom Tiefland bis in die Gebirgslagen allgemein verbreitet bis häufig; in den Alpen fast 2000 m erreichend.

Die außerordentlich reiche Samenproduktion und die effektive, weitreichende Windverbreitung, gepaart mit guter, allerdings bald nachlassender Keimfähigkeit, macht die Sal-Weide zu einem vitalen Pioniergehölz. Das Sproßwachstum hält bis in den Herbst hinein an. Ein jährlicher, starker Rückschnitt fördert die Ausbildung kräftiger, reichblühender Rutensprosse.

Wie viele andere Weidenarten bastardiert die Sal-Weide mit zahlreichen anderen Arten. In typischer Ausprägung ist sie relativ leicht zu bestimmen bzw. zu erkennen.

Als eines der ersten heimischen Blühgehölze ist die Sal-Weide eine wichtige Bienenpflanze. Geboten wird reichlich Nektar und Pollen. Der Nektar enthält in den männlichen Blüten 66–69% Zucker, in den weiblichen sogar 67–79%. Blühende Sal-Weiden genießen als Trachtpflanzen für Bienen Schutz. Nur Zweige aus Gärten dürfen gehandelt werden! In katholischen Gegegenden werden Zweige der Sal-Weide am Palmsonntag geweiht. Zur Osterzeit sind die männlichen Zweige als Blumenschmuck beliebt.

In den Gärten werden fast ausnahmslos männliche Individuen angepflanzt, von denen es verschiedene, besonders blühwillige und großblütige Sorten gibt. In den letzten Jahren erfreut sich eine Mutante mit nach unten gerichteten, d.h. nicht nur schlaff hängenden Zweigen, großer Beliebtheit. Auch von dieser Form sind nur männliche Individuen im Handel. Um ihre Wuchsform voll zur Geltung zu bringen, müssen diese Weiden auf hochstämmige Unterlagen, normalerweise die Normalform, veredelt werden.

Eigenartige Bildungen sind die tütenartigen Knospenschuppen, die bei der Entfaltung der Blütenstände als Haube abgelöst werden. Es sind Verwachsungsprodukte der beiden ersten Blätter eines im Knospenzustand verharrenden Seitensprosses, der sogenannten Vorblätter, mit denen die Blattfolge an Seitensprossen regelhaft beginnt. Der Name Sal-Weide geht auf das althochdeutsche »salewida« zurück, in dem das oberdeutsche »sal« = Weide enthalten ist. Die Beziehung des lat. Epithetons *caprea,* abgeleitet von »capra« = Ziege zur Sal-Weide ist unklar.

Vor wenigen Jahren ist in Deutschland die erste Weidenart, die Zweifarbige Weide *(Salix bicolor),* ausgestorben. Vom letzten weiblichen Exemplar auf dem Brocken (Harz) gibt es in Botanischen Gärten noch Nachkömmlinge.

Junge Fruchtstände

Männliche Blütenstände

Kriech-Weide

Salix repens L.

K Sommergrüner, niedriger 30–100 cm hoher, reichverzweigter Strauch mit unterirdischer Achse. Zweige aufsteigend bis aufrecht, dünn, zunächst silber-seidig behaart, bald unregelmäßig verkahlend, im zweiten Jahr völlig kahl mit brauner Rinde. Winterknospen braun bis rötlich, behaart, vom Zweig abspreizend. ▪ Laubblätter nur sehr kurz gestielt, Spreite lanzettlich bis elliptisch, bis 5 cm lang und 2 cm breit, sehr variabel in der Größe; an beiden Enden zugespitzt oder am Grund abgerundet; oberseits seidig behaart, verkahlend, graugrün bis grün; unterseits dicht behaart bleibend und seidig glänzend; Rand entfernt drüsig gezähnt und leicht nach unten umgebogen. Nebenblätter schmal lanzettlich, vor allem an Schößlingen. ▪ Kätzchen der zweihäusigen Pflanze sich kurz vor dem Laub entfaltend. Männliche Kätzchen bis 15 mm lang, aufrecht; Tragblätter der Blüten mit gelbem Grund und dunkler Spitze, seidig-bärtig. Staubbeutel der beiden Staubblätter purpurn, später gelb. Weibliche Kätzchen bis 10 mm lang, gestielt, dichtblütig; Fruchtknoten lang gestielt und behaart. Blüten bei beiden Geschlechtern mit 1 Nektarium. ▪ Blütezeit: April/Mai; Fruchtreife: Mai bis Juli.

Zweige der Sand-Kriech-Weide

S In Moorwiesen, Heide- und Flachmooren, auf nassen Magerweiden und Heiden. Sie bevorzugt wechselfeuchte bis staunasse, kalkhaltige oder doch zumindest basenreiche, humos-torfige Sand- und Tonböden. Vergesellschaftet ist die Kriech-Weide mit Pfeifengras und anderen Weidenarten.

V Von Europa bis West- und Zentralasien. Von Portugal und Nordspanien über Frankreich, die Britischen Inseln, das südliche Norwegen bis nach Finnland, dem Baltikum, Polen und nach Osten zum Ural; im Süden von Norditalien bis Jugoslawien. Fehlt in den südlichen Gebieten der europäischen Südhalbinseln. Die Kriech-Weide gedeiht von der Küstenebene bis zu den Alpen, wo sie in Tirol 1700 m erreicht.

Die Kriech-Weide ist eine sehr vielgestaltige Art, die in mehrere Unterarten, nach Ansicht mancher Botaniker sogar getrennte Arten, aufgegliedert wird.

Die Sand-Kriech-Weide oder Sand-Weide *(Salix repens* ssp. *argentea)* hat beiderseits dicht behaarte, rundliche Blätter. Sie ist in den Dünengebieten des atlantischen Europa von

Westfrankreich bis Südskandinavien und in den Küstenbereichen der Ostsee anzutreffen und ihrem Standort in der Lebensweise vorzüglich angepaßt und verträgt vorübergehende Überwehungen. Oftmals ragen nur die Spitzen der Zweige aus dem lockeren Sand. Durch neues Wachstum verlagert sie dann ihr Zweigsystem wieder über den Sand. Wie die meisten Sandpflanzen verfügt sie über ein weitstreichendes Wurzelsystem.
Die Rosmarin-Weide *(Salix repens* ssp. *rosmarinifolia)* hat 2–4 cm lange, aber nur sehr schmale, an Rosmarin erinnernde Blätter, die 4–10mal länger als breit sind; sie ist vorwiegend im Binnenland und entlang der Ostseeküste anzutreffen. Ihr Areal erstreckt sich, abgesehen von einem isolierten Teilareal in Nordwestfrankreich, von Osteuropa bis Mittel- und Süddeutschland.

Fruchtende Zweige der Kriech-Weide

Die Kriech-Weide im engeren Sinne schließlich ist im atlantisch getönten Europa und auf den Britischen Inseln heimisch.
Das Beispiel der Kriech-Weide zeigt uns die Problematik der Artabgrenzung von Pflanzensippen, die nicht immer eindeutig ist. Neben den sichtbaren Formen-Merkmalen wie Blüte, Blatt und Wuchsform werden auch die genetischen, insbesondere die Chromosomenzahl, und chemische Merkmale einbezogen. Gerade die Inhaltsstoffe geben oft wertvolle Hinweise auf verwandtschaftliche Zusammenhänge. Bei den Weiden kommt ein anderes Problem hinzu. Viele Arten bastardieren miteinander und erzeugen fortpflanzungsfähige Nachkommen. Bereiten die Bastarde in ungestörten Pflanzengesellschaften schon Schwierigkeiten bei ihrer Erkennung und Zuordnung, so haben sich durch Anpflanzung gebietsfremder Pflanzen in Gärten und Parkanlagen diese Möglichkeiten noch um ein Vielfaches erhöht. Dadurch ist es meist nur dem Spezialisten möglich, die einzelnen Formen auch sicher anzusprechen.
Das Epitheton leitet sich von lat. »repere« = kriechen ab. Die Pflanze wird auch oft Moorweide genannt. In den Küstenbereichen ist die Kriech-Weide des öfteren zur Dünenbefestigung angepflanzt, hat jedoch bisher in die Gärten keinen Eingang gefunden.

Blühende männliche Zweige

Netz-Weide

Salix reticulata L.

K Dem Untergrund angeschmiegt wachsender, 5–30 cm langer, sommergrüner Spalierstrauch. Zweige gelbbraun bis olivgrün, kahl. Winterknospen hellbraun, länglich-oval, kahl bis schwach behaart. ▪ Laubblätter 1–2 cm lang gestielt; Spreite elliptisch bis fast kreisförmig, 2–5 cm lang, 1–3 cm breit, am Grunde abgerundet bis fast herzförmig. Blätter im Austrieb mehr oder weniger dicht wollig behaart, später oberseits ganz verkahlend, dunkelgrün, glänzend mit eingesenktem Adernetz (Name!); unterseits weißgrau bis graugrün, dicht behaart bleibend oder verkahlend. ▪ Blüten eingeschlechtig, Pflanzen zweihäusig. Kätzchen mit den Laubblättern erscheinend, scheinbar endständig an den Zweigen, wollig behaart. Männliche Kätzchen fast 2 cm lang gestielt, 1,5–3,5 cm lang, 5 mm dick. Tragblätter der Blüten rundlich, halb so lang wie die Staubblätter. Blütenhülle fehlend. Staubbeutel rot. Weibliche Kätzchen 2 cm lang, so dick wie die männlichen; Blüten wie die des anderen Geschlechts mit 2 Nektarien. Fruchtknoten behaart. ▪ Blütezeit: Juli/August; Fruchtreife: August/September.

S Auf feuchten bis nassen, mild humosen Stein- und Felsschuttböden, mit meist kalkhaltigem Untergrund, aber auch auf Felsen oder flachgründigen, freien Erdstellen.

V Nordeuropa und europäische Hochgebirge; nördliches und arktisches Asien sowie Nordamerika. Europa: Schottland, Skandinavien, Nordrußland, Pyrenäen, Alpen, Karpaten. In den Alpen zwischen 1700 und 3150 m, doch gebietsweise bis in die Krummholzregion herabreichend.

Die Netz-Weide ist eine Charakterpflanze der sogenannten Schneetälchen-Gesellschaften alpiner Lagen, wo der Schnee oft über 8 Monate liegt. Infolge der sehr kurzen Vegetationsperiode ist der jährliche Zuwachs an der Pflanze meist gering. Zusammen mit der Netz-Weide gedeihen Alpen-Hahnenfuß, Blaue Gänsekresse, Alpenglöckchen und die Krautige Zwerg-Weide. Trotz der hochgelegenen, natürlichen Standorte läßt sich die Netz-Weide auch im Flachland gut im Steingarten halten.

Das lat. Epitheton *reticulata* heißt übersetzt netzig, netzartig.

Die jungen Blätter der Netz-Weide sind wollig behaart

Stumpfblättrige Weide

Salix retusa L.

K Niederliegender, sommergrüner Spalierstrauch von 5–30 cm Länge. Zweige dem Untergrund angeschmiegt und Wurzeln ausbildend, kahl, olivgrün bis braun, leicht an den Verzweigungen abbrechend. Winterknospen klein, eiförmig, kahl. ▪ Laubblätter kurz gestielt; Spreite breit verkehrt-eiförmig bis länglich-eiförmig, 5–20 mm lang, 5–10 mm breit, ohne Nebenblätter. Blattspreite am Grund keilförmig verschmälert, spitzenwärts leicht ausgerandet, anfangs schwach behaart oder kahl, später beidseitig fast gleichfarbig grün und glänzend; Blattrand im unteren Blatteil manchmal gezähnelt. ▪ Blüten eingeschlechtig, Pflanzen zweihäusig. Kätzchen mit den Laubblättern erscheinend; die männlichen eiförmig, 15 mm lang, 5 mm breit, lockerblütig; Tragblätter gelb, kahl, von den beiden Staubblättern weit überragt. Weibliche Kätzchen elliptisch, bis 2 cm lang, 10 mm breit, deutlich gestielt; Blüten mit je 2 Nektarien. ▪ Blütezeit: Juni bis August; Fruchtreife: Juli bis September.

S In Spalierweiden-Gesellschaften der alpinen und subalpinen Stufe; auf basenreichen, meist kalkhaltigen, mild humosen Stein- und Schuttböden oder auf nacktem Fels.

V In europäischen Hochgebirgen von den Pyrenäen, Alpen, Apenninen, Karpaten bis zum Dalmatinischen Gebirge. In den Alpen in Höhenstufen zwischen 1600 und 2900 m.

Sehr nah verwandt mit der Stumpfblättrigen Weide ist die Quendel-Weide *(Salix serpyllifolia)*, die man früher auch als eine Unterart von ihr ansah. Sie unterscheidet sich aber durch ihren dichteren Wuchs, kleinere und schmalere Blätter, sowie armblütigere Kätzchen. In den Alpen erreicht sie Höhen von 3400 m. Beide Arten wachsen oft vergesellschaftet. Der jährliche Zuwachs ist meist nur gering, die Kleinheit der Pflanzen läßt ihr Alter oft nicht erkennen.

Zu den Weiden der alpinen Höhenstufe zählt auch das kleinste Gehölz Europas, die Krautige Zwerg-Weide *(Salix herbacea)*, von deren Trieben nur jeweils die Blätter über den Erdboden ragen.

Blühende und fruchtende Zweige

Blühende männliche Zweige

Korb-Weide

Salix viminalis L.

K Sommergrüner, 3–8 m hoher Baum oder großer Strauch mit aufrecht abstehenden Ästen. Junge Zweige anfangs grau-samtig behaart, später verkahlend, grünlich oder gelblichbraun. Borke an Stämmen und dickeren Ästen tief längsrissig mit breiten, erhabenen Leisten. Winterknospen hellbraun, mehr oder weniger grau behaart, den Zweigen anliegend. ■ Laubblätter bis 10 mm lang gestielt; Spreite schmal lanzettlich, bis 15 cm lang, 15 mm breit, am Ende lang zugespitzt. Blattrand gewellt, deutlich nach unten eingerollt, unterseits dicht seidig behaart, silbrig glänzend (!). Nebenblätter schmal, lang zugespitzt, nur an starken Trieben ausgebildet. ■ Blüten in eingeschlechtigen Kätzchen, Pflanze zweihäusig. Kätzchen vor den Laubblättern austreibend, vor dem Erblühen dicht seidig behaart. Blüten mit 1 Nektarium, ohne Blütenhülle; Tragblätter hell mit schwarzbrauner Spitze, behaart. Männliche Kätzchen aufrecht, zylindrisch, 3 cm lang, die beiden Staubblätter fast 3mal so lang wie das Tragblatt. Weibliche Kätzchen so groß wie die männlichen; Fruchtknoten fast sitzend (!). ■ Blütezeit: März/April; Fruchtreife: Mai.

Zweig der Korb-Weide

S Die Korb-Weide besiedelt Auenwälder und Auengebüsche, Bach- und Flußufer. Sie bevorzugt nährstoffreiche, kalkhaltige oder basenreiche Sand-, Schlick- und Tonböden. Längere oder periodische Überflutungen beeinträchtigen sie nicht.

V Europa bis Sibirien. Von den Pyrenäen über das kontinentale Europa bis zum Ural. Auf der Iberischen und der Apenninen-Halbinsel, der südlichen Balkan-Halbinsel den Britischen Inseln, Dänemark und Skandinavien fehlend.

Die heutige Verbreitung der Korb-Weide ist mit Sicherheit größer als ihr ursprüngliches Areal. In Mitteleuropa wird sie häufig an Gewässern angepflanzt. In den Gebirgen steigt sie bis zu einer Höhe von 800 m an. Bei längerem Stand im Wasser bildet die Korb-Weide im Wasser flutende, stammbürtige Wurzeln, die den Stamm bei Trockenheit als dichten Wurzelfilz umkleiden.

Die Korb-Weide ist ein altes Nutzgehölz. Durch regelmäßigen Schnitt werden jährlich bis 2,5 m lange, unverzweigte Ruten gebildet, die wegen ihrer guten Biegsamkeif hervorragendes Material für Flecht- und Bindearbeiten liefern, vor allem zur Herstellung von Körben. Die Rinde läßt sich zudem leicht entfernen.

Genutzt wird auf diese Weise jedoch nicht nur die Korb-Weide, sondern auch andere Weidenarten wie z.B. die Silber-Weide. So können durch regelmäßigen Schnitt verschiedene Weidenarten ein ähnliches Aussehen erlangen. Man spricht dann auch von Kopfweiden. Durch die Kunststoffproduktion ist die Nutzung der Weiden in den letzten Jahrzehnten stark zurückgegangen. Erst in jüngster Zeit hat man wieder mit dem regelmäßigen Schnitt der Kopfweiden begonnen, allerdings nicht zu Nutzungszwecken, sondern um die für manche Gegenden geradezu landschaftsprägenden Kopfweiden zu erhalten.

Die Korb-Weide wurde zwecks Gewinnung des Flechtmaterials auch über Mittel- und Osteuropa hinaus angepflanzt, ist vielerorts verwildert und allmählich seßhaft geworden. Mittels Steckhölzern läßt sie sich mühelos vermehren. Im zeitigen Frühjahr geschnittene Sprosse bewurzeln sich schon nach wenigen Tagen. Als Böschungsbepflanzung werden überwiegend männliche Exemplare wegen der größeren Schauwirkung und zur Vermeidung der reichen und »lästigen« Samenproduktion angepflanzt. Dank ihrer auffälligen Blüten ist die Korb-Weide eine von Bienen häufig aufgesuchte Weide, deren männliche Blüten reichliche Pollenvorräte anzubieten haben.

Ähnliche Blätter wie die Korb-Weide hat die Lavendel-Weide *(Salix elaeagnos)*. Diese Weide, ursprünglich auf das südliche Europa unter Einschluß Süddeutschlands, und vor allem auf die Gebirgslagen beschränkt, wird mittlerweile vielfach auch im Tiefland angepflanzt. Sie unterscheidet sich eindeutig durch die auf der Unterseite kraus-behaarten, dicht filzigen und daher glanzlosen (!) Blätter.

Das lat. Epitheton bedeutet im Zusammenhang mit dem Gattungsnamen »Korb-Weide« oder »Flecht-Weide«.

Alte Kopfweidenstämme mit mehrjährigen Zweigen

Silber-Pappel

Populus alba L.

K Breitkroniger, sommergrüner, 15–30 m hoher Baum mit dicker, dunkelgrauer längsgefurchter Borke. Junge Zweige weiß- bis graufilzig, sehr spät verkahlend und grau bzw. graubraun gefärbt, mit großen Korkwarzen. Rinde lange glatt bleibend, mit stark gedehnten, dunklen Korkwarzenbändern. Winterknospen eiförmig, stumpf, 5–6 mm lang, dicht anliegend behaart. Endknospe stets vorhanden. ▪ Laubblätter 2–5 cm lang gestielt; Spreite rundlich bis oval, unregelmäßig 5-lappig, 4–8 cm lang, fast ebenso breit, Schößlingsblätter oft wesentlich größer; Spreite oberseits dunkelgrün und glänzend, unterseits dicht weißfilzig (!). Pflanze zweihäusig. ▪ Blüten in Kätzchen, lange vor dem Laubaustrieb erscheinend, ohne Blütenhülle. Tragblätter elliptisch, rotbraun, zottig bewimpert. Männliche Kätzchen 3–7 cm lang, Blüten mit 6–8 Staubblättern, Staubbeutel anfangs purpurn, später verblassend. Weibliche Kätzchen etwas kürzer als die männlichen, Fruchtknoten der Blüten kurz gestielt, mit 2 rosaroten, gespaltenen Narben. ▪ Blütezeit: März/April; Fruchtreife: Mai.

Zweigspitze der Silber-Pappel

S In Auenwäldern und Auenwaldlichtungen der großen Flußniederungen, vor allem im Bereich der Hartholzaue, d.h. in nicht regelmäßig überschwemmten Bereichen; auf frischen, nährstoff- und basenreichen, lockeren Lehm- und Tonböden mit ganzjähriger Feuchtigkeit, vergesellschaftet mit Stiel-Eiche, Ulmen und Gemeiner Esche, hier ist sie eine Charakterart des Eichen-Ulmenwaldes und des Eschen-Ulmenwaldes.

V Süd-, Mittel- und Osteuropa bis Westsibirien, Westasien, Kaukasien bis zum Himalaja, Nordafrika. In Mitteleuropa lückenhaft verbreitet, vor allem im Oder-, Oberrhein- und Donaugebiet. In den Alpen bis zu 1500 m Höhe ansteigend. In vielen Teilen Mittel- und Osteuropas, in West- und Nordfrankreich, Belgien und den Niederlanden nur eingebürgert.

G Gattung mit 35 Arten in den gemäßigten Breiten der Nordhemisphäre, ausnahmslos laubwerfende, zweihäusige Gehölze. Von den Weiden unterschieden durch die lang gestielten Blätter, hinfällige Nebenblätter, vielschuppige Winterknospen und das Vorhandensein einer Endknospe. Blüten stets vor dem Laubaustrieb erscheinend, Samen mit Haarschopf. Der Verbreitungsschwerpunkt liegt in Nordamerika und Ostasien, in Mitteleuropa 3 Arten. ■ Die Familie der Weidengewächse *(Salicaceae)* umfaßt 3 Gattungen mit 530 Arten, die weltweit, mit Ausnahme Australiens, verbreitet sind und vor allem in der nördlich-gemäßigten Zone vorkommen. Die Familie umfaßt Holzgewächse von nur wenigen Zentimetern Höhe wie auch bis zu 30 m hohe Bäume. Die Blüten der zweihäusigen Gewächse sind zu ährigen oder traubigen Ständen, den sog. Kätzchen zusammengefaßt, eine Blütenhülle fehlt. Die Frucht ist eine vielsamige Kapsel, die Samen tragen einen Haarschopf am Grunde des Samenkörpers.

Die Silber-Pappel gehört zu den markantesten Pappel-Arten und ist durch die filzig-weiße Behaarung der Blätter gut erkennbar. Mit etwa 40 Jahren hat sie schon fast ihre endgültige Höhe erreicht und einen Stammdurchmesser von 50–60 cm. Sie kann ein Alter von 400–500 Jahren erreichen und über 2,5 m dicke Stämme haben. Das Holz ist ein wertvolles Nutzholz mit einem schmalen Splint- und dickem, rötlichgelben bis gelbbraunen Kernanteil. Es ist weich, gleichmäßig strukturiert, mäßig schwindend und zeichnet sich durch hohe Abnutzungsfestigkeit aus. Es findet Verwendung in der Möbelschreinerei sowie als Zierholz und dient vor allem zur Herstellung von Reißbrettern und Zigarrenkisten.

Die Silber-Pappel ist wie alle Pappelarten windblütig. Der in großen Mengen produzierte Pollen fällt bei der Reife auf die nächstunteren Tragblätter und wird von dort durch Wind verweht. Auch Bienen sammeln den Pollen.

Ähnlich der Silber-Pappel ist ein Bastard zwischen der Zitter-Pappel und der Silber-Pappel, der dort, wo die beiden Eltern gemeinsam vorkommen, nicht selten ist. Es ist die Grau-Pappel *(Populus × canescens)*. Sie tritt in Südostengland, Belgien, den Niederlanden und vom Oberrheingebiet über Südosteuropa bis zum westlichen und südlichen Rußland auf. Die Grau-Pappel unterscheidet sich von der Silber-Pappel vor allem durch die weniger dicht behaarten Blattunterseiten und die nur wenig gelappten Schößlingsblätter, die bei

Beginnende Borkenbildung

starkwachsenden Formen über 15 cm groß werden können. In vielen anderen Merkmalen steht sie zwischen ihren Eltern, wird aber oft mit der Silber-Pappel verwechselt. Die Graupappel wird in Deutschland häufig angepflanzt und zeichnet sich durch Raschwüchsigkeit aus. In den nordwestdeutschen Küstengebieten wird sie auch »Marschpappel« genannt.

Schwarz-Pappel

Populus nigra L.

[K] Breitkroniger, kräftiger, sommergrüner, bis 30 m hoher Baum mit dikker, tiefrissiger, längsgestreifter Borke. Junge Zweige glänzend gelbbraun, kahl, knotig. Winterknospen länglich-oval, lang zugespitzt, klebrig, den Zweigen anliegend; Endknospe stets vorhanden. ■ Laubblätter 2–6 cm lang gestielt; Spreite dreieckig bis rautenförmig, zum Grunde keilförmig verschmälert, 5–8 cm lang und fast ebenso breit, kahl oder anfangs schwach behaart, oberseits dunkelgrün, glänzend; Blattrand gezähnt. ■ Blüten in Kätzchen, vor dem Laub erscheinend, ohne Blütenhülle, Pflanze zweihäusig. Männliche Kätzchen bis 9 cm lang, schlaff hängend; 6–30 Staubblätter mit anfangs purpurroten Staubbeuteln. Blühende, weibliche Kätzchen 10 cm lang, zur Reife gestreckt. Fruchtknoten deutlich gestielt mit zwei gelben Narben. ■ Blütezeit: März/April; Fruchtreife: Mai.

[S] In Auenwäldern der großen Flußniederungen auf periodisch überschwemmten, lockeren, tiefgründigen, nährstoff- und basenreichen Sand- und Lehmböden. Vergesellschaftet ist sie mit Weiden und anderen Pappel-Arten. Sie bevorzugt freie, lichte Standorte.

[V] Von Europa bis Zentralasien, zum Jenissei und dem Tienschan-Gebirge; Nordpersien, Westasien und Nordwestafrika. In Europa von den Pyrenäen über Frankreich, Südengland, Deutchland, Polen nach Rußland; im Süden von Italien bis zur Balkan-Halbinsel. In Osteuropa und auf der südlichen Balkan-Halbinsel nur zerstreut, vor allem im Bereich der Flüsse.

Die Schwarz-Pappel ist schnellwüchsig und kann große Ausmaße erreichen. Sie bildet Wurzelsprosse aus, so daß ganze Bestände von

Zweig mit Blättern und Winterknospen der Schwarz-Pappel

einer Pflanze ausgehen können. Ihre heutige Verbreitung überschreitet bei weitem das ursprüngliche Areal. Sie ist in Europa, vor allem auf der Iberischen Halbinsel, in Polen und dem Baltikum ingebürgert. In den Alpen erreicht sie Höhen von 1400 m, die natürlichen Vorkommen beschränken sich jedoch auf die Tieflandslagen.
Die Schwarz-Pappel kann ein Alter von 300 Jahren und Stämme von über 2 m Durchmesser erreichen. Das Holz ist im Splint weißlich, im Kern hellbraun. Es ist weich, mäßig schwindend und hat eine hohe Abnutzungsfestigkeit. Unter den heimischen Pappel-Arten gilt es als das wertvollste und wird zu Möbeln, Prothesen, Holzschuhen und Verpackungsmaterial verarbeitet.
Häufig angepflanzt wird die Pyramiden-Pappel (*Populus nigra* 'Italica'), eine Form der Schwarz-Pappel. Im Unterschied zur Normalform verzweigt sich der Stamm schon kurz über dem Erdboden und die Äste richten sich fast senkrecht auf. Als Ursprungsland vermutet man Turkestan oder Persien. Nach Mitteleuropa kam die Pyramidenpappel wohl um die Mitte des 18. Jahrhunderts. Viele der in Mittel- und Ostdeutschland kultivierten Bäume sollen von einem männlichen Exemplar, das aus der Lombardei nach Wörlitz bei Dessau eingeführt wurde, abstammen. Die am Mittelrhein wachsenden Bäume sollen hingegen französischer Herkunft sein. In der napoleonischen Zeit wurden Pyramiden-Pappeln gern als Straßenbäume angepflanzt. Die ersten Exemplare in Deutschland waren männlich, wie wohl heute die meisten auch. Erst um 1860 wurden in Südwestdeutschland auch weibliche Bäume angepflanzt. Pyramiden-Pappeln erreichen nicht das Alter der Normalform. Wipfeldürre kündigt baldiges Absterben an.

Pyramiden-Pappeln

Häufig werden Schwarz-Pappeln von gallenerzeugenden Insekten befallen. Die häufigste ist die Blattstiel-Galle, durch eine Laus *(Pemphigus spirothecae)* hervorgerufen; sie bewirkt eine spiralige Drehung und Verdickung des Blattstiels von 20 mm Länge und 10 mm Dicke. Im September öffnen sich die Gallen und entlassen Mengen blaugrauer Läuse.
Der Name Schwarz-Pappel bezieht sich auf die schwarze Borke.

»Wattebäusche« aus Pappelsamen

Zitter-Pappel, Espe

Populus tremula L.

K Sommergrüner, 10–30 m hoher, breitkroniger Baum. Stämme anfangs mit gelbgrauer, glatter Rinde und markanten Korkwarzenstreifen, später mit schwarzgrauer, dicker, längsrissiger Borke. Junge Zweige kahl, glänzend, gelbbraun mit großen Korkwarzen. Winterknospen 6–7 mm lang, zugespitzt, meist klebrig, Endknospe vorhanden. ■ Laubblätter wechselständig, 3–7 cm lang gestielt; mit ovaler oder rundlicher Spreite, so lang wie der Blattstiel, anfangs behaart, bald verkahlend, oberseits glänzend, unterseits matt; Blattrand stumpf gezähnt. ■ Pflanze zweihäusig. Blütenkätzchen 4–10 cm lang, schlaff hängend. Blütenhülle fehlend, Tragblätter der Blüten dunkelbraun, handförmig eingeschnitten und grauzottig gewimpert. Männliche Blüten mit 4–12 Staubblättern, Staubbeutel anfangs purpurn. Weibliche Blüten mit kurz gestieltem Fruchtknoten. Frucht eine vielsamige Kapsel. ■ Blütezeit: März/April; Fruchtreife: Mai.

Zweigspitze der Zitter-Pappel

S Verbreitet in lichten Wäldern, auf Kahlschlägen und an Wegrändern; auf Steinhalden und in Steinbrüchen als Pioniergehölz. Auf mäßig nährstoff- und basenreichen, kalkhaltigen bis kalkfreien, schwach sauren, lockeren Sand-, Löß- und Lehmböden; an hellen, sommerwarmen Standorten. Mit Hilfe von Wurzelsprossen oft dichte Bestände bildend. Vergesellschaftet mit Sal-Weide, Birken, Eichen und Besenginster.

V Europa bis Sibirien, Nordafrika, KLeinasien. In Portugal, Südspanien und auf Sizilien fehlend, in Süd- und Nordostrußland sowie zum Ural zusehends seltener. In Mitteleuropa häufig, von der Ebene bis in Gebirgslagen; in den Alpen bis zu einer Höhe von 1800 m.

In Mitteleuropa ist die Zitter-Pappel ein häufiges Pioniergehölz an stark besonnten, trockenen und nährstoffarmen Felshängen sowie in Steinbrüchen, jedoch meist nur großstrauchig wachsend. Im östlichen Europa bildet sie auch reine Bestände oder wächst vergesellschaftet mit der Birke. Ihr Höchstalter beträgt etwa 100 Jahre, liegt also weit unter der Lebenserwartung von Schwarz- und Silber-Pappel. Die Stämme können einen Durchmesser von 50–100 cm erreichen. Das Holz ist durchgehend gelblich, ohne einen dunkler gefärbten Kern. Als eines der leichtesten heimischen Laubhölzer verwendet man es zur Herstellung von Sperrholz, Spankörben, Span- und Faserplatten, für Streichhölzer und Zellstoff. Der Name Espe geht auf das althochdeutsche »aspa« und das mittelhochdeutsche »espe« zurück. Das sprichwörtliche »Zittern des Espenlaubes« ist durch die besondere Konstruktion des Blattstiels bedingt. Dieser ist, anders als bei den meisten Laubgehölzen, nicht in der Ebene der Blattspreite, sondern senkrecht dazu abgeflacht, so wird bereits durch den geringsten Windhauch eine Bewegung ausgelöst. Über die biologische Bedeutung dieses Phänomens ist viel spekuliert worden. Eine befriedigende Erklärung hat man bisher wohl noch nicht gefunden.

Das lat. Epitheton *tremula* heißt übersetzt zitternd.

In Mitteleuropa werden zahlreiche nordamerikanische Pappelarten, besondere Rassen und Bastarde angepflanzt, die meist sehr schwer zu bestimmen sind. Als zellstoffliefernde Pflanzen wurden vor allem nach dem 2. Weltkrieg schnellwüchsige Formen in größerem Umfang angebaut. Diese in Reih und Glied durchgeführten Anpflanzungen haben inzwischen eine stattliche Größe erreicht, tragen aber wenig zur landschaftlichen Gestaltung bei, da es sich um ausgesprochene Monokulturen handelt. Zudem wirkt sich die große Laubmenge und das nur langsam verwitternde Fallaub sehr nachteilig auf die Zusammensetzung der Krautschicht aus.

Eine der häufig angepflanzten Pappelarten ist die Balsam-Pappel, ein über 30 m hoher, mächtiger Baum aus dem nördlichen Nordamerika, der seit 1731 in Kultur ist. Wohl ebenso oft trifft man auf die Kanadische Schwarz-Pappel *(Populus deltoides)* aus dem atlantischen Nordamerika und seit etwa 1750 in Europa. Wegen der reichen Samenproduktion führt der Baum auch den Namen »Cottonwood«, was soviel bedeutet wie Baumwollbaum.

Junge Fruchtstände

Männliche Blütenkätzchen

Gagelstrauch

Myrica gale L.

[K] Reichverzweigter, sommergrüner, 50–125 cm hoher, aromatisch duftender, zweihäusiger Strauch. Junge Zweige dunkelbraun, schwach flaumig behaart, reich mit golden glänzenden Harzdrüsen besetzt. ■ Laubblätter wechselständig, ledrig, verkehrt länglich-eiförmig, 2,5–6 cm lang, 8–15 mm breit, im oberen Teil gesägt, am Grund keilförmig in den sehr kurzen Blattstiel verschmälert; oberseits mattgrün, unterseits graugrün, beidseitig angedrückt behaart. ■ Blüten zahlreich in achselständigen, aufrechten, bereits im Spätsommer des Vorjahres angelegten Kätzchen am Ende vorjähriger Sprosse; vor den Laubblättern erscheinend; Blütenhülle fehlend.

Zweige des Gagelstrauches

Männliche Kätzchen 10–15 mm lang; Blüten mit 4 unten zusammengewachsenen, in der Achsel eines Tragblattes sitzenden Staubblättern. Weibliche Kätzchen 5–6 mm lang, Blüten mit 1 Fruchtknoten und 2 roten, das Tragblatt überragenden Narben. Frucht eine 1-samige, trockene, 3-spitzige, mit goldgelben Harzdrüsen dicht besetzte Steinfrucht. ■ Blütezeit: April/Mai; Fruchtreife: September.

[S] Überwiegend gesellig wachsend, in Heidemooren, torfigen, feuchten Heiden und Kiefernwäldern sowie in Weidesümpfen, auf nassen bis mäßig feuchten und moorigen Sandböden.

[V] Atlantisches West- und Nordeuropa von Portugal, West- und Nordfrankreich, über die Britischen Inseln, Belgien, die Niederlande, Norddeutschland, Dänemark, Norwegen bis zum 69. Breitengrad, Süd- und Mittelschweden bis zum küstennahen Finnland und dem Baltikum; Nordamerika. In Deutschland vor allem im nordwestlichen und nördlichen Teil.

[G] Die Gattung *Myrica* umfaßt rund 35 laubwerfende oder immergrüne Arten, die auf den Kanaren, in Nord-, Ost- und in Südafrika, im tropischen Asien, im gemäßigten Ostasien, in Nordamerika, Westindien und in den Anden beheimatet sind. ■ Die Familie der Gagelstrauchgewächse *(Myricaceae)* hat nur 3 Gattungen, und zwar ausschließlich Holzgewächse mit eingeschlechtigen, unscheinbaren Blüten. Familien- und Gattungsareal decken sich weitgehend. Die Familie steht den Birkengewächsen verwandtschaftlich nah.

Der Gagelstrauch gehört zu den weniger bekannten Moorpflanzen. Er besiedelt meist Zwischen- und Übergangsmoore, meidet aber das eigentliche Hochmoor. Begleitpflanzen sind Schwarz-Erle, Ohr-Weide Faulbaum, Moor-Birke und Wald-Kiefer, manchmal auch Rauschbeere und Sumpf-Porst. Die Kätzchen sind windblütig. Da sie schon sehr zeitig angelegt werden und auch die Staubblätter im Winter bereits vollentwickelt sind, erblühen sie bereits an den ersten milden Tagen. Die Spindeln der männlichen Kätzchen fallen sehr bald ab, bei den weiblichen verholzen sie und bleiben noch eine Zeitlang stehen. Die Verzweigung setzt unterhalb der Blütenstände ein. Die reifen Früchte besitzen gute Schwimmorgane, da die äußeren Gewebeschichten absterben und mit Luft erfüllt sind.

Männliche Blütenstandsknospen (links) und Fruchtstände (rechts)

Die Blätter des Gagelstrauches wurden früher als adstringierendes Mittel gegen Hautausschläge und als Abortivum genutzt; Blätter und Blütenstände enthalten ein ätherisches, toxisch wirkendes Öl, einzelne Pflanzenteile wurden daher als Mittel gegen Ungeziefer verwendet. Heute sollten solche Pflanzenschädigungen unterbleiben.

In Norddeutschland, Dänemark und Norwegen wurden die Blätter anstelle von Hopfen dem Bier zugesetzt. Solches Porstbier hatte eine stark berauschende Wirkung, vergleichbar jenem Bier, dem der Sumpf-Porst zugesetzt wurde (s. S. 263).

Gleich dem Sumpf-Porst wird der Gagelstrauch im Niederdeutschen Porst, Porsch oder Possen genannt. Am Niederrhein bezeichnet man ihn als »Grut«, das hier bis zum 15. Jahrhundert bereitete Bier war das Grutbier. Gruter wurden die Brauereipächter oder auch die mit der Überwachung des Brauwesens betrauten Beamten genannt, viele Familiennamen (Greuter, Gruyter usw.) leiten sich davon ab.

Ovid und Plinius verstanden unter

Männliche Blütenstände in voller Blüte, lange vor dem Laubaustrieb

»myrika«, wie schon Theophrast und Dioskurides unter »myrike«, die Tamariske. Es soll vom altsemitischen und arabischen »murr« = bitter abgeleitet sein. Dieser Name wurde später auf den Gagelstrauch übertragen.

Echte Walnuß

Juglans regia L.

K Sommergrüner, breitkroniger, 10–25 m hoher Baum mit längsrissiger, graubrauner bis schwarzgrauer Borke. Junge Zweige gerieft, kaum biegsam, anfangs behaart, olivgrün bis braun mit helleren Korkwarzen; später glänzend. Winterknospen rundlich, mit braun behaarten Schuppen; Endknospe vorhanden, zugespitzt. ▪ Laubblätter unpaarig gefiedert, 20–50 cm lang. Fiedern in 2–4 Paaren, breitelliptisch, derb 5–15 cm lang, oberseits dunkelgrün und glänzend, unterseits mit braunen Achselbärten. Zerriebene Blätter aromatisch duftend! ▪ Blütenstände eingeschlechtig, Pflanze einhäusig. Männliche Kätzchen als 5–6 mm lange Achselknospen bereits im Spätsommer des Vorjahres angelegt; als Knospe überwinternd; erblüht bis 15 cm lang schlaff hängend. Weibliche Blüten bis zu 5 am Ende beblätterter Jungtriebe. Blütenhülle mit dem Fruchtknoten verwachsen. Frucht eine Steinfrucht mit sich ablösender, grüner Schale und verholztem Steinkern. Samen stark gefurcht und durch unvollständige Scheidewandbildungen 4-teilig gegliedert. ▪ Blütezeit: April/Mai; Fruchtreife: September/Oktober.

S Auf tiefgründigen, nährstoffreichen, feuchten bis wechselfeuchten, basischen, kalkreichen bis mäßig sauren Lehm- und Auenböden.

Blatt, Frucht und Frucht mit sich ablösender, äußerer Fruchtschale

V Balkan-Halbinsel bis Südwestasien und Persien.
G Gattung mit 21 Arten, bis auf 2 Arten (in Jamaica bzw. Südamerika) vorwiegend in der nördlich gemäßigten Zone der Alten und Neuen Welt. ■ Die Familie der Walnußbaumgewächse *(Juglandaceae)* umfaßt 7 Gattungen mit 50 Arten. Es sind ausschließlich laubwerfende, fiederblättrige Gehölze mit eingeschlechtigen Blüten, die weiblichen zu Nüssen oder Steinfrüchten auswachsend.

Die Walnuß ist durch die Römer in weiten Teilen Süd-, West- und Mitteleuropas eingebürgert worden. Botanisch gesehen ist die Frucht keine Nuß, sondern eine Steinfrucht, da nur die innere Schicht der Fruchtwand verholzt. Verbreitet wird sie durch Eichhörnchen, Siebenschläfer, Mäuse, Häher und Krähen. Die grünen Schalen sind reich an Vitamin C; Schalenextrakte werden kosmetisch für bräunende Öle verwendet. Blätter, Rinde und äußere Fruchtschalen färben nach Abkochen mit Alaun Holz und Wolle braun. Die Samen enthalten bis zu 60% ein fettes, nicht eintrocknendes Öl, das sich zur Herstellung von Ölfarben und Firniß eignet. Die Weltproduktion an Walnüssen betrug 1978 rund 785 000 Tonnen. Hauptproduzenten sind die Türkei, die U.S.A., China, Italien und die Sowjetunion.
Walnußbäume können nachgewiesenermaßen über 600 Jahre alt und 2 m dick werden. Das Durchschnittsalter liegt zwischen 125 und 150 Jahren. Das Holz, mit schmalem, hellen Splint und braunem bis schwarzbraunem, dunkelgemasertem Kern, ist durch seine guten Eigenschaften – zäh, biegsam, mäßig schwindend, gut polierbar – ein begehrtes Furnierholz für Wohn- und Schlafzimmermöbel. Seit altersher dient es als Schaftholz für Armbrüste und Gewehre. Geschätzt sind vor allem Hölzer französischer, kleinasiatischer und kaukasischer Herkunft.

Männliche Blütenstände

Der Name *Juglans* setzt sich aus lat. »iovis glans« zusammen und heißt »Jupitereichel«. Die deutsche Bezeichnung Walnuß, Welsche Nuß taucht erst im 16. Jahrhundert auf.
Die Frage nach der Ursprünglichkeit der frosthärteren sog. Spitz-, Schnabel- oder Steinnuß, mit dünnschaligen, kleineren Früchten, die in den Auenwäldern der Flüsse Traun, Alm und Enns verbreitet ist, scheint noch nicht endgültig geklärt.

Furnier des Nußbaumes

Schwarz-Erle

Alnus glutinosa (L.) Gaertn.

K Meist einstämmiger, locker bis reich verzweigter, sommergrüner, 10–25 m hoher Baum mit einem weit bis in die pyramidale Krone hinaufreichendem Stamm. Junge Zweige kahl, olivgrün, später grünlich-braun, glänzend; ältere Stämme mit dunkelgrauer bis schwarzer, zerklüftet-längsrissiger Borke. Winterknospen rotbraun, deutlich gestielt, beide Knospenschuppen verklebt. ▪ Laubblätter wechselständig, 2–3 cm lang gestielt; Spreite verkehrt-eiförmig bis rundlich, 4–9 cm lang und fast ebenso breit, am Ende gestutzt, stumpf oder ausgerandet (!); oberseits anfangs klebrig, dunkelgrün, unterseits mit gelbbraunen Achselbärten; Blattrand geschweift-gezähnt; Nebenblätter hinfällig. ▪ Blütenstände eingeschlechtig, Pflanzen einhäusig. Männliche Kätzchen zu 2–5 endständig, schon im vorjährigen Sommer angelegt und frei überwinternd, vor der Laubentfaltung erblühend und 6–12 cm lang schlaff herabhängend. Blüten unscheinbar, oft ohne Blütenhülle; 4 Staubblätter. Weibliche Kätzchen ebenfalls zu 3–5 frei überwinternd, blattachselständig, 3–4 mm groß; zu 15–18 mm langen und 10–12 mm breiten, eiförmigen, verholzten Zapfen heranreifend. Frucht eine 3 mm lange, schmal geflügelte Nuß. ▪ Blütezeit: März/April; Fruchtreife: September/Oktober.

Zweig der Schwarz-Erle

S Vorwiegend als Saumgehölz von Bächen und Flüssen und hierdurch landschaftsprägend, aber auch in Auenwald-Gesellschaften auf tiefgründigen, staunassen, oft periodisch überschwemmten, nährstoff- und basenreichen, kalkarmen bis sauren Lehm-, Ton- und Kiesböden. Die Schwarz-Erle ist Pioniergehölz in Flachmooren und auf Naßwiesen.

V In fast ganz Europa ohne das zentrale und nördliche Skandinavien, bis nach Westsibirien, Westasien und Persien; Nordafrika. In Mitteleuropa allgemein verbreitet bis zu Höhenlagen um 1200 m, im Engadin bis 1800 m.

Die Schwarz-Erle ist ein Charakterbaum der Weichholzaue, vergesellschaftet mit Weiden und Pappeln, gedeiht aber auch in der Hartholzaue mit Stiel-Eichen, Ulmen und Eschen. In Brüchen ist sie oft bestandbildend. Abgesehen von manchen Weiden, ist die Schwarz-Erle das

heimische Gehölz, welches die meiste Bodennässe zu ertragen vermag. An den Wurzeln befinden sich Knöllchen, die durch einen Pilz hervorgerufen werden. Die Pflanze wird durch diesen Pilz zusätzlich mit Stickstoff versorgt; Ähnliches geschieht bei den Schmetterlingsblütlern mit Hilfe der Knöllchenbakterien.
Die Bestäubung der Blüten erfolgt durch den Wind. Obwohl die weiblichen Blütenstände unterhalb der männlichen stehen, kommt es kaum zur Selbstbefruchtung, da sie aufgerichtet sind und so die hängenden, männlichen Kätzchen überragen.
Die reifen Fruchtzapfen bestehen aus mehr oder weniger festen Schuppen, die an einer Spindel befestigt sind. Jede der Zapfenschuppen ist ein Verwachsungsprodukt aus dem Tragblatt und den Vorblättern von zwei Blüten. Auch bei den Birken gibt es ähnlich gebaute Schuppen, doch lösen sich diese zur Fruchtreife von der Spindel.
Die Nußfrüchte fallen häufig erst im Frühjahr aus den Zapfen. Sie sind schwimmfähig und werden durch Wasser und Wind verbreitet.
Die Schwarz-Erle kann 120 Jahre alt werden bei einer Stammdicke von 50–80 cm. Sie bildet überwiegend Splintholz aus, dieses ist blaß rötlichgelb bis hell orangefarben, es dunkelt an der Luft nach. Es ist weich, fest, mäßig schwindend und hält im Wasser über 100 Jahre. Verwendung findet es im Wasserbau sowie zur Herstellung von Bleistiften, Holzschuhen, Sperrholz, Zigarrenkisten, Nähmaschinentischen und für Schnitzarbeiten. Es wird mehr geschätzt und ist teurer als das Holz der Grau-Erle.
Das Epitheton *glutinosa* ist lateinisch und heißt »klebrig«, eine Bezugnahme auf die im Austrieb klebrigen Blätter und Triebe. Weitere deutsche Namen sind Rot-Erle, Gemeine Erle oder Eller.

Im Frühjahr hängen neben den blühenden Kätzchen noch die entleerten Fruchtstandszapfen an den Zweigen

Schwarz-Erlen säumen die Bachufer oft als einzige verbliebene Gehölze inmitten ausgedehnter Wiesenflächen

Grau-Erle

Alnus incana (L.) Moench

K Vom Grunde an mehrstämmiger, 10–25 m hoher, reichverzweigter, sommergrüner Baum oder großer Strauch mit dichter, pyramidaler Krone und glatter, weißgrauer, auch im Alter kaum aufreißender Rinde mit stark gedehnten Korkwarzenstreifen. Junge Zweige schwach hin und her gebogen, olivgrün bis hellbraun mit rostfarbenen Korkwarzen; Rinde zunächst feinfilzig behaart, bald verkahlend. Winterknospen bis zu 5 mm lang gestielt, von 2 fein-zottig behaarten Schuppen umhüllt und von einer Wachsschicht überzogen, nicht klebrig. Laubblätter wechselständig, 2–3 cm lang gestielt; Spreite elliptisch bis oval, 4–10 cm lang und fast ebenso breit, deutlich zugespitzt und grob doppelt-gesägt; oberseits dunkelgrün, kahl; unterseits blaugrau bis grau-grün, zunächst dicht graufilzig, weitgehend verkahlend. Nebenblätter hinfällig. ▪ Pflanze einhäusig, Blüten in eingeschlechtigen Ständen, vor der Laubentfaltung blühend. Männliche Kätzchen zu 3–5, endständig, schon im vorjährigen Sommer angelegt, nackt überwinternd; während der Blütezeit 7 bis 10 cm lang, schlaff herabhängend; Blütenhülle unscheinbar oder verkümmert, 4 Staubblätter. Weibliche Blütenstände ebenfalls frei überwinternd, 3–5 mm groß; blattachselständig, mit 3–7 Teilblütenständen, die zur Reife zu 13–16 mm langen und 10 mm dicken, graubraunen Zapfen auswachsen. Nußfrüchte 3–4 mm groß, schmal geflügelt. ▪ Blütezeit: März/April; Fruchtreife: September/Oktober.

S Gewässerbegleitend, überwiegend im Bereich der Flüsse, in Auenwäldern, an feuchten Hängen und Hangrutschflächen, auf meist kalkhaltigen, nährstoff- und basenreichen, Ton-, Schotter- und Kiesböden. Im Gegensatz zur Schwarz-Erle meidet sie dauernde Staunässe, verträgt aber sickerfeuchte Lagen und

Zweig der Grau-Erle

zeitweilige Überschwemmungen. Während sie in Mitteleuropa hauptsächlich ein Bewohner der Gebirge ist, besiedelt sie im östlichen Teil des Areals auch tiefere Lagen.

V In Nord-, Mittel- und Osteuropa; südlich bis zu den Seealpen, den nördlichen Apenninen und den Gebirgen der Balkan-Halbinsel; östlich bis zum Kaukasus. In Schleswig-Holstein und im Nordwestdeutschen Tiefland fehlend. In den Alpen bis zu einer Höhe von 1600 m aufsteigend. Die Grau-Erle erreicht in Deutschland die Westgrenze ihrer Verbreitung. Vor allem in der montanen Stufe vorkommend, hauptsächlich in Süddeutschland, dem Voralpen- und Alpenraum, in der Rhön, dem Harz und auch noch im Rheinischen Schiefergebirge.

Die Grau-Erle wird weit über ihr ursprüngliches Vorkommen hinaus angepflanzt und hat sich stellenweise eingebürgert. Wegen ihrer Eigenschaft als Pioniergehölz auf Bergrutschflächen wird sie oft zur Hangsicherung an Steilhängen angepflanzt. Auch bei der Böschungsbegrünung im Straßenbau hat sie sich bewährt. Sie ist wie die Schwarz-Erle sehr lichtbedürftig. Sie hat ein hohes Stockausschlagsvermögen und verträgt einen starken Rückschnitt. Vergesellschaftet wächst sie mit Zitter-Pappel, Schwarz-Pappel, Moor-Birke, Spitz-Ahorn, Eberesche und Traubenkirsche.

Die Grau-Erle gehört zu den kurzlebigen Gehölzen. Sie wird kaum älter als 50 Jahre. Das Wachstum dauert bis zum Spätsommer an, so daß in einer Vegetationsperiode beachtliche Zuwachslängen erreicht werden können.

Die Früchte fallen oft erst im Spätwinter aus, wenn die Zapfenschuppen austrocknen. Die Flügelung bewirkt kaum eine Fernverbreitung durch den Wind. Große Bedeutung kommt sicher dem Schwimmvermögen der Früchte zu. Man hat errechnet, daß sich die Arealgrenzen pro Jahr um etwa 200 m verschieben können.

Das Holz der Grau-Erle wird ähnlich wie das der Schwarz-Erle genutzt, hat aber weniger gute Eigenschaften, vor allem ist es nicht so beständig, oft werden die Stämme auch nicht dick genug.

Alnus war der Name für die Erle bei den Römern. Das Epitheton *incanus* ist lateinisch und heißt »aschgrau« oder »fast grau«, es bezieht sich auf die Blattunterseiten sowie auf die Rindenfarbe. Im deutschen Sprachraum wird sie auch Weiß-Erle genannt.

Junge Fruchtstände der Grau-Erle

Der Name Erle ist aus dem althochdeutschen »erila« entstanden. Als Gattungsbezeichnung taucht häufig auch die Bezeichnung »Eller« auf, die in vielen Orts- und Flurnamen wiederkehrt.

Der Erlkönig hat freilich nichts mit der Erle zu tun. Das dänische »ellerkonge« ist aus »elverkonge« entstanden und heißt Elfenkönig!

Grün-Erle

Alnus viridis (Chaix) DC.

K Vom Grunde an reichverzweigter, vielstämmiger, sommergrüner, breit ausladender, 0,5–3 m hoher Strauch. Junge Zweige schwach kantig, später gerundet, olivgrün bis rötlich, anfangs behaart, später verkahlend, mit hellen Korkwarzen. Rinde zuletzt graubraun, an den Stämmen in eine schwärzliche Borke übergehend. Winterknospen bis 10 mm lang, länglich-oval, kahl, etwas klebrig, von zwei Schuppen umhüllt, ungestielt (!). Endknospe stets vorhanden. ■ Laubblätter 1–2 cm lang gestielt, mit eiförmiger bis breit-ovaler, 5–8 cm langer, zugespitzter Spreite; anfangs klebrig, oberseits dunkel-

Zweigspitze der Grün-Erle

grün, unterseits heller und glänzend mit braunen Achselbärten; Blattrand doppelt gesägt. Nebenblätter hinfällig. ■ Pflanze einhäusig, Blüten in eingeschlechtigen Ständen. Männliche Kätzchen schon im Sommer des Vorjahres angelegt, außen von einer weißlichen Harzkruste bedeckt, nackt überwinternd; zu 2–3 am Sproßende sitzend, während der Blüte bis 6 cm lang, schlaff hängend. Blütenhülle 4- bis 5-teilig, unscheinbar, 4 Staubblätter. Weibliche Blütenstände innerhalb der Knospen (!) überwinternd, sich erst mit den Blättern entfaltend; Fruchtstandszapfen nur schwach verholzt, 10–13 mm lang und bis 7 mm breit; Nußfrüchte ca. 3 mm lang, geflügelt. ■ Blütezeit: April/Mai; Fruchtreife: Oktober/November.

S An steinigen Steilhängen, Waldrändern, Bachufern, in lichten, nassen Mischwäldern, besonders im Bereich der Waldgrenze, reine Bestände bildend. Auf wasserzügigen, sickerfeuchten, mäßig nährstoffreichen, meist tiefgründigen, kalkarmen, sauren Lehm-, Ton- oder Steinböden; oft auf Gneis und Granit.

V Europäische Hochgebirge und Hochlagen der Mittelgebirge, Alpen, Karpaten, Hochlagen der Balkan-Halbinsel. In den Alpen vorwiegend in der montanen und subalpinen Zone zwischen 1300 und 2400 m Höhe.

G Die Gattung *Alnus* gehört der Pflanzenfamilie der Birkengewächse *(Betulaceae)* an. Sie ist mit 35 Arten in der nördlich-gemäßigten Zone der Alten und Neuen Welt beheimatet. Eine Art reicht von Mexico über Mittelamerika bis in die Anden Argentiniens. In Mitteleuropa gibt es 3 Arten, eine weitere ist auf das zentrale Mittelmeergebiet beschränkt. Es handelt sich um einhäusige Holzgewächse mit eingeschlechtigen Blüten in getrennten Blütenständen. Die männlichen sind kätzchenartig, die weiblichen entwickeln sich zu verholzten Zapfen mit Nußfrüchten. Die unscheinbare Blütenhülle ist nicht in Kelch und Krone gegliedert.

Während die Schwarz-Erle schwerpunktmäßig in den tieferen und montanen Lagen siedelt, die Grau-Erle dagegen überwiegend eine Pflanze der montanen Region darstellt, gedeiht die Grün-Erle in den hochmontanen bis subalpinen Bereichen; wir haben hier innerhalb einer Gattung also eine vertikale Zonierung verschiedener Arten. Die Grün-Erle

Zapfen der 3 Erlenarten

wächst in den Alpen in Gesellschaft von so charakteristischen Großstauden wie Weißer Germer, Alpen-Milchlattich, Alpendost, Eisenhut und Alpen-Heckenrose. An Flüssen kann sie auch tiefer absteigen.
In den Alpen wird die Grün-Erle mit Erfolg zur Festigung von Lawinenhängen angepflanzt. Als Pioniergehölz vermag sie sich hier schnell auszubreiten und das Abrutschen des Schnees wirkungsvoll zu verhindern. Die außerordentlich elasti-

Blühender Zweig der Grün-Erle

schen Stämme und Zweige können auch dicke Schneelagen ertragen, ohne abzubrechen. Sie lassen sich diesbezüglich mit den Legföhren vergleichen.
In den Gärten findet man die Grün-Erle nur selten angepflanzt. Noch weniger als die Grau-Erle ist sie ein langlebiges Gehölz. Sie verlangt zudem einen kalkfreien Boden und viel Feuchtigkeit. Abgesehen von den ornamentalen Kätzchen hat sie keinen Zierwert, und auch keine auffällige Herbstfärbung. Von den beiden anderen heimischen Erlenarten unterscheidet sie sich grundlegend durch die Ausbildung der weiblichen Blütenstände, die bei ihr ja in den Winterknospen geborgen sind. Sie wird daher von den Systematikern in eine besondere Sektion bzw. Untergattung, *Alnobetula,* eingeordnet. Der Name *Alnobetula* weist bereits auf die Gemeinsamkeit mit den Birken hin, bei denen die weiblichen Blütenstände, im Gegensatz zu den offen überwinternden, männlichen Kätzchen, ja auch in den Winterknospen geborgen sind.
Die Grün-Erle wird auch noch Berg-Erle, Alpen-Erle, in Bayern Ludern, Luttern und Lutterstrauch genannt.

Zwerg-Birke

Betula nana L.

[K] Niedriger, reich verzweigter, niederliegend-aufsteigender, 50 bis 100 cm hoher, sommergrüner Strauch. Zweige rundlich, anfangs feinfilzig, später verkahlend und graubraun bis glänzend rotbraun, drüsenlos. Dickere Äste mit schwarzgrauer, kaum abblätternder Borke. Winterknospen rundlich, bis 2 mm lang. ▪ Laubblätter wechselständig, kahl, sehr kurz gestielt; Spreite rund, 5–12 mm groß, mit gekerbtem Blattrand. ▪ Blüten in eingeschlechtigen Kätzchen, Pflanze einhäusig. Männliche Kätzchen schon im Vorsommer ausgebildet, nur von den dicht schließenden Deckschuppen geschützt überwinternd, achselständig an den unteren und mittleren Teilen vorjähriger Langtriebe, aufrecht (!), walzlich, bis 15 mm lang. Blüten in 3-Zahl einem Tragblatt aufsitzend. Blütenhülle unscheinbar. Blüten mit 2 Staubblättern, die bis zum Grunde geteilt sind; weibliche Kätzchen im Winter in den Knospen geborgen, mit der Laubentfaltung aufblühend, 7–10 mm lang, zur Reife bis 5 mm dick, aufrecht stehend (!). ▪ Blütezeit: April/Mai; Fruchtreife: September/Oktober.

Blühender Zweig der Zwerg-Birke

[S] Die Zwerg-Birke gedeiht in Mitteleuropa in offenen Hoch- und Kiefernmooren, in der Arktis an moorigen Standorten, in Zwergstrauch-Gesellschaften auf nassen, nährstoff- und basenarmen, sauren Torfböden.

[V] Nördliches, arktisches und östliches Europa bis nach Sibirien zum Jenissei; in Schottland, Island, Grönland und im nordöstlichen Nordamerika. In Mitteleuropa im Norddeutschen Tiefland, den Hochlagen der Mittelgebirge wie Harz (Brocken), Erzgebirge, Isergebirge, Böhmerwald, Schweizer Jura und in den Alpen.

[G] Die Gattung *Betula* umfaßt etwa 60 Arten, die in der nördlich gemäßigten Zone bis in subarktische Bereiche vordringen. Verbreitungsschwerpunkt ist Ostasien. Die Gattung umfaßt niedrig-strauchige bis baumförmige Vertreter mit sommergrünen Blättern. Die männlichen Kätzchen überdauern den Winter nackt. In Mitteleuropa sind 4 Arten vertreten. ▪ Die Familie der Birkengewächse *(Betulaceae)* ist mit 6 Gattungen und 170 Arten vor allem in der nördlich gemäßigten Zone mit Verbreitungszentren in Zentral- und Ostasien sowie Nordamerika vertre-

Während die Zwerg-Birke in Mitteleuropa sehr selten ist, tritt sie in Skandinavien weithin als dominierender Zwergstrauch auf

ten. Lediglich in Amerika reicht das Areal in die Südhemisphäre. Birkengewächse sind einhäusige Pflanzen und windblütig.

Die Zwerg-Birke ist in Mitteleuropa ein Relikt der Eiszeit, in der sich das Areal dieser arktischen Art weit nach Süden erstreckte. Mit zunehmender Erwärmung verschwand die Zwerg-Birke weitgehend, sie konnte sich hauptsächlich in den Höhenlagen halten. Subfossile Reste liegen aus mehreren Teilen Deutschlands vor. Außerhalb ihres geschlossenen Areals sind Reliktpflanzen auf den meist nur kleinräumigen Standorten in vieler Hinsicht bedroht. Der Konkurrenzdruck anderer Pflanzen ist groß und bereits geringe klimatische Schwankungen können sich für den Bestand verhängnisvoll auswirken. Vom pflanzengeographischen und vegetationsgeschichtlichen Standpunkt sind aber gerade solche Reliktstandorte von hohem Interesse und schützenswert.
Durch die Zerstörung der Biotope, vor allem durch Moorentwässerung und Moorabbau, ist die Zwerg-Birke vielerorts, so auch im Schwarzwald, ausgestorben und an den noch verbleibenden Wuchsorten stark bedroht. In der Roten Liste wird sie als »gefährdet« eingestuft. Begleitpflanzen der Zwerg-Birke sind Rausch-, Krähen- und Moosbeere.
Die Verbreitung der Früchte erfolgt durch den Wind. Die schmalen Flügel erweisen sich für eine Fernverbreitung als nicht besonders effektiv. Zur Verbreitung dürfte jedoch auch das Schwimmvermögen der Früchte beitragen.
Die Zwerg-Birke ist außerhalb Botanischer Gärten nur selten in Kultur. Bei geeignetem Bodensubstrat bereitet ihre Pflege keine Schwierigkeiten.
Nahe verwandt mit der Zwerg-Birke ist die vierte heimische Birken-Art, die Strauch-Birke *(Betula humilis)*, ein meterhohes Gehölz, das im Norddeutschen Tiefland, dem nördlichen Voralpengebiet und in den Alpen verbreitet ist.
Das lat. Epitheton *nana* kommt von »nanus« = Zwerg und nimmt auf die geringe Größe der Zwerg-Birke Bezug.

Hänge-Birke, Warzen-Birke

Betula pendula Roth

[K] Sommergrüner, 10–25 m, selten bis 30 m hoher Baum mit überhängenden Zweigen. Rinde weiß, mit langen Korkwarzenbändern; an der Stammbasis mit schwarzer, tiefgefurchter und netzig längsrissiger Borke. Junge Zweige dicht mit sitzenden, warzigen Harzdrüsen besetzt, später braun mit zahlreichen Korkwarzen. Winterknospen zugespitzt, lackartig glänzend. ■ Laubblätter wechselständig, 4–7 cm lang, bis 3 cm gestielt, rautenförmig, mit lang ausgezogener Spitze (!). Blattrand regelmäßig doppelt gesägt. Spreite jung klebrig. ■ Blüten in eingeschlechtigen Ständen, Pflanzen einhäusig. Männliche Kätzchen zu 1–3 am Ende vorjähriger Triebe, schon im Sommer ausgebildet, 2,5–3 cm lang, ungeschützt überwinternd, zur Blütezeit bis 10 cm lang schlaff herabhängend. Blüten unscheinbar, mit 4-teiliger Hülle und 2 Staubblättern. Weibliche Kätzchen an der Spitze beblätterter Kurztriebe, unterhalb der männlichen, als Knospe überwinternd, blühend aufrecht stehend. Blüten zu dritt in der Achsel eines Schuppenblattes. Blütenhülle fehlend. Reife Kätzchen hängend, Frucht eine 1-samige, dünnhäutig geflügelte, 3 mm lange Nuß. ■ Blütezeit: April/Mai; Fruchtreife: August/September.

[S] In lichten Laub-, Nadel- und Mischwäldern, Mooren, Magerweiden und Heiden; auf feuchten bis trockeneren, mäßig nährstoffreichen, eher sauren, sandigen Lehm-, Sand- und Steinböden. Flachwurzelndes Pioniergehölz auf Kahlschlägen, Brachflächen und Trümmergelände.

[V] Europa mit Ausnahme Nordskandinaviens und dem Süden der 3 Südhalbinseln; in den Apenninen

Zweig der Hänge-Birke mit jungem Fruchtstand

und den Gebirgen Siziliens, in Sibirien bis zum Jenissei, im Altai-Gebirge; vom Kaukasus bis Nordpersien. In Mitteleuropa vom norddeutschen Tiefland bis zur Höhe von 1900 m in den Alpen.

Die geflügelten Nüsse sind leicht und bieten dem Wind eine gute Angriffsfläche, wenn sie bei der Reife aus den Kätzchen herausgeweht werden. Bei Windstille trudeln sie ungerichtet zu Boden. Nach dem 2. Weltkrieg gehörte die Birke mit den Weiden zu den wichtigsten Besiedlern der Trümmer. Sie ist außerordentlich raschwüchsig – das Wachstum dauert bis zum Spätsommer an – und hinsichtlich des Bodens anspruchslos. Empfindlich reagiert sie auf längere Trockenheit.
Die Hängc-Birke wird 90–120 Jahre alt. Nach etwa 50 Jahren hat sie ihre endgültige Höhe erreicht. Ihr weit in die Krone reichender Stamm wird 50–80 cm dick. Das Holz – Splint und Kern unterscheiden sich kaum – ist weiß bis blaß rötlichgelb und wird nach dem Hobeln glänzend. Das harte Holz ist schwer spaltbar, elastisch, zäh, stark schwindend und im Freien unbeständig. Es wird zu Furnierholz für Schlaf- und Musikzimmer, zu Leitern, Tischen, Stühlen, Gartenmöbeln, Holzschuhen und Wäscheklammern verarbeitet. Es dient ferner zur Herstellung von Sperrholz und Schindeln. Die besten Hölzer kommen aus Finnland. Birkenholz hat einen hohen Brennwert. Den Blutungssaft benutzt man zur Herstellung von Haarwasser, auch läßt man ihn zu Birkenwein vergären, da er Zucker enthält. Pro Baum können täglich 5–8 l Saft gewonnen werden, wenn man die Stämme 2–4 cm tief anbohrt. Aus der Rinde gewinnt man Birkenteer, der ein gutes Konservierungsmittel für Leder ist, z. B. destilliert man daraus das sog. Juchtenöl zum Einfetten des Juchtenleders. Die weiße Farbe der Stämme und Äste kommt durch Betulin zustande, einem Triterpenderivat, das gegen Tierfraß schützt, die Rinde für Nässe undurchlässig und damit auch unverweslich macht.
Von der Hänge-Birke sind zahlreiche Gartenformen bekannt, die sich durch extremen Hängewuchs (Trauerbirke), Anthocyan bedingtes Rotlaub (Blutbirke) oder zerschlitzte Blätter (Schlitzblättrige Birke) auszeichnen. Von allen diesen Formen gibt es mehrere Mutanten, die vor allem vegetativ vermehrt werden. Insbesondere die Trauer-Birke wird auf hochstämmige Unterlagen veredelt.

Borke der Hänge-Birke

Männliche Blütenstände

Moor-Birke

Betula pubescens Ehrh.

K Aufrechter, vielfach schon am Grunde mehrstämmiger, sommergrüner Baum von 10–30 m Höhe. Äste aufsteigend bis waagerecht, aber nicht überhängend (!). Rinde sich in Ringeln ablösend, lange Zeit schmutzig-weiß bleibend, mit langen, waagerechten Korkbändern, die sich aus den stark gedehnten Korkwarzen bilden; erst später am Stammgrund eine rissige, schwarze Borke ausbildend. Junge Zweige dicht flaumig behaart (!), meist drüsenlos, ältere Zweige verkahlend, grau- bis rotbraun. Winterknospen klebrig-glänzend, zugespitzt, 7 bis 10 mm lang. ▪ Laubblätter wechselständig, bis 2,5 cm lang gestielt; Spreite 3–5 cm lang und 1,5–3,5 cm breit, rhombenförmig, am Ende kurz zugespitzt (!). Rand einfach bis doppelt gesägt. ▪ Männliche Kätzchen ungestielt, mit einer Länge von 1,5–2 cm überwinternd, blühend bis 8 cm schlaff herabhängend. Weibliche Kätzchen gestielt, während der Blüte aufrecht stehend, zur Reife bis 4 cm lang hängend. Flügel der Nußfrucht doppelt so breit wie der Fruchtkörper. ▪ Blütezeit: April/Mai; Fruchtreife: August/September.

Blühender Zweig der Moor-Birke

S Die Moor-Birke besiedelt meist feuchtere Standorte als die Hänge-Birke. Sie gilt als Charakterpflanze der Eichen-Birken-Wälder und vor allem der Birken- und Erlenbrüche. Häufig stockt sie auf Zwischen- und Hochmooren. Sie verlangt einen feuchten, mäßig nährstoffreichen, sauren, moorigen Untergrund, wächst aber auch auf staunassen Lehm- oder humosen Sandböden. Vergesellschaftet ist sie mit Ohr-Weide, Wald-Kiefer, Zitter-Pappel, Faulbaum, Schwarz- und Grau-Erle.

V Westliches, mittleres und nordöstliches Europa; über das nördliche Rußland nach Sibirien bis zum Jenissei. Ein isoliertes Teilareal erstreckt sich vom östlichen Schwarzmeergebiet bis zum Kaukasus. Die Moor-Birke fehlt im Mittelmeergebiet. In Mitteleuropa ist sie vom norddeutschen Flachland bis zu den Alpen verbreitet und erreicht hier eine Höhe von 2200 m.

Die Moor-Birke ist ein vielgestaltiges Gehölz. Erreicht sie im Flachland und in der Gebirgsstufe eine beacht-

liche Größe, so ist sie in den höheren Lagen der Alpen und in den Hochlagen der Mittelgebirge nur strauchig ausgebildet.
Eine stets strauchige Variante ist die Karpaten-Birke *(Betula pubescens* ssp. *carpatica),* die meist nur 1–3 m hoch wird. Sie hat einen knorrigen Stamm, eine gelblichweiße bis rötlichbraune Rinde und sehr bald verkahlende Triebe mit meist nur einfach gesägten Blättern. Sie besiedelt vor allem die östlichen Teile des Areals und ist in den deutschen Mittelgebirgen hauptsächlich in Mooren, z. B. in der Hohen Rhön anzutreffen.
Die Moor-Birke muß wohl, wie Pollenfund in zahlreichen untersuchten Bodenprofilen insbesondere von Moorböden belegen, eines der wichtigsten Pioniergehölze am Ende der Eiszeit in Mittel- und Nordeuropa gewesen sein. Große Frosthärte und ihre Anspruchslosigkeit hinsichtlich des Bodens mögen das begünstigt haben. Gleich der Hänge-Birke ist die Moor-Birke ein Frühlingsbaum, dessen frisches Grün als Schmuck bei Maifesten und Fronleichnamsprozessionen als Schmuck dient.
Nicht selten sind bei der Moor-Birke Zweigteile zu Hexenbesen deformiert. Sie fallen durch ihre rundliche Gestalt und dichte Verzweigung vor allem im unbelaubten Zustand auf. Erreger ist ein Schlauchpilz *(Taphrina),* der lokalen Zwergwuchs bewirkt. Viele unserer in Gärten gezogenen Zwergformen, namentlich bei Nadelgehölzen, sind aus solchen Mißbildungen hervorgegangen.
Die Moor-Birke wird nur selten angepflanzt. Die Birken unserer Gärten und Parkanlagen sind zumeist nicht näher identifizierbare Hybriden. Noch mehr als Weiden neigen Birken zur Bastardierung.
Der Name Birke geht auf das althochdeutsche »bircha« oder »biricha« zurück, wohl mit der indogermanischen Wurzel »bhereg«, was so viel wie weiß oder glänzend heißt und auf die weiße Rinde Bezug nimmt. *Betula* war der Name der Birke bei den Römern, z. B. Plinius. Das lat. Epitheton *pubescens* heißt übersetzt behaart werdend, abgeleitet von »puber« = mannbar.
Die in Deutschland häufige Birke ist in vielen Flur-, Orts- und Familiennamen enthalten.

Moor-Birken sind oft die einzigen Gehölze in Mooren und Naßwiesen

Gemeine Hasel

Corylus avellana L.

K Sommergrüner, vom Grunde an vielstämmiger, aufrechter, 2–6 m hoher Strauch. Junge Zweige hin und her gebogen, kurzfilzig und abstehend-drüsig behaart; Rinde graubraun, bald verkahlend und längsrissig mit zerstreuten, hellen Korkwarzen. Winterknospen eiförmig, silbrig behaart. Endknospe fehlend. ▪ Laubblätter wechselständig, Blattstiel drüsig behaart, 5–15 mm lang; Spreite rundlich bis verkehrt-eiförmig, 6–10 cm lang und auch fast so breit, häufig schwach 3-lappig, mit oft asymmetrischem, herzförmigen Grund; doppelt gesägt. Nebenblätter eiförmig, hinfällig. ▪ Pflanze einhäusig, Blüten in eingeschlechtigen Ständen, sich lange vor dem Laub entfaltend. Männliche Kätzchen zu 1–4 am Ende oder in den Blattachseln vorjähriger Zweige; schon im Spätsommer des Vorjahres angelegt und als 1,5–2 cm langer Stand frei überwinternd; erblüht 8–10 cm schlaff nach unten hängend. Blüten ohne Blütenhülle, mit 4 Staubblättern. Weibliche Blüten bis auf die roten, fädigen Narben in den Knospen geborgen; die reifenden Früchte am Ende junger, beblätterter Triebe stehend. Nüsse mit großem, hellen Nabel, 16–18 mm lang, eirundlich, in einem zerschlitzten, tütenförmigen Fruchtbecher. ▪ Blütezeit: Februar bis April; Fruchtreife: August/September.

S Oftmals bestandbildend in lichten Laubwäldern, an Waldrändern, Gebüschsäumen, in Auenwäldern, Buchen- und Eichen-Mischwäldern und Hecken; auf tiefgründigen, lockeren, humosen, oft steinigen, nährstoffreichen Lehmböden, bevorzugt in sommerwarmer und mäßig sommertrockener Klimalage.

V In Europa außer Nordskandinavien und Nordrußland bis nach Kleinasien und zum Kaukasus. Im

Zweig, weibliche Blüte und Frucht der Hasel

südlichen Europa auf die Gebirge beschränkt. In Mitteleuropa vom Norddeutschen Tiefland über die Mittelgebirge bis zu den Alpen, eine Höhe von 1400 m erreichend.

G Die Gattung *Corylus,* zu den Birkengewächsen gehörend, umfaßt 15 Arten in der nördlich-gemäßigten Zone der Alten und Neuen Welt. Es sind Sträucher, aber auch hohe und breite, stets sommergrüne Bäume mit eingeschlechtigen, in getrennten Ständen angeordneten Blüten. Eine Blütenhülle fehlt.

Die Gemeine Hasel ist zwar das erste, blühende Laubgehölz im Jahr, die Befruchtung der Samenanlagen geschieht aber erst Wochen später! Die Hasel ist windblütig. Der reife Pollen fällt zunächst auf das Tragblatt der nächstunteren Blüte, mit dem Wind wird er dann weiter transportiert. Auch Bienen nehmen Haselpollen auf, führen jedoch keine Bestäubung durch, da sie nur männliche Kätzchen aufsuchen.

Die Hasel, obwohl heute in Mitteleuropa häufig, war in der Nacheiszeit weiter verbreitet. Man spricht, belegt durch Pollenfunde, sogar von einer sog. »Hasel-Zeit«, zeitlich etwa mit der älteren Mittel-Steinzeit übereinstimmend. Die Haselnuß war damals eine für den Menschen wichtige Frucht. Durch die nachfolgende Ausbreitung der Eiche wurde die Hasel etwas zurückgedrängt.

Die Samen enthalten etwa 60% Fett und 20% Eiweiß. In der Natur werden die Früchte von vielen Tieren verzehrt und auch verbreitet, z.B. von Eichhörnchen, Siebenschläfern, Mäusen, Hähern und dem Kleiber. Waldmäuse und Eichhörnchen sammeln die Nüsse und legen sich Depots an, die oftmals nicht ganz geleert oder gar vergessen werden. Der Kleiber klemmt Nüsse in Borkenspalten ein, um sie mit Schnabelhieben aufzuschlagen. Solche sog. Spechtschmieden kann man hin und wieder im Wald finden.

Die Hasel hat ein gutes Ausschlagsvermögen und verträgt einen starken Rückschnitt. Sie kam daher früher gehäuft in Niederwäldern vor, vielfach vergesellschaftet mit der Hainbuche und Trauben-Eiche. Die Schößlinge der Hasel können in einer Vegetationsperiode mehrere Meter hoch werden, sie verzweigen sich erst im kommenden Jahr. Ausgewachsene Schößlinge erreichen im Alter eine Dicke von 15–18 cm. Das schwer spaltbare, weißlich-gelbe Holz wurde für Faßreifen, Flechtzäune, Spazierstöcke und Korbbügel,

Blühender Haselzweig

aber auch für Drechslerarbeiten oder zur Gewinnung von Holzkohle verwendet. Die Ruten zeichnen sich durch eine beachtliche Biegsamkeit aus. Haseln können ein Alter von 100 Jahren erreichen. Die alten Stämme werden regelmäßig durch junge Schößlinge ersetzt.

Corylus ist der Name der Hasel bei vielen antiken Autoren. Das Epitheton *avellana* weist auf die Stadt Avella in Kampanien hin, die wegen ihrer guten Nüsse bekannt war.

Lamberts-Hasel

Corylus maxima Mill.

K Sommergrüner, vielstämmiger, robuster, bis 5 m hoher, reichverzweigter Strauch. Junge Zweige feinfilzig behaart und mit gestielten Drüsenborsten besetzt; später verkahlend, graubraun, mit zahlreichen hellen Korkwarzen. Rinde im Alter längsrissig und abrollend. Winterknospen eiförmig, abgespreizt, mit dicht schließenden, bewimperten Schuppen. Endknospe fehlend. ■ Laubblätter wechselständig, 1–2 cm lang gestielt; Spreite 8–15 cm lang und fast so breit, elliptisch bis breitoval, mit herzförmigem Grund, beidseitig behaart; Blattrand doppelt gesägt. ■ Pflanze einhäusig, Blütenstände eingeschlechtig, lange vor den Blättern erscheinend. Männliche Kätzchen schon im Spätsommer des Vorjahres in den Blattachseln angelegt und bei einer Länge von 2 cm nackt überwinternd; zur Blütezeit bis 10 cm lang, schlaff hängend. Blüten ohne Blütenhülle, mit 4 Staubblättern, in der Achsel eines schuppenförmigen Tragblattes. Weibliche Blüten auch zur Blütezeit in einer Knospe geborgen, nur die roten, fädigen Narben herausragend. Frucht eine 1-samige Nuß, tief in einem zerschlitzten, tütenförmigen, samtig-behaarten Fruchtbecher sitzend; 2,2–2,5 cm lang, zu 2–6 beisammen. ■ Blütezeit: Februar bis April; Fruchtreife: August/September.

S In lichten Wäldern, Waldsäumen und Flußtälern, auf tiefgründigen, nährstoff- und humusreichen, steinigen Lehmböden. Die Lamberts-Hasel ist eine Licht- bis Halbschattenpflanze und frostempfindlicher als die Gemeine Hasel; sie verlangt mehr Wärme und Feuchtigkeit.

V In Europa nur von Kroatien bis Mazedonien und in Nordgriechenland; im nördlichen Kleinasien bis zum Kaukasus.

Zweig und Früchte mit Fruchtbecher

Zum Trocknen ausgestreute Haselnüsse bei Giresun/Nordtürkei

Die Lamberts-Hasel wird seit langem in Mitteleuropa kultiviert. Der Name besagt, daß diese Hasel aus der Lombardei, mittelhochdeutsch »Lampardie«, zu uns gelangte. Sie wurde auch Lamperdische Nuß genannt. Wegen der zerschlitzten Fruchthülle heißt sie auch Bart-Nuß. Was wir im Handel als Haselnüsse kaufen, sind meist Früchte der Lamberts-Hasel. Die harte Schale birgt den von einer festanliegenden, dünnen Samenhaut umgebenen Samen, der zu 61% fettes Öl, 14% Eiweiß, 14% Kohlehydrate und Vitamin C (3 mg/100 g) enthält und inhaltlich damit ähnlich wie die Walnuß zusammengesetzt ist. Die Weltproduktion betrug 1978 504000 t.

Hauptproduzent ist mit großem Abstand die Türkei mit 320000 t. Weitere Anbaugebiete liegen in Spanien, Persien und den USA. In der Türkei werden weite Teile des Pontischen Gebirges als Hasel-Plantagen genutzt. In diesem feucht-warmen Gebiet mit üppiger Vegetation wächst die Lamberts-Hasel als Unterwuchs in den artenreichen Laubmischwäldern. Man schlägt die Fremdgehölze heraus und läßt die Haselsträucher stehen bzw. pflanzt weitere hinzu. So bieten weite Flächen ein eigenartiges Bild, wo der eigentlich Wald nur noch einen Rahmen für die ausgedehnten Kulturflächen abgibt. Die fast reifen Früchte werden geerntet bevor sie ausfallen und zum Trocknen ausgebreitet.

In unseren Gärten wird die Lamberts-Hasel zumeist in einer roten Varietät, der sog. Blut-Hasel angepflanzt, deren Blätter dunkelrot sind. Der im Zellsaft gelöste Farbstoff Anthocyan überdeckt das Chlorophyll, das aber trotzdem normal vorhanden ist. Auch die Tütenhüllen der Nüsse sind rot gefärbt. Demgegenüber ist die normale, grünblättrige Lamberts-Hasel eigenartigerweise bei uns nur sehr selten zu sehen. Anders als bei der Gemeinen Hasel ist der Fruchtbecher oberhalb der Nuß verengt, so daß die Früchte bei der Reife nicht ausfallen können. Durch Eintrocknung der unteren, fleischigen Wand reißt das Gewebe jedoch auf, so daß die Nüsse seitlich ausfallen können. Das Öl der Nüsse kann auch ausgepreßt werden. Es wird als Speiseöl, für die Ölmalerei und kosmetische Zwecke verwendet. Als Straßenbaum wird seit einigen Jahren auch die südosteuropäische Baum-Hasel (*Corylus colurna*) in Mitteleuropa angepflanzt.

Gemeine Hopfenbuche

Ostrya carpinifolia Scop.

K Sommergrüner, ein- bis mehrstämmiger, großer Strauch oder bis 20 m hoher Baum mit anfangs kegelförmiger, später breit-rundlicher Krone und dunkler, schuppiger Borke. Junge Zweige rund, sehr biegsam, anfangs bräunlich behaart, bald verkahlend, olivgrün bis graubraun, mit hellen Korkwarzen; Rinde lange glatt bleibend. Winterknospen abspreizend, 7–10 mm lang, zugespitzt, mit dicht schließenden, verklebten (!) Schuppen. Endknospe meist fehlend. ▪ Laubblätter 2-zeilig angeordnet, 5–13 mm lang gestielt; mit elliptischer bis ovaler Spreite, 5–12 cm lang, 2,5–6 cm breit; oberseits tiefgrün, verkahlend; unterseits längs der Adern behaart, mit hellen Achselbärten; Blattrand doppelt gesägt, mit grannenartigen Spitzen. Nebenblätter hinfällig. ▪ Pflanze einhäusig, Blüten in eingeschlechtigen Kätzchen, mit den Blättern erscheinend. Männliche Kätzchen zu 3–5 an der Spitze vorjähriger Zweige, bereits im Sommer des Vorjahres ausgebildet; zur Blütezeit bis 12 cm lang, schlaff hängend; Blüten ohne Blütenhülle, in der Achsel grünlicher, braun gespitzter Tragblätter, mit 4–10 Staubblättern. Weibliche Kätzchen im Knospenzustand überwinternd, am Ende junger Triebe; erblüht bis 5 cm lang, hängend. Blüten mit unscheinbarer Blütenhülle, zu zweit in der Achsel von Tragblättern. Frucht eine 5 mm lange Nuß. ▪ Blütezeit: April bis Juni; Fruchtreife: September/Oktober.

S An trockenen, sommerwarmen, exponierten Hängen, Waldrändern, in lichten Laubmischwäldern; an meist kalkreichen, tief- bis flachgründigen Hängen auf mäßig nährstoffreichen, lehmigen Böden. In Südosteuropa zwischen 250 und 800 m Höhe als Charakterart verschiedener Waldgesellschaften, z. B. in artenreichen Hopfenbuchen-Flaum-Eichen-Wäldern und Hopfenbuchen-Manna-

Zweigspitze der Hopfenbuche

Eschen-Gesellschaften oder in Reinbeständen.

V Europa, Kleinasien und Kaukasus. Von Südfrankreich, Italien, Korsika, Sardinien, der Südschweiz über das südliche Österreich, Jugoslawien bis Griechenland und Bulgarien. Verbreitungsschwerpunkt ist das östliche Mittelmeergebiet. In den Südalpen bis zu 1300 m hoch ansteigend.

G Die Hopfenbuche ist ein Vertreter der Birkengewächse *(Betulaceae)*. Die Gattung *Ostrya* umfaßt 10 Arten auf der Nordhemisphäre der Alten und Neuen Welt. In Amerika reicht das Areal bis nach Mittelamerika. Es sind ausnahmslos sommergrüne, einhäusige Gehölze, deren getrenntgeschlechtige Kätzchen windblütig sind. Nußfrüchte von einer Hülle geborgen.

Die Hopfenbuche spielt in der Waldzusammensetzung Südosteuropas eine wichtige Rolle. Vielfach wurden die ursprünglichen bzw. natürlichen Bestände durch Niederwaldwirtschaft oder Beweidung verändert oder zerstört.

In Mitteleuropa wird die Hopfenbuche nur selten angepflanzt, obwohl sie im Weinbauklima winterhart ist. Sie fällt durch ihre markanten Fruchtstände auf. Die Nüsse sind von einer 15 mm langen, blasigen Hülle umgeben, die aus der Verwachsung von 3 Blattorganen entsteht, nämlich vom Tragblatt und den beiden Vorblättern. Diese Hülle spielt für die Windverbreitung eine wichtige Rolle, da so dem Wind eine genügend große Angriffsfläche geboten wird. Die Fruchtstände bleiben, zumindest in Mitteleuropa, meist noch lange nach dem Laubfall am Baum hängen.

Die Hopfenbuche kann etwa 100 Jahre alt werden und zeichnet sich durch rasches Wachstum aus. Bemerkenswert ist auch die gute Ausschlagskraft, besonders nach

Fruchtstand der Hopfenbuche

kräftigem Rückschnitt oder sogar nach Abholzung. Das Holz ist hart und schwer und wird für Werkzeugteile oder zur Gewinnung von Holzkohle verwendet.

Ostrya wurde die Hopfenbuche bei Theophrast und Plinius genannt. Vermutlich leitet sich der Name von griechisch »ostro-drys« = »Knochenharter Baum« ab. Der deutsche Name spielt auf die hopfenähnlichen Fruchtstände an.

Männliche Blütenstände

Hainbuche, Weißbuche

Carpinus betulus L.

K Sommergrüner, reichverzweigter, bis 25 m hoher Baum mit zunächst kegelförmiger, im Alter weit ausladender, rundlicher Krone. Borke glatt, mit längsverlaufendem Netzmuster, auch im Alter kaum aufreißend oder abblätternd, erhabene Partien silbrig, sonst graubraun bis dunkelgrau. Junge Zweige biegsam, anfangs anliegend behaart, bald verkahlend. Winterknospen den Zweigen anliegend, spitz kegelförmig, 7–10 mm lang. Endknospe fehlend. ▪ Laubblätter 2-zeilig, bis 15 mm lang gestielt. Spreite lang-eiförmig bis länglich-elliptisch, zugespitzt, 5–10 cm lang, 3–6 cm breit, oberseits dunkelgrün, anfangs seidig behaart, verkahlend; unterseits auf den Adern und deren Winkeln behaart, heller. Blattrand doppelt gesägt. Nebenblätter hinfällig. ▪ Blütenkätzchen mit dem Laub erscheinend, eingeschlechtig, Pflanze einhäusig. Männliche Kätzchen aus seitenständigen Knospen vorjähriger Zweige entspringend, an blattlosen oder wenigblättrigen Kurztrieben, 4–7 cm lang, schlaff hängend; Blüten ohne Blütenhülle mit 7–11 Staubblättern. Weibliche Kätzchen endständig an jungen beblätterten Langtrieben, gestielt, 3 cm lang; zur Fruchtreife 6–15 cm lang. Weibliche Blüten paarweise in der Achsel eines bewimperten Tragblattes. Blütenhülle unscheinbar. Fruchtknoten mit 2 roten Narben. Nußfrucht 5–10 mm lang, einem 3-lappigen Blattorgan ansitzend und mit ihm abfallend.

▪ Blützezeit: Juni; Fruchtreife: September/Oktober.

S Häufig, z.T. bestandbildend in Laubmischwäldern; Charakterart der

Zweig mit Fruchtstand und geflügelter Frucht der Hainbuche

Eichen-Hainbuchen-Mischwälder auf mäßig nährstoffreichen, tiefgründigen, frischen bis mäßig humosen, sauren, sandigen oder steinigen Lehmböden; nicht kalkfeindlich.

V Von Frankreich und Südengland über das mittlere Europa, Südschweden bis Westrußland; südlich von Italien, über die Balkan-Halbinsel, das nördliche Kleinasien, den Kaukasus bis nach Nordpersien. In Mitteleuropa vom Norddeutschen Tiefland bis zu den Alpen, hier bis auf 1000 m ansteigend.

G Die Gattung *Carpinus*, mit 35 Arten in der nördlich-gemäßigten Zone beheimatet, hat ihren Verbreitungsschwerpunkt in Ostasien. 2 Arten sind in Europa vertreten, nur eine in Mitteleuropa. Alle Arten sind sommergrüne Holzgewächse und ähneln in ihren Eigenschaften der mitteleuropäischen Hainbuche.

Die Hainbuche hat einen höheren Lichtbedarf als die Rotbuche. Sie bevorzugt auch mehr Sommerwärme und verträgt größere Sommertrokkenheit. Dank ihres kräftigen Ausschlagvermögens ist sie eines der wichtigsten Niederwaldgehölze. Die in reicher Fülle gebildeten Früchte werden durch den Wind verbreitet; das leicht asymmetrische Flugorgan, ein Verwachsungsprodukt der beiden Vorblätter mit dem Tragblatt einer Blüte, wird durch den vom Fruchtkörper gebildeten Schwerpunkt beim freien Fall in schraubige Drehungen versetzt und fällt so mit beträchtlich verminderter Sinkgeschwindigkeit zu Boden. Durch horizontal wehende Winde können beachtliche Verbreitungsweiten erzielt werden. Auch Tiere, vor allem Nager, tragen zur Verbreitung bei, indem sie die Früchte bei der Nahrungssuche verschleppen.

Die Hainbuche erreicht ein Alter von 150 Jahren, die Stämme können 100 cm dick werden. Das Holz, im Splint und Kern gleich, ist feinfaserig, es trocknet leicht und schnell, ist fest, sehr hart, gut biegsam und im Bestand bis zu 10 m Höhe astfrei, leider schwindet es stark. Es läßt sich gut polieren und wird zu Gegenständen verarbeitet, die hoher mechanischer Beanspruchung unterliegen, wie Hackbretter, Hackklötze und Werkzeugstiele. Es hat einen hohen Brennwert und liefert ausgezeichnete Holzkohle.

In den Gärten ist die Hainbuche ein langlebiges, gutes Heckengehölz, welches das Laub im Herbst nur sehr zögernd verliert. In den Barockgärten Frankreichs und Deutschlands wurden Hainbuchen gern zur

Blütenstände der Hainbuche

Herstellung oft merkwürdiger architektonischer Formen und zur Nachbildung von Lebewesen zurechtgeschnitten. Zur Viehfuttergewinnung wird sie geschneitelt.

Carpinus hieß die Hainbuche schon bei den Römern. Das Epitheton *betulus* weist auf die Ähnlichkeit der Kätzchen mit der Birke hin. Der deutsche Name Hagebuche leitet sich vom althochdeutschen »haganbuoche« ab, wobei »hag« so viel wie Einzäunung (=Heckenpflanze) bedeutet. Der Name Weißbuche geht auf das helle Holz, im Gegensatz zur Rot-Buche, ein.

Gemeine Buche, Rot-Buche

Fagus sylvatica L.

[K] Sommergrüner, 25–30 m hoher, reichverzweigter Baum mit glatter, silbergrauer Borke. Im freien Stand breitkronig mit starken Ästen und bis zum Erdboden hängenden Zweigen, im Wald mit langen Schäften und schmaler Krone. Wipfeltriebe junger Bäume oft überhängend, sich später aufrichtend. Junge Zweige hin und her gebogen, dünn, anfangs behaart aber bald verkahlend, grau- bis rotbraun mit zahlreichen Korkwarzen. Winterknospen 2–3 cm lang, silbrighellbraun, lang zugespitzt. Endknospe stets vorhanden. ■ Laubblätter 2-zeilig, 10–15 mm lang gestielt mit derber, breit-elliptischer bis ovaler, 5–10 cm langer, 3–7 cm breiter, stumpf endender Spreite. Anfangs seidig behaart, später oberseits glatt und glänzend, unterseits längs der Adern behaart und achselbärtig; mit 5–7 parallelen Seitenadern jederseits; Blattrand nur schwach stumpf gezähnelt. ■ Blütenstände eingeschlechtig, an jungen Trieben, mit den Blättern erscheinend, Pflanze einhäusig. Männliche Stände rundlich, reichblütig, bis zu 2 cm lang gestielt, hängend. Blüten mit zottiger, 5- bis 6-teiliger Blütenhülle und 4–15 lang gestielten Staubblättern. Weibliche Stände nur 2-blütig, inmitten eines filzigen, später verholzenden Fruchtbechers. Frucht eine 2 cm lange, kantige, glänzend braune, einsamige Nuß. ■ Blütezeit: April/Mai; Fruchtreife: September/Oktober.

[S] Auf lockeren, mittelgründigen, gut drainierten, steinigen Lehmböden, sowohl auf kalkhaltigem als auch saurem Gestein.

Zweig der Rot-Buche, Fruchtstand und Frucht (Ecker)

V Europa. Von Zentral- und Nordspanien über Frankreich, Südengland, Südskandinavien bis nach Polen, der Westukraine und der Krim; im Süden über Korsika, Italien bis zum mittleren Teil der Balkan-Halbinsel. Im südlichen Teil des Areals auf die Höhenlagen der Gebirge beschränkt, d.h. südlich der Alpen oberhalb 900 m, in den Apenninen oberhalb 1 100 m. In Mitteleuropa allgemein verbreitet, vom Tiefland bis in 1600 m Höhe in den Alpen.

G Die Gattung *Fagus* zählt 10 Arten in der nördlich gemäßigten Zone der Alten und Neuen Welt. In Amerika reicht das Areal bis nach Mexico. In Europa sind 2 Arten beheimatet, nur 1 in Mitteleuropa. Es sind sommergrüne Bäume. ■ Die Rot-Buche gehört zur Familie der Buchengewächse *(Fagaceae)*, die mit 8 Gattungen und über 900 Arten vor allem auf der Nordhemisphäre vertreten ist. Einige Gattungen bzw. Arten sind auch im südlichen Südamerika, Südostaustralien, Neuseeland und im tropischen Südostasien vertreten.

In Mitteleuropa ist die Rot-Buche heute der wichtigste, bestandbildende Laubbaum. Vor etwa 4500 Jahren, als die Eichen bei uns dominierten,

Keimpflanze der Rot-Buche

Männliche Blütenstände

in der sog. Späten Wärmezeit oder dem Subboreal, begann sich das Klima langsam zu verschlechtern. Niedrigere Temperaturen, verbunden mit höheren Niederschlägen, begünstigten das Vordringen der Rot-Buche. Seit etwa 800 v. Chr., dem Beginn der Nachwärmezeit, auch Subatlantikum genannt, können wir von einer »Buchen-Zeit« in Mitteleuropa sprechen.

Die Rot-Buche meidet große Temperaturgegensätze und Trockenperioden. Sie bevorzugt ein mildes, feuchtes Klima ohne kalte Winter und Spätfröste. Wo die Jahresniederschläge öfter unter 500 mm absinken, wie z.B. in der Ungarischen Ebene, im Saalegebiet, in der nördlichen Oberrheinebene und in Rheinhessen, fehlt die Rot-Buche. Im Mittelmeergebiet kann sie sich nur halten, wo die Niederschlags- und Temperaturwerte denen Mitteleuropas entsprechen: nämlich in den Höhenlagen.

So empfindlich die Rot-Buche gegen Trockenheit und Staunässe ist, Wind verträgt sie gut. Freistehende Exemplare im Bereich der Baumgrenze in unseren Mittelgebirgen zeigen oft ausgeprägte Windschurformen. In Nordwestdeutschland, im Hohen Venn, in Belgien und in Frankreich werden Buchen als

Windschutz an den Westseiten der Häuser angepflanzt.
In den Tieflagen und in der mittleren Gebirgsstufe bildet die Rot-Buche oft Reinbestände. In den Hochlagen der Gebirge, wie z.B. im Schwarzwald, bilden sie Mischwälder mit Tanne und Fichte. Ob unsere heutigen Buchenwälder ein natürliches Bild vermitteln, steht in Frage. In weiten Bereichen bilden sie zweifellos die Endgesellschaft (sog. Klimaxgesellschaft) im Verlauf einer Vegetationsentwicklung, die in ihrer Artenzusammensetzung keinen großen Veränderungen mehr unterworfen ist. Auf nährstoffreichen Böden, zumal auf kalkhaltigem Untergrund, können Buchenwälder eine vielfältige und artenreiche Kraut- und Strauchschicht aufweisen. Das Buchenlaub zersetzt sich gut und bildet ein leichtes Substrat. Unter den heimischen Waldgehölzen zeichnet sich die Rot-Buche durch hohe Schattenverträglichkeit aus. Sie vermag noch zu gedeihen, wenn sie 1/60 des vollen Tageslichts erhält! Oftmals bilden junge Buchenpflanzen über Jahre hinweg nur Kurztriebe mit wenigen Blättern aus, so daß ihr Alter häufig unterschätzt wird. Bei höherem Lichtgenuß können sie aber Langtriebe bilden und schnell heranwachsen.

Die Früchte der Buche werden als Bucheckern bezeichnet. Während des Heranreifens sind sie durch eine feste, verholzte Fruchtstandshülle geschützt. Bei der Reife öffnet sich diese Hülle 4-klappig und entläßt die beiden Eckern. Nicht immer fruchten die Buchen reichlich. Man rechnet nur alle 5–10 Jahre mit reichem Fruchtansatz. Verbreitet werden die Eckern durch Eichhörnchen, Schlafmäuse, Tauben, Eichelhäher und Bergfinken. Früher wurden die Eckern gesammelt und als Schweinefutter verwendet. Im 1. Weltkrieg wurde das ausgepreßte Bucheckernöl zu Speisezwecken verwendet.
Buchenkeimlinge sind an Hand ihrer Keimblätter leicht zu erkennen (s. S. 61). Unter günstigen Bedingungen wachsen sie schnell heran und sind mit 15–20 Jahren blühfähig. Die Buche kann ein Alter von 300 Jahren und einen Stammdurchmesser von 1 Meter erreichen. Das Durchschnittsalter liegt jedoch bei 140–160 Jahren. Überalterte Bäume erkennt man an ihrer Wipfeldürre. Häufig sind sie dann kernfaul, was sich durch den Befall des bis zu 40 cm großen Zunderschwammes *(Polyporus fomentosus)*, einem holzzerstörenden Pilz, am Stamm bemerkbar macht.

Stamm der Hainbuche

Stamm der Rot-Buche

Furnier der Hainbuche (Weißbuche)

Furnier der Rot-Buche

Für die Niederwaldwirtschaft eignet sich die Rot-Buche nicht, da, im Gegensatz zur Hainbuche, Stockausschläge unterbleiben. Dagegen bildet sie im geschlossenen Bestand bis zu 15 m lange, astfreie Schäfte. Das stark schwindende Holz ist in Splint und Kern weißlichgrau bis rötlich getönt. Es ist zäh, sehr tragfähig aber wenig elastisch. Verarbeitet wird das Holz zu Schälfurnieren, Sperrholzplatten und Preßholz. Es findet Verwendung für Spielzeug, Sitzmöbel, Dachschindeln, Parkett und Eisenbahnschwellen. Die Rot-Buche liefert ein gutes Brennholz.

Die Rot-Buche wird von weniger Schädlingen als die Eiche heimgesucht. Bisweilen kommt es jedoch zu einem Massenbefall durch den Buchenspinner oder die Nonne, so daß ganze Bestände kahlgefressen werden können. Auch Gallbildungen sind häufig, wenngleich wiederum längst nicht in dem Ausmaß wie bei der Stiel- und Trauben-Eiche. Auf der Blattoberseite finden sich manchmal zugespitzt-eiförmige, 8–10 mm lange und 3–5 mm breite, kahle, blaßgrün bis rötlich gefärbte Gebilde, die von der Buchenblattgallmücke *(Mikiola fagi)* hervorgerufen werden. Schneidet man eine solche Galle der Länge nach auf, findet man eine Larve, die ihre Entwicklung in der Gallenkammer durchläuft. In manchen Jahren kann es zu einem Massenbefall kommen. Solche Gallbildungen gehören zu den merkwürdigsten biologischen Phänomenen. Stets sind die Gallen in Form und Größe einheitlich, so daß man von der Galle her den Erreger bestimmen kann. Oftmals weisen Gallbildungen auch spezielle Deckelbildungen auf, durch die das fertige Insekt ins Freie gelangt. Viele Gallen entwickeln sich nur weiter, wenn eine lebende Larve vorhanden ist.

Von der Rot-Buche werden viele Formen in unseren Parks angepflanzt. Am bekanntesten ist die Blutbuche, bei der das Blattgrün durch den in Zellsaft gelösten Farbstoff Anthocyan überlagert wird. Bei der Hängebuche sind die Zweige nach unten gekrümmt und liegen dem Erdboden auf.

Fagus nannten die Römer die Buche; abgeleitet vom griechischen »phegos«. Aus dem althochdeutschen »buoha« hat sich der Name Buche gebildet. Auch das Buch leitet sich von Buche ab, da früher auf dünnen Buchenholztafeln geschrieben wurde.

Eßkastanie, Edelkastanie

Castanea sativa Mill.

K Sommergrüner, bis 30 m hoher Baum mit breit ausladender Krone und dunkler, graubrauner, längsrissiger Borke. Junge Zweige kantig, kahl, olivgrün bis graubraun mit zahlreichen, kleinen Korkwarzen. Winterknospen eiförmig, zugespitzt, 7–8 mm lang. Endknopse fehlend. ▪ Laubblätter wechselständig, 2 cm lang gestielt; Spreite länglich-lanzettlich, 15–30 cm lang, 5–8 cm breit, zugespitzt, am Grunde keilförmig bis schwach herzförmig; oberseits glänzend dunkelgrün, unterseits blaßgrün. Blattrand grob grannenspitzig gezähnt. Nebenblätter hinfällig. ▪ Blüten eingeschlechtig, in köpfchenartigen Teilblütenständen zu 15 bis 20 cm langen Ständen vereinigt. Blüten unscheinbar, die männlichen mit 8–12 lang gestielten, weißen Staubblättern. Weibliche Blüten einzeln oder zu 2–3 in Teilständen, von einem Fruchtbecher eingeschlossen, am Grunde des Blütenstandes. Frucht eine glatte, mit lederartiger Wand versehene, 2–3 cm lange Nuß; zu 1–3 in einem stacheligen, 8–10 cm großen Fruchtbecher sitzend. ▪ Blütezeit: Juni/Juli; Fruchtreife: Oktober.

S In sommertrockenen, lichten Laubmischwäldern auf lockeren, mittel- bis tiefgründigen, nährstoff- und basenreichen, meist kalkfreien Silikatböden oder sandigen Lehmböden, in wintermilder und sommerwarmer, luftfeuchter Klimalage.

V Von Südfrankreich, der Schweiz, Italien, Österreich bis zur Balkan-Halbinsel und über Kleinasien bis zum Kaukasus. Das ursprüngliche Areal der Eßkastanie, besonders im mittleren Europa, läßt sich heute nur

Fruchtender Zweig und sich öffnender Fruchtstand der Eßkastanie

noch schwer rekonstruieren. Mit großer Wahrscheinlichkeit ist sie nördlich der Alpen durch die Römer im Gefolge des Weinbaus eingebürgert worden. Die Vorkommen auf der Iberischen Halbinsel und in weiten Teilen Frankreichs sind nicht natürlich.
G Die Gattung umfaßt 12 Arten in der nördlich gemäßigten Zone der Alten und Neuen Welt. In Europa gibt es nur 1 Art.

Die größten Bestände der Eßkastanie in Deutschland gibt es am Westhang des Schwarzwaldes, des Odenwaldes und in der Vorderpfalz sowie im Mosel-, Saar- und Nahetal. Hier wächst sie in Reinbeständen oder zusammen mit der Trauben-Eiche. Im Weinbauklima fruchtet sie, während die Früh- und Spätfröste im nördlichen Deutschland die Früchte nicht mehr reifen lassen.
Die Bäume sind außerordentlich ausschlagskräftig und wurden früher häufig in Niederwaldkultur mit 15- bis 20-jährigem Umtrieb gezogen, wobei die jungen, schlanken Stämme und Äste zu Rebpfählen verwendet wurden. Im Weinbauklima verjüngt sich die Eßkastanie selbst. Die Früchte werden durch Siebenschläfer, Mäuse, Eichhörnchen, Krähen und Häher verbreitet. Jungpflanzen sind sehr lichtbedürftig. Sie erlangen mit 20–25 Jahren Blühfähigkeit. Die Blüten riechen intensiv nach Trimethylamin, die männlichen (!) produzieren viel Nektar. Die weiß gefärbten Staubblätter bilden den Schauapparat der zur Blütezeit auffälligen Stände. Bestäuber sind zahlreiche Insekten, vor allem Käfer, Hummeln, Bienen und Fliegen.
Eßkastanien können südlich der Alpen bei einem Stammdurchmesser von gut 1 m ein Alter von über 500 Jahren, nördlich der Alpen wohl meist nur 200 Jahre erreichen. Einige Exemplare werden sogar auf 1000 Jahre geschätzt. Häufig sind die Stämme entgegen dem Uhrzeigersinn drehwüchsig. Schon die Römer verwendeten das Holz für Rebpfähle. Es ist im Splint hell, im Kern dunkelbraun und wird im Schiffsbau und für Faßdauben benutzt, da es sehr widerstandsfähig gegen Feuchtigkeit ist. Das Furnier wird wie bei den Eichen verwendet. Die Eßkastanien sind im Mittelmeergebiet ein wichtiges Nahrungsmittel. Die Samen enthalten 39% Wasser, 43% Stärke und 2,5% Fett.

Blütenstände der Eßkastanie

Eßkastanie und Roßkastanie stehen sich verwandtschaftlich nicht nahe. Die Früchte der Roßkastanie sind bestachelt und entlassen bei der Reife die braunen, glänzenden und mit einem großen Nabel versehenen Samen. Die Maronen der Eßkastanie hingegen sind Früchte die zu mehreren von einem Fruchtbecher umschlossen werden. Der eigentliche Same ist in der lederigen, braunen Fruchtwand geborgen. Sowohl bei der Roßkastanie als auch bei der Eßkastanie sind die Keimblätter Speicherorgane.
Castanea ist der römische Name für die Eßkastanie bzw. für deren Frucht. Das lat. Epitheton *sativa* heißt übersetzt gesät, angepflanzt.

Zerr-Eiche

Quercus cerris L.

K Sommergrüner, bis 30 m hoher, breitkroniger, oft langschäftiger Baum mit dicker, dunkelgrauer, tiefgefurchter, längsrissiger Borke. Junge Zweige gerade, biegsam, gerieft bis gerundet, anfangs kurz-filzig behaart, später verkahlend, mit zahlreichen, dunklen Korkwarzen, sich von olivgrün nach rötlich- bis graubraun verfärbend. Winterknospen 5–6 mm lang, oval, graubraun, spitzenwärts dicht um die Endknospe zusammengedrängt. Knospenschuppen von 8–12 mm langen, geschwänzt-fädigen, brüchigen Nebenblattschuppen umgeben, daran unverwechselbar auch im Winter erkennbar (!). ■ Laubblätter derb, sich rauh anfühlend (!), 1–2 cm lang gestielt; Spreite 8–13 cm lang, 5–9 cm breit, tief buchtig-gelappt, mit gerundeten Buchten; im Umriß sehr variierend, länglich-elliptisch bis schmal-länglich, oberseits anfangs filzig, verkahlend und tiefgrün, unterseits graugrün. Nebenblätter geschwänzt-fädig, wie die Knospenschuppen. ■ Blütenstände eingeschlechtig, Baum einhäusig. Männliche Kätzchen bis 8 cm lang, schlaff hängend, gelblich; Blüten mit unscheinbarer, verwachsenblättriger Hülle und 4 Staubblättern. Weibliche Blüten zu 1–4 einer kurz gestielten Blütenstandsachse ansitzend, gleich den männlichen Ständen an jungen Trieben. Frucht erst im 2. Jahr reifend (!), bis knapp zur Hälfte von einem Becher umgeben. Becherschuppen pfriemlich, behaart und sparrig abstehend, mit eingekrümmter Spitze; Eichel 3–4 cm lang und halb so breit. ■ Blütezeit: April; Fruchtreife: Im September/Oktober des folgenden Jahres.

S Auf sommerwarmen, mittel- bis tiefgründigen, nährstoffreichen, humosen, kalkhaltigen bis kalkfreien Lehm- und Silikatböden. In der Ebene bis zu mittleren Gebirgslagen.

Zweig der Zerr-Eiche mit den unverwechselbaren Knospenschuppen

V Südeuropa und südliches Mitteleuropa bis Kleinasien und Westasien. Südfrankreich, Schweiz, Italien, Österreich, Südosteuropa und Balkan-Halbinsel bis zum Westrand des Schwarzen Meeres. Auf der Iberischen Halbinsel, Korsika und Sardinien fehlend. In Mitteleuropa: natürliche Vorkommen im Tessin, der Steiermark und Niederösterreich. Die Vorkommen im Kaiserstuhlgebiet können nicht mit letzter Bestimmtheit als natürlich angesehen werden. Ganz sicher aber ist die Zerr-Eiche in England sowie im west- und nordwestlichen Frankreich nur eingebürgert.

Die Zerr-Eiche ist in Süd- und Südosteuropa ein wichtiges Waldgehölz und in sehr verschiedenen Waldgesellschaften anzutreffen. In den artenreichen Hopfenbuchen-Orient-Hainbuchen-Gesellschaften ist sie ein ebenso wichtiges Element wie in den Eichen-Hainbuchen-Wäldern oder in den südosteuropäischen, auf Löß stockenden Steppenwäldern. Die Höhenstufe wird von Exposition und geographischer Breite beeinflußt. In Serbien erreicht sie Höhen bis zu 600 m, in den Südkarpaten zwischen 100 und 700 m, knapp unterhalb der Trauben-Eichen-Gesellschaft. Die oberste Grenze liegt bei 1200 m. Vergesellschaftet ist die Zerr-Eiche mit vielen Gehölz-Arten, als wichtigste sind wohl die Flaum-Eiche und die Ungarische oder Balkan-Eiche zu nennen. Häufig treten Speierling, Elsbeere und Silber-Linde im südöstlichen Europa hinzu. Vergleicht man die Zusammensetzung der mitteleuropäischen Eichen-Wälder mit denen der Balkan-Halbinsel, so fällt die in Mitteleuropa durch die Eiszeit bedingte Artenarmut ganz besonders auf. Die Zerr- und Flaum-Eichen-Wälder bilden nach einer Übergangszone mit immergrünen Gehölzen einen eigenen Zonierungsgürtel. In diesen oberen Lagen sind nicht nur die Temperaturen niedriger, auch die Sommertrokkenheit des Mittelmeerklimas wirkt sich weniger aus.
Die Zerr-Eiche ist sommergrün, verliert aber ihr im Herbst bereits abgestorbenes Laub häufig erst im folgenden Frühjahr. Diese Erscheinung können wir übrigens bei vielen sommergrünen Eichen beobachten. Der Austrieb erfolgt relativ spät, so daß sich, vom Licht her, einer reichhaltigen Krautschicht gute Lebensmöglichkeiten bieten.
In den Weidegebieten Südosteuropas wird die Zerr-Eiche zu Futterzwecken geschneitelt. Sie verträgt den starken Rückschnitt dank ihres kräftigen Austriebvermögens und

Junge Früchte der Zerr-Eiche

der Bildung von Johannistrieben. Auch als Niederwaldbaumart ist sie geeignet. Das Holz, im Splint rostiggelb, im Kern rötlichbraun, ist härter als das der Stiel- und Trauben-Eiche. Es findet jedoch weniger Verwendung, da es stärker schwindet und schlecht spaltbar ist.
Das Epitheton leitet sich von lat. »cerrus« ab, wie Plinius die Zerr-Eiche benannte und soll iberischer bzw. hamitischer Herkunft sein.

Trauben-Eiche

Quercus petraea (Matt.) Liebl.

K Sommergrüner, breitkroniger und meist langschäftiger, 20–30 m hoher Baum mit ebenmäßig graubrauner, längsrissiger, gerippter Borke. Junge Zweige kahl, glänzend olivgrün bis braun, mit dunkleren Korkwarzen; oft fast quirlig verzweigt. Winterknospen eiförmig, vielschuppig, stumpf 5-kantig, 4–8 mm lang, im Spitzenbereich dicht um die Endknospe gruppiert. ▪ Laubblätter lederig, 2–2,5 cm lang gestielt (!); Spreite im Umriß verkehrt länglich-oval, 10–12 cm lang, 5–7 cm breit, jederseits mit 5–7 engen (!) Buchten und ungegliederten, fast spitzlich zulaufenden Lappen; Spreite am

Zweig der Trauben-Eiche

Grund breit keilförmig; oberseits tiefgrün, kahl und glänzend; unterseits graugrün, auf den Adern behaart, mit kleinen rostroten Achselbärten. Nebenblätter hinfällig. ▪ Blütenstände eingeschlechtig, Pflanze einhäusig. Männliche Kätzchen am Grunde junger Zweige, bis 6 cm lang, schlaff hängend, gelblich; weibliche Blüten zu 1–5 in fast ungestielten Ständen im Spitzenbereich junger Triebe. Früchte bis zu ¼ in einem dichtschuppigen Fruchtbecher geborgen; Eichel 2–3 cm lang und halb so dick. ▪ Blütezeit: April/Mai; Fruchtreife: September/Oktober.

S Meist in waldartigen Beständen auf nährstoffreichen bis -armen, mittelgründigen, sauren, locker durchlässigen (!), feinerdearmen, mäßig trockenen Stein- und Lehmböden. In der Ebene bis zu mittleren Gebirgslagen. Bevorzugt werden mäßig sommertrockene, luftfeuchte, wintermilde Klimalagen. Die Trauben-Eiche meidet Staunässe und hohen Grundwasserstand. Sie wächst vergesellschaftet mit Flaum-Eiche, Buche und Hainbuche und gilt als Charakterart des Eichen-Hainbuchen-Waldes.

V Europa bis Kleinasien. Von Nordspanien über Frankreich, die Britischen Inseln, Südskandinavien, Polen, Südwestrußland bis zur Krim; in Italien und auf der Balkan-Halbinsel; auf Sardinien fehlend, in Südgriechenland nur lückenhaft verbreitet. In Mitteleuropa häufig.

Neben der Buche und Stiel-Eiche ist die Trauben-Eiche eines der flächendeckenden Laubgehölze Mitteleuropas. Sie gedeiht bis zu Höhenlagen

um 700 m, ausnahmsweise auch höher; in den Südalpen erreicht sie sogar 1 600 m. Die obere Höhengrenze ist weitgehend temperaturabhängig (Spätfröste!). Verglichen mit der Stiel-Eiche verträgt sie mehr Wärme und Trockenheit.
Die Trauben-Eiche kann beachtliche Ausmaße erreichen. Der langschäftige Stamm macht sie zu einem wichtigen und geschätzten Nutzholz. Nach 120–200 Jahren hat sie ihr Höhenwachstum abgeschlossen. Sie wird 500–800 Jahre alt.
Normalerweise neigt die Trauben-Eiche, wie übrigens alle Eichen-Arten (!), zu Astbildungen bis zur Stammbasis. Diese Verästelung ist aber lichtabhängig. Um astfreie Schäfte für Furnierzwecke zu erhalten, werden als Beschattung Buchen angepflanzt, deren weniger großes Lichtbedürfnis einen dichten Stand zuläßt. Im Verlaufe des Wachstums einer solchen Furniereiche müssen mehrmals Buchen nachgepflanzt werden, da die Eichen auch im hohen Alter noch befähigt sind, Stammknospen zum Austreiben zu bringen.
Die in Deutschland wertvollsten Furniereichenbestände liegen im Spessart und im Pfälzer Wald. Die Umtriebszeit, das ist der Zeitraum zwischen Pflanzung und Baumfällung, liegt bei 250 Jahren für gute Furniereichen. Am günstigsten sind Höhenlagen unter 500 m und eine Südost- bis Südwestexposition. Die Bodenfeuchtigkeit sollte das ganze Jahr hindurch gleichmäßig sein, damit sich der Holzkörper gleichmäßig bilden kann. Das Holz wird für Furniere, im Wasserbau, für Treppenstufen und als Parkett verwendet.

Borke der Trauben-Eiche

Die Eichenbestände im Spessart wurden im 30-jährigen Krieg angelegt und blieben erhalten, da der Baumbestand als Bannwald den Landesherren gehörte und für die Schweinemast vorbehalten war. Die Bestände stellen heute einen beträchtlichen Wert dar, denn der Erlös für einen guten Furniereichenstamm liegt manchmal bei 50 000 DM!
Das lat. Epitheton *petraeus* bedeutet Felsen-(Eiche), weitere deutsche Namen sind Winter-Eiche, Hag-Eiche und Stein-Eiche.

Zweig mit Fruchtständen

Stiel-Eiche

Quercus robur L.

K Sommergrüner, 30–40 m hoher, breitkroniger Baum mit starken Ästen und dicker, längsrissig-netziger, tiefgefurchter, dunkelgrauer Borke. Junge Zweige riefig-gefurcht, graugrün bis graubraun mit kleinen Korkwarzen. Verzweigung oft quirlig. Winterknospen oval, schwach kantig, 5–8 mm lang. Endknospe dicht von mehreren Seitenknospen umgeben. Blattaustrieb ca. 14 Tage vor der Trauben-Eiche. ■ Laubblätter wechselständig, lederig, nur 2–7 mm lang gestielt (!); Spreite im Umriß verkehrt-eiförmig, zum Grunde keilig verschmälert, 10–15 cm lang und etwa halb so breit; jederseits mit 5–6 rundlichen Buchten und breiten, ganzrandigen, zur Spitze gerichteten Lappen; oberseits tiefgrün glänzend, unterseits heller, auf den Adern behaart. Nebenblätter hinfällig. ■ Pflanze einhäusig, Blüten unscheinbar in eingeschlechtigen Ständen. Männliche Kätzchen büschelig gehäuft am Grunde von Jungtrieben, 2–4 cm lang, schlaff hängend, gelbgrün. Weibliche Blüten im Spitzenbereich der Jungtriebe, in langgestielten, 1- bis 5-blütigen Ähren. Eicheln 2–3,5 cm lang und etwa halb so dick, im unteren Drittel von einem Fruchtbecher umhüllt, in der Form sehr variabel.

■ Blütezeit: April/Mai; Fruchtreife: September/Oktober.

Borke der Stiel-Eiche

S In artenreichen Eichen- oder Laubmischwäldern wintermilder, luftfeuchter Klimalagen. Auf tiefgründigen, feuchten, nährstoffreichen, lockeren, kalkhaltigen bis mäßig sauren Lehmböden, lockeren Stein- und humosen Sandböden; Staunässe meidend.

V Europa bis zum nördlichen Kleinasien. Von Nordportugal, Zentralspanien, Westfrankreich über die Britischen Inseln, Südskandinavien bis zum Ural und dem mittleren Wolgagebiet. Im Süden von Italien, der Balkan-Halbinsel über die Krim bis zum Kaukasus. In Mitteleuropa häufig, vom Norddeutschen Tiefland bis zu Alpenhöhen von 1000 m.

G Die Gattung *Quercus* ist mit 450 Arten im gemäßigten und subtropischen Eurasien, in Nordafrika und Nordamerika bis zum westlichen, tropischen Südamerika verbreitet. Die Gattung enthält immergrüne und sommergrüne Gehölze deren Früchte, die Eicheln, im 1. oder 2. Jahr reifen. In Europa gibt es 25 Arten, 3 davon in Mitteleuropa. Die Eiche gehört zur Familie der Buchengewächse *(Fagaceae)*.

Die Stiel-Eiche ist, wie alle Eichen-Arten, windblütig. Die unscheinbaren Blüten haben eine 5- bis 8-teilige Blütenhülle und 6–8 Staubblätter. Die Pollenproduktion ist zwar beträchtlich, aber nur ein Bruchteil gelangt auch zu einer Narbe. Die weiblichen Blüten besitzen außer der Blütenhülle nur noch einen Fruchtknoten; die Narbenoberfläche ist papillös und außerdem feucht, wodurch der Pollen leichter haften bleibt. Während der Fruchtentwicklung entsteht gleichzeitig der kompliziert gebaute Fruchtbecher, aus dem die Eichel zuletzt weit herausragt. Er besitzt bei den meisten Arten eine ganz charakteristische Form. An seiner Außenseite sind nur die Spitzen der kleinen, miteinander verwachsenen Blättchen zu erkennen. Zur Reifezeit fällt die Eichel aus dem Becher heraus und beginnt alsbald zu keimen. Die Fruchtwand wird an der Spitze gesprengt und die Keimwurzel tritt aus. Die Keimblätter bleiben in der Fruchtschale verborgen. Präpariert man eine Eichel auf, so zeigt sich, daß fast der gesamte Innenraum von den beiden dicht aufeinanderliegenden, festfleischigen Keimblättern eingenommen wird. Sie speichern Nährstoffe, die zunächst für die Ausbildung der kräftigen Keimwurzel benötigt werden. Im Frühjahr endlich entsteht auch der oberirdische Trieb. Er ist am Grund mit Schuppenblättern, an der Spitze mit einigen Laubblättern besetzt. Damit ist das Wachstum im 1. Jahr abgeschlossen. Blühfähig werden junge Stiel-Eichen im Alter von 15–20 Jahren, ihr Höhenwuchs ist mit 120–150 Jahren beendet. Die Stiel-Eiche kann sehr alt werden; 500–800 Jahre sind sicher nachgewiesen.

Zweig der Stiel-Eiche

Das Alter wird durch die Auszählung der sog. Jahresringe im Holzkörper bestimmt. Pro Jahr bildet sich ein Ring, der sich ziemlich deutlich vom vorhergehenden dadurch abhebt, daß die Gefäße einer jährlichen Wachstumsperiode ungleich große Durchmesser haben. Im Frühjahr sind sie großlumig, während die zuletzt gebildeten sehr klein sind, so daß sich deutliche Ringmuster ergeben. Auch sind Jahresringe nicht im-

Furnier der Stiel-Eiche

mer gleich dick. In sehr trockenen Jahren können sie schmaler sein als in den für das Wachstum besonders günstigen regenreichen Jahren. So weisen alle Stämme einer Art in einem Gebiet das gleiche Muster auf. Diese Jahresringmuster bilden die Grundlage für die dendrochronologischen Untersuchungen zur exakten zeitlichen Datierung von Hölzern. Da man durch die Kombination von verschiedenen Stämmen ganze Reihungen von Jahresring-Jahrhunderten hat, lassen sich sowohl Holzplastiken als auch römische Schiffsreste exakt datieren.
Die Stiel-Eiche zeichnet sich durch ein hohes Ausschlagsvermögen aus. Sie eignet sich daher vorzüglich zur Niederwaldbewirtschaftung mit einem Umtrieb von 12–20 Jahren. Früher wurden solche Bäume vor allem für die Gerbstoffgewinnung benötigt: 15–20 cm dicke Stämme wurden im Mai geringelt und die Rinde dann abgeschält; sie kam als sog. Gerberlohe getrocknet in den Handel. Der Gerbsäureanteil betrug 8–20%. Das Restholz diente als Brennmaterial und Nutzholz.
Ausgewachsene Stiel-Eichen können einen Stammdurchmesser bis zu 2 m erreichen. Das Holz hat wie bei der Trauben-Eiche einen gelblichweißen Splint und einen dunkleren Kern. Es zeichnet sich durch große Festigkeit und Elastizität aus, die von keiner anderen Holzart übertroffen wird. Nach der Bearbeitung glänzt es matt und ist gut polierfähig, doch bedarf es einer sorgfältigen Trocknung, da es leicht reißt. Gute Stämme werden für Furniere, Treppenstufen, Parkett und Fußböden verwendet. Ihre gute Haltbarkeit im Freien, namentlich auch unter Wasser, ermöglicht die Verwendung im Brückenbau, als Eisenbahnschwellen und im Schiffsbau, überdies lie-

Die männlichen Blütenstände (Kätzchen) hängen büschelig gehäuft

Die Früchte (Eicheln) sitzen in einem Fruchtbecher

fert die Stiel-Eiche ein vorzügliches Faßholz.
Die Eiche ist heute in Mitteleuropa zwar ein wichtiges und häufiges Laubgehölz, kam aber früher in geschlosseneren Beständen vor. Ihre Hauptverbreitung hatte sie in der sog. Mittleren Wärmezeit, dem Atlantikum, die auch als Eichenzeit bekannt ist. Diese Zeitperiode umspannt die Jahre von 5000–2500 v. Chr. Nachfolgende Klimaverschlechterungen begünstigten das Vordringen der Rot-Buche. Der Mensch hat viel zur Förderung des Eichenwaldes beigetragen. Die Früchte, nicht in jedem Jahr in großen Mengen gebildet, waren für die Schweinezucht von großer Bedeutung, denn die nahrhaften Samen enthalten bis zu 38% Stärke; die Kohlehydrate machen bis zu 80% der Trockensubstanz aus. Wegen der Bitterstoffe sind die Eicheln für den Menschen ungenießbar. In der Natur werden sie von Hähern, Ringeltauben, Eichhörnchen, Hamstern und Mäusen verzehrt und auch verbreitet.
Wie kaum eine andere Gehölzgruppe werden die Eichen von gallbildenden Insekten befallen. Gallen können an Blütenständen, Sproßachsen und Blättern entstehen. Stets sind sie charakteristisch geformt. Galläpfel wurden früher zur Gewinnung von Gerbstoffen gesammelt. Sie werden durch eine Gallwespe hervorgerufen und befinden sich immer auf der Blattunterseite (Abb. unten rechts). Die Seidenknopfgalle und die Große Linsengalle (Abb. unten links) werden von verschiedenen Gallwespen hervorgerufen und entstehen nur an der Blattunterseite zwischen den Blattadern. Häufig sind bisweilen auch die sog. Knoppern, verholzende Mißbildungen am Fruchtbecher. Erreger ist die Knoppern-Gallwespe. Die »Eichenrosen« schließlich sind Sproßgallen mit schuppenförmigen Blättern.

Seidenknopfgalle und Große Linsengalle

Galläpfel auf der Blattunterseite

Unter den zahlreichen, blattfressenden Insekten ist der Eichenwickler, ein Schmetterling, besonders hervorzuheben, da seine Raupen oft für den Kahlfraß ganzer Eichenwälder verantwortlich sind. Die Eichen können den Blattverlust jedoch durch Laubneubildung ausgleichen.
Die Eiche spielte in der germanischen Mythologie eine große Rolle. Sie war dem Gewittergott Donar geweiht. Die berühmte Donar-Eiche bei Geismar wurde von Bonifazius gefällt.
Quercus hieß die Eiche bei den Römern. Das lat. Epitheton *robur* bedeutet Kernholz oder bezeichnet die Eiche selbst.

Flaum-Eiche

Quercus pubescens Willd.

K Sommergrüner, 5–20 m hoher, meist langschäftiger Baum oder nur wenige Meter hoher, reichverzweigter Strauch mit dicker, stark zerklüfteter, längsrissiger Borke und der Fähigkeit Johannistriebe auszubilden. Junge Zweige gerade, schwach kantig, anfangs dicht flaum-filzig behaart, erst spät verkahlend, graubraun. Winterknospen braun, bis 10 mm groß, länglich-oval, schwach 5-kantig, zugespitzt, an den Zweigenden zu mehreren um die Endknospe gruppiert. ■ Laubblätter wechselständig, 8–15 mm lang gestielt; Spreite im Umriß verkehrt-eiförmig, 5–15 cm lang und bis 10 cm breit; beidseitig mit 7–9 rundlichen Buchten und ungegliederten Lappen, am Grund keilförmig bis schwach herzförmig, in der Form dem Blatt der Trauben-Eiche sehr ähnlich (!). Spreite zunächst beidseitig flaumig behaart, oberseits verkahlend, dunkelgrün, unterseits graugrün, sich weich anfühlend. ■ Blüten in eingeschlechtigen Ständen, Baum einhäusig. Männliche Kätzchen lockerblütig, den Blattachseln junger Triebe entspringend, 4–6 cm lang, schlaff hängend. Blütenhülle unscheinbar, 6-zipfelig, gelbgrün, mit 6 Staubblättern. Weibliche Blüten am Ende junger Triebe zu 1–5, in sehr kurz gestielten Blütenständen. Fruchtbecher halbkugelig, knapp die untere Hälfte der Eichel umschließend. Eichel 2,4–3,5 cm lang und halb so breit, länglich-eiförmig. ■ Blütezeit: April/Mai; Fruchtreife: Oktober.

Zweigspitze mit Winterknospen

S Auf nährstoffreichen, meist kalkhaltigen bis schwach sauren, lockeren, mittel- bis tiefgründigen, steinigen, Lehm- und Lößböden. Lichtbedürftiges, wärmeliebendes und tiefwurzelndes Gehölz.

V In West-, Süd-, Mittel- und Südosteuropa, auf der Krim, in Kleinasien und dem Kaukasus. In Nordafrika fehlend, auf der Iberischen Halbinsel nur im östlichsten Teil, in fast ganz Frankreich, ganz Italien, Korsika, Sardinien. In Mitteleuropa im Oberrheingebiet, dem Nahe- und Moseltal, am Mittelrhein, in Thüringen und im Saaletal. Die Flaum-Eiche erreicht Höhen von 1500 m.

Die Vorkommen der Flaum-Eiche in Mitteleuropa bilden die absolute Nordgrenze der Verbreitung. Es handelt sich um Reliktstandorte aus der Wärmezeit, etwa 5000–2500 v. Chr., in der die Eichen in Mitteleuropa eine dominierende Rolle spielten (sog. Eichen-Mischwaldzeit). Infolge von Klimaverschlechterung, verbunden mit höherer Feuchtigkeit, mußten sie der immer stärker vordringenden Buche weichen. Die damalige Verbreitung erstreckte sich noch weiter nach Norden.

In Arealüberschneidungen von Flaum- und Trauben-Eiche treten häufig Bastarde beider Arten auf. Im Mittelrhein- und Nahegebiet werden Bastarde auch ohne das (heutige) Vorhandensein der Flaum-Eiche gefunden. In nicht wenigen Fällen scheint es sich dabei aber um Verwechslungen mit der Trauben-Eiche zu handeln, die in ihrer Vielgestaltigkeit auch zu bleibender Behaarung neigt; die Blattgestalt beider Arten ist ohnehin sehr ähnlich.

In Süd- und Südosteuropa ist die Flaum-Eiche ein wichtiger Bestandteil der ursprünglichen und artenreichen Eichenwälder und Eichen-Laubmischwälder, deren Charakterart sie vielfach ist. Sie gehört dem sog. submediterranen Florenelement an. Die eigentlichen Mittelmeerpflanzen, zu denen beispielsweise Ölbaum und Feige gehören, können wegen ihrer Frostunverträglichkeit nur einen schmalen Streifen um das Mittelmeer besiedeln, wo sie die Zone der immergrünen Wälder bilden. In den höheren Lagen, wo die Temperaturen im Winter abnehmen und stärkere Fröste auftreten, schließt sich die Zone der sommergrünen Wälder an. Hier dominiert die Flaum-Eiche.

Im Übergangsbereich von immergrünem und sommergrünem Wald besiedelt die Flaum-Eiche vor allem die Nordhänge. Durch intensive Beweidung wurde aber gerade diese Übergangszone vielfach zerstört und zur Garigue degradiert, in der die

Rippenborke der Flaum-Eiche

Junge Eichel im Fruchtbecher

Flaum-Eiche nur als Strauch zu gedeihen vermag. In den intakten Flaum-Eichenwändern entwickelt sie sich jedoch zu stattlichen Bäumen und erreicht einen Stammdurchmesser von 50–60 cm. Da die Kronen nicht sehr dicht schließen, findet eine sehr artenreiche Strauch- und Krautschicht günstige Wachstumsbedingungen.

Die Flaum-Eiche kann ein Alter von 500 Jahren erreichen. Das Holz ist besonders hart und schwer.

Das lat. Epitheton *pubescens* heißt übersetzt flaumig behaart, es leitet sich von lat. »puber« = mannbar ab.

Stein-Eiche

Quercus ilex L.

K Immergrüner, breit- und dichtkroniger, meist kurzschäftiger, bis 25 m hoher Baum oder mehrstämmiger Busch mit dunkelgrauer bis fast schwarzer, kleinschuppiger Borke. Junge Zweige fast quirlig angeordnet, rundlich bis schwach gerieft, graufilzig und nur allmählich verkahlend, mit hellen, zerstreuten Korkwarzen. Winterknospen eiförmig, dichtschließend, spitzenwärts gefördert und um die Endknospe gruppiert. ▪ Laubblätter wechselständig, lederig, 2–3 Jahre lebensfähig, 10–15 mm lang gestielt; Spreite länglich-oval bis lanzettlich, 4–9 cm lang und halb so breit, zunächst oberseits dicht braunfilzig, später kahl und glänzend, unterseits dicht graufilzig. Blattrand gewellt, ganzrandig bis stachelig gezähnt. Nebenblätter hinfällig. ▪ Blütenstände eingeschlechtig, Baum einhäusig; männliche Kätzchen 4–6 cm lang, am Grunde junger Triebe, schlaff hängend, zu mehreren gruppiert. Weibliche Blüten in 1- bis 2-blütigen, bis 2 cm lang gestielten Blütenständen. Früchte im 1. Jahr reifend. Fruchtbecher die Eichel bis zur Hälfte umschließend, mit anliegenden, stumpfen Schuppen; Eichel ca. 2,5 cm lang und halb so dick, länglich-oval. ▪ Blütezeit: April/Mai; Fruchtreife: September/Oktober.

S Auf tief- bis mittelgründigen, nährstoff- und basenreichen, humosen, sommerwarmen Lehm- und Steinböden. Häufig auf Kalkgestein.

V Mittelmeergebiet, insbesondere im westlichen Teil; Iberische Halbinsel, Westafrika, Westasien, Nordwestafrika. Nach Norden bis zum Gardaseegebiet und Südtirol vordringend.

Zweig der Stein-Eiche

Die Stein-Eiche gehört zu den immergrünen Eichen, die dem Mittelmeergebiet einst das Gepräge gaben. Sie stellten in weiten Bereichen eine sog. Klimaxgesellschaft dar, wie das beispielsweise der Buchenwald im mitteleuropäischen Raum ist. Wir verstehen unter einer Klimaxgesellschaft eine Pflanzengemeinschaft, die keinen Veränderungen in der Artenzusammensetzung mehr unterliegt und bei einer natürlichen Verjüngung artenkonstant bleibt. Sie bildet den Endzustand einer Folge sich am gleichen Ort entwickelnder Pflanzengesellschaften.
Von diesem Stein-Eichenwald, der

wegen des dichten Kronenschlusses im Bodenbereich dunkel und daher arm an Kräutern und Sträuchern ist, sind nur noch kümmerliche Reste vorhanden, die ihre einstige Mächtigkeit kaum noch erahnen lassen. Der Rückgang des immergrünen Eichenwaldes fand bereits in der Antike statt und ist eng mit der zunehmenden Besiedlung verknüpft. Holz wurde nicht nur als Hausbrand, im Bergbau und zur Holzkohlenbereitung benötigt, durch das Abbrennen der Wälder wurden auch Freiflächen für Weidewirtschaft und Ackerbau geschaffen. Die Zerstörung des Waldes durch Ziegen hält bis heute an.

Die Stein-Eiche ist im nördlichen Mittelmeergebiet ein Baum der Ebene und des Hügellandes bis zur unteren Bergstufe und in diesen Lagen auf der Iberischen Halbinsel häufig. Im südlichen Teil des Areals, z.B. in Südspanien findet man sie noch in einer Höhenstufe von 800–1200 m, in Algerien bis zu 1600 m, im Hohen Atlas schließlich zwischen 1000 bis 2700 m, doch in den höheren Lagen meist nur als Strauch.

Stein-Eichen können einen Stammdurchmesser von 1 m erreichen. Das Holz ist im Kern braun, hart, schwer, elastisch und dauerhaft. Es wird vor allem für Wasserbauten und Tischlerarbeiten genutzt. Das Ausschlagsvermögen der Stein-Eiche ist sehr groß, was sie für die Niederwaldbewirtschaftung sehr geeignet macht. Die Aufforstung waldfreier Lagen bereitet große Schwierigkeiten, da durch die heftigen Herbstregen das Erdreich weggeschwemmt wird. In einer Ersatzgesellschaft, der Macchie oder Garigue, ist die Erdschicht meist nur gering.

In Mitteleuropa ist die Stein-Eiche selbst im milden Weinbauklima nur bedingt winterhart, obwohl die Frosthärte deutlich größer ist als bei der Kork-Eiche. Stärkere Schäden treten bei −12 °C auf. Vor allem jüngere Pflanzen sind sehr empfindlich, haben sie aber einmal die Größe von 2–3 m erreicht, so beginnen sie gelegentlich sogar in unseren Breiten zu fruchten.

Sehr nah verwandt mit der Stein-Eiche ist die Rundblättrige Eiche *(Quercus rotundifolia)*. Ihre Früchte sind frei von Bitterstoffen und stellen ein gut verwertbares Viehfutter dar.

Ilex war der römische Name für die Stein-Eiche.

Schuppenborke der Stein-Eiche

Zweig mit jungen Früchten

Kork-Eiche

Quercus suber L.

[K] Immergrüner, locker verzweigter, sparriger, 10–20 m hoher Baum oder vom Grunde an verzweigter Strauch. Junge Zweige graufilzig behaart, spät verkahlend und rotbraun, schwach gerieft. Rinde bis zum 5. Jahr, dem Beginn der Korkbildung, ziemlich glatt. Winterknospen eiförmig, braun, behaart, spitzenwärts gedrängt um die Endknospe stehend. ■ Laubblätter 3–7 mm lang gestielt; Spreite eiförmig-elliptisch, am Grund abgerundet oder schwach herzförmig, 3–7 cm lang und halb so breit; jung beiderseits sternhaarig-filzig, oberseits verkahlend und mattgrün, unterseits dicht weißgrau-filzig. Blattrand stachelspitzig gezähnt bis ganzrandig, deutlich gewellt. Nebenblätter hinfällig. Lebensdauer der

Zweig der Kork-Eiche

Laubblätter 2–3 Jahre. ■ Blütenstände eingeschlechtig, Pflanze einhäusig. Männliche Kätzchen büschelig zusammengedrängt, bis 4 cm lang, schlaff hängend. Weibliche Blüten einzeln oder zu wenigen in blattachselständigen Ähren. Früchte kurz ge-

stielt, im unteren Drittel von einem dichtschuppigen, graubraun filzigen Fruchtbecher umgeben. Eichel 2,2–2,8 cm lang und halb so dick, im 1. Jahr reifend! ■ Blütezeit: April/Mai; Fruchtreife: September/Oktober.

[S] In lichten Laubwäldern, meist jedoch in reinen, kraut- und gebüschreichen Forsten. Besonders auf Urgestein, aber nicht kalkfeindlich; auf flach- bis mittelgründigen, mäßig nährstoffreichen, sommertrockenen steinigen Böden. Die Kork-Eiche wächst zusammen mit Baum-Heide, Zistrosen und Stechginster sowie Kermes- und Flaum-Eiche.

[V] Mittelmeergebiet. Ursprünglich vor allem im westlichen Teil (westmediterranes Florenelement).

Die Kork-Eiche ist äußerst kälteempfindlich. Frostschäden treten schon bei −5 °C auf. Bei Temperaturen unter −10 °C stirbt sie meist ab. In der Frosthärte ist sie damit so typischen Mittelmeerpflanzen wie Oleander, Myrte, Ölbaum und Lorbeer vergleichbar. Die im Blattwerk recht ähnliche Stein-Eiche verträgt tiefere Temperaturen, ehe sie Schaden nimmt.

Ausgedehnte Kork-Eichenkulturen

gibt es im Mittelmeergebiet in den tieferen Lagen oder im zentralen bis südlichen Teil mit Niederschlägen, die nicht wesentlich unter 500 mm/Jahr absinken. Die Hauptanbaugebiete liegen in Spanien, Portugal, Südfrankreich, Marokko, Algerien und auf Korsika, außerdem in den USA, Australien und auf der Krim. Gut gedeiht sie in Irland. Hier sind Stämme und Äste infolge der reichen Niederschläge oft dicht mit epiphytischen Pflanzen, namentlich Farnen, bewachsen.

Die Kork-Eichenstämme werden zum ersten Mal im Alter von etwa 15-20 Jahren geschält. Man entfernt den sog. Jungfern- oder männlichen Kork bis zur Rinde und zwingt den Baum damit, neues Korkbildungsgewebe anzulegen. Dieser Jungfernkork ist unregelmäßig gewachsen, brüchig, hart und rissig. Die geschälten Partien leuchten dunkelrotbraun. Nach 10-12 Jahren hat sich eine neue, 5-8 cm dicke Korkschicht gebildet, der sog. weibliche Kork. Er wird sehr sorgfältig in etwa 50 cm breiten Bahnen vom Stamm gelöst. Die Korkstruktur ist jetzt gleichmäßig, weich und gut zu bearbeiten. Korkeichen können wiederholt nach 10-12 Jahren geschält werden. Sie erreichen ein Alter von 150-200 Jahren. Der Kork wird gestapelt, getrocknet und zur Weiterverarbeitung mit kochendem Wasser geschmeidig gemacht. Aus den nun ebenen Platten werden Korken gestanzt, die Abfälle für Preßkorken, Korkpapier, Tapeten, Dichtungen, als Isoliermaterial und für Rettungsringe verwertet. Das Korkmehl wird für die Linoleumproduktion genommen.

Korkstopfen sind bei uns erst seit dem 17. Jahrhundert allgemein üblich. Der Gebrauch von Kork als Flaschen- oder Gefäßverschluß war aber bereits im Altertum bekannt. In den Apotheken wurden sie bei uns schon lange verwendet.

Junge, geschälte Kork-Eichen

Kork-Eichenstämme können durchaus meterdick werden. Das Holz wird im Schiffs- und Wagenbau, in der Tischlerei aber auch als Köhlerholz verwendet.

Die Kork-Eiche ist keineswegs das einzige Gehölz mit Korkschichtbildung. Korkleisten gibt es bei heimischen Gehölzen, oft gut ausgeprägt bei Ulmen und dem Feld-Ahorn. Dikke Korkschichten am Stamm hat der ostasiatische Korkbaum *(Phellodendron),* der zur Familie der Rautengewächse *(Rutaceae)* gehört. Kork ist aber auch ein wichtiger Bestandteil der Borke, nur werden hier die reinen Korklagen nicht sehr mächtig, da das Korkbildungsgewebe nur kurzlebig ist und die Korklagen von Bastgewebe umgeben sind.

Eine biologische Bedeutung des Korkes für Gehölze besteht in der Nichtbrennbarkeit und guten Isolierwirkung. Bei Waldbränden macht sich dieser Schutz oft lebenserhaltend bemerkbar.

Das Epitheton *suber* ist die römische Bezeichnung für die Kork-Eiche.

Berg-Ulme

Ulmus glabra Huds.

K Stattlicher, sommergrüner, 30 bis 40 m hoher, reichverzweigter Baum mit rundlicher Krone und längsrissiger, graubrauner Borke. Junge Zweige rotbraun, abstehend behaart, gerade und rund. Winterknospen eiförmig, mit bewimperten Schuppen, eine Endknospe fehlt. ■ Laubblätter 3–5 mm gestielt, verkehrt breit-eiförmig bis breit-elliptisch; Spreitengrund stark asymmetrisch, abgerundet bis keilförmig; am Ende mit abrupt geschwänzter Spitze oder 3-spitzig mit nach vorn gerichteten Lappen (!); Spreite oberhalb der Mitte am breitesten, 10–15 cm lang und 5–9 cm breit; oberseits durch nach vorn gerichtete Haare sehr rauh (!), mattgrün; unterseits vor allem auf den Adern behaart, mit hellen Achselbärten; Blattrand doppelt gesägt. ■ Blüten sich lange vor der Laubentfaltung öffnend, in kleinen Trugdolden der Achsel von Knospenschuppen entspringend, bereits im Vorsommer fertig ausgebildet. Blütenhülle einfach, unscheinbar, trichterförmig verwachsen, mit 4–5 bewimperten, braunvioletten Zipfeln. Staubblätter 4–5, viel länger als die Blütenhülle, mit dunkelvioletten Staubbeuteln. Fruchtknoten 2-blättrig, mit 2 rosaroten Narben. Frucht eine ringsum geflügelte, breit-eiförmige bis rundliche Nuß, 1,6–2,3 cm lang, Samenkörper im Zentrum liegend. ■ Blütezeit: März/April; Fruchtreife: Mai/Juni.

S In Schlucht- und schattigen Hangwäldern, vor allem in der Hügel- und Gebirgsstufe mit luftfeuchtem Klima; auf nährstoff- und basenreichen, lockeren, humosen, feuchten, mild bis mäßig sauren Stein-, Lehm- und Tonböden.

V Europa bis West- und Nordkleinasien. Von Nord- und Mittelspanien

Die Blätter der Ulmen sind am Spreitengrund deutlich asymmetrisch

über Frankreich, die Britischen Inseln zum mittleren Skandinavien; von Südfinnland nach Osten hin zum Ural und zur Wolga; südlich auf Korsika, von Italien bis nach Südosteuropa. In Mitteleuropa vom Norddeutschen Tiefland bis in die Alpenhöhen von 1400 m verbreitet.

G Die Gattung *Ulmus* umfaßt 45 Arten. Sie sind vor allem auf der Nordhemisphäre sowohl der Alten als auch der Neuen Welt beheimatet. Nach Süden reicht das Areal bis zum Himalaja, Indochina und Mexico. Es handelt sich meist um Bäume mit asymmetrischen Blättern, kleinen, zwittrigen Blüten und Flügelnüssen. In Europa sind 5 Arten beheimatet, 3 davon auch in Mitteleuropa. Es gibt Arten, die im Herbst blühen! ■ Die Ulme gehört zur Familie der Ulmengewächse *(Ulmaceae)*. Diese umfaßt 15 Gattungen mit 120 Arten. Vertreter der Familie sind in allen Kontinenten von den Tropen bis in die gemäßigten Breiten anzutreffen. Alle Ulmengewächse sind holzig und haben unscheinbare, zwittrige Blüten. In Südeuropa ist auch die Gattung *Celtis*, der Zürgelbaum, vertreten.

Die Berg-Ulme bevorzugt im Gegensatz zu Feld- und Flatter-Ulme eher die Gebirgslagen und ist in den Auenwäldern seltener anzutreffen. Sie gilt als Kennart der Berg-Ahorn-Eschen-Wälder bzw. der Linden-Eschen-Wälder. Diese Wälder, die hinsichtlich der Bodenqualität hohe Anforderungen stellen, sind in Mitteleuropa selten geworden. Die hier vorhandene Artenvielfalt findet ihren Ausdruck nicht nur in der Zusammensetzung von Bäumen und Sträuchern, sondern vor allem in der Krautschicht. Begleitgehölze sind Berg-Ahorn, Buche, Gemeine Esche, Winter- und Sommer-Linde, Gemeiner Schneeball und Trauben-Holunder.

Die Blüten der Ulmen öffnen sich, wie bei vielen anderen windblütigen Gehölzen, lange vor der Laubentfaltung. Der Pollen wird aber auch von Bienen gesammelt. Die schnell heranwachsenden, grünen Früchte bilden sich in so großer Zahl, daß die Bäume schon vor der Blattentfaltung einen belaubten Eindruck machen. Immerhin stellen sie die ersten Assimilationsorgane der neuen Vegetationsperiode dar. Etwa zur Zeit der Laubentfaltung, Ende Mai, beginnen sie zu reifen und auszutrocknen.

Rippenborke der Berg-Ulme

Die Früchte werden durch den Wind verbreitet. Ihren rings um den Samenkörper reichenden Flügel stellen sie in die Gruppe der Scheibenflieger. Die Früchte werden zur Reifezeit vom Wind abgerissen, dem sie dank ihrer scheibenförmigen Gestalt eine große Angriffsfläche bieten. Im freien Fall trudeln sie langsam zu Boden, wobei durch horizontale Luftströmungen die Entfernung vom Mutterbaum resultiert. Eine gerichtete Flugbahn oder Rotation kommt nicht zustande. Die auf den Erdboden fallenden Früchte keimen sofort. Samen sind für die Berg-Ulme die einzige Ausbreitungsmöglichkeit, da sie anders als die Feld- und Flatter-Ulme keine Wurzelsprosse bildet. Vereinzelt kommt es bei der Berg-

Ulme, häufiger aber bei der Feld-Ulme, zur Korkbildung an den Zweigen. Das unter der Haut liegende Korkgewebe sondert an begrenzten Stellen großlumige Zellen mit Korkeinlagerungen ab, so daß es zur Ausbildung von unregelmäßigen Korkstreifen oder Korkleisten auf den Zweigen kommt. Bei jungen Ulmen sind diese Korkleisten besonders markant.

Die Berg-Ulme kann ein Alter von 400 Jahren und einen Stammdurchmesser von 1–2 m Dicke erreichen. Sie ist sehr raschwüchsig und hat mit etwa 20 Jahren ihre Blühfähigkeit erlangt. Der Holzkörper gliedert sich in einen hellen, gelblich-weißen Splint- und einen gelb-braunen bis leicht rötlich getönten Kernteil, der wesentlich dauerhafteres Holz liefert als der Splint. Das Holz ist zäh, besonders stoß- und druckfest und hat gute mechanische Eigenschaften. Nach sehr sorgfältiger Trocknung läßt es sich gut bearbeiten. Es wird zu dekorativen Furnieren, für den Innenausbau und zu Möbeln verarbeitet; außerdem eignet es sich sehr gut als Parkett und Holzpflaster. Wurzelholz verwendet man wegen der schönen Maserung für Drechslerarbeiten und Schnitzwaren.

Die Berg-Ulme und die anderen beiden Arten werden von vielen Schädlingen heimgesucht. Besonders am Blattwerk fallen im Sommer und Frühherbst verschiedene Gallbildungen auf. Durch die Ulmen-Blattrollenlaus *(Schizoneura ulmi)* werden Teile des Blattes nach unten eingerollt, sie verdicken sich knorpelig und hellen sich auf. Im Inneren dieser Gallen entwickeln sich zahlreiche Läuse. Beim Befall durch die Rüstern-Blasenlaus *(Byrsocrypta ulmi)* bilden sich auf der Blattoberseite bohnengroße gestielte Gallen, die zur Reife nahe der Blattfläche aufgehen. Die Birnen-Blutlaus *(Schizoneura lanuginosa)* schließlich verursacht runzelige, 3–8 cm große, wellig-blasige Auftreibungen auf der Blattoberseite. Die erwachsenen Läuse verlassen diese Gallen durch Spalten und besiedeln die Wurzeln von Birnbäumen. Der Wechsel auf eine andere Wirtspflanze gehört zum Lebenszyklus vieler Lausarten. Obwohl diese Gallen bei manchen Ulmen in großer Menge auftreten, schaden sie den Bäumen wenig. Auch gegen Luftverunreinigungen, insbesondere Ruß und Rauch erweisen sich die Ulmen, vor allem die Feld-Ulme, als recht widerstandsfähig.

Die Ulmenkrankheit jedoch hat be-

Ulmenfurnier

Entfaltete Blütenstände

sonders die Feld-Ulmen innerhalb kürzester Zeit fast völlig vernichtet. Diese Krankheit tauchte erstmals 1919 in Holland auf, 1923 bereits in England und 1930 in Nordamerika. Verursacher der Krankheit ist ein Pilz, *Ceratocystis ulmi,* der in den Gefäßen des Holzes lebt und sich durch kleine Öffnungen in der Gefäßwand, den sog. Tüpfeln, im Baum ausbreitet, in dem die Pilzsporen durch das Wasser verschleppt werden. Durch Schädigungen der Gefäße kommt es zu Verstopfungen und damit zu einer Unterbrechung des Wassertranspor-

sog. Reifungsfraß fliegen die Käfer auf gesunde Ulmen und verschleppen auf diese Weise die Pilzsporen. Anschließend legen die Weibchen wieder Eier an der Borke von geschwächten oder bereits pilzinfizierten, kranken Ulmen ab.
Die Ulmenkrankheit ist kaum erfolgreich zu bekämpfen. Sobald die ersten Symptome auftreten, ist es für eine Behandlung meist zu spät. Vorbeugend-chemische Behandlung verbietet sich von selbst und wäre auch zu teuer. Es ist zu hoffen, daß sich mit der Zeit resistente Ulmen

Fast ausgereifte, geflügelte Nüsse

Galle der Rüstern-Blasenlaus

tes. Die ersten Verfallssymptome, gelbe Zweigpartien in der Krone, werden sichtbar, sehr schnell welken dann größere Kronenbereiche, der Baum ist zum Sterben verurteilt.
Übertragen wird der Pilz durch den Kleinen Ulmensplintkäfer *(Scolytus scolytus)* und den Großen Ulmensplintkäfer *(Scolytus multistriatus).* Die Weibchen bohren die Borke kranker Ulmen an und legen hier ihre Eier ab. Die Larven bohren neue Gänge, auch in die Teile des äußeren Jahresringes, in welchen bei befallenen Bäumen der Pilz lebt. Die Käferlarve bzw. der geschlechtsreife Käfer infiziert sich mit dem Pilz. Bei einem

herausbilden. Dazu besteht Hoffnung, da ja nicht alle Ulmenarten gleichmäßig stark befallen werden. Die im Herbst blühenden Ulmen, Vertreter gibt es in Nordamerika und Ostasien, scheinen bisher vom Ulmensterben verschont zu sein. Anfängliche Hoffnungen bei der Züchtung resistenter Rassen der Feld-Ulme haben sich bisher nicht erfüllt.
Ulmus wurde die Ulme bei Vergil und Plinius genannt. Aus dem althochdeutschen »elmo«, »ilme« hat sich noch mancher Ortsname erhalten (Elm, Elmau). In der Pfalz wird die Ulme »Iffe«, in Rheinhessen »Effe« genannt.

Flatter-Ulme

Ulmus laevis Pall.

K Sommergrüner, 10–35 m hoher Baum mit breiter, lockerer Krone und graubrauner, längsrissiger Borke. Junge Zweige grau bis rotbraun, gerade und rund, im 1. Jahr abstehend weich behaart. Winterknospen länglich-eiförmig, 5–10 mm lang, zugespitzt, von gewimperten Schuppen umhüllt, ohne Endknospe. Stämme zum Teil dicht von verzweigten Stockausschlägen umkleidet, die Meterlänge erreichen können und an der Spitze bereits im Spätsommer welken; die meisten sterben später völlig ab, doch treibt der Stamm im kommenden Jahr erneut aus. ▪ Laubblätter 2-zeilig, derb, bis zu 2 mm lang gestielt; Spreite eiförmig bis rundlich, 10–12 cm lang und 4–7 cm breit, mit asymmetrischem Grund, in der Mitte am breitesten; oberseits verkahlend, mattglänzend, unterseits dicht behaart, sich weich anfühlend; Blattrand doppelt gesägt. ▪ Blüten zu mehreren in der Achsel der Knospenschuppen erscheinend, 8–15 mm lang gestielt (!), unscheinbar. Blütenhülle einfach, trichterförmig, braun gewimpert, von den 5–8 Staubblättern nur wenig überragt. Staubbeutel rot-violett, Narben dicht filzig. Früchte 1–3,5 cm lang, fädig-gestielt, elliptisch, silbrig bewimpert, sonst kahl; Samenkörper im Zentrum der Flügelfrucht, Flügel oben mit V-förmigem Einschnitt; nach dem Laubaustrieb reifend. ▪ Blütezeit: März/April; Fruchtreife: Mai/Juni.

S Vor allem gewässerbegleitend in den Auenwäldern und in feuchten Mischwäldern; auf nährstoff- und basenreichen, sickernassen, humosen, sandigen Lehm- und Tonböden.

V Von Mittelfrankreich, Deutschland, Polen bis zum Ural und von Österreich nach Südosteuropa; auf

Die Zweige der Ulmen sind zweizeilig beblättert

der Iberischen, Apenninen- und südlichen Balkanhalbinsel, den Britischen Inseln und in Skandinavien, mit Ausnahme Südfinnlands, fehlend. In Mitteleuropa hauptsächlich in den östlichen und nordöstlichen Teilen; im Bereich der großen Flußtäler des Rheines und der Donau.

Die Flatter-Ulme braucht viel Wärme aber auch im Sommer ausreichend Feuchtigkeit und einen guten, tiefgründigen Boden, da sie tief wurzelt. Sie bildet Wurzeltriebe aus und vermag sich auf diese Weise vegetativ auszubreiten. Sie gehört zu den wenigen heimischen Gehölzen mit deutlichem Ansatz zur Brettwurzelbildung, eine Erscheinung die wir sonst nur von Gehölzen speziell der feuchten Tropen bzw. des tropischen Regenwaldes kennen.
Die Flatter-Ulme kann 250 Jahre alt werden, hat ihre endgültige Höhe aber bereits mit 50–75 Jahren erreicht. Als typisches Gehölz der Hartholzaue wächst sie vergesellschaftet mit der Stiel-Eiche, der Gemeinen Esche, Schwarz-Erle und dem Spitz-Ahorn. Obwohl die Flatter-Ulme windblütig ist und keine auffälligen Blüten ausbildet, wird sie trotzdem von Insekten aufgesucht, die hier Pollen sammeln. Sie ist eines der frühblühenden, heimischen Gehölze.
Die Flatter-Ulme ist im Wald sehr leicht an den markanten Stammausschlägen zu erkennen, die namentlich bei langschäftigen Individuen recht auffällig sind und weder bei der Feld- noch bei der Bergulme auftreten.
Das Holz, bei dem der Splint ⅔ der Stammdicke ausmacht, ist gelblichweiß, aber wenig dauerhaft, außerdem wachsen die Stämme nicht immer gerade; seine besonderen Eigenschaften sind Härte, Stoß- und Druckfestigkeit und geringer Schwund beim Trocknen.

Vom Ulmensterben ist die Flatter-Ulme nicht verschont, aber wohl weniger stark bedroht als die Feld-Ulme. In den für sie günstigen Lebensräumen traten Schädigungen bisher selten auf. Gallbildungen, von

Borke der Flatter-Ulme

verschiedenen Erregern hervorgerufen, sind hingegen, wie bei der Berg-Ulme, häufig und bisweilen in großer Zahl zu sehen.
Das lat. Epitheton *laevis* heißt übersetzt glatt, eben und bezieht sich auf die Blattoberseite.

Brettwurzelartig verbreiteter Stammgrund

Feld-Ulme

Ulmus minor Mill.

K Reich verzweigter, sommergrüner, bis 40 m hoher Baum oder mehrstämmiger Strauch mit gefelderter, längsrissiger, grau bis graubrauner, dicker Borke. Junge Zweige rotbraun, glänzend, mit verdickten Knoten und hellen Korkwarzen, nur anfangs abstehend behaart und drüsig. Rinde später längsrissig, graubraun. Winterknospen eiförmig, zugespitzt, 5–6 mm lang, spreizend, rotbraun; Endknospe fehlend. ▪ Laubblätter 2-zeilig, sehr variabel in Größe und Form. Arttypische Blätter finden sich nur im Kronenbereich bzw. in der blühenden Region. Blattstiel 2–10 mm lang; Spreite länglich-eiförmig bis länglich-elliptisch, 5–12 cm lang und halb so breit, am Grund asymmetrisch (!), oberseits verkahlend, dunkelgrün, unterseits heller, mit bräunlichen Achselbärten. Blattrand einfach bis doppelt gesägt. Nebenblätter hinfällig. ▪ Stände mit 15–30 Blüten, lange vor der Blattentfaltung erscheinend. Blütenhülle unscheinbar, 4- bis 5-zipfelig; Staubblätter 4–5, viel länger als die Blütenhülle, Staubbeutel rötlichbraun. Fruchtknoten mit 2 filzig behaarten Narben. Früchte verkehrt-eiförmig, graubraun, im Spitzenbereich bis zum Samenkörper eingeschnitten, 13–20 mm lang. ▪ Blütezeit: März/April; Fruchtreife: Mai/Juni.

S Vor allem im Bereich der großen Fluß- und Stromtäler, in der Hartholzaue der Auenwälder von Weichsel, Oder, Elbe, Rhein und Donau, Saale und Main; auf nährstoffreichen, wechselfeuchten, lockeren und humosen Lehm- und Tonböden; oft auf kalkhaltigem Untergrund. Bis etwa 500 m, im Süden des Areals bis 1000 m ansteigend. In südlichen und östlichen Arealteilen auch bestandsbildend.

Blühender und beblätterter Zweig; Einzelblütenstand

V Europa bis Kaukasus; nördliches Kleinasien bis Nordpersien; Nordwestafrika. Von der Iberischen Halbinsel über Frankreich, Südostengland, Deutschland nach Osten bis zur Wolga; Italien und Balkan-Halbinsel. Fehlt in Skandinavien.

Die Feld-Ulme wächst nicht nur in geschlossenen Wäldern, sondern sie ist auch ein wichtiges Feldgehölz der Kulturlandschaft, wo sie als Lichtholzart ansehnliche Exemplare bildet. Durch reichhaltige Wurzelbrut kann sie kleine, geschlossene Bestände bilden, die eher strauch- als baumartig sind. Die Feld-Ulme ist ein raschwüchsiges, tiefwurzelndes Gehölz, das 400 Jahre alt werden kann, einen Stammdurchmesser von 0,5 bis 1 m erreicht und 10 m lange, astfreie Schäfte ausbildet. Das Holz hat einen gelblichweißen bis grauen Splint und einen sehr dauerhaften schokoladenbraunen Kern, ist mäßig schwindend, hart, druck- und stoßfest. Es wird insbesondere für Sitzmöbel, Sportgeräte und Parkett verwendet.

Da die Blüten der Feld-Ulme klein und unscheinbar sind und sich weit oben in der Krone befinden, bleiben sie oft unbemerkt; erst die reichlich vorhandenen, grünen Früchte wekken nachträglich unsere Aufmerksamkeit. Die Feld-Ulme bastardiert leicht mit der Berg-Ulme, der Bastard ist *Ulmus x hollandica,* der in seinen Merkmalen zwischen den Eltern steht. Die Feld-Ulme gehört zu den von der Ulmenkrankheit (s. S. 83) vorrangig befallenen Arten. Viele alte und historisch bedeutsame Bäume sind in den letzten Jahren nach und nach verschwunden. Die Verluste wiegen um so schwerer, als viele der alten Dorf- und Gerichtsulmen unter Denkmalsschutz standen und sorgfältig gepflegt wurden.

Die reiche Samenproduktion der noch vorhandenen Feld-Ulmen ermöglicht zwar noch eine natürliche Verjüngung, doch erreichen die jungen Gehölze, die sich bereits durch Wurzelsprosse vegetativ stark ausbreiten können, nur noch wenige Meter Höhe. Sobald die Rinde eine gewisse Dicke erreicht, erfolgt auch der Befall mit dem Ulmensplintkäfer (s. S. 83).

Das lat. Epitheton *minor* bedeutet klein, bezogen auf die im Vergleich zur Flatter- oder Berg-Ulme kleineren Blätter.

Fast ausgereifte Flügelnüsse

Borke der Feld-Ulme

Feigenbaum

Ficus carica L.

K Sommergrüner, 3–10 m hoher Baum mit graubrauner Rinde. ■ Laubblätter wechselständig, sehr veränderlich, einfach oder mit 3–5 spitzenwärts verbreiterten Lappen. ■ Wildform der Feige einhäusig. Blüten klein, eingeschlechtig, mit unscheinbarer Blütenhülle, im Inneren eines krugförmigen Standes mit sehr enger Öffnung, der in der Achsel eines Laubblattes steht. Männliche Blüten um die Öffnung gruppiert, mit 5 Staubblättern; weibliche Blüten am Grunde, mit einem Fruchtknoten, der sich zu einer Steinfrucht mit fleischigem Fruchtstiel ausbildet. Reifer Fruchtstand, nämlich die Feige, grün, braun oder dunkelviolett, oft bläulich bereift, 5–8 cm lang, mit grünem bis rotem Fruchtfleisch.

S An sonnigen, trockenen und warmen Felshängen, mit den Wurzeln tief in die Klüfte eindringend.

V Mittelmeergebiet, Kleinasien, Westasien bis zum Kaukasus, Arabien.

G Die Gattung *Ficus* umfaßt etwa 1000, vor allem in den Tropen beheimatete, außerordentlich vielgestaltige und vorwiegend immergrüne Arten. Sie gehört zur Familie der Maulbeerbaumgewächse.

Der Feigenbaum wird im Mittelmeergebiet, Kleinasien, Kalifornien, Mexico, Ostaustralien, Neuseeland, weiten Teilen Afrikas und in China plantagenmäßig angebaut. Hauptexportländer von Feigen sind Portugal, die Türkei, Griechenland und Italien. Die Weltjahresernte beträgt 1,5 Millionen Tonnen. Feigen sind weich und kaum transportfähig. Sie werden deshalb an der Sonne oder in Trockenhäusern auf etwa 25% ihres ursprünglichen Wassergehaltes reduziert. Getrocknete Feigen haben einen Zuckergehalt von 51% und sind reich an Kalzium (200 mg/100 g).

In Mitteleuropa ist der Feigenbaum im milden Weinbauklima winterhart und trägt meist auch Früchte.

Sehr kompliziert sind die Bestäu-

Zweigspitze mit jungen Fruchtständen; reife, ausgefärbte Feige; Feige im Längsschnitt

bungsverhältnisse: Pro Jahr bildet die Wildfeige 3 verschiedene Blütenstandsgenerationen aus und zwar die Profichi, die Fichi und die Mamme. Ende März befallen die überwinterten Weibchen der Feigengallwespe *(Blastophaga psenes)* die sich gerade öffnenden Vorfeigen (Profichi) und legen tief in jede der sog. Gallblüten ein Ei. Die ausschlüpfenden Larven ernähren sich von dem Fruchtknotengewebe bis zu ihrer Geschlechtsreife im Juni, werden begattet und fliegen mit Pollen behaftet zu den Echten Feigen (Fichi), wo sie die weiblichen Blüten bestäuben. Eine erfolgreiche Eiablage ist hier jedoch nicht möglich, weil die Griffel der weiblichen Blüten zu lang sind! Die meisten Weibchen gehen zugrunde. Nur wenige überlebende Tiere legen ihre Eier in die Gallblüten der 3. Feigengeneration, der sog. Mamme (Nachfeigen). Hier entwickeln sich die Gallwespen; sie schlüpfen, wenn die Vorfeigen wieder blühen und der Zyklus ist geschlossen. Bei den Wildfeigen dienen also 2 Feigengenerationen (Vor- und Nachfeigen) nur der Vermehrung des Insekts, lediglich die Früchte der Sommerfeigen sichern die Fortpflanzung.
Anders bei der Kulturfeige: Sie ist 2-gestaltig. Weibliche Pflanzen bilden nur fruchtbare Blüten, die sog. Bocksfeigen *(Caprificus)* männliche und weibliche Gallblüten. Der Fruchtansatz ist nur möglich, wenn Blütenstände der Bocksfeigen zur Verfügung stehen. So werden seit etwa 2000 Jahren einige Bocksfeigenbäume in die Nähe der Feigenplantagen gepflanzt, oder sogar nur einige Blütenstände in die Kronen der Kulturfeigen gehängt. Der Entwicklungszyklus der Gallwespe läuft dann lediglich in den *Caprificus*-Blüten ab. Heute gibt es auch Rassen der Kulturfeige, die ohne Bestäubung Früchte erzeugen.

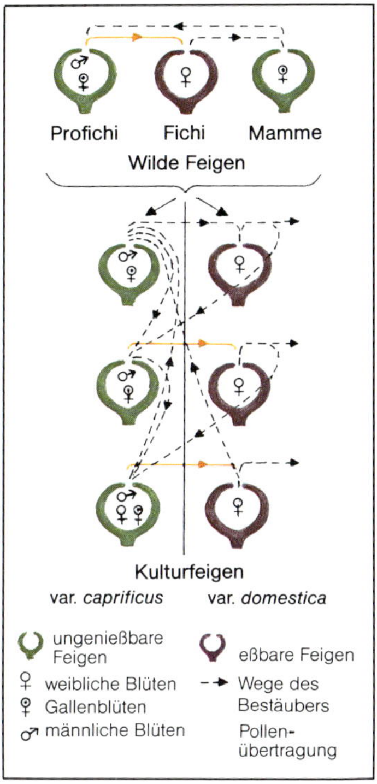

Schematische Darstellung der komplizierten Bestäubungsverhältnisse bei Wild- und Kulturfeigen

Zweige mit Vorfeigen (Profichi)

Schwarzer Maulbeerbaum

Morus nigra L.

[K] Sommergrüner, reichverzweigter, 15–20 m hoher Baum mit graubrauner, rissiger Borke. Junge Zweige rotbraun, flaumig behaart, später graubraun. ▪ Laubblätter wechselständig, 1,5–2,5 cm lang gestielt, herzförmig, mit grob gesägtem Rand, oft gelappt; 6–15 cm lang und ebenso breit, oberseits rauh, unterseits auf den Adern behaart. Nebenblätter hinfällig. ▪ Blüten grünlich, mit 4-teiliger, in 2 Kreisen angeordneter, gleichartiger Blütenhülle; eingeschlechtig; als getrennte Ähren in den Blattachseln junger Triebe. Männliche Stände etwa 2,5 cm lang, 10 mm lang gestielt; Blüten mit 4 Staubblättern. Weibliche Blütenstände kürzer gestielt als die männlichen, 10–15 mm lang; Blüten mit 1 Fruchtknoten und 2 großen Narben; Frucht eine 1-samige, eiförmige Nuß, die von der fleischig gewordenen, purpurn bis dunkelviolett gefärbten Blütenhülle umgeben ist. Fruchtstand 2–2,5 cm lang und bis 2 cm dick, wie eine Brombeere aussehend. ▪ Blütezeit: Mai/Juni; Fruchtreife: August.

Unterschiedliche Blattformen eines Zweiges

[S] Licht- und wärmebedürftiges Gehölz auf gut drainierten, mäßig nährstoffreichen, oft kalkhaltigen, mittelgründigen Stein- und Felsböden.

[V] Vorderasien. Die ursprüngliche Verbreitung ist nicht mehr feststellbar, da der Maulbeerbaum schon lange kultiviert wird.

[G] Die Gattung *Morus* mit 10 Arten umfaßt ausschließlich Bäume und Sträucher in der nördlich-gemäßigten Zone der Alten und Neuen Welt. Verbreitungsschwerpunkt ist Ostasien. ▪ Der Schwarze Maulbeerbaum gehört zur Familie der Maulbeerbaumgewächse *(Moraceae)*. Sie umfaßt 55 Gattungen mit 1500 Arten, vorwiegend milchsaftführende Gehölze der Tropen und Subtropen mit unscheinbaren, eingeschlechtigen Blüten in den meist dichten Ständen. Darunter befinden sich zahlreiche Nutz- und Zierpflanzen.

Der Schwarze Maulbeerbaum ist ein altes Kulturgehölz. Auch in Europa wird er seit Mitte des 16. Jahrhunderts angepflanzt, in Deutschland vor allem in der Pfalz. Im Rheingau und in Rheinhessen findet man hin und wieder sehr alte und knorrige Exemplare, zum Teil schon mit dikken und ausgehöhlten Stämmen.

Sonst wird der Schwarze Maulbeerbaum in Mitteleuropa hauptsächlich in den wärmeren Gegenden mit Weinbauklima kultiviert. Vergleichsweise häufig ist er auch im Tessin, in Tirol, Kärnten, in der Steiermark und in Südtirol zu sehen.
Schon den Griechen und Römern war die Maulbeere bestens vertraut. Der Baum war dem Gott Pan geweiht und galt bei den Griechen als Symbol der Klugheit. Plinius nannte ihn »sapientissima arborum«, angeblich weil die Blätter erst dann austreiben, wenn keine Kälte mehr zu erwarten ist. Im Mittelalter wurde der Schwarze Maulbeerbaum vorwiegend in Klostergärten angepflanzt. Aus den Fruchtständen bereitete man Maulbeerwein (vinum moratum). Die intensive Fruchtfarbe nutzte man zum »Schönen«, d.h. zur Farbintensivierung des Rotweins. Die Fruchtstände werden roh gegessen oder gekocht zu Gelee, Marmelade oder Sirup verarbeitet. In Afghanistan werden die Fruchtstände getrocknet und wie Rosinen beim Backen verwendet.
Das Holz des Schwarzen Maulbeerbaumes ist hart, dauerhaft, schwer spaltbar, im Splint nur dünn, gelblichweiß, im Kern gelb bis schokoladenbraun. Es ist leicht polierfähig und wird gern zu Drechslerarbeiten verwendet. Das schön gemaserte Wurzelholz ist für Intarsienarbeiten besonders geschätzt.
Die lat. Bezeichnung *Morus* ist dem griechischen »morea« entlehnt und war in der Antike der Name für den Baum, abgeleitet von griechisch »meros« = Teil, wohl wegen der zusammengesetzten »Früchte«. Der deutsche Name ist aus dem Lateinischen entlehnt und über das althochdeutsche »mor« bzw. »murberi« über das mittelhochdeutsche »morber«, »mulber« entstanden.
Außer dem Schwarzen wird bei uns gelegentlich auch der Weiße Maulbeerbaum *(Morus alba)* angepflanzt. Aus China, der Mandschurei und Korea stammend, wird der 10–15 m hohe Baum schon seit 4500 Jahren für die Seidenraupenzucht kultiviert und im südlichen Europa seit dem 11. Jahrhundert angepflanzt. Nicht selten trifft man ihn hier verwildert oder eingebürgert an. Der Baum ist in Deutschland winterhart.
Die Fruchtstände, zur Reife weiß bis hellrosa gefärbt, sind kleiner und weniger schmackhaft als beim Schwarzen Maulbeerbaum.

Zweig mit reifen Maulbeeren

Heranreifende Maulbeeren mit Griffeln

Weiße Mistel

Viscum album L.

K Auf den Ästen verschiedener Gehölze parasitierender, immergrüner, sehr kurzstämmiger Strauch von kugeligem Wuchs, bis zu 1 m Durchmesser. Sprosse gelblichgrün, biegsam aber leicht abbrechend, kahl, regelmäßig gabelig verzweigt. ■ Laubblätter gegenständig, lederig, spatelförmig, bis zu 6,5 cm lang und 13 mm breit; im Winter mehr gelblich als im Sommer. ■ Pflanze 2-häusig. Blüten ungestielt, zu 3–5 in doldigen Ständen zwischen den Gabelästen in der Achsel kleiner Hochblätter; unscheinbar, meist 4-zählig, seltener auch 3- oder 5-zählig. Blütenhülle aus gleichartigen Blättern, in 2 Kreisen angeordnet. Männliche Blüten kurzröhrig, 2–4 mm lang, gelb. Blütenblätter mit den Staubblättern verwachsen. Innenseite der Blütenblätter durch die sich öffnenden Pollenfächer siebartig gelöchert! Weibliche Blüten mit nur 1 mm langer, grünlicher Blütenhülle. Der unterständige Fruchtknoten ist in den Blütenbecher eingesenkt und mit ihm völlig verwachsen. Die Innenschicht der Blütenachse verschleimt und umgibt die eigentliche, dünne Fruchtwand. Frucht erbsengroß, sich von grün nach weiß färbend. ■ Blütezeit: März/April: Fruchtreife: November/Dezember.

V Von Europa bis Mittel- und Ostasien; Westasien und Nordwestafrika. In Europa mit Ausnahme Irlands, Sardiniens, des größten Teiles von Skandinavien und des nördlichen und östlichen Rußlands. Vom Tiefland bis in Gebirgslagen; auf etwa 1400 m Höhe ansteigend.

G Die Gattung *Viscum* ist mit 70 Arten in den tropischen und subtropischen Zonen der Alten und Neuen Welt, vor allem in Afrika, beheimatet. Nur wenige Arten dringen bis in die gemäßigten Zonen Eurasiens oder nach Nordaustralien vor. In Südeuropa existiert eine zweite Art, die auf dem Ölbaum, der Mandel und der

Fruchtender Mistelzweig; weiblicher und männlicher Blütenstand

Edel-Kastanie parasitiert; ihre Früchte sind rot. ▪ Die Familie der Mistelgewächse *(Loranthaceae)* umfaßt 36 Gattungen mit 1300 Arten. Das Hauptverbreitungsgebiet erstreckt sich über die bewaldeten Tropen und Subtropen. Fast alle Arten sind Halbschmarotzer, die auf den oberirdischen Teilen von Holzpflanzen parasitieren. In Europa sind die Gattungen *Arceuthobium* auf Wacholder, die Riemenblume *(Loranthus)* auf Eichen und die Mistel auf Laub- und Nadelgehölzen vertreten.

Die weiße Mistel läßt sich in 3 Unterarten aufgliedern, die auch an jeweils anderen Pflanzen schmarotzen:
Die Laubholz-Mistel *(V. album* ssp. *album)* parasitiert ausschließlich auf Laubgehölzen. Besonders häufig befallen werden Pappeln, Weiden,

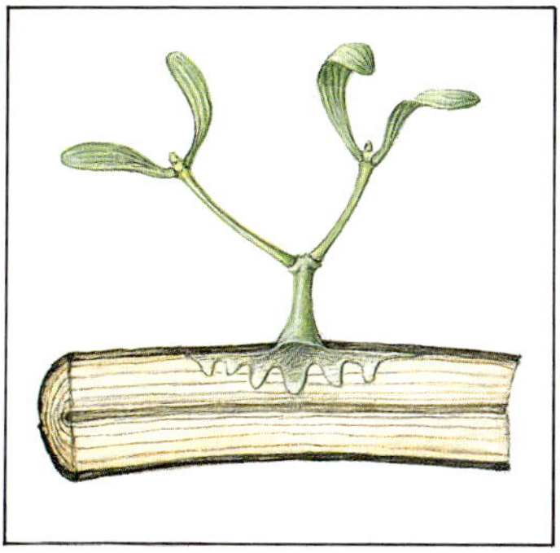

Junge Mistelpflanze mit Senkern

Apfelbäume und Linden. Nur selten sieht man die Mistel auf Ahorn und Edelkastanie, ganz selten auf heimischen Eichenarten und Eschen, nie werden Rot-Buchen, die heimischen Ulmen und merkwürdigerweise Pyramidenpappeln befallen. Werden die heimischen Eichen, Ahorn-Arten und die Walnuß nur selten oder nie befallen, so gedeiht die Mistel eigenartigerweise auf den nordamerikanischen Roteichen, nordamerikanischen Walnuß-Arten und auch auf Ahorn-Arten, wie beispielsweise dem Silber-Ahorn, sehr gut. Gerade auf dem Silber-Ahorn kommt es häufig zu starkem Mistelbefall. Liegt es daran, daß es in Nordamerika keine Misteln gibt? Auch auf der Robinie kann man bisweilen üppige Mistelkugeln beobachten.
Die Laubholz-Mistel ist im oben genannten Verbreitungsgebiet anzutreffen, d.h. in fast ganz Europa bis nach Ostasien. Sie bevorzugt in Europa milde und luftfeuchte Klimalagen. Die Laubholz-Mistel hat stets weiße Früchte.
Die Tannen-Mistel *(V. album* ssp. *abietis)* unterscheidet sich von der Laubholz-Mistel durch mehr eiförmige Früchte. Sie parasitiert vor allem auf der Weiß-Tanne, seltener auf anderen Tannen-Arten, nicht hingegen auf Kiefern, Fichten oder Laubgehölzen. Während die Europäische Lärche stets frei von Misteln ist, gelingt es, die bei uns häufig angepflanzte Japan-Lärche zu infizieren! Die Verbreitung der Tannen-Mistel deckt sich weitgehend mit dem Areal der Weiß-Tanne; sie reicht von den Pyrenäen über das südliche Zentralfrankreich, Südwest- und Süddeutschland, den Alpenraum, Korsika, das nördliche Italien bis zum Tiber bis nach Südosteuropa, nach Kleinasien und zum Kaukasus.
Die Kiefern-Mistel *(V. album* ssp. *austriacum)* hat oft gelblichere Früchte, die kleiner sind als die der Tannen-Mistel. Auch die Laubblätter erreichen normalerweise kaum die Breite von Laubholz- und Tannen-Mistel. Befallen wird vor allem die Wald-Kiefer, in weit geringerem Maße auch die Schwarz-Kiefer, nur selten hingegen die Legföhre. Die Europäische Lärche ist frei von der Kiefern-Mistel, doch wird, wie wir es bereits bei der Tannen-Mistel kennengelernt haben, die Japan-Lärche befallen! In der Literatur wird auch der Befall eines Laubbaumes, näm-

Kiefern-Misteln auf der Wald-Kiefer

lich der Sal-Weide, durch die Kiefern-Mistel erwähnt.
Das Verbreitungsgebiet der Kiefern-Mistel ist wie das der Tannen-Mistel nicht geschlossen. Es reicht von Südostspanien und den Pyrenäen – unter Auslassung ganz Frankreichs bis zum Alpenraum – nach Südwest- und Süddeutschland, Ostdeutschland, Polen und wiederum mit großen Lücken bis nach Griechenland.

Die Mistel ist ein Gehölz, das sowohl durch den Wind als auch von Insekten bestäubt wird. Die häufigsten Blütenbesucher sind Fliegen. Weitere Blütengäste, die aber bevorzugt die nektarproduzierenden, weiblichen Blüten aufsuchen, sind Bienen und Hummeln. Die männlichen Blüten sind nektarlos, wohl aber wie die weiblichen, duftend.
Die Verbreitung der Früchte erfolgt durch Vögel. Misteldrosseln, Singdrosseln und Seidenschwänze verzehren die Mistelfrüchte besonders gern. Häufig wird nur der weiche, klebrige Anteil geschluckt, der zunächst am Schnabel haftende Mistelkern hingegen wird an den Zweigen abgestreift. Die eingetrocknete Viscinschicht klebt dabei den Samen eng an den Wirtszweig. Aber auch die mitgefressenen, unverdaulichen Mistelkerne verlieren ihre viscose Hülle während der Darmpassage nicht, so daß sie, mit dem Vogelkot auf die Zweige gebracht, durchaus noch klebfähig sind.
Die nur bei Licht (!) keimenden Samen entwickeln zunächst eine Saugscheibe (Haustorium), die mittels eines Enzyms die fremden Rindenzellen auflöst und so unter Ausbildung sog. Senker in das Rindengewebe des Wirtsgehölzes eindringen kann, schließlich die Leitbündel erreicht und sie anzapft. Die heranwachsende Mistel entzieht der Wirtspflanze Wasser sowie die darin gelösten, anorganischen Nährstoffe. Mit Hilfe des eigenen Chlorophylls vermag sie diese Nährstoffe jedoch selbst zu assimilieren.
Von den Senkerwurzeln bilden sich im Laufe der Zeit sog. Rindenwurzeln, die in weiteres Rindengewebe vordringen.
Mistelbefall kann die Wirtsbäume zwar schwächen und einzelne Astpartien zum Absterben bringen, ruft allgemein aber wohl keine zu großen Schädigungen hervor, wie man das bei Pappeln, wo der Befall oft recht stark ist, beobachten kann. Kiefern werden meist im Wipfelbereich befallen, viele Laubgehölze nur in geringem Umfang an verschiedenen Stellen der Krone. An Apfelbäumen kann ein zu starker Befall hingegen zu erheblicher Schwächung und Schädigungen führen, da übermäßiges Mistelwachstum Wucherungen im Geäst und krebsartige Schadbilder entstehen läßt, die zum Absterben gan-

zer Zweige führen können. Zudem ist das Senkergewebe in der Lage, neue Sprosse auszubilden, die das Rindengewebe nach außen durchbrechen.

Viscum war der schon bei den Römern gebräuchliche Name. Mit *Viscum* wurde sowohl die Pflanze als auch der aus den Früchten gewonnene Vogelleim benannt. Unser Wort Viskosität ist davon abgeleitet. Der früher vor allem im südlichen Europa verwendete Vogelleim stammt vorwiegend von der sommergrünen, auf Eichen parasitierenden Riemen-Blume oder Riemenmistel *(Loranthus europaeus)*, die vom östlichen Mitteleuropa bis nach Westasien verbreitet ist. Der Fruchtschleim trocknet zwar weitgehend ein, verliert dabei jedoch, im Unterschied zum Mistelschleim, nicht seine Klebfähigkeit. Der Name Mistel geht auf das althochdeutsche »mistil« zurück, das auch im englischen »mistle« wiederkehrt.

Die Mistel spielte in der antiken und germanischen Mythologie eine große Rolle. Theophrast und Plinius berichten ausführlich darüber. Bei Vergil öffnet ein Mistelzweig dem Äneas den Zugang in die Unterwelt. Der germanische Gott Balder wird von Höd mit einem Mistelspeer getötet. Die sehr seltene Eichen-Mistel (s. o.) wurde von den Galliern und Britannen hoch verehrt und spielte beim Opferkult eine bedeutsame Rolle. Mistelzweige verliehen den germanischen Göttern besonders starke Kräfte.

Auf den Britischen Inseln, in zunehmenden Maße auch bei uns in Mitteleuropa, ist die Mistel zu Weihnachten ein wichtiger und beliebter Zimmerschmuck, der auf Weihnachtsmärkten in großen Mengen angeboten wird. Die Verwendung geht sicher auf alte Volksbräuche zurück, bei denen der Mistel dämonenabwehrende Kräfte zugeschrieben wurden und man Mistelzweige in Viehställe und an Häuser hängte, um Mensch und Tier vor Krankheit, Feuer und Blitz zu schützen. In einigen europäischen Ländern, z. B. in der Schweiz und in Frankreich, ist die Mistel ein Fruchtbarkeitssymbol. In der Volksmedizin werden der Mistel Heilkräfte bei verschiedenen Krankheiten, insbesondere bei Epilepsie und Schwindelanfällen, zugeschrieben. Viele dieser Anwendungen gehen wohl noch auf den Wunderglauben vergangener Jahrhunderte zurück. Die Anwendung von Mistelpräparaten bei hohem Blutdruck hat sich als nicht wirksam erwiesen. Inwieweit sich neuerliche Erwartungen als Mittel gegen die Krebsbekämpfung erfüllen, bleibt abzuwarten. Viscotoxin, ein Peptid, besitzt zumindest tumornekrotisierende Wirkungen.

Laubholz-Misteln auf Pappeln

Gemeine Waldrebe

Clematis vitalba L.

K Sommergrüne, bis 30 m hoch in Bäume kletternde Liane. Borke der mitunter 3 cm dicken Stämme sich in langen Streifen lösend, graubraun. Junge Zweige kantig-gerieft, locker behaart, sich von grün nach braun umfärbend. Sprosse mit Ausnahme der Knotenabschnitte hohl. ▪ Laubblätter gegenständig, Blattpaare weit voneinander entfernt stehend, sich erst in größerem Abstand von der Triebspitze voll entfaltend (!). Blätter 4–6 cm lang gestielt, unpaarig gefiedert. Fiederchen ganzrandig bis grob gesägt, die untersten zum Teil gelappt, 3–5 cm lang und 2–5 cm breit, lang gestielt. Blattstiel, Spindel und Stiele der Fiederblättchen mit Rankenfunktion. ▪ Blüten zu rispigen Ständen vereinigt, seitlich in den Blattachseln oder am Ende junger Triebe. Blüten lang gestielt mit 4 gelblichweißen, filzig behaarten, 7–8 mm langen Blütenblättern. Staubblätter zahlreich, kürzer als die Krone, mit breiten Staubfäden. Fruchtblätter nicht miteinander verwachsen, silbrigweiß behaart. Griffel sich nach der Bestäubung streckend und allmählich zu einem behaarten Flugorgan auswachsend. Früchtchen den Winter über im Fruchtstand verbleibend. ▪ Blütezeit: Juni bis September; Fruchtreife: Oktober.

S Auenwälder, feuchte Waldränder, halbschattige bis schattige Hänge, wechseltrockene Laubmischwälder; auf nährstoff- und basenreichen, oft kalkhaltigen, durchlässigen, feuchten Lehm- und Auenböden.

V West- und Mitteleuropa sowie Südengland; von Italien über die Balkan-Halbinsel bis zum Schwarzen Meer und zum Kaukasus. In Mitteleuropa vom Tiefland bis zu 1500 m Höhe in den Alpen.

Die Gemeine Waldrebe gehört zu den wenigen heimischen Schlingpflanzen oder Lianen, die ein beachtliches Längenwachstum entwickeln

Zweigabschnitt mit einem Blütenstand der Gemeinen Waldrebe und Einzelblüte

können. Bei ausreichendem Nährstoffangebot ist sie in der Lage, innerhalb kürzester Zeit ganze Bäume oder Baumgruppen zu überranken, so daß diese infolge der entstandenen Lichtarmut absterben können oder unter der Last der Sprosse zusammenbrechen. Die Jungpflanzen sind sehr lichtbedürftig und entwikkeln sich bei geschlossenem Kronendach im Wald schlecht. An den Waldrändern, wohin die Früchtchen vom Wind verweht werden, finden

Junge Früchte mit silbrigen Griffeln

sie dagegen geeignete Wachstumsbedingungen und können zunächst an den Sträuchern emporklimmen. Die obersten, bis in die Wipfel der Bäume reichenden Stränge, werden kaum über 20 Jahre alt; doch die meist knollig verdickten, basalen Sproßteile können bis zu 40 Jahre alt werden.

Die Blüten sind auffällig und haben einen unangenehmen Geruch. Nektar wird nicht gebildet, die Gemeine Waldrebe ist eine Pollenblume. Bestäubende Insekten, vor allem Bienen und Fliegen, sammeln den reichlich anfallenden Pollen. Die den Winter über an der Pflanze verbleibenden Früchte fallen schon von weitem auf.

Alle stielartigen Blattabschnitte führen bei Berührungsreiz durch einen Zweig Krümmungsbewegungen aus und befestigen die Pflanze dauerhaft, da der Kontakt auch nach dem Absterben der Blätter erhalten bleibt; die Ranken verholzen nämlich, bleiben fest mit der Sproßachse verbunden und verlieren auch nicht ihre Elastizität.

Die gemeine Waldrebe ist giftig. In allen Pflanzenteilen ist das Gift Protoanemonin enthalten. Da die Pflanze nicht zum Verzehr verleitet, sind Vergiftungen selten. Mit dem Namen »Klematis« wurden von den Griechen verschiedene Schlingpflanzen bezeichnet. Der Name leitet sich wohl von »klema« ab, was so viel wie Zweig oder Weinranke bedeutet. Das Epitheton *vitalba* geht auf das lat. »vitis alba« zurück und heißt soviel wie »Weißweinrebe«, im Gegensatz zu »vitis nigra«, »Schwarzweinrebe«, unserer Zaunrübe, einem rankenden Gurkengewächs, das jedoch nur einjährige oberirdische Sprosse ausbildet.

Laubbäume mit dichtem Lianengewirr

Alpen-Waldrebe

Clematis alpina (L.) Mill.

K Sommergrüne, 2–3 m hoch kletternde Rankenpflanze. Junge Zweige 6-kantig, an den Knoten stärker verdickt, locker behaart, dunkelbraun bis braunrot; Rinde sich längsstreifig lösend. Winterknospen 4–7 mm lang, eiförmig, behaart, an den Spitzen mit heller Haarlocke. ▪ Laubblätter gegenständig, unpaarig gefiedert, 10–12 cm lang, gestielt, mit doppelt 3-teilig-gegliederter Spreite. Fiederchen tief gesägt, länglich-oval, ca. 4 cm lang und knapp halb so breit; oberseits dunkelgrün, unterseits heller, beidseitig behaart. Unterste Blattstielteile im Herbst nicht mit abfallend. ▪ Blüten ansehnlich, nickend, einzeln in der Achsel von Kurztriebblättern, 10 cm lang gestielt. Blütenhülle gleichförmig (Perigon), aus 4 hellblauen bis violetten, etwa 4 cm langen, außen schwach behaarten Blättern bestehend. Zwischen den Blütenblättern und den zahlreichen, fruchtbaren Staubblättern befinden sich 10–12 sterile Staubblätter, sog. Staminodien, die halb so lang wie die Kronblätter und viel breiter als die normalen Staubblätter sind. Fruchtblätter freiblättrig, am Grunde wulstig verdickt; der fädige Griffel im Verlauf der Reife zu einem 3 cm langen, behaarten Flugorgan auswachsend. ▪ Blütezeit: Mai bis Juli; Fruchtreife: August bis Oktober.

S In kraut- und strauchreichen, halbschattigen Nadelwäldern, im vollsonnigen Alpenrosen-Legföhren-Gebüsch und in strauchigen Hochstaudenfluren; auf steinigen, felsigen, wasserdurchlässigen, basenreichen, kalkhaltigen aber auch entkalkten oder sauren Humusböden.

Zweigspitze mit Frucht; Früchtchen mit behaartem Flugorgan

V Alpen bis Apenninen und Karpaten in Höhenlagen von 300–2400 m.

G Die Gattung *Clematis* umfaßt 400 Arten. Das Spektrum reicht von aufrechten Stauden bis zu starkwüchsigen, weit in die Baumwipfel kletternden Lianen. Vertreter der Gattung besiedeln alle Erdteile und dringen in Amerika, Afrika und Australien bis über die Tropen weit in die Südhemisphäre vor. In Mitteleuropa sind 6 Arten heimisch. ■ Die Gattung *Clematis* gehört der Familie der Hahnenfußgewächse *(Ranunculaceae)* an, die in 50 Gattungen mit 1900 Arten überwiegend krautige Pflanzen mit wechselständigen Blättern enthält und vor allem in der nördlich gemäßigten Zone verbreitet ist.

Die Alpen-Waldrebe erreicht längst nicht die Ausmaße der Gemeinen Waldrebe. Wie diese ist sie befähigt, mit Hilfe aller stielartigen Blattabschnitte an Sträuchern emporzuklimmen. Die verholzenden Blattranken gewähren über das Absterben der Blätter hinaus einen bleibenden Halt. Die Blüten weisen sich durch ihre Größe und Farbe als Tierblumen aus, d.h. sie werden nicht mittels Wind sondern durch Tiere bestäubt. Die Blütenblätter spreizen etwas und machen Bienen und Hummeln den Weg zu den unfruchtbaren Staubblättern frei. Anders als die Gemeine Waldrebe ist die Alpen-Waldrebe eine Nektarblume. Der Nektar wird in einer Rinne auf der Oberseite der Staminodien gebildet.

Eine Unterart der Alpen-Waldrebe, die sich vor allem durch ihre abweichende Blütenfarbe, nämlich gelblichweiß, von der Normalform unterscheidet, ist *Clematis alpina* ssp. *sibirica*. Sie kommt vereinzelt von Skandinavien, Finnland, dem nördlichen Rußland bis nach Sibirien und China vor.

Trotz der ansehnlichen Blüten ist die Alpen-Waldrebe in Kultur nicht häufig anzutreffen, obwohl sie auch im Tiefland problemlos zu halten ist und hier schon viel zeitiger blüht als im Gebirge. Außerdem wird sie kaum von Schädlingen oder Krankheiten befallen. Das Gleiche gilt für viele andere asiatische und nordamerikanische Wild-Arten, die bei uns ausreichend frosthart sind.

Weitaus häufiger hingegen werden die mit wesentlich größeren Blütenblättern ausgestatteten Hybriden von *Clematis x jackmanii* kultiviert, ein Bastard von *Clematis lanuginosa* aus China und *Clematis viticella*, deren Areal von Südeuropa bis nach Westasien reicht. Diese Gartenform wurde um 1858 in England gezüchtet. Die Blüten können bis zu 12 cm im Durchmesser erreichen und sind

Nickende Blüten der Alpen-Waldrebe

stets blauviolett gefärbt. Andere häufig angepflanzte Formen entstanden durch Kreuzung von *Clematis x jackmanii* mit anderen großblütigen Wildarten, so die tiefviolette 'President', um 1877, die karminrote 'Ville de Lyon' 1899 und die lilarote 'Nelly Moser' 1897, Züchtungen, die sich nach wie vor großer Beliebtheit erfreuen. Mittlerweile sind einige Hundert Sorten in Kultur!

Gemeine Berberitze, Sauerdorn

Berberis vulgaris L.

K Sommergrüner, aufrechter und bewehrter, bis 3 m hoher Strauch. Junge Triebe kantig-gerieft, anfangs behaart aber verkahlend, graubraun. Winterknospen breit-oval, 3–5 mm groß, Endknospe vorhanden. Sproßverband in Lang- und Kurztriebe gegliedert. An den Langtrieben sind die Blätter zu 1–2 cm langen, 1- bis mehrteiligen Blattdornen umgewandelt. ▪ Laubblätter büschelig angeordnet, an den Kurztrieben in der Achsel der Dornen; 2–15 mm lang gestielt mit spatelförmiger bis länglich-elliptischer Spreite; diese 1,5 bis 4 cm lang, beidseitig kahl mit grannenartig gezähntem Blattrand. ▪ Blüten in endständigen, etwa 2 cm langen, gestielten Trauben an den Kurztrieben, stark duftend. Endblüte 5-zählig, Seitenblüten mit meist 3-zähligen Kreisen; Kelch- und Kronblätter je 6, halbkugelig zusammenneigend, 5–7 mm lang; Staubblätter

Mit Blattdornen bewehrte Langtriebe der Berberitze; Blütenstände und Fruchtstand

6; Fruchtknoten oberständig, sich zu einer 8–10 mm langen, leuchtend roten Beere mit 1–3 etwa 5–6 mm langen Samen entwickelnd. Beere sauer schmeckend. ▪ Blütezeit: April bis Juni; Fruchtreife: August/September.

S An Waldrändern, im Saum sommerwarmer und sommertrockener Gebüsche und Hecken, in lichten Eichen- und Kiefernwäldern; auf nährstoff- und basenreichen, oft kalkhaltigen, humosen, meist tiefgründigen Lehm-, Ton- und Mergelböden. Die Berberitze ist eine lichtliebende bis halbschattenverträgliche Pflanze.

V West-, Mittel-, Süd- und Südosteuropa bis zur Krim und zum Kaukasus. Fehlt in Irland und Schottland. In Mitteleuropa häufig, von der Ebene bis in die Alpen, hier auf etwa 2000 m ansteigend.

G Die Gattung *Berberis* umfaßt 450 sommer- und wintergrüne, strauchige Arten mit ansehnlichen Blüten. Hauptverbreitungsgebiet ist Ostasien; das Areal der Gattung reicht von Eurasien, Nordafrika bis nach Nord- und Südamerika. Mit den Philippinen, Java und Ceylon werden die Tropen erreicht; in Südamerika kommen immergrüne Arten bis zu den südlichen Anden vor. In Europa sind 4 Arten heimisch, aber nur 1 erreicht Mitteleuropa. ▪ Die Familie der Sauerdorngewächse *(Berberidaceae)* ist mit ihren 16 Gattungen und 600 Arten vor allem in der nördlich gemäßigten Zone vertreten. Es sind Stauden oder Holzgewächse mit Beeren- oder Kapselfrüchten. Außer Berberitzen werden bei uns häufig auch Mahonien aus Nordamerika und Ostasien angepflanzt.

Die Berberitzen haben eine interessante Blütenbiologie. Am Grunde der Kronblätter befinden sich je 2 Nektarien. Blütenbesucher, vor allem Bienen, die zum Nektar vordringen wollen, lösen beim Berühren der Staubfäden Krümmungsbewegungen derselben aus. In Ruhelage liegen die Staubblätter der Blütenhülle an, bei Reizung biegen sie sich zum Stempel hin, wobei das Insekt mit Pollen beschmiert wird. Diese Krümmungsbewegung läßt sich leicht mit einer Nadel auslösen und gut beobachten. Ähnliche Staubblattbewegungen kennen wir bei Zistrosengewächsen (s. S. 245).
Die Beeren des Sauerdorns werden gern von Vögeln gefressen und so verbreitet. Sie enthalten Apfelsäure und viel Vitamin C. In den Zellwänden von Wurzeln und Rinde ist das gelbe Berberidin, ein bitter schmeckendes Alkaloid, eine Isochinolinbase, enthalten. Es wirkt anregend auf die Darmperistaltik und beeinflußt das Atemzentrum. Holz, Rinde und Wurzel dienten früher zum Gelbfärben von Wolle und Leder.
Der Sauerdorn ist der Zwischenwirt des Getreide-Schwarzrostes *(Puccinia graminis)*. Im Sommer kann man häufig die Sporen des Pilzes als

Kurztriebe mit Blütenständen

orangegelbe Flecken an den Blattunterseiten erkennen.
Im Ostalpenraum schmarotzt eine Sommerwurz-Art, *Orobanche lucorum*, auf den Wurzeln der Berberitze. Die Pflanze lebt unterirdisch, nur die 15–30 cm hohen Blütenstände sind im Juli/August sichtbar.

Im September sind die Früchte ausgefärbt

Alpen-Johannisbeere

Ribes alpinum L.

K Sommergrüner, reichverzweigter unbewehrter, 1–2 m hoher Strauch mit dünnen Zweigen. Junge Triebe kahl, mit hell- bis graubrauner Rinde, die sich jährlich in unregelmäßigen Streifen ablöst. Winterknospen 5–7 mm lang, eiförmig, Knospenschuppen bewimpert, Endknospe vorhanden. ■ Laubblätter wechselständig, 10 mm lang gestielt; Spreite 3- bis 5-lappig, mit größerem Mittellappen, im Umriß eiförmig bis 3-eckig; oberseits mattgrün, unterseits glänzendgrün, beidseitig mit zerstreut stehenden Drüsenhaaren; Blattrand gezähnt. ■ Blüten meist eingeschlechtig, Pflanzen vorwiegend zweihäusig! Blüten in aufrechten, seitenständigen Trauben, 2–3 mm lang gestielt, in allen Teilen kahl. Männliche Blütenstände 2–3 cm lang, 10- bis 30-blütig, mit doppelter, 5-zähliger Blütenhülle; Kelchblätter 2–3 mm lang, grünlich, außen rot überlaufen; Kronblätter nur 1 mm lang, grünlich-gelb; Staubblätter 5, so lang wie die Blumenkrone; Griffel verkümmert. Weibliche Trauben meist 2- bis 5-blütig, Kelch nur 1,5 mm lang; Staubblätter zwar vorhanden, aber steril; Fruchtknoten unterständig. Frucht eine kahle, glänzende, bis 5 mm große, rote Beere mit fadem Geschmack. ■ Blütezeit: April/Mai; Fruchtreife: Juni/Juli.

Zweigspitze; männliche (oben) und weibliche Blüte

S In Auenwäldern des Flachlandes, hauptsächlich aber in den Gebirgslagen, in lichten Buchen- und Linden-Mischwäldern, an Waldsäumen, in lichten Kiefernwäldern und in den Hochstaudenfluren der subalpinen Stufe. Auf frischen, kalk-, basen- und nährstoffreichen, feuchten, lockeren Stein- und Lehmböden. Die Alpen-Johannisbeere ist eine Halbschattenpflanze, die aber auch volle Sonne verträgt.

V Europa, Kaukasus und Nordwestafrika. In Europa von der nördlichen Iberischen Halbinsel bis nach England und dem mittleren Skandinavien, östlich bis zum Ladoga-See und zum Dnjepr; in den südlichen Teilen der Apenninen- und Balkan-Halbinsel fehlend. Areal nicht zusammenhängend, im Süden nur in Gebirgslagen. In Mitteleuropa zerstreut vom Tiefland bis in Alpenhöhen von 1600 m im Norden und 2000 m im Süden ansteigend.

G Die Gattung *Ribes* enthält ca. 150 Arten. Es sind vorwiegend bewehrte oder unbewehrte Holzgewächse, laubwerfende oder immergrüne Sträucher, die überwiegend in der nördlich-gemäßigten Zone beheimatet sind; einige Arten reichen in den Gebirgen Südamerikas bis

nach Patagonien. In Europa sind 9 Arten vertreten, 6 davon auch in Mitteleuropa. ■ *Ribes* ist die einzige Gattung aus der Familie der Stachelbeergewächse *(Grossulariaceae).*
Der deutsche Name Alpen-Johannisbeere ist irreführend. Der Strauch wächst keineswegs nur in den Alpen oder in Gebirgslagen sondern, zumindest in Mitteleuropa, auch im Flachland. Die Gestalt der Pflanze ist je nach Standort verschieden. Im Schatten nur mäßig verzweigt, stehen die Zweige waagerecht oder hängen weit über; in vollsonniger

Männliche Blütenstände

Lage ist die Alpen-Johannisbeere ein dicht verzweigter, rundlicher Busch. Dem Erdboden aufliegende Zweige bewurzeln sich und können auf diese Weise zur Vergrößerung und Verbreitung der Pflanze beitragen. Die leichte Wurzelbildung ermöglicht auch eine Vermehrung aus Steckhölzern. Gleiches gilt für die Rote und Schwarze Johannisbeere, die weitgehend vegetativ vermehrt werden.
Die Blüten sind zwar eingeschlechtig, doch besitzen sie jeweils Staubblätter bzw. Fruchtblätter, allerdings sind diese steril und meist auch kleiner. Hin und wieder treten sowohl zwittrige als auch eingeschlechtige Blüten beiderlei Geschlechts an der gleichen Pflanze auf, so daß die Sträucher in diesen Fällen einhäusig sind. Die Blütenstände unterscheiden sich bei den Geschlechtern auch in der Anzahl ihrer Blüten. Die Bestäubung erfolgt durch Fliegen und kurzrüsselige, kleine Bienen, die den offen dargebotenen Nektar leicht aufnehmen können. Die Früchte werden vorwiegend von Vögeln verzehrt und dadurch auch verbreitet. Dies ist der Grund, daß die Al-

Fruchtende Zweige

pen-Johannisbeere gelegentlich auf Bäumen in Auenwäldern und auf alten und bereits morschen Kopfweiden als Aufsitzerpflanze (Epiphyt) anzutreffen ist. Angepflanzt werden meist nur männliche Exemplare.
Der Gattungsname *Ribes* leitet sich von »Ribas«, einer bei den Arabern kultivierten Rhabarber-Art *(Rheum ribes)* ab, die ihnen als Arzneipflanze diente. Die arabischen Eroberer fanden auf der Iberischen Halbinsel die säuerlich schmeckenden Johannisbeeren und belegten sie mit diesem Namen. Im Mittelalter wurde Ribas zu Ribes abgewandelt.

Schwarze Johannisbeere

Ribes nigrum L.

K Sommergrüner, mäßig verzweigter, aufrechter, 1,5–2 m hoher Strauch. Junge Triebe fein behaart, grau bis rötlichbraun, mit ungestielten, kleinen, intensiv unangenehm riechenden Duftdrüsen besetzt. Rinde sich später in unregelmäßigen Längsbändern ablösend, darunter liegende Rinde kastanienbraun. Winterknospen 5–8 mm lang, eiförmig, Endknospe stets vorhanden. ■ Laubblätter 1–3 cm lang gestielt mit 3- bis 5-lappiger, 5–10 cm langer Spreite; mit gestielten Drüsen besetzt; anfangs beidseitig behaart, oberseits verkahlend. Blattrand doppelt gesägt. ■ Blüten zu 4–10 als seitenständige Trauben in den Achseln kleiner, häutiger Blätter. Blüten grünlich, zwittrig, 3–4 mm lang gestielt. Fruchtknoten unterständig, schwach behaart und drüsig punktiert. Kelchzipfel 2–3 mm lang, zurückgeschlagen, einer glockigen Blütenröhre aufsitzend, Krone nur halb so lang. Beerenfrüchte am Grund des Fruchtstandes 8–10 mm dick, zur Spitze hin deutlich kleiner werdend und weniger intensiv gefärbt, mehrsamig, schwarz. ■ Blütezeit: April/Mai; Fruchtreife: Juli.

S In feuchten Gebüschen; Erlenbrüchen und Auenwäldern; auf nährstoffreichen, humosen, meist sauren Lehm- und Tonböden oder torfigem Substrat.

V Nordwestfrankreich, Britische Inseln, Skandinavien, Osteuropa, über das südlichere Sibirien bis zur Mandschurei; im Kaukasus und bis zum Himalaja. In Süd- und Südosteuropa meist fehlend. In Mitteleuropa ursprünglich wohl vor allem im Norden und Osten; teilweise stark verwildert; in den Alpen bis etwa 1900 m hoch ansteigend.

Zweig mit Blättern und Knospen

Die Schwarze Johannisbeere ist sehr selten geworden und in der Roten Liste als »gefährdet« aufgeführt. Als Selbstbestäuber werden die Blüten nur selten von Insekten aufgesucht.

Die Schwarze Johannisbeere wurde verhältnismäßig spät, erst im 16. Jahrhundert kultiviert. Den Griechen und Römern waren Johannisbeeren nicht bekannt. Der recht charakteristische, von vielen Menschen als wanzenartig empfundene Geruch mag eine bereits frühere, intensivere Nutzung verhindert haben. Heute ist die Schwarze Johannisbeere eine wichtige Kulturpflanze, die plantagenmäßig in zahlreichen, reichtragenden, großfrüchtigen Sorten mit unterschiedlicher Reifezeit angebaut wird. Die eigenartig, jedoch wohlschmeckenden Früchte sind besonders reich an Vitamin C. 100 g Beeren enthalten 177 mg, außerdem 0,2 g Zucker, hauptsächlich Saccharose, und bis zu 3,5% Zitronensäure. Der Vitamin C-Gehalt ist 5mal höher als bei der Roten Johannisbeere! Die dunkle Farbe der Beeren beruht auf dem Gehalt an Anthocyan, das im Zellsaft gelöst ist. Die Weltproduktion an Johannisbeeren einschließlich der Roten Johannisbeere betrug 1978 ca. 427 000 t. Die Hauptanbaugebiete liegen in Polen, der Bundesrepublik Deutschland, der UdSSR und in Österreich.

Schwarze Johannisbeeren werden zu Fruchtsäften, Marmeladen und Likören verarbeitet. In der Volksmedizin gelten die Blätter als Mittel gegen Rheuma, Gicht, Keuchhusten und krampfartigen Husten. In Branntwein eingelegte Beeren sollen ebenfalls bei Gichterkrankungen helfen. Aufgüsse getrockneter Früchte werden als Gurgelmittel gegen Angina und Erkrankungen der Atemwege und der Mundhöhle empfohlen.

Die Schwarze Johannisbeere ist eine der wichtigsten Wirtspflanzen des Säulenrostes *(Cronartium ribicola)*, eines Pilzes mit verschiedenen Wirtspflanzen. Seine Sporen bilden auf den Blattunterseiten gelbe Pusteln, starke Infektion führt zum Abfall der Blätter. Dieser Pilz war ursprünglich nur im Verbreitungsgebiet der Arve, d. h. in Sibirien, Ostrußland und in den Alpen, anzutreffen. Er verursacht auf den 5-nadeligen (= weichnadeligen) Kiefern den gefürchteten Blasenrost: blasige Auftreibungen an den Zweigen, die zunächst ein Absterben der Zweige und sehr schnell auch der Bäume nach sich ziehen. Mittlerweile wurde der Blasenrost auch nach Nordamerika eingeschleppt und verursacht an der Weymouths-Kiefer große Schäden.

Die Blüten entspringen Seitenknospen

Früchte mit Resten der Blütenhülle

Der Name Johannisbeere nimmt auf die Reifezeit der Früchte Bezug. Neben dem allgemein gebräuchlichen Namen Schwarze Johannisbeere sind noch zahlreiche lokal eingebürgerte Namen üblich, die auf die schwarze Beerenfarbe, den unangenehmen Geruch und eigenartigen, unverwechselbaren Geschmack oder die Verwendung Bezug nehmen; die häufigsten sind Wanzenbeere, Gichtbeere, Schnapsbeere, Kakelbeere und Bocksbeere.

Stachelbeere

Ribes uva-crispa L.

K Sommergrüner, reichverzweigter und stark bewehrter, 0,60–1,50 m hoher Strauch mit bogig überhängenden Zweigen. Junge Triebe zunächst kantig-gerieft, dicht und fein behaart, später rund und verkahlend; Rinde graubraun, sich längsrissig lösend. Zweige mit einfachen und 3-teiligen, 7–15 mm langen Stacheln, Bildungen des Rindengewebes und an den Langtrieben unterhalb der Laubblätter stehend. Winterknospen eiförmig, mit bewimperten Knospenschuppen, die beim Austrieb im Frühjahr nicht abfallen, sondern an den Zweigen verwittern! ■ Laubblätter wechselständig an den Langtrieben, rosettig an den Kurztrieben.

Bewehrte Zweige der Stachelbeere

Spreite 1,5–4 cm lang, 2–5 cm breit, mit ebenso langem Blattstiel, 3- bis 5-lappig, am Grund keilförmig bis herzförmig zulaufend; oberseits verkahlend, dunkelgrün, unterseits auf den Adern behaart; Blattrand stumpf gesägt bis gekerbt. ■ Blüten zwittrig, grünlich, mit doppelter, 5-zähliger Blütenhülle; zu 1–3 in den Blattachseln der Kurztriebe. Fruchtknoten unterständig, behaart oder kahl; Blütenhülle glockig; Kelchblätter 2,5 mm lang, spreizend, d.h. doppelt so lang wie die nach unten gerichteten Kronblätter. Staubblätter 5, fast so lang wie der Kelch; Griffel borstig behaart. Frucht eine weiche, mehrsamige, grüne, gelbe oder rotbraune Beere, an der Spitze den eingetrockneten Kelch tragend. Samen mit verschleimender Samenschale. ■ Blütezeit: April/Mai; Fruchtreife: Juli/August.

S In Auen- und Schluchtwäldern, an Waldsäumen, in Gebüschen und Hecken, an Zäunen und Wegrändern; auf nährstoff- und basenreichen, oft kalkhaltigen, humosen, lockeren und steinigen Lehm- und Tonböden. Bevorzugt an feuchten, halbschattigen bis schattigen Standorten, jedoch auch volle Sonne ohne Beeinträchtigung vertragend.

V Fast in ganz Europa bis zum Kaukasus, in Sibirien bis zur Mandschurei; im Süden des Verbreitungsgebietes vor allem in den Gebirgslagen; in Mitteleuropa zerstreut, vom Tiefland bis in die Gebirgslagen, in den nördlichen Alpen ca. 1100 m erreichend.

Die Stachelbeere kann sehr variabel gestaltet sein. Es werden mehrere Unterarten und Formen unterschieden, auf die hier aber nicht näher eingegangen werden soll. Abweichungen betreffen vor allem die Form und das Aussehen der Früchte.

Die Blüten duften angenehm und sondern am Grund der Kronröhre reichlich Nektar ab. Bestäuber sind

demzufolge langrüsselige Schwebfliegen, Fliegen, Hummeln, Bienen und Blattwespen, die ihren Rüssel in die Kronröhre kunstvoll an den beiden Griffelästen vorbei einführen müssen. Verbreitet werden die Beeren bevorzugt durch Vögel. Damit erklären sich auch so ungewöhnliche Wuchsorte wie Bäume oder Mauern! Auch der Mensch trägt im übrigen nicht unerheblich zur Verbreitung bei.
Die Stachelbeere ist heute eine wichtige Kulturpflanze. Den Griechen und Römern war sie unbekannt. Ihre Nutzung begann verhältnismäßig spät. In Mitteleuropa ist sie seit dem 16. Jahrhundert in den Gärten anzutreffen, nachdem es gelungen war, großfrüchtige Sorten mit weniger Haaren zu züchten. Heute liegt die Bundesrepublik Deutschland mit einem Jahresertrag von 64000 t an der Spitze der Erzeugerländer. Die Weltente insgesamt betrug 1978 rund 150000 t. Die Früchte werden reif geerntet und zu Säften, Marmeladen und Konfitüren verarbeitet. Unreif geerntete Früchte sind besonders reich an Vitamin C. Der Vitamin C-Gehalt reifer Früchte entspricht mit 35 mg/100 g etwa dem der roten Johannisbeere.
Stachelbeeren werden häufig vom Stachelbeer-Mehltau *(Sphaerotheca mors-uvae)*, einer um 1900 aus Nordamerika eingeschleppten Pilzkrankheit befallen. Die sichtbare Infektion äußert sich zuerst in einem mehlig-weißem Belag an den jungen Blättern und Sproßspitzen. Später erkranken auch die Früchte.
Das lat. Epitheton *uva-crispa* setzt sich aus »uva« = Traube und »crispus« = kraus zusammen, womit es auf die borstig behaarten Früchte der Wildformen Bezug nimmt. Stachelbeere sowie Rote und Schwarze Johannisbeere sind die 3 bei uns als Obstgehölze kultivierten *Ribes*-Arten. Ein beliebtes Gartenziergehölz

Blüten mit unscheinbarer Blütenhülle

ist die Blutrote Johannisbeere *(Ribes sanguineum)* aus dem pazifischen Nordamerika, die wegen der schönen Blütenstände und des angenehmen Duftes angepflanzt wird. Unsere Rote Garten-Johannisbeere *(Ribes rubrum)* stammt von europäischen »Wild«-Arten ab. Hauptsächlich dürften die Wilde Rote Johannisbeere *(R. spicatum)* und die Felsen-Johannisbeere *(R. petraeum)* als Eltern beteiligt sein.

Heranreifende Früchte

Falscher Jasmin, Pfeifenstrauch

Philadelphus coronarius L.

[K] Sommergrüner, reichverzweigter Strauch von 1–3 m Höhe. Junge Zweige braun bis rotbraun, anfangs schwach bis flaumig behaart und verkahlend oder kahl; Rinde sich später in längeren Streifen ablösend. Winterknospen nicht sichtbar, von erhalten bleibenden Blattstielresten geborgen. Endknospe ist nur an Schößlingen vorhanden, Spitzen der Triebe sonst meist absterbend. ▪ Laubblätter gegenständig, nur sehr kurz gestielt; mit eiförmiger bis elliptischer, zugespitzter Spreite und breit keilig verschmälertem Grund; 4–8 cm lang, bis 5 cm breit; oberseits tiefgrün, kahl, unterseits heller, auf den Adern behaart und mit Achselbärten; Blattrand schwach gezähnt. Nebenblätter fehlend. ▪ Blüten in endständigen, 5- bis 10-blütigen Trauben am Ende beblätterter Kurztriebe, an den vorjährigen Schößlingen und an älteren Zweigen. Blüten 5–10 mm gestielt, mit doppelter, 4-zähliger Blütenhülle. Fruchtknoten unterständig; Kelchblätter klein, länglich-3-eckig; Kronblätter weiß, 10–15 mm lang, ausgebreitet; Staubblätter zahlreich, kürzer als die Krone; Griffel mit 4 Narbenästen; Fruchtkapsel 4-fächerig, sich bei der Reife bis zum Grunde spaltend und die bis 3 mm langen, länglichen Samen entlassend. ▪ Blütezeit: Juni; Fruchtreife: September/Oktober.

Zweig mit reifen Fruchtkapseln

[S] In wärmeliebenden Laubholzgebüschen, an Waldrändern, in lichten Flaum-Eichen- und Hopfenbuchenbeständen und Haselgebüschen; auf meist basen- und kalkreichen, mittel- bis tiefgründigen, Stein- und Lehmböden.

[V] Von den Südostalpen östlich des Gardaseegebietes, der Steiermark, Südtirol, der Toskana, bis nach Umbrien sowie in Rumänien (Siebenbürgen); meist in Gebirgslagen, bis 700 m ansteigend.

[G] Die Gattung *Philadelphus* umfaßt 75 sommergrüne Arten in der nördlich-gemäßigten Zone der Alten und Neuen Welt. Das Hauptverbreitungszentrum liegt in Ostasien. In Europa ist nur 1 Art heimisch. ▪ Der Pfeifenstrauch ist ein Vertreter der Pfeifenstrauchgewächse *(Philadelphaceae),* einer Pflanzenfamilie der 7 Gattungen mit 135 Arten, ausschließlich Holzgewächse mit zwittrigen, ansehnlichen Blüten und Kapselfrüchten, angehören. Die Familie steht den Steinbrechgewächsen verwandtschaftlich sehr nahe und wurde früher als Unterfamilie zu ihnen gezählt.

Der Gemeine Pfeifenstrauch ist dank seiner ansehnlichen, weißen Blüten und seines intensiven Duftes eines der häufigsten Gartengehölze. In Mitteleuropa ist er seit Mitte des 16. Jahrhunderts in Kultur, hat sich jedoch nicht eingebürgert! Den Blüten entströmt der Duft nicht nur tagsüber, sondern ebenso stark auch nachts. Blütenbesucher sind Bienen, Fliegen und Käfer, die hier Nektar und Pollen sammeln. Der Nektar ist nur wenig geborgen.
Die Sträucher bilden in jedem Jahr mehrere, unverzweigte Schößlinge, an denen sich im 2. Jahr Blütentriebe bilden. Diese Schößlinge werden häufig von Läusen befallen. Hauptschädling ist die Schwarze Bohnen- oder Rübenlaus *(Aphis fabae),* die wir auch häufig am Pfaffenhütchen und am Gemeinen Schneeball antreffen. Ihren Namen führt sie, weil sie während ihres Entwicklungszyklus einen Wirtswechsel vollziehen muß und deshalb häufig auf Saubohne, Rüben oder Klatschmohn anzutreffen ist, wo sie durch ihre schwarze Farbe leicht ins Auge fällt. Oft sind die weichen Schößlinge dicht von Läusen bedeckt, die jungen Blätter werden deformiert und an der normalen Entfaltung gehindert, die Sproßspitzen sterben ab.
In den Gärten gedeiht der Pfeifenstrauch problemlos. Er benötigt lediglich einen freien, besonnten Standort. Neben der Normalform werden gern halbgefüllte und gefüllte Zierformen angepflanzt, bei denen die Staubblätter zu meist kleineren und unregelmäßig angeordneten Kronblättern umgestaltet sind. Recht häufig sind auch Arten aus Ostasien und Nordamerika oder Hybriden im Handel, die sich nicht wesentlich von unserer Art unterscheiden. Um so mehr bereitet es Schwierigkeiten, die einzelnen Arten, Hybriden und Formen exakt anzusprechen. Eng verwandt mit dem Pfeifenstrauch ist die Gattung *Deutzia,* die sich durch nur 10, abgeflachte Staubblätter deutlich vom Pfeifenstrauch abhebt. Die meist weißen Blütenblätter sind zugespitzt. Reine Arten treffen wir in Gärten kaum an, um so größer ist die Zahl der Hybriden und gefülltblütigen Sorten.
Der Name *Philadelphus* leitet sich vom griechischen »philein« = lieben

Blüten am Ende junger Kurztriebe

und »adelphos« = Bruder ab. Den Beinamen Philadelphos führte Ptolomäus II, König von Ägypten, 285–246 v. Chr., mit seiner Schwester verheiratet und naturwissenschaftlich sehr interessiert. Das Epitheton *coronarius* ist lateinisch und bedeutet zum Kranzbinden bestimmt. Der deutsche Name Falscher Jasmin bezieht sich wohl auf den intensiven Duft der Pflanze, der an Jasmin erinnert. Verwandtschaftliche bezüge zum Jasmin, der ein Ölbaumgewächs ist, bestehen jedoch nicht.

Ahornblättrige Platane

Platanus x *acerifolia* (Ait). Willd.

K Sommergrüner, breitkroniger, bis 35 m hoher Baum, meist mit kurzem Stamm, kräftigen Ästen und überhängenden Zweigen. Borke gelb bis graubraun, sich jährlich in unregelmäßigen, großen Platten ablösend und am Stamm und den Zweigen ein auffallendes Muster hervorrufend. Junge Triebe hin und her gebogen, anfangs filzig braun behaart, später verkahlend und braungrün glänzend. Winterknospen 10 mm lang, erst nach dem Laubfall sichtbar, mit nur einer Hüllschuppe und von einer ringförmigen Blattnarbe umgeben. ■ Laubblätter wechselständig, lederig, 5–10 cm lang gestielt; Spreite wie beim Spitzahorn geformt, 15–25 cm lang und breit, meist 5-lappig, am Grunde gestutzt oder herzförmig. Spreite oberseits völlig verkahlend, unterseits auf den Adern und in den Achseln behaart bleibend. Beide Nebenblätter eines Blattes kragenförmig verwachsen und die Sproßachse umschließend. ■ Blüten in eingeschlechtigen, langgestielten, hängenden Ständen, Pflanze einhäusig. Blüten unscheinbar in 2–3 kugeligen, 7–10 mm großen Teilständen. Männliche Blüten mit kleiner Blütenhülle und 3–4 Staubblättern, die weiblichen mit 5–9 oberständigen, freien Fruchtblättern und langen, bleibenden Griffeln, die sich zu 8–10 mm langen, 4-kantigen, keulenförmigen, am Grunde lang behaarten Nüßchen entwickeln. Fruchtstände zur Reife 15–20 cm lang, Teilfruchtstände kugelig, 3–4 cm dick. ■ Blütezeit: Mai; Fruchtreife: September/Oktober.

S Freie, helle bis vollsonnige Standorte auf mittel- bis tiefgründigen, zumindest in der Tiefe feuchten Böden.

G Die Gattung *Platanus* umfaßt 10 Arten, die außer 2 altweltlichen alle in Nordamerika beheimatet

Platanenblatt, Einzelblüte, Fruchtstand und Blattansatz mit Nebenblattkragen

sind. ▪ Die Platane gehört zur Familie der Platanengewächse *(Platanaceae)*, die nur aus der Gattung *Platanus* besteht.

Die Platanen unserer Straßen und Parkanlagen sind fast ausnahmslos Ahornblättrige Platanen. Sie werden als Bastarde der Morgenländischen *(P. orientalis)* und der Abendländischen Platane *(P. occidentalis)* angesehen, da sie mit vielen Merkmalen zwischen beiden Arten stehen. Ganz zweifelsfrei ist diese Frage jedoch noch nicht geklärt und die Möglichkeit, daß es sich um einen Abkömmling der Abendländischen Platane handelt, kann nicht ausgeschlossen werden.
Die Platane ist windblütig. Die Blüten erscheinen mit den Blättern und sind sogar in den Ständen wenig auffällig. Die Fruchtstandkugeln überwintern am Baum. Im Spätwinter bzw. im Vorfrühling löst sich die Blütenstandsachse in einzelne Fasern auf, so daß die Fruchtstände, wenn sie vom Wind losgelöst werden, am Boden zerfallen, oder die Kugeln sich bereits am Baum auflösen und die mit einem Faserschopf versehenen Nüßchen vom Wind verbreitet werden.
Beide Eltern unserer Platane sind Gehölze sehr feuchter Standorte. Sie gedeihen an Ufern von Flüssen und Seen und sind lichtbedürftig. Die Morgenländische Platane kann am natürlichen Standort Stämme von mehreren Metern Durchmesser haben! Um so erstaunlicher ist es daher, daß die Ahornblättrige Platane in unseren Städten mitten im Asphalt so gut gedeiht und zu den robustesten Stadtgehölzen überhaupt gehört. Auch gegen einen regelmäßigen, kräftigen Rückschnitt ist sie nicht empfindlich. In französischen Gärten oder an Promenaden wird sie sehr häufig zu einer Schirmform geschnitten.

Zwar ist die Platane gegen Ungeziefer ziemlich gefeit, doch wird sie in neuerer Zeit von einem Pilz *(Gloeosporium nervisequum)* befallen, der die gerade austreibenden Blätter zum Absterben bringt. Sie bleiben eingetrocknet meist das ganze Jahr über hängen. Die Laubblätter des darauffolgenden Wachstumsschubes bleiben dagegen gesund.
Das Holz, mit hellem Splint und rötlich- bis dunkelbraunem Kern, läßt sich gut bearbeiten und hat einen matten Glanz. Es wird zu Furnierholz und in der Drechslerei verarbeitet.
Die Griechen nannten die Platane »platanos«. Das könnte von »platys« = breit abgeleitet sein und sich auf die mächtige Krone beziehen.
Hin und wieder wird auch die Morgenländische Platane angepflanzt. Sie zeichnet sich durch eine kleinschuppige Borke, tief eingeschnittene Blätter und 3–7 kugelige Blüten- bzw. Fruchtstände aus.

Schuppenborke der Platane

Gemeine Felsenbirne

Amelanchier ovalis Med.

[K] Sommergrüner, reichverzweigter, rundlicher Strauch von 1–3 m Höhe. Junge Triebe anfangs weißwollig behaart, im Laufe des Sommers verkahlend und dann glänzend olivgrün bis braun. Rinde später graubraun längsrissig, in eine schwärzliche Borke übergehend. Stämmchen bis 6 cm dick. Winterknospen eiförmig, 5–7 mm lang, zugespitzt, dicht filzig behaart. Endknospe stets vorhanden. ▪ Laubblätter wechselständig, 8–15 mm lang gestielt; Spreite oval bis breitoval, beidendig gerundet, 2,5–4 cm lang und bis 3 cm breit; oberseits mattgrün, kahl, unterseits gelblich filzig, verkahlend, mit Achselbärten. Nebenblätter 3-eckig-pfriemlich, klein, mit dem Blattstiel verwachsen. ▪ Blüten zu 3–6 in gedrungenen, endständigen, filzig behaarten Rispen an jungen Trieben. Blütenhülle freiblättrig, 5-zählig. Kelchblätter schmal 3-eckig, viel kürzer als die 12–20 mm langen, weißen Kronblätter, bis zur Fruchtreife bleibend. Staubblätter 20, Fruchtblätter 5, teilweise miteinander verwachsen, mit je 1 Samen. Frucht apfelartig, vom Kelch gekrönt, 8–10 mm groß, blauschwarz, bereift, fleischig-mehlig mit süßlichem Geschmack. ▪ Blütezeit: April bis Juni; Fruchtreife: August/September.

Zweig mit Knospen und Früchten

[S] An vollsonnigen, sommerwarmen und sommertrockenen felsigen Hängen, in lichten Gebüschen, Eichen-Mischwäldern, in Föhrenwäldern und Legföhrenbeständen der Alpen. Auf basenreichem, oft kalkhaltigem Gestein, aber auch auf saurem Untergrund sowie nährstoff- und humusarmen Steinböden. Die Gemeine Felsenbirne gedeiht in Gesellschaft von Zwerg-Mispel, Bibernell-Rose, Mehlbeere, Elsbeere und Weichsel-Kirsche.

[V] Süd- und Mitteleuropa bis nach Kleinasien und Nordafrika. Nordwestlich bis Luxemburg, nordöstlich bis Polen. In Mitteleuropa von der Ebene bis in die Gebirgslagen; in den Alpen bis zu 1800 m hoch ansteigend. Im Gebiet hauptsächlich in Mittel-, Südwest- und Süddeutschland.

[G] Die Gattung *Amelanchier* umfaßt 25 Arten, die alle in der gemäßigten Zone der Nordhalbkugel beheimatet sind. Verbreitungsschwerpunkt ist Nordamerika. Alle Arten sind Holzgewächse mit meist sommergrünen Blättern und apfelartigen Früchten. Einige Arten erreichen durchaus

Felsenbirnen haben sehr schmale Kronblätter

baumförmige Ausmaße. In Europa gibt es nur 1 Art.

Die Felsenbirne ist insektenblütig. Der mehr oder weniger freiliegende Nektar wird bevorzugt von Honigbienen gesammelt. Er kann aber auch von kurzrüsseligen Insekten aufgenommen werden. Die Früchte werden von Vögeln verzehrt und verbreitet. In Norddeutschland verwendet man Früchte einer nah verwandten Art als Korinthenersatz für Gebäck. Die Gemeine Felsenbirne zählt bei uns zu den seltenen Gehölzen, kommt jedoch meist gesellig vor. Sie ist eine Charakterart der Zwergmispel-Felsenbirnen-Gesellschaften auf Felshängen. Das Wurzelwerk vermag tief in die Felsspalten einzudringen.
In Kultur ist die Gemeine Felsenbirne kaum anzutreffen. Weder ihre Blüten noch ihre Herbstfärbung sind besonders auffällig. Demgegenüber werden nordamerikanische Arten angepflanzt und sind, wie die Kupfer-Felsenbirne *(Amelanchier lamarckii)* in vielen Teilen Europas, vor allem in den Niederlanden und Nordwestdeutschland, seit über 100 Jahren eingebürgert. Die Kupfer-Felsenbirne aus dem Atlantischen Nordamerika kann bis 10 m hoch werden. Sie hat ihren Namen von den kupferfarbig austreibenden Blättern, die einen reizvollen Kontrast zu den weißen Blüten bilden. Im Herbst zeichnet sich diese Felsenbirne durch eine von Gelb über Orange nach Rot spielende Farbenpracht aus. Die Kupfer-Felsenbirne wird nur selten von Krankheiten oder Fraßschädlingen befallen. Sie gedeiht gleichermaßen auf kalkhaltigen als auch auf sauren Böden. Empfindlich ist sie jedoch gegen zu große Trockenheit: die Blätter leiden und färben sich im Herbst weniger intensiv.
Der Name *Amelanchier* ist französischer Herkunft (Savoyen und südöstliche Provence); er entstand durch falsche Trennung des Artikels »la mélanche« ⟶ »l'amélanche« und dem angehängten Baumsuffix »-ier«.

Die Blütenfülle überdeckt das Laub

Gemeine Zwergmispel

Cotoneaster integerrimus Med.

K Reichverzweigter, sommergrüner, 0,5–1 m hoher Strauch mit aufrechten Zweigen. Triebe anliegend bis filzig behaart. ■ Laubblätter 2-zeilig, kurz gestielt, mit länglich-ovaler, bis 4,5 cm langer und halb so breiter Spreite; oberseits frischgrün, kahl, unterseits gelblich, filzig-behaart. ■ Blüten in 1- bis 4-zähligen, traubenartigen Ständen an Kurztrieben. Blütenhülle doppelt, freiblättrig,

Gemeine Zwergmispel

5-zählig; Kelchblätter 3-eckig, bis zur Fruchtreife bleibend, Kronblätter gleich lang, blaßrosa, rundlich, etwas zusammenneigend. Staubblätter 20; Frucht leuchtend scharlachrot, rundlich, kahl, 6–8 mm groß mit 2 bis 4, 3 mm langen Steinkernen. ■ Blütezeit: April/Mai; Fruchtreife: August/September.

S An vollsonnigen, südexponierten, sommerwarmen und -trockenen Felshängen unterschiedlichen Gesteins sowie auf steinigen, humus- und feinerdearmen Böden.

V Europa. Nordwestlich bis England, nördlich bis Südskandinavien; Südeuropa, östlich bis zur Krim, Kleinasien, Kaukasus. In Mitteleuropa vor allem in Südwest- und Süddeutschland; in den Alpen bis zu 2000 m hoch ansteigend.

G Die Gattung *Cotoneaster* besteht aus 50 Arten mit sommer- oder wintergrünen Gehölzen. Verbreitungszentrum ist Ostasien. In Europa nur 6 Arten, 2 davon in Mitteleuropa.

Die Gemeine Zwergmispel wächst oft vergesellschaftet mit Gemeiner Felsenbirne und Sauerdorn. Aufgrund der reichen Nektarvorräte am Grund der Kronblätter werden die unscheinbaren Blüten auch von Ho-

Filzige Zwergmispel

nigbienen aufgesucht. Die Verbreitung der Früchte geschieht durch Vögel. Der Gattungsname kommt von lat. »cotoneus« = Quitte und dem lat. Suffix »-aster«, das eine Minderung bzw. Vergröberung ausdrückt. Das Epitheton *integerrimus* heißt übersetzt ganzrandig, abgeleitet von lat. »integer« = unversehrt und bezieht sich auf die Blätter.

Filzige Zwergmispel

Cotoneaster tomentosus Lindl.

K Mäßig verzweigter, sommergrüner, leicht überhängender Strauch. Junge Zweige graufilzig behaart. ■ Laubblätter wechselständig, kurz gestielt, mit 3–6 cm langer, elliptischer Spreite; oberseits fast verkahlend, unterseits dicht grau-filzig. ■ Blüten zwittrig, 5-zählig; zu 2–15 in endständigen, seltener achselständigen, kurz gestielten Doldentrauben. Kelchblätter 2 mm lang, 3-eckig, grün; Kronblätter nur wenig länger, rundlich, blaßrosa. Staubblätter 20. Frucht rot, 7–8 mm lang und 10–12 mm breit, vom Kelch gekrönt, schwach filzig behaart; Steinkerne vom fleischigen Fruchtbecher umhüllt. ■ Blütezeit: April/Mai; Fruchtreife: September.

S An Wald- und Gebüschsäumen, in lichten Eichen- und Eichen-Kiefern-Mischwäldern in halbschattiger bis sonniger, sommerwarmer Lage; auf steinigen, mild humosen, meist flachgründigen Schotterböden, oft auf kalkhaltigem Untergrund.

V Südeuropa und südliches Mitteleuropa. Von Nordspanien über Südfrankreich, den Alpenraum, Nord- und Mitteleuropa bis zur Balkan-Halbinsel. In Mitteleuropa im Jura, dem Voralpenraum und in den Alpen bis 1700 m Höhe.

Die Filzige Zwergmispel wird als Nektarproduzent von langrüsseligen Insekten bestäubt und ihre Früchte von Vögeln verbreitet. Sie wird nur selten kultiviert. Das lat. Epitheton *tomentosus* heißt filzig und ist von »tomentum« = Stopfwerk, Polsterung abgeleitet. Es bezieht sich auf die Blattunterseite und die jungen Zweige.

Gemeine Zwergmispel mit reifen Früchten

Filzige Zwergmispel mit fast reifen Früchten

Zweigriffliger Weißdorn

Crataegus laevigata (Poir.) DC.

K Sommergrüner, 2–10 m hoher, aufrechter, stark bewehrter Strauch oder kleiner Baum mit olivgrüner glatter Rinde. Borke nur am Grunde alter Stämme entstehend und schuppig abblätternd. Junge Triebe kahl, glatt, graubraun. Korkwarzen unauffällig. Sproßsystem deutlich in Lang- und Kurztriebe gegliedert. Kurztriebe oft dornig endend. Winterknospen klein, rundlich, 1–1,5 mm lang ▪ Laubblätter derb, 5–15 mm lang gestielt; Spreite 3–5 cm lang, 2–3,5 cm breit, im Umriß verkehrteiförmig, im oberen Teil unregelmäßig 3- bis 5-lappig, oft nur tief gekerbt, am Grunde spitz-keilförmig verschmälert (!) und stets ganzrandig; übriger Blattrand gesägt bis gekerbt. Spreite oberseits glänzend, unterseits an den Adern behaart. Nebenblätter an den Langtrieben laubblattartig, nierenförmig, grob gesägt, 10–12 mm lang; sonst hinfällig ▪ Blüten zu 5–10 in endständigen Doldenrispen an jungen Kurztrieben, weiß. Blütenhülle doppelt 5-zählig. Kelchblätter klein, 3-eckig, als Krone an der Frucht bleibend. Kronblätter 5–8 mm lang. Staubblätter meist 20, mit roten Staubbeuteln. Fruchtblätter und Griffel meist 2, seltener auch 1 oder 3. Frucht 10–12 mm lang und 8–9 mm breit, scharlachrot, kahl und glänzend; meist mit 2 etwa 6 mm langen Steinkernen, die an der Rückseite mit dem Fruchtbecher verbunden und zur Reife in mehlig-fleischiges Fruchtfleisch eingebettet sind. ▪ Blütezeit: Mai/Juni; Fruchtreife: August/ September.

S In lichten Eichen-, Buchen- und Kiefernwäldern, an Wald- und Gebüschsäumen sowie Hecken, als Pioniergehölz auf unbewirtschafteten Wiesen, Feldern und Weinbergen; auf nährstoffreichen, humosen,

Blütenstände und Blüten des Zweigriffeligen (links) und Eingriffeligen Weißdorns (rechts)

feuchten, basenreichen bis mäßig sauren Lehmböden. Der Weißdorn ist ein tiefwurzelndes Licht- bzw. Halbschattengehölz. Im ozeanisch geprägten Europa besonders reich vertreten, dementsprechend auch in den feuchteren Mittelgebirgslagen und im Alpenraum.

V Europa. Von Frankreich über Deutschland, England bis nach Mittelschweden und Lettland sowie von den westlichen Pyrenäen über Norditalien bis zum östlichen Mitteleuropa. In Deutschland vom Tiefland bis in die Gebirgsstufe, in den Alpen etwa 1000 m Höhe erreichend.

G Die Gattung *Crataegus* ist mit über 200 Arten in Eurasien und Nordamerika beheimatet. Verbreitungsschwerpunkt ist Nordamerika. In Europa sind 20 Arten heimisch.

Die Blüten des Weißdorns riechen unangenehm intensiv nach Trimethylamin. Der reichlich produzierte Nektar wird vorwiegend von Fliegen, Käfern und Hautflüglern aufgenommen. Die weiblichen Teile der Blüte sind vor den männlichen reif. Vor allem von Amseln, Drosseln und Krähen werden die gern verzehrten Früchte verbreitet. Die mancherorts als »Mehlfäßchen« bezeichneten Früchte kann man zu Kompott und Marmelade verarbeiten.
Das rötlich-weiße Holz ist zäh, dauerhaft und stark schwindend. Es wird für Holzschnitte, als Ersatz für Buchsbaumholz, für Wagner- und Drechslerarbeiten sowie Spazierstöcke verwendet.
Der Weißdorn verträgt einen kräftigen Rückschnitt und eignet sich gut als Heckenpflanze.
In Mitteleuropa gibt es eine zweite, sehr ähnliche Weißdorn-Art, den Eingriffligen Weißdorn *(Crataegus monogyna)*, der sich vom Zweigriffligen Weißdorn durch die tiefer, fast fiederspaltig geteilten Blätter, den fast geraden oder stumpfwinkligen Spreitengrund und den Besitz nur eines Griffels und Steinkerns unterscheidet. Er blüht ca. 14 Tage später und bevorzugt basische Böden auf kalkhaltigem Gestein. Der sog. Rotdorn ist eine gefülltblütige, rote Gartenform des Zweigriffligen Weißdorns und nur vegetativ vermehrbar.
Der Name *Crataegus* leitet sich vom griech. »krataigos« ab und wurde schon von Theophrast für den Weißdorn verwendet. Das lat. Epitheton *laevigatus* heißt glatt.

Die Dornen des Weißdorns sind umgebildete Kurztriebe

Die Färbung der Früchte lockt Vögel an

Holz-Apfel

Malus sylvestris Mill.

K Sommergrüner, schwach bedornter, großer Strauch oder bis zu 10 m hoher Baum mit aufsteigenden oder abstehenden Ästen und oft weit überhängenden Zweigen. Borke graubraun, längsrissig geschuppt, in unregelmäßigen Feldern abblätternd. Junge Zweige zunächst hellfilzig behaart, olivgrün bis rötlich, bald verkahlend und graubraun. Korkwarzen deutlich, graubraun. Winterknospen bis 10 mm lang, eiförmig, zugespitzt, kastanienbraun. Endknospe stets ausgebildet. Nichtblühende Seitentriebe oft in Dornen endend. ▪ Laubblätter wechselständig, eiförmig, zugespitzt, Stiel 2–5 cm lang,

Zweig des Holz-Apfels

Spreite 6–9 cm lang und bis 5 cm breit; anfangs dicht behaart, oberseits verkahlend, glänzend, unterseits auf den Adern behaart; Blattrand einfach bis doppelt gesägt. Nebenblätter hinfällig. ▪ Blüten an Kurztrieben in endständigen, wenigblütigen Doldentrauben mit doppelter, 5-zähliger Blütenhülle; 1–2,5 cm lang gestielt. Kelchblätter klein, an der Frucht verbleibend. Kronblätter 1,5–2 cm lang, weiß bis hell- oder dunkelrosa, kahl. Staubblätter 20–50, Fruchtblätter 5, die Griffel am Grunde miteinander verwachsen (!). Fruchtblätter zur Reife pergamenten-knorpelig und in den saftig-fleischig werdenden Blüten- bzw. Fruchtbecher eingebettet, jeweils 2 braune Samen enthaltend. Apfelfrucht 2,5–3 cm groß, gelbgrün, kahl, sonnenseits schwach gerötet, sauer schmekkend. ▪ Blütezeit: April/Mai; Fruchtreife: September/Oktober.

S In Auen-, Laubmisch- und feuchten Eichenwäldern, in Hecken und Gebüschen; auf tiefgründigen, nährstoff- und basenreichen, humosen, frischen Lehm- und Steinböden. Der Holz-Apfel ist ein Licht- bzw. Halbschattengehölz mit flach streichendem, reichverzweigten Wurzelwerk. Er gedeiht bevorzugt in luftfeuchter Klimalage.

V In Europa bis nach Westasien; nördlich bis zum mittleren Skandinavien; im Süden des Areals vor allem in den Gebirgen. In Mitteleuropa zerstreut vom Tiefland bis zu einer Höhenlage von 1100 m in den Alpen.

G Die Gattung *Malus* ist mit 35 Arten in der nördlich gemäßigten Zone der Alten und Neuen Welt vertreten. In Europa sind 5 Arten heimisch, nur eine davon auch in Mitteleuropa. Alle Arten sind sommergrün, strauchig bis baumförmig.

Der Holz-Apfel dürfte in prähistorischer Zeit ein wichtiges Fruchtgehölz gewesen sein. Er ist zugleich eine der bedeutendsten Ausgangsformen für den Kultur-Apfel *(Malus domestica)*. Man nimmt an, daß die Kultur des Apfels in Mitteleuropa in der Jüngeren Steinzeit begann. Auffällige Unterschiede zum Holz-Apfel sind die stets dornlosen Triebe und die größeren, wohlschmeckenden Früchte. Diese enthalten Apfel- und Zitronensäure und Vitamin C, letzteres oft mehr als das Doppelte der Birne!

In den gemäßigten Zonen der Erde ist der Apfel heute die am meisten geschätzte Obstart. Vor allem durch seine gute Lagerfähigkeit zeigt er sich anderen Obstfrüchten überlegen. Die jährliche Weltproduktion beträgt etwa 25 Millionen Tonnen.

Die Bestäubung des Holz-Apfels erfolgt durch Bienen, die sich den am Grunde des Griffels frei zugänglichen Nektar holen. Verbreitet wird der Holz-Apfel speziell durch Säugetiere. Anders als unsere kleinen Gartenzieräpfel, die zur Reife auffällig gefärbt und geruchlos sind, am Baum verbleiben und dort von Vögeln verzehrt werden (!), fallen die reifen Holz-Äpfel zu Boden. Sie sind grün, schmecken säuerlich und duften intensiv aromatisch. Es sind also nicht Einzelmerkmale die für jeweils einen bestimmten Verbreitungstyp sprechen, sondern Merkmalskombinationen.

Das Holz hat einen weißen bis hellbraunen Splint und einen rötlichbraunen Kern. Es ist hart, schwer und fest. Verwertet wird es als Tischler- und Drechslerholz.

Knospen und Blüten kontrastieren farblich

Malus war der Name des Apfelbaumes bei den Römern, »malum« die Apfelfrucht. Das Epitheton *sylvestris* ist lateinisch und bedeutet Wald- oder auch wild und wird hier im Sinne von Wild-Apfel gebraucht. Unser heutiges Wort Apfel leitet sich vom althochdeutschen »apful« bzw. »affoltra« = Apfelbaum ab und hat wohl einen indogermanischen Ursprung.

Reife Früchte des Holz-Apfels

Mispel

Mespilus germanica L.

K Dornig bewehrter, mäßig verzweigter, bis 3 m hoher, aufrechter, sommergrüner Strauch oder Baum mit graubrauner Schuppenborke. Junge Triebe locker filzig-behaart, graubraun, erst im 2. Jahr verkahlend. Rinde olivgrün und lange glatt bleibend. Johannistriebe häufig vorhanden. Winterknospen klein, mit bewimperten dicht schließenden Schuppen; Endknospe stets vorhanden. ▪ Laubblätter wechselständig, 1–2 mm lang gestielt. Spreite langoval, zugespitzt, 7–13 cm lang und halb so breit, mit abgerundetem oder schwach herzförmigem Spreitengrund; oberseits verkahlend und glänzend dunkelgrün, unterseits bleibend behaart, graugrün. Nebenblätter laubig, lanzettlich, bis 15 mm lang. ▪ Blüten ansehnlich, weiß, einzeln, endständig, 3–4 cm im Durchmesser, am Grunde mit einem langgeschwänztem Hochblatt. Blütenhülle freiblättrig, doppelt, 5-zählig; Kelchblätter 15 mm lang, länger als die Krone, lineal-lanzettlich, bis zur Fruchtreife bleibend; Kronblätter rundlich; Staubblätter 30–40, mit rötlichen Staubbeuteln. Die 5 Fruchtblätter vollständig mit dem Blütenbecher verwachsen; zur Fruchtreife steinhart, als einsamige Nüßchen ausgebildet und ganz von dem fleischig gewordenen Fruchtbecher wie ein birnenförmiger, 2–3 cm großer Nußapfel umhüllt. ▪ Blütezeit: Mai/Juni; Fruchtreife: Oktober.

S Wärme- und feuchtigkeitsliebendes, tiefwurzelndes und lichtbedürftiges Gehölz. Auf sommerwarmen, lockeren, nährstoffreichen, humosen bis steinigen Lehmböden. In Gesellschaft von Zerr- und Flaum-Eiche; auch in Hopfenbuchen- Orient-Hainbuchen- Busch- und Wald-Gesellschaften.

Die großen Blüten der Mispel stehen einzeln am Zweigende. Zwischen den Kronblättern ragen die Kelchblätter hervor.

V Nördliches Persien, Kaukasusgebiet, nördliches Kleinasien bis Südost- und Südeuropa; in weiten Teilen Südeuropas wohl nicht ursprünglich. In Mitteleuropa kultiviert und vor allem in Mittel- und Süddeutschland auch verwildert.

G Die Gattung *Mespilus* ist monotypisch, d.h. sie enthält nur 1 Art.

Die Wildform der Mispel ist ein aufrechter, mit Dornen bewehrter Strauch mit kleinen Früchten. Die in Mittel- und Südeuropa kultivierten Formen gehören der Varietät ›Macrocarpa‹ an, die sich durch breiteren Wuchs, größere, bis zu 6 m reichende Höhe, oft überhängende Zweige, unbewehrte Triebe, besonders aber durch ihre mehr abgeplatteten, 3,5–4 cm großen Früchte unterscheidet; diese werden meist von spreizenden, 2–3 cm langen, grünen Kelchblättern gekrönt. Die harten, braunen Früchte sind sehr gerbstoffhaltig und erst nach längerer Lagerung oder Frosteinwirkung genießbar. Sie erhalten dann eine weiche Konsistenz und schmecken angenehm säuerlich. Man kann sie zu Marmelade und Obstwein verarbeiten. Unreife Früchte wurden in der Gerberei genutzt.

Die Mispel war schon bei den Griechen als Obstgehölz bekannt. Die Römer verbreiteten sie in Südeuropa und brachten sie schließlich auch nach Germanien. Im Mittelalter wurde sie in Deutschland viel angebaut. Heute wird die Mispel nur noch selten genutzt, andere Obstarten, vor allem Apfel und Birne, haben sie weitgehend verdrängt. Sie läßt sich reif nicht aufbewahren, die Verarbeitung ist zeitaufwendig. So ist der Mispelbaum heute weitgehend nur noch Ziergehölz in älteren Bauerngärten und vor allem wegen seiner ansehnlichen Blüten und schönen Belaubung angepflanzt.

Die Mispel ist nah verwandt mit dem Weißdorn und unterscheidet sich von ihm durch die großen, einzeln stehenden Blüten und die völlig im Fruchtfleisch eingebetteten Nüßchen. Blütenbesucher sind vor allem Bienen, die auch die Bestäubung vornehmen. Sie finden reichlich Nektar, der am Grunde der Griffelsäule gebildet wird.

Das sehr zähe und feste Holz wurde für Drechslerarbeiten verwendet; es eignete sich auch gut zur Holzkohlenbereitung. Die Holznutzung spielte jedoch keine sonderlich große Rolle, da die Stämmchen meist krumm und nicht besonders dick sind.

Frucht, Fruchtquerschnitt und Nüßchen

Durch Pfropfung von einem Mispelreis auf den Eingriffligen Weißdorn entstand im vorigen Jahrhundert in Frankreich ein Gattungsbastard, *Crataegomespilus*, der in der Tracht zwischen den beiden Arten steht.

Mespilus wurde der Mispelstrauch von den Römern genannt, »mespilum« die Frucht. Der Name ist aus dem Griechischen entlehnt, wo der Strauch »mespilon«, die Frucht »mespile« hieß. Die heute käuflichen »Mespile« sind in der Regel Früchte der Wollmispel *(Eriobotrya japonica)*. Sie stammt aus China und wird im Mittelmeergebiet angepflanzt.

Vogel-Kirsche

Prunus avium L.

K Sommergrüner, langschäftiger, 15–20 m, selten bis zu 30 m hoher Baum mit aufrechten Ästen und glatter, von waagerechten Korkwarzenbändern unterbrochener, glänzender Ringelborke. Junge Zweige gerundet bis schwach gerieft, kahl, braun mit rundlichen Korkwarzen. Sproßgefüge deutlich in Lang- und Kurztriebe gegliedert. Winterknospen länglich-eiförmig, zugespitzt, braun, 3–5 mm lang. Endknospe dicht von seitlichen Knospen umgeben. Kurztriebe mit außerordentlich geringem Längenwachstum, dicht mit Blattnarben besetzt. ▪ Laubblätter wechselständig, 2–4 cm lang gestielt, am Übergang zur Spreite mit 2–4 asymmetrisch angeordneten, auffälligen

Blätter der Vogel-Kirsche mit Nektarien

Nektarien. Spreite länglich eiförmig bis elliptisch, spitz zulaufend bis geschwänzt, 7–12 cm lang und halb so breit; Blattrand regelmäßig gesägt; Spreite oberseits kahl, unterseits auf den Adern behaart, z.T. achselbärtig. Nebenblätter hinfällig. ▪ Blüten kurz vor der Laubentfaltung aufblühend; an beblätterten Kurztrieben, in den

Achseln von Knospenschuppen stehend, in 2- bis 3-blütigen Ständen; deutlich gestielt. Kelchblätter zurückgeschlagen, knapp halb so groß wie die 10–15 mm langen, weißen Kronblätter; Staubblätter 20–30, ungleich lang, z.T. die Krone überragend. Kirschfrüchte schwarzrot, kugelig, ca. 10 mm dick, mit einem 8–10 mm langen, glatten Steinkern. Früchte sehr aromatisch und süß, mit mehr oder weniger bitterem Beigeschmack. ▪ Blütezeit: April/Mai; Fruchtreife: Juli.

S In Laubmischwäldern, aber nicht als Reinbestand; mit Eiche, Buche, Hainbuche, Ahorn; an Waldrändern, in Hecken, als Pioniergehölz in aufgelassenen Weinbergen oder auf unbewirtschafteten Wiesen und Weiden; häufig in Eichen-Hainbuchen-Wäldern und Hartholzauen der Flußwälder; auf tiefgründigen, nährstoffreichen, feuchten Lehm- und Sandböden. Die Vogelkirsche ist ein Licht- bzw. Halbschattengehölz.

V In Europa von Nord- und Ostspanien über Frankreich, Deutschland bis nach Westrußland; im Süden von Norditalien über Südosteuropa, das nördliche Kleinasien, die Krim bis zum Kaukasus; Nordwestafrika. In

Mitteleuropa im nördlichen Teil nur selten wild wachsend; verbreitet in den Mittelgebirgen und im süd- und südwestdeutschem Raum bis in Alpenhöhen von 1700 m.

G Die Gattung *Prunus* enthält rund 430 Arten. Es sind sommer- oder immergrüne Bäume und Sträucher mit ungeteilten Laubblättern und einem nach der Blütezeit abfallenden Blütenbecher. Die Frucht ist eine Steinfrucht. Zur Gattung gehören viele wichtige, sog. Steinobstarten wie Pfirsich, Aprikose, Pflaume und Mandel. Das Areal der Gattung reicht von den gemäßigten Breiten der Nordhemisphäre bis in die Subtropen Afrikas und in Südostasien bis in die Tropen. In Europa sind 15 Arten heimisch, 5 davon in Mitteleuropa.

Blüten und beginnende Blattentfaltung

Die Vogel-Kirsche gehört im Sommer zu den unauffälligeren Laubholzarten. Ihre langen Schäfte sind meist unverzweigt, so daß vom Blattwerk der Krone nicht viel zu sehen ist. Im Frühjahr allerdings macht sie sich durch ihre Blütenfülle, im Herbst durch die intensive von gelb über orangerot bis zu scharlachrot spielende Laubfärbung bemerkbar. Steinkerne von Vogel-Kirschen wurden in der Umgebung von neolithischen und bronzezeitlichen Siedlungen gefunden. Die Züchtung der Süßkirsche, einer Kulturform der Vogel-Kirsche, begann schon frühzeitig. In Griechenland sollen im 4. vorchristlichen Jahrhundert bereits verschiedene Sorten bekannt gewesen sein. Von hier aus kam sie nach Rom und mit den Römern schließlich nach Mitteleuropa. Die Züchtung in Mitteleuropa erfolgte also nicht aus der heimischen Wildkirsche. Heute existieren nicht nur eine Fülle recht unterschiedlicher Sorten sondern sogar mehrere Sortenklassen.

Kulturkirschen können eine Größe bis maximal 2 cm haben. Sie reifen allgemein vor den Sauerkirschen. Die sog. Herz-Kirschen (Varietät *juliana*) haben ein weiches, leicht verderbliches Fruchtfleisch. Knorpel-Kirschen (Varietät *duracina*) sind dank ihrer festen Konsistenz gut transportfähig. Im Geschmack ähneln die Süßkirschen den Vogel-Kirschen, haben aber weit weniger Säure. In 100 g Fruchtfleisch sind 15 mg Vitamin C enthalten, das ist etwas mehr als bei der Sauerkirsche

Halbreife Früchte der Vogel-Kirsche

(12 mg), kann aber von Sorte zu Sorte variieren. Die Früchte werden roh gegessen, zu Konserven verarbeitet oder kandiert. Die Weltproduktion betrug 1975 etwa 1,2 Millionen Tonnen. Die wichtigsten Erzeugerländer sind Italien, die Bundesrepublik Deutschland, die USA und Frankreich.

Vogel-Kirschen in Herbstfärbung

Vogel-Kirschen erreichen ein Alter von 80–90 Jahren, sind also wie viele andere Arten der Gattung *Prunus* vergleichsweise kurzlebige Gehölze. Mit 50 Jahren haben sie ihre endgültige Höhe erreicht; die Stammdicke schwankt zwischen 30 und 80 cm. Das Holz der Vogel-Kirsche ist sehr wertvoll. Der schmale Splint ist rötlichweiß, der Kern gelb bis rötlichbraun und dunkelt nach. Gehobelt wird das Holz mattglänzend; es ist mäßig bis stark schwindend, hart, biegsam und schwer spaltbar. Gute Furniere werden für anspruchsvolle Innenausbauten verwendet, während das Holz häufig das Ausgangsmaterial für Bürsten- und Messergriffe, kunstgewerbliche Gegenstände und Musikinstrumente bildet. Schön gemasertes Holz ist für Intarsien und in der Drechslerei sehr begehrt. Zu den besten Herkunftsländern für Kirschbaumholz zählt die Schweiz.

Die duftlosen Kirschblüten werden von zahlreichen Insekten aufgesucht, zu den Hauptbestäubern zählen Honigbienen, sie sammeln außer Nektar auch Pollen. Die Verbreitung erfolgt vor allem durch Vögel, nämlich Drosseln, Amseln, Stare und Krähen.

Eine häufig zu beobachtende Krankheit an Vogel- und Süßkirschen sowie bei vielen Kirschartigen, namentlich Pfirsich, Mandel und Aprikose, ist der Gummifluß (Gummosis), der bei der Trauben-Kirsche und ihren Verwandten allerdings nicht auftritt. Es handelt sich dabei um eine Schädigung des Kambiums, jenes Bildungsgewebes, das für das Dickenwachstum der Gehölze verantwortlich ist. Statt normaler Holzzellen werden dünnwandige Gummizellen gebildet. Durch eine Verschleimung der Zellmembranen in gummiartige Stoffe und die Bildung neuen »Gummis« in den Zellen kommt es zu einem gallertig-klebrigen Ausfluß, der an der Luft erhärtet und sich hell- bis dunkelrötlichgelb färbt. Gummosis tritt an Schnittstellen sowie anderen Stammverletzungen auf. Das zerstörte Gewebe bietet nun seinerseits Infektionsherde für Pilzerkrankungen.

Zu den hauptsächlichen Fruchtschädlingen zählt die Kirschfruchtfliege *(Rhagoletis cerasi)*, ein kleines, nur 3–5 mm großes Insekt. Im Juni bzw. Juli sticht sie die sich gerade ausfärbenden und weich werdenden Früchte an und belegt sie mit einem Ei. Die heranwachsende Made ernährt sich von dem Fruchtfleisch.

Rinde mit Korkwarzenbändern

Von außen macht sich der Befall durch Glanzlosigkeit und das stellenweise Weichwerden der Frucht bemerkbar, bis die Früchte schließlich faulen und abfallen. Massenbefall durch diese Fliege kann zu beträchtlichen Ernteausfällen führen.
Ein häufig auftretender Blattschädling ist die Schwarze Kirschenlaus *(Myzus cerasi)*. Das von ihr verursachte, recht charakteristische Schadbild ist ein sich rollendes, gekräuseltes Blatt. Diese schwarze Laus befällt auch die Sauerkirsche. Sie braucht zu ihrer Entwicklung einen Wirtswechsel mit krautigen Pflanzen, wie z. B. Labkraut- oder Ehrenpreis-Arten. Heute ist sie weltweit verbreitet.
Eine eigenartige Erscheinung sind die Nektardrüsen oder Nektarien am oberen Blattstielende oder am Grunde der Blattspreite. Da sie sich außerhalb der Blüten befinden, werden sie in der Botanik als extraflorale Nektarien bezeichnet. Innerhalb der Rosengewächse treten sie vor allem bei den Steinfruchtartigen, wenn auch unterschiedlich gehäuft, auf. Besonders deutlich sind sie bei der Vogel- bzw. Süß- und Trauben-Kirsche ausgebildet. Solche extrafloralen Nektarien sind aber keineswegs nur auf Rosengewächse beschränkt, wir können diese Bildungen in der heimischen Flora auch beim Gemeinen Schneeball beobachten. Die Nektarien sind in den meisten Fällen voll funktionstüchtig und produzieren über einen längeren Zeitraum hinweg Nektar, der besonders von Ameisen bevorzugt wird. Hier haben wir, abgesehen vom Blattlausbefall und der damit verbundenen Honigtaubildung, einen weiteren Grund, warum so häufig Ameisen an Kirschartigen zu beobachten sind. Über die biologische Bedeutung solcher Nektarien wissen wir nur wenig.
Die Sauer-Kirsche *(Prunus cerasus)* ist nicht heimisch, sondern gelangte erst durch die Römer nach Mitteleuropa. Sie stammt aus Südwestasien. Sie wird in vielen Sorten kultiviert und verwildert gelegentlich.
Heimisch hingegen ist die Zwerg-Kirsche *(Prunus fruticosa)*, die nur bis zu einem Meter groß wird. Ihr Areal erstreckt sich von Mitteleuropa bis nach Westasien.
Prunus avium heißt übersetzt Vogel-Kirsche.

Kirschbaumfurnier

Kirschpflaume

Prunus cerasifera Ehrh.

K Großer, sommergrüner Strauch oder vom Grunde an mehrstämmiger, meist unbedornter, 5–8 m hoher Baum. Borke unregelmäßig flach längsrissig, schwarzgrau. Junge Zweige grün, sonnenseits rötlich, kahl, später graubraun mit sehr kleinen Korkwarzen. Winterknospen braun, spitz-eiförmig, 1–1,5 mm lang. Seitliche Knospen oft in 3-Zahl, Endknospe an den Langtrieben oft fehlend. ▪ Laubblätter wechselständig, 5–10 mm lang gestielt, mit länglich verkehrt-eiförmiger, zugespitzter Spreite; 5–8 cm lang und halb so breit, am Grunde mit 1–2 Nektardrüsen. Blattrand gesägt. ▪ Blüten vor oder mit dem Laubaustrieb erscheinend, in 1- bis 3-Zahl an den Kurztrieben vorjähriger Langtriebe, deutlich gestielt. Kelch zurückgeschlagen; Krone weiß, 2–2,5 cm groß; Staubblätter 20–30, von unterschiedlicher Länge. Steinfrucht je nach Besonnung gelb- bis braunrot, wohlschmeckend, 2–3 cm groß, rund; Steinkern stark abgeflacht, 15 bis 17 mm lang. ▪ Blütezeit: März/April; Fruchtreife: August/September.

S Auf mittel- bis tiefgründigen, basenreichen, oft kalkhaltigen Lehm- und Lößböden in vollsonniger bis halbschattiger Lage. In den Standortsansprüchen mit der Pflaume vergleichbar.

V Von Südwestsibirien bis Turkestan, in Kaukasien, Transkaukasien, Persien, Kleinasien, auf der Krim und der Balkan-Halbinsel.

Die Kirschpflaume gelangte über Arabien schon frühzeitig nach Europa und wurde von den Römern sehr geschätzt. Die Früchte sind in Bezug auf Aussehen und Geschmack ein Mittelding zwischen Kirsche und Pflaume; ersteren gleichen sie in der

Die Blüten der Kirschpflaume öffnen sich kurz vor der Laubentfaltung

Form und Saftigkeit, ihr Kern dagegen ähnelt dem der Pflaume. Es handelt sich jedoch nicht um eine Kreuzung aus beiden! In Mitteleuropa ist die Kirschpflaume erst seit dem 16. Jahrhundert in Kultur. Die wohlschmeckenden Früchte sind vollsaftig und schmecken sowohl roh als auch gekocht. Es verwundert, daß sie offenbar nur wenig gehandelt werden; sie sind nur selten wurmstichig, die Bäume fruchten regelmäßig und die Früchte sind gut transportfähig. Früchte verschiedener Bäume sind im Geschmack meist sehr verschieden.

Häufig angepflanzt wird die Blutform der Kirschpflaume, *Prunus cerasifera* 'Atropurpurea'. Dieser Baum, bei uns meist veredelt, gelangte um 1880 aus dem persischen Täbris durch den Obergartenmeister des Schahs, Pissard, zunächst nach Frankreich und war bald als »*Prunus pissardii*« in den Baumschulen ganz Europas zu finden. Die Blut-Kirschpflaume unterscheidet sich von der Normalform durch einen robusteren Wuchs und die rot bleibenden, größeren Blätter. Die Blüten sind weiß oder hellrosa und bilden einen schönen Kontrast zum Laub. Auch die Früchte sind tiefrot und schmackhaft, doch setzen die Bäume leider nur vereinzelt Früchte an, obwohl der Blütenbesatz reich ist.

Noch eine zweite Form der Kirschpflaume wird in den Gärten gehalten, die Varietät *divaricata*. Sie unterscheidet sich von der Normalform durch schwächeren Wuchs und vor allem durch die nur 18–20 mm großen Früchte. Diese schmecken säuerlich bis sehr sauer und lassen die angenehm fruchtige Komponente der Normalform vermissen. Eigenartigerweise bleiben die stets gelben Früchte lange am Baum hängen, oft bis in den Spätwinter, und werden auch von den Vögeln nicht verzehrt. Sie nehmen sich im Schnee recht eigenartig aus. Diese Form wird seit etwa 1820 in Mitteleuropa kultiviert. Die Kirschpflaume wird wie die meisten *Prunus*-Arten wegen des frei zugänglichen Nektars von zahlreichen Insekten aufgesucht und gleichzeitig bestäubt. Hauptbesucher ist bei uns die Honigbiene. Die Kirschpflaume hat eine gewisse Bedeutung als Gehölz bei Böschungsbepflanzungen erlangt. In den Baumschulen dient sie als Veredlungsunterlage für Pflaumen. In der Sowjetunion hat sie sich in den Windschutzstreifen bewährt. Im blütenlosen Zustand wird sie oft mit der Schlehe verwechselt, von der sie sich jedoch leicht durch die stattlichere Größe, den breiteren, vielfach überhängenden Wuchs, die wesentlich geringere Bedornung und blühend durch die lang gestielten, größeren Blüten eindeutig unterscheidet.

Reife Kirschpflaumen

Das Epitheton *cerasifera* heißt übersetzt kirschentragend.

Weichsel-Kirsche

Prunus mahaleb L.

K Sommergrüner, reich verzweigter und unbewehrter, 3–10 m hoher Strauch oder vom Grund an mehrstämmiger Baum mit breit ausladender Krone. Borke spät ausgebildet, längsrissig, schmal gefeldert. Junge Zweige anfangs kurzflaumig und schwach drüsig behaart, später verkahlend, braun, mit zahlreichen, hellen Korkwarzen. Verzweigung fast quirlig. Winterknospen 1–2 mm groß, rundlich, die oberen der Endknospe genähert. ▪ Laubblätter wechselständig, 10–15 mm lang gestielt; mit herzförmiger bis rundlicher, 2–4,5 cm langer Spreite; kurz zugespitzt; oberseits tiefgrün glänzend, unterseits besonders entlang der Adern

Zweig der Weichsel-Kirsche

behaart, heller; Spreitengrund mit einem Paar ungleich großer Nektardrüsen. Blattrand kerbig gesägt, Nebenblätter hinfällig. ▪ Blüten mit den Blättern erscheinend, in Doldentrauben an wenigblättrigen Kurztrieben zu 4–10 gehäuft, wenig ansehnlich. Blütenblätter weiß, 5–8 mm lang; Staubblätter 20–30. Frucht rundlich, dunkelrot, zuletzt fast schwarz, unbereift, 8–10 mm groß, nicht schmackhaft und meist etwas bitter; Steinkern glatt, 6–8 mm groß. ▪ Blütezeit: April/ Mai; Fruchtreife: August.

S Selten, aber meist gesellig an vollsonnigen Standorten in sommerwarmer und -trockener Klimalage. An Hängen, in lichten Eichen- und Kiefernwäldern und deren Säumen, in Gebüschen und Hecken; auf kalkreichen bis mäßig sauren, flachgründigen Felsböden oder steinigsandigen, mittel- bis tiefgründigen Lehm- und Lößböden.

V Von Europa bis nach Kleinasien, zum Kaukasus und nach Turkestan; von der Iberischen Halbinsel über Frankreich und Deutschland bis nach Süd- und Südosteuropa. In Mitteleuropa vor allem im Rhein-, Nahe- und Donaugebiet; bisweilen auch nur verwildert. In den Südalpen bis 900 m hoch ansteigend.

Die Weichsel-Kirsche gehört in Deutschland zu den selteneren, wärmeliebenden Gehölzen. Sie ist sehr lichtbedürftig und verträgt im Sommer an ihren felsigen Standorten hohe Temperaturen und viel Trokkenheit. Die Wurzeln dringen tief in den Erdboden ein. Kommt es in ex-

Die Blüten stehen in Doldentrauben

trem trockenen Jahren dennoch zum vorzeitigen Vergilben der Blätter infolge Trockenheit, so bleibt das ohne nachhaltige Folgen. Die Weichsel-Kirsche gedeiht vergesellschaftet mit Burgen-Ahorn, Trauben-Eiche, Elsbeere, Schlehe, Hunds-Rose und Wolligem Schneeball. Im südlichen Europa ist sie eine Charakterart der Flaum-Eichen-Gesellschaften und im südöstlichen Europa der Steppenwälder auf Lößböden.

Sie verträgt einen kräftigen Rückschnitt. Wirtschaftliche Bedeutung hat sie nicht wegen ihrer Früchte, sondern als wertvolle Veredlungsunterlage für Süß- und Sauerkirschen in den Baumschulen erlangt, weil sie feste Stämme und vor allem ein kräftiges Wurzelwerk ausbildet.

Die Verbreitung der Früchte erfolgt hauptsächlich durch Amsel, Drossel und Eichelhäher. Verschiedene prähistorische Funde belegen uns, daß sie in der Jungsteinzeit auch von Menschen verzehrt wurde.

Das Holz hat einen schmalen, rötlichen Splint und einen roten Kern. Es ist feinfaserig, hart, schwer spaltbar, läßt sich gut polieren und kann für Tischler- und Drechslerarbeiten verwendet werden. Aus den Stockausschlägen lassen sich Pfeifenröhren, Zigarrenspitzen und Spazierstöcke fertigen.

Gleich dem Pfaffenhütchen und der Schlehe ist die Weichsel-Kirsche häufig mit den grauen Gespinsten der Gespinstmotte *(Yponomeuta pallida)* bedeckt, in denen sich die Larven aufhalten und das Blattwerk fressen. Zu starker Verlust an Blattmasse kann durch Johannistriebbildung ausgeglichen werden. Zu einer nachhaltigen Schädigung der Pflanze kommt es normalerweise nicht.

Das Epitheton *mahaleb* stammt aus dem Arabischen und bezeichnet eine Kirschenart mit biegsamen Zweigen. Der Name wurde schon im 16. Jahrhundert auf die Weichsel-Kirsche übertragen. Der deutsche Name geht auf das althochdeutsche »wîhsela« oder »wîhsila« zurück, das im Mittelhochdeutschen zu »wîssel« und »wîchsel« abgewandelt wurde. Sauer- und Süßkirsche wurden in diese Benennung gleichermaßen einbezogen. Weitere deutsche Namen sind Weichselrohr, Steinweichsel, Felsen-Kirsche und Türkische Weichsel.

Beginnende Borkenbildung

Trauben-Kirsche

Prunus padus L.

K Sommergrüner, meist vom Grunde an mehrstämmiger, aufrechter Strauch oder 8–18 m hoher, schlanker Baum mit überhängenden Zweigen und schwarzgrauer, glatter Rinde. Junge Zweige kahl mit auffälligen Korkwarzen, Rindenfarbe von hellbraun nach graubraun umschlagend. Winterknospen länglich, zugespitzt, 5–8 mm lang mit bewimperten Schuppen. ▪ Laubblätter wechselständig, 1,5–2 cm lang gestielt mit länglich-elliptischer, 6–10 cm langer Spreite; oberseits dunkelgrün, unterseits blaugrün, kahl, mit kleinen, gelblichen Achselbärten; Rand gleichmäßig gesägt; Spreite am Grund abgerundet, mit 1 Paar deutlich ausgebildeter Nektarien am oberen Blattstielende. Nebenblätter hinfällig. Blüten mit dem Laub erscheinend, an beblätterten jungen Kurztrieben; diese zur Fruchtreife abfallend, so daß die Zweige oft unverzweigt sind. ▪ Blüten in überhängenden, vielblütigen Trauben. Kelch drüsig gewimpert; Krone weiß, 5–10 mm im Durchmesser; 20 Staubblätter; Frucht kugelig, 7–9 mm groß, glänzend schwarzrot; Steinkern rundlich-eiförmig, zugespitzt, 5–6 mm lang, mit schwach genetzter Oberfläche. ▪ Blütezeit: Mai/Juni; Fruchtreife: Juli/August.

Fruchtstand und Zweigspitze mit Blatt

S Auf feuchten, zeitweise überschwemmten, humosen, nährstoffreichen, tiefgründigen Lehm- und Tonböden oder steinig-sandigen Lehmböden.

V Von Europa bis nach Sibirien und Nordostasien; im Kaukasus und Himalaja. In Europa von Portugal und Westspanien über die Pyrenäen, Frankreich und die Britischen Inseln bis nach Skandinavien; im Süden über Norditalien bis zur Balkan-Halbinsel. Im Mittelmeergebiet, großen Teilen der Balkan-Halbinsel und in Südostrußland fehlend. In Mitteleuropa lückenhaft verbreitet; vom Tiefland bis zu den Nordalpen auf 1500 m, im Süden bis auf 1800 m ansteigend.

Die Trauben-Kirsche tritt bei uns in zweierlei Gestalt auf. Die typische Form (ssp. *padus*) ist ein meist über 10 m hoher Baum mit dünnen, breiten Blättern, überhängenden Blütenständen und sehr kleinen Achselbärten; er wächst vor allem in Auenwäl-

dern in Begleitung von Eschen, Erlen und Ulmen als Halbschattengehölz sowie an Gewässern und Waldsäumen im Tiefland. Die Blüten duften intensiv.
Die 2. Unterart (ssp. *borealis*) wächst vorwiegend strauchig, wird selten höher als 3 m und bevorzugt eher die höheren Lagen der Gebirge. Ihre Trauben stehen fast senkrecht, sie hat derbere Blätter mit deutlichen Achselbärten zwischen den behaarten Adern und ihre Blüten duften nur sehr schwach. Sie wächst vergesellschaftet mit der Rotblättrigen Rose, Berberitze, Weißdorn, Weidenarten und Grün-Erle.
Die Bestäuber der Trauben-Kirsche, vorwiegend Bienen und Fliegen, werden nicht nur durch die auffälligen Blüten, sondern auch durch Duftstoffe, Amine, angelockt. Der Nektar ist leicht zugänglich. Die reifen Kirschen werden gern von Vögeln, insbesondere Amseln, Drosseln, Elstern und Grasmücken verzehrt und auf diese Weise verbreitet. Neben der Fortpflanzung durch Samen kann sich die Trauben-Kirsche noch durch Wurzelsprosse vermehren.
Die Trauben-Kirschen können bei einer Höhe von 18 m einen Stammumfang von fast 50 cm erreichen. Das durchschnittliche Lebensalter liegt bei etwa 60 Jahren. Das mittelschwere, leicht spaltbare, weiche, elastische und dauerhafte Holz ist hellgelb bis rötlich gefärbt und gut polierbar. Es eignet sich zu Drechsler- und Einlegearbeiten, für Gerätestiele und Spazierstöcke.
Die Früchte der Trauben-Kirsche sind oft etwas bitter und nicht sehr wohlschmeckend. Trotzdem werden sie zu Saft, Mus und Mischmarmeladen verwendet. Steinkernfunde weisen den Genuß der Früchte schon für die Stein- und Bronzezeit aus.
Ein nicht näher beschriebener Baum wird bei Theophrast »pados« genannt. Weitere deutsche Namen sind Elese, Elze, Elsbeere sowie Faul- und Stinkbaum wegen der unangenehm riechenden Rinde.
Häufig wird die Trauben-Kirsche mit einem Neubürger unserer Gehölzflora, der Spätblühenden Trauben-Kirsche *(Prunus serotina)* aus dem östlichen Nordamerika verwechselt.

Blüten und Blätter entfalten sich gleichzeitig

Diese Art hat sich gebietsweise, vor allem durch ihre Wurzelsprosse, stark ausgebreitet; obwohl in ihrer Heimat ein großer Baum, wächst sie bei uns meist strauchig. Sie unterscheidet sich von der europäischen Trauben-Kirsche durch die längeren und schmaleren Blätter, die oberseits auffallend glänzen und unterseits beidseitig der Mittelrippe ein schmales Band von braunen Wollhaaren haben. Die Spätblühende Trauben-Kirsche blüht etwa 14 Tage später, stets im Juni, die Früchte reifen im August/September, sie ähneln denen der Trauben-Kirsche.

Schlehe, Schwarzdorn

Prunus spinosa L.

K Dornig bewehrter und sparrig verzweigter, sommergrüner, 1–3 m hoher Strauch mit fast schwarzer Rinde. Junge Zweige anfangs behaart, später kahl und mit rötlichgrauer Rinde. Seitenknospen abstehend, an den Langtrieben die unteren zu Dornsprossen, die oberen zu unbewehrten Trieben auswachsend. Endknospe stets vorhanden, 1–2 mm groß. ▪ Laubblätter wechselständig, kurz gestielt; Spreite verkehrt-eiförmig bis elliptisch, 3–4 cm lang und halb so breit; oberseits dunkelgrün, kahl, unterseits heller und auf den Adern behaart. Am Spreitengrund mit nicht sehr deutlichen Nektardrüsen. Nebenblätter hinfällig. ▪ Blütenknospen an schuppig beblätterten Kurztrieben in Einzahl; lange vor den Laubblättern aufblühend, kurz gestielt. Kelchblätter 1,5–2 mm lang; Kronblätter weiß, 5–6 mm groß; Staubblätter meist 20, so lang wie die Krone. Frucht kugelig, 10–15 mm lang, blau bereift, später fast schwarz, lange am Strauch bleibend. Steinkern 8–9 mm lang mit stark gerunzelter Oberfläche, gelbbraun, abgeflacht, sich nicht vom Fruchtfleisch lösend (!). Frucht sehr sauer. ▪ Blütezeit: März/April; Fruchtreife: September/Oktober.

S An vollsonnigen Fels- und Berghängen, in Hecken, an Feldrainen; als Pioniergehölz in aufgelassenen Wiesen, Weiden und Weinbergen, hier sehr schnell mittels der Wurzelsprosse undurchdringliche Dickichte bildend; seltener in lichten Wäldern, aber im Saum von Gebüschen und in Steppenrasen. Auf nährstoffreichen, oft kalkhaltigen, mittel- bis tiefgründigen Lehmböden sowie feinerdearmen Gesteinsböden. Vergesellschaftet mit Rosenarten, Liguster, Berberitze, Wolligem Schneeball und Behaartem Ginster.

V Fast in ganz Europa; in Skandinavien nur in Südschweden; nach Osten bis zur Wolga; in Nordosteuropa fehlend. In Südeuropa bis nach Kleinasien und dem Kaukasus; Nordwestafrika (Tunesien). In Mitteleuropa weit verbreitet, vor allem im mittleren und südlichen Teil; in den

Zweige der Schlehe mit Blüten und Blättern

Nordalpen bis 1000 m, im Süden bis 1500 m hoch ansteigend.

Die Schlehe ist ein Gehölz mit großer ökologischer Anpassung. Sie gedeiht sowohl an vollsonnigen und sommertrockenen Standorten und bildet hier teilweise reine Bestände; zum anderen ist sie als Unterholz in lichten Auenwäldern mit höherem Wuchs und lockerstrauchigem Habitus einem nahezu ganzjährig feuchtem Lebensraum angepaßt.
Die nur sehr kurzlebigen Blüten produzieren reichlich Nektar, der offen zugänglich ist und auch von kurzrüsseligen Insekten aufgenommen werden kann. Die Früchte besitzen einen hohen Gerbstoffgehalt und sind vor der Vollreife weder für Mensch noch Tier attraktiv. Sie werden durch Vögel verbreitet.
Die Früchte der Schlehe wurden schon in der Jungsteinzeit verzehrt. Sie werden für Marmeladen, Säfte und zur Herstellung von Schlehenlikör gesammelt. Die getrockneten Blätter sind Bestandteile eines Blutreinigungstees. Wegen der sparrigen Verzweigung dient das Holz als Packmaterial für Gradierwerke in Salinen.

Die Früchte stehen an Kurztrieben

Wie das Pfaffenhütchen wird auch die Schlehe häufig von der Gespinstmotte *(Yponomeuta pallida)* befallen, deren Raupen die Sträucher oft völlig kahl fressen und die Zweige total einspinnen.
Der deutsche Name Schlehe hat sich aus dem althochdeutschen »slêha« entwickelt. Das Wort besitzt eine gemeinsame Wurzel mit dem altslawischen »sliva«, das uns vom Zwetschgenschnaps, dem Slivovitz her vertraut ist.

Zur Blütezeit fallen Schlehen in Gebüschsäumen besonders auf

Mandelbaum

Prunus dulcis (Mill.) D.A. Webb

K Aufrechter Strauch oder bis 10 m hoher, sommergrüner, oft vom Grund an mehrstämmiger Baum. Stämme vielfach drehwüchsig mit längsrissiger, graubrauner Borke. Zweigsystem deutlich in Lang- und Kurztriebe gegliedert. Junge Zweige kahl aber bereift, grün, sonnenseits gerötet, bei den Wildformen oft dornig endend. Winterknospen sind nur 1,5–5 mm groß, breit-eiförmig, weiß behaart, Endknospe stets vorhanden. ▪ Laubblätter wechselständig, 15–20 mm lang gestielt; Spreite linealisch, 7–11 cm lang, 1,5–3 cm breit, unterhalb der Mitte am breitesten (!) im Unterschied zum Pfirsich; beidseitig kahl; Rand drüsig-kerbig gesägt. Spreitengrund mit 2 (–4) Nektarien; Nebenblätter hinfällig. ▪ Blüten meist zu 2 an unbeblätterten Kurztrieben, lange vor dem Laubaustrieb aufblühend; sehr kurz gestielt; Kelchblätter 5 mm lang; Kronblätter weiß bis hellrosa, 2 cm lang, spitzenwärts oft ausgerandet. Staubblätter 20–30, halb so lang wie die Kronblätter. Fruchtknoten dicht weiß behaart, zu einer länglich-eiförmigen, seitlich abgeflachten, graugrünen Frucht auswachsend; diese zur Reife aufplatzend und die lederig-pelzige, 3–4 mm dicke Außenschicht abwerfend. Steinkern 3–4,5 cm lang, mit hellbrauner, gelöcherter Oberfläche und einem 2 cm langen, braunschaligen Samen, der Mandel. ▪ Blütezeit: März/April; Fruchtreife: August/September.

S An freien, vollsonnigen, sommerwarmen und wintermilden Standorten auf mittel- bis tiefgründigen, drainierten Böden.

V In Westasien, Persien, dem Irak und in Afghanistan. Genaues Areal nicht bekannt, da seit alters her in Kultur. Eingebürgert im gesamten Mittelmeergebiet. In Mitteleuropa in den Weinbaugebieten, vor allem an der Bergstraße und in der Vorderpfalz angepflanzt und hier auch fruchtend.

Mandelzweig mit fast reifer Frucht; Same (links) und Steinkern (rechts)

Regelmäßiger Rückschnitt der Mandelbäume fördert die Blütenbildung

Der Mandelbaum gehört zu den ältesten Kulturgehölzen des Mittelmeerraumes. Unterschiedliche Rassen und Sorten waren schon den Griechen und Römern bekannt. Angepflanzt wurde der Mandelbaum auch schon in Persien und Palästina. Bereits im 11. Jahrhundert v. Chr. gelangte er nach China, um 500 v. Chr. nach Kleinasien und Griechenland. Im 2. vorchristlichen Jahrhundert wurde er auch von den Römern in Kultur genommen. Um 812 soll er schließlich nach Mitteleuropa gelangt sein. Heute beträgt die Weltjahresproduktion 830 000 Tonnen. Haupterzeugerländer sind Spanien mit fast ⅓ der Welternte, Italien und die USA.

Man unterscheidet 2 wichtige Formen. Die sog. Bittere Mandel *(Prunus dulcis* var. *amara)* hat bitter schmeckende Samen und bewehrte Zweige; sie ist die Wildform. Ihre bis zu 64% ölhaltigen Samen enthalten 5–8% Amygdalin, ein Blausäureglykosid, das den Samen den bitteren Geschmack verleiht. Auch die Samen von Pflaume (2,5%), Pfirsich (6%) und Aprikose (bis 8%) enthalten Amygdalin, welches im Samen durch das Enzym Emulsin gespalten werden kann und dadurch hochgiftige Blausäure freisetzt. Bestimmte Kultursorten mit bitteren Samen werden zur Gewinnung des Bittermandelöls in Nordafrika und auf Sizilien angebaut. Es wird zur Aromatisierung von Speisen und in der Parfümindustrie benötigt. Für Kinder können 7–10 bittere Mandeln bereits tödlich wirken, weshalb sie im Handel nur in Packungen bis zu 5 Stück vertrieben werden. Durch Kochen werden bittere Mandeln ungiftig.

Die Samen der Süßen Mandel *(P. dulcis* var. *dulcis)* enthalten ebenfalls rund 64% Öl, aber nur geringe Mengen an Amygdalin. Sie werden für Backwaren und zur Marzipanherstellung verarbeitet.

Die Knack-Mandel *(P. dulcis* var. *fragilis)* hat leicht zerbrechliche Steinkerne und wird wegen ihrer süßen Samen kultiviert.

Mandelblüten stehen meist paarweise

Holz-Birne, Wild-Birne

Pyrus pyraster (L.) Burgsd.

K Sommergrüner, schwach bewehrter Strauch oder bis zu 20 m hoher Baum mit grauer, kleinschuppiger Borke. Junge Zweige nur anfangs behaart, olivgrün bis graubraun. Winterknospen braun, eiförmig, 5 mm lang, spreizend, mit behaarten Knospenschuppen. Endknospe stets vorhanden. ▪ Laubblätter wechselständig, 2–7 cm lang gestielt; Spreite breit elliptisch, 3–7 cm lang, 2–5 cm breit, am Grunde abgerundet oder schwach herzförmig, am Ende zugespitzt; anfangs beidseitig behaart, bald verkahlend; oberseits dunkelgrün und glänzend, unterseits bläulichgrün. Blattrand fein und gleichmäßig gesägt. Nebenblätter hinfällig. ▪ Blüten bis 3 cm lang gestielt in 3- bis 9-blütigen Doldentrauben am Ende beblätterter Kurztriebe. Blütenhülle doppelt, 5-zählig, freiblättrig. Kelch filzig behaart, bis zur Fruchtreife bleibend; Kronblätter 10–17 mm lang, oft rötlich überlaufen; 15–30 Staubblätter mit anfangs roten Staubbeuteln; 5 Fruchtblätter, am Rücken mit dem krugförmigen Blütenbecher verwachsen, Wände zur Reife knorpelig. Die 5 Griffel bis zum Grunde frei (!), im Gegensatz zur Apfelblüte. Frucht rundlich bis verkehrt-eiförmig, 1,5–3,5 cm lang und etwa so breit, gelb oder braun. ▪ Blütezeit: April/Mai; Fruchtreife: September/Oktober.

S Zerstreut an sonnigen Hängen, in Gebüschen, Hecken, lichten Mischwäldern, aber nie Reinbestände bildend; von der Ebene bis in die Gebirgsstufe, in den Alpen bis 900 m hoch ansteigend. Sowohl auf saurem wie kalkhaltigem Untergrund, auf feuchten bis sommertrockenen Standorten in den mitteleuropäischen Auenwäldern sowie im südosteuropäischen Steppenwald.

Reife Frucht und Zweigspitze mit Blättern und Winterknospen

V Europa bis Westasien. In Mitteleuropa vor allem in Mittel- und Süddeutschland. Im Norden meist fehlend.
G Die Gattung *Pyrus* umfaßt 30 Arten im gemäßigten Eurasien und Afrika. Sie fehlt in Nordamerika! In Europa sind 10 Arten heimisch, 3 davon in Mitteleuropa.

Die Birne unterscheidet sich vom Apfel nicht nur durch die Fruchtform, sondern vor allem durch die verholzten Zellen im Fruchtfleisch, den sog. Steinzellennestern.
Die Birne reift sehr schnell, innen ist sie bald überreif. Sie war schon den Griechen und Römern bekannt. Die Römer beherrschten bereits die Technik des Pfropfens und bereiteten aus den Birnen Most und Kompott. Unsere Kulturbirnen sind Auslesen und Kreuzungen vieler Wildformen, vor allem auch solcher aus Asien. In der Weltproduktion ist die Birne dem Apfel als Obst unterlegen, sie erreicht mit knapp 8 Millionen Tonnen nur etwa ⅓ der Apfelernte. Haupterzeugerländer sind Italien, China und die USA.
Die Holz-Birne gliedert sich in 2 Unterarten: die sog. Knödel-Birne (ssp. *pyraster*) mit kugeligen Früchten und die Holz-Birne im engeren Sinne (ssp. *achras*) mit lang-ausgezogenen Früchten. Die Kultur-Birne, *Pyrus communis,* hat größere Früchte, weniger große Steinzellennester und stets unbewehrte Zweige.
Die Blüten der Birne duften nach Trimethylamin; sie werden meist von nektarsammelnden Bienen und Fliegen bestäubt. Birnbäume können 100–150 Jahre alt werden, ihre größte Stammdicke beträgt 50 cm. Das Holz ist sehr hart, schwer, auch im Freien dauerhaft und gut polierbar. Es muß sorgfältig getrocknet werden. Splint und Kern sind blaßgrau bis rötlichbraun und dunkeln sehr nach. Das Holz wird zu Fruchtpressen, Meßinstrumenten, Druckstöcken und als Ebenholzersatz verwendet, da es sich, wie nur wenige Holzarten, schwarz färben läßt.
Das Holz des sog. Afrikanischen Birnbaumes hat mit der Birne nichts zu tun. Die Art gehört zur Familie der Seifenbaumgewächse *(Sapotaceae),* ihr Holz wird als Makoré gehandelt.
Pyrus war der Name des Birnbaumes bei den Römern. Das Suffix »-aster« des Epithetons wird im Sinne von minderwertig oder unbrauchbar benutzt (s. auch Cotoneaster).

Birnenblüten mit roten Staubbeuteln

Schuppenborke der Holz-Birne

Hunds-Rose

Rosa canina L.

K Pflanze von sehr unterschiedlicher Wuchsform. Freistehend ein 1–3 m hoher, rundlicher Busch mit weit ausladenden, überhängenden Zweigen. Im Gebüschverband als sog. Spreizklimmer mit einzelnen, rutenförmigen, nur mäßig verzweigten Sprossen in das Astwerk benachbarter Gehölze klimmend. Junge Triebe hin und her gebogen, schwach bereift. Stacheln meist unterhalb der Blätter, oft paarweise, aber unterschiedlich groß, 7–10 mm lang, hakig gebogen. ▪ Laubblätter wechselständig, 8–12 cm lang, unpaarig gefiedert mit 5–7 Fiederblättchen; Blattstiel und Spindel bewehrt. Nebenblätter mit dem Blattstiel verwachsen, bleibend. Fiederchen 3 bis 4 cm lang und 1,2–2,5 cm breit, lanzettlich, am Rand gleichmäßig gesägt; oberseits dunkel graugrün, unterseits heller, beidseitig kahl. ▪ Blüten einzeln oder doldenrispig am Ende beblätterter Kurztriebe, 1–2 cm lang gestielt. Äußere Kelchblätter gefiedert, innere meist ungeteilt. Kronblätter 2–2,5 cm lang, blaßrosa. Griffel wenig aus dem Blütenbecher ragend, einen kahlen Narbenkopf bildend. Hagebuttenfrüchte 2–2,5 cm lang und 12–14 mm breit, eiförmig, korallenrot, kahl. Kelch abfallend. Früchtchen oval, 5 mm lang, innen am Grunde und an den Seiten des Fruchtbechers sitzend. Reife Hagebutten weich. ▪ Blütezeit: Mai/Juni; Fruchtreife: September/Oktober.

Zweigspitze und Rosenapfel

S An Wald- und Wegrändern, Böschungen, im Saum von Gebüschen, auf Waldlichtungen und als Pioniergehölz auf nicht mehr bewirtschafteten Wiesen, Weiden, Feldern und Weinbergen. Auf sommerwarmen, mäßig trockenen, basenreichen bis schwach sauren, oft tiefgründigen Lehmböden. Die Hunds-Rose hat ein hohes Lichtbedürfnis und wurzelt tief.

V Europa, nördlich bis Südskandinavien; Westasien und Nordafrika. In Mitteleuropa eine der häufigsten Rosenarten, von der Ebene über die Bergstufe bis zu 1500 m Höhe in den Alpen ansteigend.

G Die Gattung *Rosa* umfaßt über 250 Arten auf der nördlichen Halbkugel in den gemäßigten Zonen, selten auch in tropischen Gebirgen. Es sind niedrige bis großstrauchige, meist stark bewehrte Holzgewächse mit doppelter, freiblättriger, 5-zähliger Blütenhülle und ansehnlich gefärbter Krone. Staubblätter sehr zahlreich, Fruchtblätter frei, in einen urnenförmigen Blütenbecher eingesenkt. Blütenbecher zur Reife meist fleischig. Die Frucht wird als Hagebutte bezeichnet. In Europa fast 40, z.T. sehr ähnliche Arten, davon in Mitteleuropa 25.

Die Hunds-Rose hat wie alle Rosen keine Dornen sondern Stacheln, also Bildungen äußerer Gewebeschichten, die sich dadurch, anders als die Dornen, vergleichsweise leicht ablösen lassen. Die ansehnlichen Blüten sind kurzlebig. Sie produzieren keinen Nektar und werden nur wegen des Pollens von zahlreichen Insektenarten aufgesucht. Zur Reifezeit wird die Wand der Hagebutte fleischig und weich; Säugetiere und größere Vögel wie Elstern, Krähen, Dohlen und Seidenschwänze, verzehren sie als Ganzes, ohne daß die harten Nüßchen dabei geschädigt werden. Kleinere Vögel hingegen tragen nur selten zur Verbreitung bei, da sie nur die Weichteile verzehren, nicht aber die Früchtchen verschleppen.
Die rote Farbe der Hagebutten wird durch Karotinoide, vor allem durch das Lycopin bewirkt, das auch für die Färbung der Tomatenfrüchte verantwortlich ist. Die Früchte sind reich an Vitamin C; 100 g verwertbare Fruchtsubstanz enthalten 250–2900 mg. Hagebuttenweichteile, aber auch die Nüßchen, werden zu Tee verarbeitet. Hunds-Rosen können ein beträchtliches Alter erreichen. Das Exemplar am Dom zu Hildesheim mit 50 cm dickem Stamm wird auf 300 Jahre geschätzt.
Häufig kann man an Rosen auffällige Gallen, sog. Rosenschwämme oder Rosenäpfel, beobachten. Diese rötlichen Kugelgebilde werden von der Rosengallwespe *(Diplolepis rosae)* hervorgerufen. Sie gehen aus den Blattanlagen hervor und sind im Inneren mehrkammerig. In jeder Kammer entwickelt sich eine Larve.

Die Blüten verblassen bald

Der Name *Rosa* wurde schon von den Römern benutzt. Er dürfte, wie das griechische »rhodon«, der persischen Sprache entlehnt sein. Der deutsche Name Hunds-Rose bedeutet soviel wie minderwertige Rose, im Vergleich zur Gartenrose. Ähnlich abwertende Bezeichnungen haben das Hunds-Veilchen und die Hunds-Petersilie. Die Bezeichnung Hagebutte setzt sich aus »hag« = Hain, Hecke und »butte« = Klumpen, Butzen, zusammen.

Hagebutten der Hunds-Rose

Feld-Rose

Rosa arvensis L.

K Sommergrüner, kaum meterhoher Strauch mit bogig überhängenden und mehrere Meter weit kletternden Zweigen. Triebe lange grün bleibend, kahl, mit 4–8 mm langen, geraden bis gekrümmten Stacheln; nahe der Erdoberfläche Ausläufer bildend. ▪ Laubblätter unpaarig gefiedert mit 5–7 elliptischen, 1,5–3 cm langen, 7–20 mm breiten Fiederchen; oberseits kahl und glänzend, sattgrün, unterseits nur wenig heller; Rand einfach bis doppelt gezähnt. ▪ Blüten einzeln oder zu wenigen beisammen, lang gestielt, duftlos, weiß, 3–5 cm breit; Kelchblätter abfallend. Griffel zu einer 2–5 mm langen, kahlen Säule verwachsen (!); Hagebutten 10–13 mm lang, rot, schwach bereift, kahl. ▪ Blütezeit: Juni/Juli; Fruchtreife: September/Oktober.

S Zerstreut in lückigen, sommerwarmen Eichen-Hainbuchenwäldern, an Wald- und Wegrändern; auf nährstoffreichen, neutralen bis mäßig sauren, steinigen und flachgründigen Lehm- und Tonböden.

V West-, Süd- und Südosteuropa bis Westasien. In Mitteleuropa nur westlich der Elbe, vor allem im Rhein-, Main- und Donaugebiet; in den Alpen bis zu 1300 m Höhe ansteigend.

Durch Ausläuferbildung vermag sich die Feld-Rose örtlich stark auszubreiten. Aufgrund ihres lockeren Wuchses wird sie im nichtblühenden Zustand sehr leicht übersehen. Anhand der lang aus dem Fruchtbecher herausragenden Griffel, ist sie jedoch leicht anzusprechen und durch ihren Wuchs mit keiner anderen bei uns wachsenden Wild-Rose zu verwechseln.

Blüte mit deutlicher Griffelsäule

Langgestielte Hagebutten der Feld-Rose

Essig-Rose

Rosa gallica L.

[K] Aufrechter, wenig verzweigter, 20–60 cm hoher Strauch mit weit kriechenden, unterirdischen Sprossen. Junge Triebe graugrün, mehr oder weniger dicht mit Borstenstacheln und Drüsenborsten besetzt. Stacheln 5 mm lang, schwach gebogen, vor allem an den Knoten stehend. ▪ Laubblätter zum Teil wintergrün, unpaarig gefiedert, mit meist 7 länglich-eiförmigen, bis 3,5 cm langen und 2,5 cm breiten Fiederchen; Blattstiel, Spindel und Mittelrippe der Fiederchen stachelig-bewehrt. ▪ Blüten einzeln, seltener zu 2–3 endständig an den Trieben. Blütenstiel und Blütenbecher dicht mit Drüsen und Borsten besetzt; äußere Kelchblätter gefiedert; Kronblätter 2–3 cm lang, am Ende deutlich ausgerandet, rot. Griffel wenig aus dem Becher herausragend, wollig behaart. Frucht kugelig bis birnenförmig, 10–15 mm lang, braunrot, vom bleibenden Kelch gekrönt. ▪ Blütezeit: Juni/Juli; Fruchtreife: September/Oktober.

[S] Selten in Wald- und Gebüschsäumen, lichten Eichenwäldern, an Feldrainen und Magerrasen; auf sommerwarmen und sommertrockenen, basenreichen und humosen Lehm- und Tonböden; bevorzugt im Jura, Keuper- und Muschelkalkgebiet.

[V] Süd-, Mittel- und Südosteuropa bis zur Ukraine und der Krim; nördliches Kleinasien bis zum Kaukasusgebiet; auf Sardinien fehlend; in Spanien und Teilen Frankreichs nur eingebürgert. In Mitteleuropa vor allem in Mittel- und Süddeutschland, Thüringen, Anhalt, Hessen und dem Maingebiet. In den Alpen fehlend.

Die Essig-Rose, die kleinste der heimischen Wildrosen, zählt zu den bedrohten Pflanzen. Sie ist in der »Roten Liste« als »gefährdet« eingestuft und recht selten geworden. Vielerorts ist sie bereits ausgestorben.

Die Essig-Rose ist seit langem in Kultur und eine der Stammpflanzen unserer Gartenzierrosen. Zur Rosenölgewinnung, das für die Parfümindustrie benötigt wird, wird sie in Südfrankreich feldmäßig angebaut. Für die Rosenölgewinnung werden die Kronblätter geerntet und mit Wasser destilliert. Für 1 kg Rosenöl benötigt man nicht weniger als 3–4 Tonnen Blütenblätter!

Das Epitheton *gallica* bezieht sich auf die Rosenkulturen in der Provence.

Blüten der Essig-Rose

Bibernell-Rose

Rosa pimpinellifolia L.

K Aufrechter, sommergrüner, 25–50 cm, in Kultur bis 2,5 m hoher Strauch. Triebe mit 5–7 mm langen, dünnen und geraden Stacheln und dicht mit zierlichen, teilweise drüsigen Stachelborsten bekleidet. ▪ Laubblätter 6–8 cm lang, unpaarig gefiedert; mit 7–11, eiförmigen bis elliptischen, beidseitig kahlen Fiederchen. Blattstiel und Spindel drüsig, bestachelt. Fiedern 10–20 mm lang und 7–12 mm breit. ▪ Blüten einzeln, endständig an beblätterten Kurztrieben, den Schößlingen des vergangenen Jahres entspringend. Kelchblätter ungeteilt, 10 mm lang; Kronblätter weiß, am Grund häufig gelblich, 15–20 mm lang. Frucht abgeflacht-urnenförmig, 12–16 mm lang; mit aufgerichtetem oder auch zurückgeschlagenem, bleibendem Kelch; zunächst rot, später fast schwarz; Fruchtstiel fleischig verdickt. ▪ Blütezeit: Mai/Juni; Fruchtreife: September/Oktober.

Junger Zweig mit Stachelborsten

Die Blüten sind sehr kurzlebig

S Zerstreut aber gesellig. An der Küste in den Dünensanden, im Binnenland im Saum wärmeliebender Gebüsche und Waldränder, auf Trokkenhängen und im Kalkmagerrasen; auf sommerwarmen, flachgründigen, steinigen Lehm- und Sandböden.

V West-, Mittel- und Südeuropa; über Südosteuropa zur Krim und dem Kaukasusgebiet sowie in Turkestan bis zum Altai-Gebirge. In Mitteleuropa von den Dünengebieten der Nordsee zum Mittelrheingebiet und dem südlichen Deutschland; in den Gebirgen bis 990 m hoch ansteigend.

Die Bibernell-Rose, nach der Pimpinelle oder Bibernelle, einem ähnlich beblätterten Doldenblütler benannt, ist durch ihre dichte Bestachelung und den aufrechten Wuchs leicht kenntlich und mit keiner anderen heimischen Art zu verwechseln.

Wein-Rose

Rosa rubiginosa L.

K Sommergrüner, dicht verzweigter, 1–3 m hoher Strauch mit überhängenden Zweigen. Junge Triebe hin und her gebogen, sich später streckend und gerade, kahl; mit 6–10 mm langen, hakig gekrümmten Stacheln. ■ Laubblätter 8–10 cm lang, unpaarig gefiedert mit 5–7 breit-eiförmigen, 2–3 cm langen und 1,5–2,5 cm breiten Fiederchen; oberseits blaßgrün, dicht und kurz behaart, unterseits auf den Adern behaart und auf der Fläche dicht mit gelblichen, kopfigen Drüsenhaaren besetzt (!); Blattrand doppelt gesägt. Blattstiel und Spindel bewehrt. Nebenblätter mit dem Blattstiel verwachsen. ■ Blüten zu 1–8 am Ende von Kurztrieben, 3–5 cm breit; Blütenstiel borstig behaart. Kelchblätter an der reifen Frucht erhalten bleibend oder abfallend, die äußeren gefiedert. Kronblätter 10–15 mm lang, blaß- bis tiefrosa; Griffel ein kurzes, behaartes Köpfchen bildend. Früchte scharlachrot, eiförmig, 15–20 mm lang, kahl oder am Grunde mit Borsten und Drüsenborsten. Zur Reife weich. ■ Blütezeit: Juni/Juli; Fruchtreife: September/Oktober.

S An Wald- und Gebüschsäumen, auf Böschungen, Felshängen, Magerweiden und Brachen; auf meist kalkhaltigen, mittel- bis tiefgründigen, sommerwarmen, steinig-sandigen Lehm- und Tonböden. Häufig vergesellschaftet mit Schlehe, Liguster und Sauerdorn.

V Europa bis Westasien. Von Spanien über Frankreich bis Südskandinavien und Rußland; im Süden über Italien, Südosteuropa zur Krim und zum Kaukasus. In Mitteleuropa vor allem im mittleren und südlichen Teil, vom Tiefland bis in Gebirgslagen; in den Alpen bis 1200 m hoch ansteigend.

Die Wein-Rose ist eine unserer markantesten Wildrosen. Sie ist sehr lichtbedürftig und dringt kaum in Wälder oder dichtere Gebüsche ein. Sie gehört zu den Pioniergehölzen in aufgelassenen Weinbergen und Halbtrockenrasen. Der recht charakteristische Geruch nach Äpfeln, besonders intensiv zur Zeit der Blattentfaltung, unterscheidet sie von den anderen heimischen Rosenarten. Die Duftstoffe werden in den Drüsen an den Blättern gebildet.
Das lateinische Epitheton *rubiginosus* heißt übersetzt rostig und bezieht sich auf die bräunlichen Drüsen.

Blüten verschiedenen Alters

Brombeere

Rubus fruticosus L.

K Sommergrüner bzw. halb-immergrüner, stark bewehrter, robuster Strauch mit langen, bogig-überhängenden, runden bis 5-kantigen oder stark gerieften, 20–200 cm langen Zweigen. Sproßspitzen im Herbst im Boden wurzelnd. Triebe mehrerer Generationen übereinanderliegend und so undurchdringliche »Gebüsche« bildend. Sprosse kahl bis flokkig behaart; Rinde grün bis rötlich, stets ohne Korkwarzen (!); 5–20 mm

Bewehrte Zweige und Blätter

dick, sehr unterschiedlich bestachelt. ▪ Laubblätter der meist unverzweigten Sproßruten des ersten Jahres 5–12 cm lang gestielt, mit gefiederter Spreite. Fiedern meist in 5-Zahl, aber auch zu 3 oder 7, breit elliptisch bis verkehrt-eiförmig; Blattstiele, Fiederstiele und Mittelrippen der Fiederchen meist bewehrt. Fiederchen 5–10 cm lang und 3–7 cm breit; Nebenblätter linealisch. ▪ Blüten zwittrig, in vielblütigen, endständigen Rispen an Seitentrieben der vorjährigen Sproßruten. Blütenhülle 5-zählig. Kelchblätter behaart, 8–12 mm lang; Kronblätter so lang oder länger als der Kelch, weiß bis hellrosa. Staubblätter zahlreich, Fruchtblätter in Vielzahl. Reife Frucht sich mit der Blütenachse ablösend. Früchtchen saftreich, schwarz glänzend, mit 1-samigem Steinkern. ▪ Blütezeit: Mai bis August; Fruchtreife: August bis Oktober.

S Auf nährstoff- und meist basenreichen, kalkreichen bis mäßig sauren, steinigen Lehmböden. In Wäldern, an Wald- und Gebüschrändern, auf Kahlschlägen, an feuchten Hängen und in Hecken.

V Europa. In Mitteleuropa vom Tiefland bis in die Gebirgslagen der Alpen um 1700 m. Bevorzugt in den atlantisch beeinflußten, wintermilden und feuchten Gebieten, aber je nach Sippe auf unterschiedlichen Standorten.

G Die Gattung enthält weltweit je nach Auffassung 250–3000 sommer- bzw. immergrüne Arten; auf der Nordhemisphäre bis in die Arktis und in tropischen Gebirgen. Außer bei einigen nordamerikanischen Arten sterben die oberirdischen Teile nach der Blüte normalerweise ab. Pflanzen krautig bis strauchig, Blüten zwittrig oder eingeschlechtig.

Die Brombeere ist eine sog. Sammelart, in der zahlreiche Kleinarten

zusammengefaßt werden, die gestaltlich vielfältig und hinsichtlich ihrer Ökologie sehr heterogen sind. Ihre Unterscheidung bereitet nicht nur dem Laien große Schwierigkeiten. Besondere Erkennungsmerkmale bieten die Behaarung, Drüsigkeit, Stellung der Kelchblätter und Standortsansprüche. Die Sammelart umfaßt etwa 100 Kleinarten!
Die Blüten werden vor allem von Bienen und Hummeln bestäubt, die Pollen und Nektar sammeln. Der Zukkergehalt des Nektars schwankt von 12–49%. Die Früchte enthalten, bezogen auf 100 g eßbaren Anteil, 160 mg Apfelsäure, 181 mg Kalium und 21 mg Vitamin C. Sie unterscheiden sich von den Himbeeren damit durch einen bedeutend höheren Gehalt an Apfelsäure, haben dafür aber kaum Zitronensäure. Aus den Früchten wird Süßmost, Brombeerwein, Likör, Marmelade und Gelee bereitet. In den Gärten werden zahlreiche Sorten kultiviert. In den letzten Jahren hat vor allem die unbewehrte 'Thornless Evergreen' viele der bislang angepflanzten Sorten verdrängen können. Es handelt sich um eine Form der Geschlitztblättrigen Brombeere *(Rubus laciniatus)*, deren Normalform ebenfalls oft angepflanzt wurde und wegen ihres reichen Ertrages geschätzt war.
Brombeere und Himbeere repräsentieren innerhalb der Gattung 2 Gruppen, die sich durch ihre Früchte eindeutig unterscheiden: Bei den Himbeeren löst sich bei der Reife die Gesamtheit der durch Haare verbundenen Früchtchen von der Blütenachse, bei den Brombeeren hingegen sind die Früchtchen kahl und bleiben an der sich ablösenden Blütenachse angeheftet. Wichtiges gemeinsames Merkmal von Brombeeren und Himbeeren ist die Kurzlebigkeit der oberirdischen Triebe, die in der Regel nach der Fruchtreife im 2. Jahr absterben. Sie unterscheiden sich damit wesentlich von anderen Gehölzen. Manche Botaniker neigen sogar dazu, sie von den echten Holzgewächsen abzutrennen, zumal ihnen auch Korkporen fehlen.
Rubus war schon die Bezeichnung der Römer für die Brombeere. Das lateinische Epitheton *fruticosus* bedeutet strauchig, buschig.

Brombeerblüten sind sehr auffällig

Reife und unreife Früchte der Brombeere

Himbeere

Rubus idaeus L.

K Sommergrüner, aufrechter, 1–2 m hoher Strauch mit Wurzelsprossen; daraus hervorgehende, junge Rutensprosse unverzweigt (!), aufrecht oder spitzenwärts leicht überhängend. Sproßachse mit geraden bzw. leicht gebogenen, pfriemlichen Stacheln besetzt, spärlich behaart bis drüsig-filzig; Rinde braun. ▪ Laubblätter 3–8 cm lang gestielt, wechselständig, unpaarig gefiedert. Blattstiel und Spindel oft bewehrt. Fiederchen 3–5, die seitlichen sitzend, Endfieder deutlich gestielt; eiförmig bis lanzettlich, bis zu 10 cm lang und 7 cm breit; oberseits dunkelgrün, kahl, unterseits dicht silbern weißfilzig; Blattrand meist doppelt gesägt; Nebenblätter fädig. ▪ Blüten zwittrig, an den beblätterten Seitensprossen vorjähriger Schößlinge, 5-zählig mit doppelter Blütenhülle, nickend. Kelchblätter länglich-eiförmig, geschwänzt, zur Fruchtreife zurückgeschlagen, oberseits dicht filzig. Kronblätter weiß, aufrecht stehend (!), schmal, viel kürzer als der Kelch. Staubblätter zahlreich, aufrecht. Fruchtblätter in Vielzahl einer kegelförmigen Blütenachse ansitzend. Frucht rot, kugelig, saftig; zur Reife leicht von der Fruchtachse ablösbar (!). ▪ Blütezeit: Mai/Juni; Fruchtreife: Juli/August.

Nickende Himbeerblüten

S Dank der Wurzelsprosse oft in sehr dichten Beständen; in lichten Wäldern, an Waldrändern, auf Gesteinshalden, an Weg- und Wiesenrändern. Auf Kahlschlägen als flachwurzelnder Erstbesiedler innerhalb kürzester Zeit große Bestände bildend. Vergesellschaftet mit Rotem Fingerhut, Tollkirsche, Schmalblättrigem Weidenröschen und Traubenholunder. Auf nährstoffreichen, lokkeren, sommerwarmen, feuchten aber nicht zu nassen Mull- und Lehmböden, sowohl auf kalkhaltigem als auch saurem Untergrund. In feuchten Lagen mehr sonnige, in Schattenlagen mehr trockene Standorte bevorzugend.

V Europa, gemäßigtes Asien und Nordamerika. In den südlichen Teilen des Areals auf die Gebirgslagen beschränkt. In Mitteleuropa vom Tiefland bis zu Höhen von 1850 m in den Alpen, bevorzugt jedoch in der montanen Stufe der Mittel- und Hochgebirge, weit verbreitet.

Die Blüten der Himbeere werden von Insekten aufgesucht. Die aufgerichteten Staub- und Kronblätter verwehren kurzrüsseligen Insekten den Zugang zu dem am Blütengrund reichlich abgeschiedenen Nektar. Bestäuber sind vor allem Bienen, die außer dem Nektar auch Pollen sammeln. Der Nektar enthält 24–42% Zucker. Bei ausbleibendem Insektenbesuch erfolgt Selbstbestäubung. Die einzelnen Fruchtblätter sind nicht miteinander verwachsen. Die Einzelfrüchtchen sind wie eine Steinfrucht ausgebildet: die äußere Schicht der Fruchtwand ist saftig-fleischig, die innere verholzt, einen Steinkern von 2–3 mm Länge darstellend, der den Samen birgt. Die einzelnen Früchtchen haften jedoch durch miteinander verfilzte, kurze Haare untrennbar aneinander und können immer nur gemeinsam transportiert werden. Die Verbreitung erfolgt durch viele Vögel und Säugetiere.

Die früchtetragenden Sprosse sterben nach der Vegetationsperiode ab, zu diesem Zeitpunkt sind bereits neue Rutensprosse vorhanden, die im folgenden Jahr blühen und fruchten werden.

Himbeeren sind schon seit der Steinzeit wichtige Obstpflanzen für den Menschen, wie beispielsweise Steinkernfunde bei Pfahlbauten aus dem Neolithikum beweisen. Kultiviert wurde die Himbeere relativ spät, erst im 16. Jahrhundert. Die Früchte sind reich an Inhaltsstoffen: 100 g Himbeeren enthalten 1300 mg Zitronensäure, 190 mg Kalium, 40 mg Apfelsäure und 25 mg Vitamin C.

Himbeeren werden roh gegessen und der aus den Früchten gewonnene Sirup für Limonaden, Liköre, Rote Grütze und Eis verwendet. In Kultur befinden sich zahlreiche, großfrüchtige Sorten, die geschmacklich recht verschieden sein können. Junges Himbeerlaub enthält Gerbstoffe und ebenfalls Vitamin C. Es wird für Tees gesammelt, denen noch Blätter von Brombeeren, Erdbeeren, Lindenblüten, sowie Waldmeister, Schafgarbe und andere Pflanzen beigegeben werden. Reine Himbeerblättertees sind Volksmittel gegen Durchfall und Ruhr.

Die »Maden« in den Himbeeren sind keine Fliegenlarven sondern die Larven des Himbeerkäfers *(Byturus tomentosus)*, die in manchen Jahren gehäuft auftreten können. Ein weiterer Käfer, der Himbeerblütenstecher *(Anthonomus rubi)*, ist für mißgebildete Blüten und Früchte verantwortlich.

Reife Früchte mit eingetrockneten Griffeln

»Batus idaeus« hieß der Himbeerstrauch bei den Römern und bei Dioskurides »batos idaia« = Dornstrauch vom Berge Ida in Phrygien. Der Name Himbeere hat sich aus dem althochdeutschen »hintperi« = Beere der Hinde (der Hirschkuh) entwickelt. Zahllos sind die Namen die regional gebraucht werden oder mundartlich von Himbeere abgeleitet sind.

Kratzbeere

Rubus caesius L.

[K] Sommergrüner, 30–80 cm hoher Strauch mit bogig-überhängenden Zweigen. Junge Triebe rund, bläulich bereift, dicht mit geraden bzw. gebogenen oder rückwärts gerichteten, 2–5 mm langen Stacheln besetzt; locker behaart oder kahl, blaßgrün, sonnenseits rosa bis rötlich überlaufen. ▪ Laubblätter wechselständig; Stiel 3–5 cm lang, kantig, bewehrt und am Grunde verdickt. Spreite 3-zählig gefiedert; Seitenfiedern sitzend, Endfieder lang gestielt; eiförmig, bis zu 7 cm lang, 4,5 cm breit, zugespitzt, am Grund gerundet; Seitenfiedern oft deutlich gelappt; oberseits mattgrün, unterseits flaumig behaart, nur wenig heller; Rand einfach bis doppelt gezähnt; Nebenblätter 12–15 mm lang, pfriemlich. ▪ Blüten zwittrig mit 5-zähliger, doppelter Blütenhülle; endständig an beblätterten Trieben; Teilblütenstände der Achsel von Laubblättern entspringend. Kelchblätter lanzettlich bis 3-eckig, 4–7 mm lang, bis zur Fruchtreife bleibend. Kronblätter weiß, kahl; Staubblätter zahlreich, spreizend wie die Kronblätter; Fruchtblätter viele, kahl, der verlängerten Blütenachse anliegend. Früchtchen oft nicht alle oder nicht immer gleichzeitig reifend (!), kahl, bläulich bereift, nicht besonders schmackhaft, aber saftreich. ▪ Blütezeit: Mai/Juni (bis September); Fruchtreife: August bis Oktober.

[S] In lichten Auenwäldern, an Gewässerrändern, in Hecken- und Gehölzstreifen, Weidengebüschen, Lesesteinhaufen, an Dämmen, feuchten Äckern und in Weinbergen. Auf nährstoff- und basenreichen, gleichmäßig- oder wechselfeuchten, oft zeitweise überschwemmten Lehm- und Tonböden, vor allem auf kalkhaltigem Untergrund. In der Pflanzensoziologie ist die Kratzbeere eine Kennart der mit nach ihr benannten Kratzbeeren-Mandelweiden-Gesellschaft sowie der Zaunwinden-Kratzbeeren-Gesellschaft.

[V] Europa. Vom nördlichen Portugal, Spanien, Frankreich, den Britischen Inseln, Südschweden über Osteuropa bis nach Westsibirien und zum Altai-Gebirge; im Süden von Italien über die Balkan-Halbinsel und Kleinasien bis zum Kaukasusgebiet und Persien. Im Mittelmeergebiet vor allem in den Flußniederungen. In Mitteleuropa allgemein verbreitet, von der Küste bis in Alpenhöhen von 1000 m, vorwiegend jedoch in niederen Lagen.

Blütensprosse der Kratzbeere

Die Kratzbeere ist eine Licht- bzw. Halbschattenpflanze mit tiefreichenden Wurzeln. Sie ist außerordentlich robust und bildet unter günstigen Bedingungen dichte Bestände. Auf feuchten bis staunassen Äckern kann sie ein überaus lästiges Unkraut werden, da sich die unterirdischen Sprosse in der Tiefe kaum ausrotten lassen und selbst kleinste Stücke neue Pflanzen ausbilden können. Sie ist aber zugleich eine Pflanze die anzeigt, daß an ihrem Wuchsort Ackerbau unterbleiben sollte.

Die während der ganzen Vegetationsperiode stets weiterwachsenden Sprosse können mehrere Meter lang werden; sie finden mit Hilfe der Stacheln nach Art eines Spreizklimmers Halt in anderen Sträuchern. Im Spätsommer und Herbst streben die Sprosse erdwärts, so können sich die Triebspitzen am Boden bewurzeln und neue Tochterpflanzen bilden.

Die Kratzbeere ist eine der Charakterarten der Zaunwinden-Gesellschaften an Auenwaldrändern und Stauden-Gesellschaften an Gewässern. Sie gedeiht hier in Gesellschaft von Weiden, Pappeln, der Zaun-Winde, Gemeinem Schneeball und Hopfen sowie Großer Brennessel.

Die Blüten der Kratzbeere werden von zahlreichen Insekten aufgesucht, die den hier reichlich vorhandenen Nektar aber auch den Pollen sammeln. Der Nektar wird nahezu frei dargeboten und kann auch von den kurzrüsseligen Schwebfliegen geholt werden. Die Kratzbeere ist nicht auf Fremdbestäubung angewiesen. Auch Selbstbefruchtung bringt keimfähige Samen hervor. Die Steinfrüchtchen werden nicht immer im Fruchtverband, sondern manchmal auch nur einzeln von den Vögeln herausgepickt. Neben verschiedenen Singvögeln und Tauben verbreiten auch Säugetiere die Steinkerne.

Nicht selten ist die Kratzbeere als Aufsitzer (Epiphyt) auf Bäumen, namentlich Kopfweiden im Auenwald, anzutreffen, wohin die Samen mit dem Vogelkot gelangt sind.

Obwohl die Kratzbeere sehr vielgestaltig ist und auch die Behaarung von dicht bis fast fehlend variieren kann, ist sie neben der Himbeere doch die am leichtesten zu erkennende *Rubus*-Art in der heimischen Flora, sieht man von den beiden krautigen Arten, der Moltebeere und Steinbeere einmal ab.

Das lateinische Epitheton *caesius* heißt übersetzt blaugrau bzw. blaugrün.

Die einzelnen Früchtchen reifen ungleich

Feuerdorn

Pyracantha coccinea Roem.

K Wintergrüner, sparrig-dicht verzweigter, stark bewehrter, bis 2 m hoher Strauch mit überhängenden, ausladenden Ästen. Junge Sprosse anliegend oder abstehend behaart, olivgrün, im 2. Jahr verkahlend und graubraun. Haupttriebe schon im 1. Jahr verzweigt, mit sich wiederum verzweigenden Sprossen, die in einem kräftigen, spitzen Dorn enden und ihrerseits kleine, nur 5–8 mm lange Dornen tragen. Dornen zunächst alle bis zur Spitze mit kleinen hinfälligen Schuppenblättern besetzt. ▪ Laubblätter wechselständig, überwinternd, beim Austrieb neuer Blätter aber absterbend; gestielt, mit unterschiedlich großer Spreite; diese an Langtrieben bis zu 8 cm lang,

Alle Seitensprosse sind Dornen

sonst meist nur etwa 3 cm lang, linealisch-lanzettlich, oberseits glänzend, unterseits an den Adern behaart, am Rand gesägt. ▪ Blüten in Rispen an Kurztrieben, 7–8 mm breit; Kronblätter weiß bis gelblichweiß, etwas länger als die Kelchblätter. Die 5 Fruchtblätter bis etwa zur Mitte am Rücken mit dem Blütenbecher verwachsen. Früchte rundlich, 5–6 mm groß, scharlachrot, oben abgeplattet; Kelchblätter über den oben freien Früchtchen zusammenneigend. Fruchtbecher fleischig. ▪ Blütezeit: Mai/Juni; Fruchtreife: September.

S Auf flach- bis mittelgründigen, nährstoff- und basenreichen, frischen Lehm- und Steinböden in sommerwarmer und sommertrockener Klimalage. In Südosteuropa als Bestandteil der artenreichen Hopfenbuchen-Orient-Hainbuchen-Mischwälder, der Weichholz-Auenwälder, sowie der Rhododendron-Orient-Hainbuchen-Schluchtwälder.

V Südeuropa; von Nordostspanien über die Balkan-Halbinsel bis nach Kleinasien, der Krim und dem Kaukasus.

G Die Gattung *Pyracantha* ist mit 10 Arten von Südosteuropa bis nach Mittelchina und südlich bis nach Indochina verbreitet. Ihre immergrünen, bewehrten Sträucher haben rispige Blütenstände, die steinfruchtartige, weiche Frucht wird vom Kelch gekrönt.

Der Feuerdorn ist in Mitteleuropa seit etwa 1629 in Kultur. Wegen seiner Leicht- und Raschwüchsigkeit, der Anspruchslosigkeit hinsichtlich der Bodenverhältnisse sowie seiner guten Kalkverträglichkeit erfreut er sich großer Beliebtheit. Die Blüten, von Bienen und anderen Hautflüglern angeflogen, sind zahlreich und entwikkeln sich zu ansehnlichen, auffallend gefärbten Früchten. Die in Kultur über 4 m hohen Sträucher vertragen einen kräftigen Rückschnitt und eignen sich auch als Heckenpflanze.

In kalten Wintern, vor allem bei Kahlfrost, können die Blätter erfrieren, jedoch ohne daß die Pflanze großen Schaden nimmt. Bei strengem Frost friert der Feuerdorn allerdings stark zurück, treibt aber am Grunde wieder aus.

Die Früchte bleiben meist lange am Strauch hängen. Sie werden im Spätherbst gern von Vögeln gefressen, besonders nach Frosteinwirkung. Hauptverbreiter sind bei uns Amseln, Drosseln und Stare, die die Früchte meist ganz verschlucken; kleinere Vögel zerpicken sie, so daß die Früchtchen nicht mit verzehrt werden und eine Fernverbreitung unterbleibt.

Die sehr festen, steinartigen Früchtchen keimen gut und entwickeln sich in kurzer Zeit zu stattlichen Pflanzen. Das Sproßwachstum hält bis zum Herbst an.

In unseren Gärten trifft man die Wildform des Feuerdorns nur sehr selten an. Sehr groß ist das Spektrum der gärtnerischen Züchtungen. Es gibt Zwergformen und dem Erdboden aufliegende Sorten. Die Farbpalette der Früchte reicht von Hellgelb bis Tiefrot.

Eine zumeist in feuchten Jahren auftretende Krankheit ist die sich vor allem im Herbst zeigende Schorfkrankheit an den Früchten. Der Erreger ist ein Schlauchpilz *(Venturia)*, der im Frühjahr zunächst die Blätter befällt und sich hier ausbreitet. Später im Jahr gelangen die Sporen schließlich auch auf die Früchte, wo sie das Schadbild des Schorfes bewirken: braune Flecken und ausbleiben des Glanzes. Mit den Blättern und Früchten wird der Pilz am Erdboden deponiert und kann sich im kommenden Frühjahr bei anhaltender Feuchtigkeit erneut ausbreiten.

Die Blütenrispen stehen dicht beieinander

Der Gattungsname *Pyracantha* wurde schon von Dioskurides benutzt. Er enthält die griechischen Worte »pyr« = Feuer und »akantha« = Stachel, Dorn, mit dem Epitheton *coccinea* heißt das soviel wie dorniger Strauch mit feuerroten Früchten, nicht jedoch rotdornig.

Feuerrote, reife Früchte

Mehlbeere

Sorbus aria (L.)Crantz

K Sommergrüner, 5–15 m, selten bis 25 m hoher Baum mit ebenmäßig-eiförmiger oder kugeliger Krone und grauer, langsrissiger, sich erst spät bildender Borke. Junge Zweige anfangs wollig-filzig behaart, später verkahlend, olivgrün bis hellbraun, sonnenseits rötlich, mit deutlichen, länglichen Korkwarzen. Winterknospen 12–15 mm lang, eiförmig, zugespitzt; Knospenschuppen grün, braun berandet, knorpelig, untereinander verklebt, an der Spitze oft wollig. ■ Laubblätter wechselständig; Blattstiel 10–15 mm lang, weißfilzig; Spreite breit elliptisch, 6–8 cm lang, 3,5–6 cm breit, Blattrand unregelmäßig doppelt gesägt; oberseits anfangs silbrig behaart, später verkahlend, glänzend dunkelgrün; unterseits silbrig behaart bleibend. ■ Blüten in endständigen Schirmrispen an jungen Trieben, 8–10 mm lang gestielt. Blütenbecher weißfilzig; Blütenhülle doppelt, 5-zählig; Kelchblätter weißfilzig, viel kürzer als die 3 mm langen, ausgebreiteten, weißen Kronblätter. Staubblätter 20; Fruchtblätter 2–3, bis zu ¾ miteinander und am Rücken mit dem Blütenbecher verwachsen. Frucht kurzzylindrisch bis kugelig, 10–13 mm lang und fast so breit, orange- bis korallenrot, vom bleibenden Kelch gekrönt. Fruchtfleisch mehlig, ohne Steinzellen, fade schmeckend. Samen meist 2,5–6 mm lang, braun. ■ Blütezeit: Mai/Juni; Fruchtreife: Oktober.

Zweigspitze und Fruchtstand

S In lichten Eichen-Hainbuchen-Wäldern, Buchen- und Föhrenwäldern, im Saum von Gebüschen und an südexponierten Hängen; auf lokkeren, humosen, steinigen, flach- bis mittelgründigen, kalkreichen bis mäßig sauren Lehmböden. Bevorzugt in sommerwarmer und -trockener Lage. Vergesellschaftet mit Hainbuche, Trauben-Eiche, Flaum-Eiche, Elsbeere, Burgen-Ahorn, Hasel, Wolligem Schneeball, Rot-Buche und Linden.

V Europa, Nordafrika; Spanien, Frankreich, Südengland, Irland, Deutschland, Italien; Südosteuropa bis zur nördlichen Balkan-Halbinsel. In Deutschland im Bereich der Mittelgebirge, vor allem in Süd- und Südwestdeutschland; in den Alpen bis zu 1600 m hoch ansteigend.

G Die Gattung *Sorbus* umfaßt ca. 100 Arten in der nördlich gemäßigten

Zone der Alten und Neuen Welt. Es sind sommergrüne Holzgewächse mit ungeteilten oder gefiederten Blättern. Blüten zwittrig, mit doppelter, 5-zähliger Blütenhülle; Blütenstand meist eine Rispe. Fruchtblätter 2–5, reife Frucht mehlig-fleischig, mit oder ohne Steinzellen. In Europa 18 Arten, davon in Mitteleuropa 7 heimisch. Verwandtschaftliche Beziehungen bestehen zu Weißdorn, Birne und Apfel. Die Gattung *Sorbus* gehört zu den Rosengewächsen *(Rosaceae).*

stäubt. Wegen des Blattaustriebes, der Blüten, des reichen Fruchtbehanges und der Herbstfärbung wird die Mehlbeere häufig in Gärten und Parks angepflanzt. Die Früchte wurden früher auch geerntet und zu Mus verarbeitet oder in Brot eingebacken. Sie enthalten Apfel- und Zitronensäure. Auch gedörrt sollen sie schmackhaft sein. Früher spielten sie auch eine gewisse Rolle bei der Essiggewinnung. Zu Boden gefallene Früchte dienten der Schweinemast.

Blattentfaltung

Schirmrispen der Mehlbeere

Mehlbeere und Elsbeere zählen zu den betont wärmeliebenden Baumarten der heimischen Flora, die auch gut sommerliche Trockenheit vertragen. Beide verbindet zudem ein großes Lichtbedürfnis. Kaum ein anderes heimisches Gehölz hat eine so ebenmäßige Krone wie die Mehlbeere. Zur Zeit des Austriebes stehen die Blätter aufgerichtet mit nach außen weisenden, silbrigen Blattunterseiten, so daß von weitem ein kerzenartiger Blütenstand vorgetäuscht wird. Die wohlriechenden Blüten bieten den Nektar offen dar und werden von zahlreichen Insektenarten be-

Das Holz hat einen gelblichweißen Splint und einen rotbraunen Kern, es ist oft schön gemasert. Man verwendet es in der Tischlerei und Drechslerei. Die Stämme erreichen aber nur selten eine größere Dicke, die eine Holznutzung ermöglicht.
Aria hieß ein Baum bei Theophrast. Der Name wurde erst im 17. Jahrhundert auf die Mehlbeere übertragen. Weitere deutsche Namen sind Silberbaum und Weißbaum. Von Linné wurde die Mehlbeere als Weißdorn-Art beschrieben. Der deutsche Botaniker Ehrhart hingegen ordnete sie den Birnen zu.

Elsbeere

Sorbus torminalis (L.)Crantz

K Sommergrüner, aufrechter, wenigstämmiger Strauch oder 5–20 m hoher Baum mit dunkel-graubrauner, kleinschuppiger Borke. Junge Zweige hin und her gebogen, kahl, glänzend braun, später graubraun mit deutlichen Korkwarzen. Winterknospen eiförmig, 7–9 mm lang; Knospenschuppen grün mit braunem Rand, knorpelig, bewimpert. ■ Laubblätter wechselständig, Stiel 2,5 bis 5 cm lang; Spreite im Umriß 3-eckig bis oval, 6–12 cm lang, 7–15 cm breit; beiderseits mit 3–4 3-eckigen, tief eingeschnittenen und gesägten Lappen; anfangs beidseitig behaart, oberseits glänzend dunkelgrün, unterseits graugrün, auf den Adern behaart. Nebenblätter hinfällig. ■ Blüten in filzig behaarten Schirmrispen. Einzelblüte 5–10 mm lang gestielt, 10–15 mm breit. Blütenhülle doppelt, 5-zählig. Kelchblätter 1–1,5 mm lang, 3-eckig, später abfallend; Kronblätter 5–6 mm lang, weiß; Griffel meist 2, im unteren Drittel miteinander verbunden. Blütenbecher filzig behaart. Frucht eiförmig, 10–18 mm lang, 6–8 mm breit, zunächst olivgrün, später rötlichgelb, durch zahlreiche Korkwarzen hell punktiert, zur Reife teigig-mehlig; Samen meist 4, ca. 7 mm lang. ■ Blütezeit: Mai/Juni; Fruchtreife: Oktober.

Zweigspitze der Elsbeere

S Verbreitet in der Hügelstufe an sonnigen, sommerwarmen Hängen; in Eichen- und Eichen-Hainbuchen-Wäldern, Wald- und Gebüschsäumen; auf steinigen, mild-humosen Ton- und Lehmböden, sowohl auf saurem als auch auf kalkhaltigem Gestein. Lichtbedürftiges bis Halbschatten vertragendes, tief wurzelndes Gehölz in wintermilder Klimalage. Vergesellschaftet mit Burgen-Ahorn, Hasel, Trauben- und Flaum-Eiche, Wolligem Schneeball und Mehlbeere.

V Süd-, West- und Mitteleuropa; bis zum nördlichen Kleinasien, dem Kaukasus und Transkaukasien; Nordwestafrika. In Irland, Schottland, Dänemark und Skandinavien sowie dem zentralen Alpenraum fehlend. In Mitteleuropa vom Tiefland bis in Gebirgslagen von 900 m ansteigend; vor allem in Mittel-, Südwest- und Süddeutschland.

Die Elsbeere gehört zu den wärmeliebenden Holzgewächsen der heimischen Flora. Ihre Blüten sind, verglichen mit anderen Arten der Gattung, wenig auffällig. Sie werden trotzdem von zahlreichen Insekten, vor allem Bienen aufgesucht, die Nektar und Pollen sammeln. Die Früchte reifen spät und bleiben oft noch lange nach der Reife am Baum hängen. Werden sie nicht verzehrt, trocknet das Fruchtfleisch, vor allem aber die äußere Fruchtwand zu einer lederartigen Hülle ein. Die Samen in solchen mumifizierten, auf dem Boden liegenden Elsbeeren können nicht keimen. Der Verzehr durch die Vögel gewährleistet also nicht nur eine Fernverbreitung sondern ermöglicht außerdem erst die Keimung, weil die Samen dadurch aus der Fruchthülle heraus gelangen.
Junge Pflanzen sind nicht übermäßig raschwüchsig. Häufig zeigen sie Verbißspuren. Das Ausschlagsvermögen ist jedoch groß, wie durch die gute Ausbildung von Stockausschlägen gezeigt wird. Die Elsbeere eignet sich daher vorzüglich zur Niederwaldbewirtschaftung. Sie ist außerdem in der Lage Wurzelbrut zu bilden.
Die Bäume werden durchschnittlich 100 Jahre alt. Ihr Holz ist im Kern rötlichweiß und dunkelt nach. Es ist schwer, hart, zäh, dicht und sehr elastisch. Es wird zum Tischlern, Drechseln und Bildhauen, früher auch in der Wagnerei, verwendet. Man fertigt aus Elsbeerenholz Flöten, Maßstäbe, wissenschaftliche Instrumente und Vitrinen. Dicke Stämme sind heute nur schwer zu beschaffen. Das Holz hat einen sehr schönen, warmen Farbton und ist daher in der Möbelschreinerei besonders für Vitrinen begehrt.
Die reifen, teigigen Früchte wurden früher aufgrund ihres hohen Gerbstoffgehaltes als Volksheilmittel gegen Ruhr und Durchfall verwendet.

Intensive Herbstfärbung der Elsbeere

Wie die Früchte des Speierlings setzte man auch sie dem Apfelwein als Geschmacksverbesserung zu. Außerdem wurden sie zur Essigbereitung verwertet. Die Elsbeere färbt sich im Herbst prächtig orangerot und wird daher gern angepflanzt.
Das Epitheton enthält das lat. »tormina« = Ruhr; schon bei den Römern wurden die Elsbeeren »sorba torminalia« genannt, da man sie als Mittel gegen die Ruhr benutzte.

Elsbeerenfurnier

Eberesche

Sorbus aucuparia L.

K Aufrechter, mehrstämmiger, wenig verzweigter Strauch oder 5–15 m hoher, locker verzweigter, sommergrüner Baum mit ovaler bis runder Krone. Junge Zweige mit grauer bis rötlichbrauner Rinde, anfangs filzig behaart, später verkahlend, mit länglichen, hellbraunen Korkwarzen. Rinde lange glatt bleibend, später mit längsrissig-schwarzgrauer Borke. Winterknospen 10–13 mm lang, oval bis länglich-oval; Knospenschuppen rotbraun, anfangs dicht behaart, später etwas verkahlend. Endknospe vorhanden. ▪ Laubblätter wechselständig, unpaarig gefiedert. Blattstiel 2,5–3 cm lang, Spreite 12–15 cm lang. Fiederchen 11–15, linealisch, 2,5–4,5 cm lang, 10–18 mm breit, einfach gesägt; oberseits dunkelgrün, locker anliegend behaart, unterseits filzig, graugrün. Nebenblätter hinfällig. Herbstfärbung gelb bis tiefrot. ▪ Blüten in filzig behaarten, flachen Rispen am Ende junger Triebe. Blütenbecher wollig-filzig behaart; Blütenhülle doppelt, 5-zählig. Kelchblätter 1,5–1,8 mm lang; Kronblätter weiß, 4–5 mm groß. Staubblätter 20, kürzer als die Krone; Griffel 3. Frucht korallenrot, kugelig, 8–10 mm groß; meist mit 3 Samen. ▪ Blütezeit: Mai/Juni; Fruchtreife: August bis Oktober.

Fiederblatt der Eberesche

S In lichten Laub- und Nadelwäldern, auf Lichtungen und Kahlschlägen, in Gebüschen und an Waldrändern, auf Weiden und an Wiesenrainen. In den Mittelgebirgen oft die Wald- bzw. Baumgrenze bildend. Auf sauren bis kalkhaltigen, humosen, mäßig nährstoffreichen, feuchten bis wechselfeuchten Steinböden. Die Eberesche ist ein Licht- bzw. ein Halbschattengehölz. Ihre Begleitpflanzen als Pioniergehölz sind Trauben-Holunder, Sal-Weide, Zitter-Pappel und Hänge-Birke.

V Fast ganz Europa, Kaukasus; auf der Iberischen Halbinsel nur im nördlichsten Teil; in Südrußland, dem Süden der Balkan-Halbinsel und auf Sardinien fehlend, In Mitteleuropa vom norddeutschen Tiefland bis zu den Alpen; vor allem in den Mittelgebirgen; in den Alpen bis zu 2000 m hoch ansteigend.

Die Eberesche bildet ansehnliche Blütenstände aus. Die Blüten riechen unangenehm nach Trimethylamin. Blütenbesucher sind Bienen und Fliegen, die hier Pollen und Nektar sammeln. Die reifen, weichen

Reichblütige Rispe der Eberesche

Früchte werden von Vögeln, besonders von Drosseln, Staren und Seidenschwänzen, aber auch von Säugetieren verzehrt. Die Samen keimen gut, die jungen Pflanzen wachsen rasch, werden aber häufig vom Rotwild verbissen. In den Alpen werden die Ebereschen geschneitelt und die jungen Zweige verfüttert.
Die Früchte schmecken herb-säuerlich bis leicht bitter. Es empfiehlt sich, sie erst nach dem Einwirken von Frost zu ernten. Eine Form, die Mährische oder Süße Eberesche *Sorbus aucuparia* var. *edulis,* ist fast frei von Bitterstoffen und zeichnet sich überdies durch einen hohen Zucker- und Vitamingehalt aus. Sie ist in rauhen Gebirgslagen ein wichtiger Obstbaum. 100 g eßbarer Fruchtanteil enthalten 60–110 mg Vitamin C und 2,5 mg Carotin sowie Gerbstoffe und organische Säuren. In den Früchten sind außerdem 8,5% Sorbit enthalten, ein 6-wertiger Alkohol und Zuckeraustauschstoff für Diabetiker, dessen Süßkraft etwa halb so hoch wie die der Saccharose ist. Schließlich sei noch auf die Parasorbinsäure in den Früchten hingewiesen. Durch Abspaltung von Wasser entsteht daraus die als Konservierungsmittel mannigfach verwendete Sorbinsäure.
Die Ebereschenbäume erreichen ein Alter von 80–100 Jahren bei einem Stammdurchmesser bis zu 30 cm. Das Holz ist im Splint hellgelb bis schwach rötlich, im Kern hell- bis rötlichbraun. Es ist mittelhart, elastisch, feinfaserig, sehr schön gemasert und eignet sich für Drechsler- und Schnitzarbeiten, wird aber auch als Tischlerholz verarbeitet.
Die Eberesche wird wegen ihres reichen Fruchtbehanges und der Herbstfärbung in Gärten und Parks angepflanzt.
Das Epitheton *aucuparia* leitet sich von lat. »aucupium« = Vogelstellerei ab, einer Zusammenziehung der Worte für »avis« = Vogel und »capere« = fangen; die Früchte wurden zum Vogelfang benutzt. Der deutsche Name Eberesche ist seit dem 16. Jahrhundert in Gebrauch. »Eber-« bzw. »Aber-« wird hier im Sinne von unecht, falsch oder minderwertig gebraucht (vgl. Aberglaube!). Eine andere Deutung stellt den Bezug zum irischen »ibar« = Eibe, Eberesche her. Ein weiterer Name ist Vogelbeerbaum.

Die Fruchtstände hängen über

Zwergmehlbeere

Sorbus chamaemespilus (L.) Crantz

K Sommergrüner, mäßig verzweigter, oft buschiger, 1–1,5 m, selten bis 3 m hoher Strauch. Junge Zweige schwach kantig oder gerieft, anfangs filzig behaart, bald verkahlend, rotbraun, mit großen, hellen Korkwarzen. Winterknospen eiförmig bis länglich-eiförmig, 7–10 mm lang; Knospenschuppen grünlichbraun, bewimpert oder wollig behaart. Endknospe stets vorhanden. ▪ Laubblätter wechselständig, lederig. Blattstiel 5–10 mm lang; Spreite länglich-eiförmig bis elliptisch, am Grund breit keilförmig bis abgerundet; oberseits kahl und glänzend, unterseits weißfilzig, Blattrand gleichmäßig gezähnt. Nebenblätter hinfällig. ▪ Blüten in dichten, filzig-behaarten Schirmrispen am Ende junger Triebe. Blütenhülle doppelt, 5-zählig. Kelchblätter schmal 3-eckig, bis 1,5 mm lang' Kronblätter aufrecht stehend, eiförmig, 4–5 mm lang, hellrosa bis rot, nicht sehr auffällig. Staubblätter 20, kürzer als die Krone; Fruchtblätter und Griffel meist 2; Fruchtblätter fast vollständig miteinander verwachsen. Reife Frucht verkehrt eiförmig bis kugelig, 12–15 mm groß, braunrot bis scharlachrot, meist 4-samig; Samen 6 mm groß, dunkelbraun; Fruchtfleisch ohne Steinzellen. ▪ Blütezeit: Juni/Juli; Fruchtreife: August/September.

S In Föhren- und lichten Lärchenwäldern, in Legföhrenbeständen und Hochstaudenfluren. Auf lockeren, humosen, flach- bis mittelgründigen, meist steinigen Lehmböden, überwiegend auf karbonathaltigem Gestein. Die Zwergmehlbeere ist eine Charakterpflanze der Schnee-Heide-Alpenrosen-Gesellschaft und wächst zusammen mit Alpen-Waldrebe, Alpen-Heckenrose, Gemeinem Seidelbast und Alpen-Heckenkirsche. Bevorzugt werden vollsonnige, sommerwarme Standorte in Höhenlagen von 800–2000 m Höhe.

V Gebirge Mittel- und Südeuropas: Pyrenäen, Jura, Alpen, Nordapenninen, Karpaten, Dinarische Alpen. In Mitteleuropa in den Vogesen, im Schwarzwald, dem Schweizer Jura und im Nordalpenraum, hier bis 2000 m hoch ansteigend.

Die Blüten sind unscheinbar

Die Blüten der Zwergmehlbeere bilden reichlich Nektar und Pollen. Durch die aufrechte Stellung der Kronblätter ist der Nektar nur Bienen, Wespen und langrüsseligen Fliegen zugänglich. In den Blüten reifen die Staubblätter und Narben oft zur gleichen Zeit. Der Blütenbiologe bezeichnet dieses Verhalten als Homogamie. Selbstbestäubung kann dabei nicht ausgeschlossen werden. Ebenso häufig erweisen sich die Narben vor der Pollenreife als funktionstüchtig. Man spricht dann von Protogynie. Die reifen Früchte sind eßbar. Sie werden von Vögeln und Säugetieren verzehrt und damit die Samen verbreitet.

Die Zwergmehlbeere ist die kleinste unter den heimischen *Sorbus*-Arten und allein von der Gestalt her mit keiner anderen Art zu verwechseln. Vom Blatt her ähnelt sie am meisten der Mehlbeere. Am Standort bildet sie keine dichten Gebüsche sondern wächst meist sehr zerstreut. In Deutschland ist sie selten. Sie kann bis zu 40 Jahre alt werden.

Mit der Mehlbeere bildet die Zwergmehlbeere einen Bastard, die Filzige Zwergmehlbeere *(Sorbus × ambigua)*. Sie erreicht die Ausmaße der Zwergmehlbeere, hat aber etwas breitere Blätter mit einem doppelt gezähnten Blattrand und blaßrosa gefärbte Blüten. Ihr Areal reicht von den Vogesen und dem Schwarzwald bis zu den Alpen. Ihre Standorts- und Bodenansprüche gleichen denen der Zwergmehlbeere, d.h. sie ist in den Hochstaudenfluren, Gebüschen und im Legföhrengürtel der

Halbreife Fruchtstände

subalpinen Höhenstufe anzutreffen. Die Zwergmehlbeere bildet auch noch mit anderen *Sorbus*-Arten Bastarde.

In Kultur gedeiht die Zwergmehlbeere auch im Tiefland gut, blüht und bildet Früchte aus. Die Anzucht aus Samen ist problemlos.

Das Epitheton *chamaemespilus* enthält die griech. Worte »chamai« = niedrig und »mespilos« = Mispel. Seit dem 16. Jahrhundert wird sie auch Zwergmispel genannt, was zu Verwechslungen mit *Cotoneaster* führt, der mit dem gleichen Namen belegt ist. Ein weiterer deutscher Name lautet Zwergvogelbeere.

Zwergmehlbeeren sind meist nicht höher als die benachbarten Stauden

Speierling

Sorbus domestica L.

K Sommergrüner, 10–20 m hoher Baum mit graubrauner, kleinschuppiger Borke. Krone junger Bäume pyramidal, später breit. Junge Zweige zunächst weiß behaart, bald verkahlend, olivgrün bis rötlichbraun, mit großen, länglichen Korkwarzen. Winterknospen länglich-eiförmig, zugespitzt, 12–15 mm lang, grünlich, kahl, klebrig, nur spitzenwärts etwas behaart. ▪ Laubblätter wechselständig, unpaarig gefiedert; Blattstiel 3,5–5,5 cm lang; Spreite bis 20 cm lang mit 13–19 Fiederblättchen; diese 3,5–6 cm lang, bis 2 cm breit, im unteren Drittel ganzrandig (!), einfach gesägt, mit lang ausgezogenen Zähnchen; oberseits mattgrün, kahl,

Fiederblatt des Speierlings

unterseits entlang der Adern behaart, heller; Nebenblätter hinfällig. Herbstfärbung gelb bis orange. ▪ Blüten angenehm duftend, in endständigen, 35- bis 75-blütigen, 6–10 cm breiten Kegelrispen an jungen Kurztrieben. Blütenbecher weißfilzig, Kelchblätter 3-eckig, von den 5–7 mm langen, weißen, ausgebreiteten Kronblättern weit überragt. Staubblätter 20, Fruchtblätter und Griffel meist 5; Fruchtblätter weitgehend miteinander und am Rücken auch mit dem Blütenbecher verwachsen. Frucht birnen- bis apfelförmig, 2–3,5 cm lang, bis 3 cm breit, grünlichgelb, sonnenseits rotbackig, schwach bereift; Fruchtfleisch mit vielen Steinzellen; Samen 1–4, etwa 8 mm lang, eiförmig, braun. ▪ Blütezeit: Mai; Fruchtreife: September/ Oktober.

S In sommerwarmen und -trockenen Eichen-Hainbuchen-Wäldern und Flaum-Eichen-Wäldern, vergesellschaftet mit Kornelkirsche, Wolligem Schneeball, Els- und Mehlbeere. Der Speierling ist ein tief wurzelndes Licht- bis Halbschattengehölz und bevorzugt einen nährstoff- und basenreichen, oft kalkhaltigen Lehm- bzw. Tonboden.

V Von Ostspanien, Frankreich, Italien über Südosteuropa, die Balkan-Halbinsel und Krim nach Nordanatolien; Nordwestafrika.

In Deutschland nur im mittleren, westlichen und südlichen Teil, selten bodenständig, meist wohl nur angepflanzt oder verwildert, vor allem im Mittelrheingebiet, dem Nahe- und Moseltal. Vorwiegend in der Hügel- und unteren Gebirgsstufe.

Der Speierling kommt bei uns meist nur sehr zerstreut vor. Eine 1977/78 durchgeführte Zählung im Frankfurter Raum ergab 328 Exemplare. Ältere Individuen erinnern aufgrund der Kronenform und Borke an Birnbäume.
Der Speierling ist, vor allem im Mittelmeergebiet, schon lange in Kultur. Bereits Theophrast unterscheidet runde, wohlriechende und süß schmeckende Früchte von eiförmigen, die weniger gut duften und sauer schmecken. Columella macht Angaben über die Lagerung der Früchte. Im Mittelalter war der Speierling in Deutschland ein wichtiges Kulturgehölz. Eßbar sind die Früchte nur überreif, wenn sie bereits eine teigige Konsistenz erlangt haben. Sie werden heute vor allem dem Apfelwein zur Geschmacksbereicherung zugesetzt und bewirken gleichzeitig eine längere Haltbarkeit. Man setzt dem Apfelmost ca. 1% Speierlingsmost zu.
Die Samen benötigen eine niedrige Keimungstemperatur. Eine Keimung ist nur möglich, wenn zuvor die keimungshemmenden Stoffe des Fruchtfleisches völlig entfernt sind. In der Natur geschieht dies im Vogeldarm oder durch Verwesung des Fruchtfleisches während des Winters. Junggehölze lassen sich nur schlecht verpflanzen. Eine natürliche Verjüngung findet bei uns kaum statt; der Speierling wird immer seltener.
Die Bäume können ein Alter von rund 150 Jahren erlangen. Meist beträgt die Stammdicke 50–60 cm, sie kann jedoch bei alten Exemplaren 1 m erreichen. Altersangaben von mehreren 100 Jahren sind, zumindest in Mitteleuropa, übertrieben.
Das Holz des Speierlings ist feinfaserig, schwer, mittelhart, biegsam, dauerhaft und nur wenig schwindend. Es findet Verwendung in der Tischlerei, Drechslerei und Holzbildhauerei. Schrauben und Spindeln von Weinpressen wurden oft aus Speierlingsholz gefertigt. Die Früchte waren ein Volksheilmittel gegen Magen- und Darmerkrankungen.
Der Name Speierling leitet sich vom althochdeutschen »sperwa« bzw. »sperboum« ab. Gebräuchliche Namen sind auch Spierbaum, Speerbaum, Sperberbaum. Ein Bezug zum Sperber ist nicht gegeben. Die Früchte nennt man auch Schmerbirnen. Von den Römern wurde der Speierling *Sorbus* genannt. Das lat. Epitheton *domestica* bedeutet heimisch, zum Haus gehörend.

Reife, sonnenseits gerötete Früchte

Schuppenborke des Speierlings

Schwedische Mehlbeere

Sorbus intermedia (Ehrh.) Pers.

K Sommergrüner, reichverzweigter, 5–15 m hoher, meist ebenmäßig gewachsener Baum mit ovaler oder kugeliger Krone. Junge Zweige schwach hin und her gebogen, olivgrün bis braun, sonnenseits gerötet mit deutlichen, helleren Korkwarzen. Rinde am Stamm lange glatt bleibend; Borke schmutziggrau, längsrissig. Winterknospen 10–12 mm lang, eiförmig, zugespitzt; Knospenschuppen knorpelig, grün mit braunem Hautsaum, miteinander verklebt, am Rand wollig behaart. ■ Laubblätter wechselständig, Blattstiel 12–20 mm lang; Spreite länglich-elliptisch, 7–10 cm lang, 4,5 bis 6,5 cm breit, am Rande gekerbt; Kerben doppelt gesägt und in der unteren Hälfte mitunter fast fiederspaltig, am Grund abgerundet; Spreite beidseitig mit je 7–9 Seitenadern, oberseits verkahlend, unterseits dicht weißfilzig, Nebenblätter hinfällig. ■ Blüten 5–20 mm lang gestielt, in endständigen Schirmrispen an jungen Trieben. Rispen armblütig, 8–10 cm breit. Blütenhülle doppelt, 5-zählig; Kelch 1,5–2 mm lang; Kronblätter weiß, 3–4 mm lang; Staubblätter 20; Fruchtblätter meist 3, zu ⅔ bis ¾ miteinander verwachsen. Frucht eiförmig bis kugelig, 10 bis 12 mm groß, scharlachrot; Fruchtfleisch ohne Steinzellen, gelb; Samen meist 2, etwa 5 mm lang, braun. ■ Blütezeit: Mai/Juni; Fruchtreife: September/Oktober.

S Lichte Laubwälder und Gebüsche, auf nährstoffreichen, humosen, feuchten aber nicht nassen, basischen bis sauren Böden.

V Südschweden, Seeland, Bornholm, Öland, Dagö, Ösel. Estland und Lettland. In Mitteleuropa nicht natürlich verbreitet; in Norddeutschland gebietsweise verwildert.

Blatt und Fruchtstand

Die Schwedische Mehlbeere ist vor allem in Schweden und Dänemark wegen des reichen Fruchtbehanges und der schönen Krone häufig angepflanzt. In Kultur erweist sie sich als wüchsig und wird kaum von Schädlingen befallen. Sie gehört innerhalb der Gattung zur Gruppe der apomiktischen Sippen. Wir verstehen darunter Pflanzen, die zwar nur sterilen Pollen produzieren, aber dennoch befähigt sind keimfähige Samen zu entwickeln. Solche Sippen sind meist hybridogenen Ursprungs.

Durch die Apomixis ist es möglich, daß sich Hybriden in ihrer genetischen Zusammensetzung erhalten und auch vermehren können. Bei den Rosengewächsen kennen wir apomiktische Sippen auch aus dem Verwandtschaftskreis der Brombeeren.
Heimische diploide *Sorbus*-Arten sind Speierling, Vogelbeere, Mehlbeere, Elsbeere und Zwergmehlbeere. Mit Ausnahme des Speierlings können sich diese Arten untereinander kreuzen. Ihre Nachkommen sind

Die Blüten stehen in Schirmrispen

wiederum diploid und nicht apomiktisch. So ergibt sich innerhalb der Gattung ein recht verwirrendes Bild von reinen Arten und recht unterschiedlichen Hybriden.
Zu den mit der Schwedischen Mehlbeere verwandten, erbfest gewordenen Hybriden zählt auch die Breitblättrige Mehlbeere (*Sorbus latifolia* (Lam.) Pers). Es ist ein Baum von der Tracht der Mehlbeere, dessen Blätter jedoch fast so breit wie lang und seitlich stärker gelappt sein können. Die Blüten erreichen einen Durchmesser von 2 cm, die Früchte werden ca. 15 mm dick. Das Verbreitungsgebiet erstreckt sich von den Pyrenäen bis nach Südwestdeutschland.

Ebenfalls heimisch ist die Berg-Mehlbeere (*Sorbus mougeotii* Soyer-Will. et Godr.), auch Mougeot's Mehlbeere genannt. Sie ähnelt sehr der Mehlbeere, hat aber kahlere Knospen und Zweige und ein Blatt mit jederseits 8–10 kleinen Lappen. Sie ist von den Vogesen, bis zu den Dinarischen Alpen verbreitet. Benannt ist sie nach dem elsässischen Arzt und Botaniker Jean Baptiste Mougeot (1776–1858).
In vielen Büchern werden die Früchte der *Sorbus*-Arten als Scheinfrüch-

Junge Borke

te bezeichnet, da an ihrer Bildung nicht nur die Fruchtblätter sondern auch die Blütenachse beteiligt ist. Dieser Argumentation wollen wir uns nicht anschließen, sondern von einer umfassenderen Fruchtdefinition ausgehen: Wir verstehen unter einer Frucht eine Blüte im Zustand der Samenreife. Wenden wir diese Aussage auf die Mehlbeerfrucht an, so ist es unerheblich aus welchem Blütenteil der fleischige Fruchtkörper hervorgeht. Die pergamentartigen Fruchtblätter sind zur Reife in den nun fleischig gewordenen Blütenbecher eingebettet und bilden mit ihm eine Einheit, eine Frucht. Einen sehr ähnlichen Fruchtbau haben wir auch bei Apfel, Birne und Quitte.

Judasbaum

Cercis siliquastrum L.

K Sommergrüner, mäßig verzweigter Strauch oder bis zu 10 m hoher Baum mit dunkler, feingefelderter Borke. Junge Zweige dunkel- bis rotbraun, anfangs schwach bereift, kahl; durch die 2-zeilige Blattstellung Verzweigungen meist in einer Ebene stehend. Winterknospen länglich-eiförmig, 5–9 mm lang, zugespitzt. Endknospe fehlend. ■ Laubblätter 3–4,5 cm lang gestielt, mit rundlich herz- oder nierenförmiger, 6–11 cm langer Spreite; ganzrandig, beidseitig kahl, derb, oberseits dunkelgrün, unterseits graugrün. Nebenblätter klein, hinfällig. ■ Blüten vor dem Laubaustrieb an mindestens 2-jährigen Ästen in 3- bis 8-blütigen, kurzen Trauben erscheinend. Kelch glockig, Krone 2-seitig-symmetrisch, rosarot, 2 cm lang, deutlich gestielt. »Fahne« von 3 aufrechten, Schiffchen von 2 großen, senkrecht dazu stehenden, genagelten Blütenblättern gebildet. Im Schiffchen umschließen 10 freie Staubblätter das Fruchtblatt. Hülsenfrucht flach, dunkelbraun, kahl, 10–12 cm lang und bis 15 mm breit. Die reife Hülse öffnet sich auf der Rückseite, aber nur mit einem Spalt, so daß die 5 mm großen, linsenähnlichen Samen noch bis zum Frühjahr in den pergamentenen Hülsen bleiben. ■ Blütezeit: März/April; Fruchtreife: September/Oktober.

S In Hopfenbuchen-Orient-Hainbuchen-Mischwäldern; gewässerbegleitend, aber auch an mittelgründigen Hängen mäßig nährstoffreicher Böden, oft auf Kalkgestein.

V Im Mittelmeergebiet von der nordadriatischen Küste über die Balkan-Halbinsel, Kleinasien und Syrien bis nach Persien. Die ursprüngliche Verbreitung im europäischen Mittelmeerraum läßt sich nicht genau rekonstruieren, da der Judasbaum seit frühester Zeit angepflanzt wird und gern verwildert.

Blütenstand und fruchtender Zweig des Judasbaumes

G Die 7 Arten der Gattung sind in der nördlich-gemäßigten Zone der Alten und Neuen Welt beheimatet. Es handelt sich um laubwerfende Gehölze mit ansehnlichen, vor den Laubblättern erscheinenden Blüten. ▪ Der Judasbaum gehört zur Familie der Caesalpiniengewächse *(Caesalpiniaceae),* die nach dem Arzt und Botaniker Andrea Cesalpino (1519–1603) benannt wurde. Sie umfaßt 180 Gattungen mit rund 3000 Arten, die meist in den Tropen und Subtropen beheimatet sind.

Der Judasbaum ist sehr lange in Kultur. Im 16. Jahrhundert wurde er auch nach Mitteleuropa gebracht, wo er, besonders im Weinbauklima, winterhart ist und nur bei sehr strengem Frost zurückfriert, vom Grund aus aber wieder austreibt. Er blüht regelmäßig und wird kaum von Schädlingen befallen. Während er in Mitteleuropa nur als großer Strauch wächst, erreicht der gern gepflanzte Straßenbaum im Mittelmeergebiet beachtliche Ausmaße. Beim Judasbaum entwickeln sich die Blüten nicht nur an älteren Zweigen, sondern auch noch am Stamm. Man bezeichnet diese Eigenart als Stammblütigkeit oder Kauliflorie, ein Phänomen, das bei mitteleuropäischen Gewächsen nicht vorkommt und auch im Mittelmeerraum auf den Judasbaum und den Johannisbrotbaum beschränkt ist. In den Tropen hingegen ist Stammblütigkeit häufig; so z. B. beim Kakaobaum. Meist besteht ein biologischer Zusammenhang zwischen Kauliflorie und Fledermäusen, welche leicht zu den astfrei am Stamm sitzenden Blüten und Früchten gelangen. Judasbaum und Johannisbrotbaum werden freilich nicht von Fledermäusen sondern von Bienen bestäubt.

Der Name *Cercis* leitet sich von griechisch »kerkis« = Weberschiffchen ab, zu dem von der Frucht her eine

Stammblütigkeit des Judasbaumes

entfernte Ähnlichkeit besteht. Aristoteles verwendete den Namen für die Zitterpappel. Das Rauschen der Blätter wurde in der Antike mit dem Geräusch der Weberlade verglichen. Im Epitheton *siliquastrum* ist das lat. »siliqua« = Hülsenfrucht enthalten. Angeblich soll sich Judas am *Cercis* aufgehängt haben. Ein anderer deutscher Name ist Baum von Judaea.

Dicht mit Hülsen besetzte Zweige

Johannisbrotbaum

Ceratonia siliqua L.

K Breitkroniger, immergrüner, 5–10 m hoher Baum mit graubrauner, längsrissiger Borke und meist auffallend verbreitertem Stammgrund. Zweige abgeflacht bis gerieft, fein behaart, später rund, kahl, olivgrün bis rötlich, mit zahlreichen runden Korkwarzen. Winterknospen bis 6 mm lang, ohne eigentliche Knospenschuppen; Knospenblätter wachsen später zu normalen Laubblättern aus. ▪ Laubblätter wechselständig, 2–5 cm lang gestielt, mit 3–5 Fiederpaaren, im Umriß rechteckig, 10–15 cm lang und bis 10 cm breit; Fiederchen verkehrt-eiförmig bis elliptisch, lederig, oberseits dunkelgrün, glänzend, unterseits graugrün. ▪ Blütenstände oft zu mehreren an älteren Zweigen und Stämmen, eingeschlechtig, kätzchenähnlich, aber nicht hängend. Blüten unscheinbar, Blütenhülle ohne Krone, Kelchblätter schmal 3-eckig. Männliche Blüten mit 5 Staubblättern und scheibenförmigen Nektarium um den verkümmerten Griffel; weibliche Blüten mit behaartem Fruchtknoten und 5 kleinen, unfruchtbaren Staubblättern. Hülse 10–20 cm lang, 2 cm breit, dunkelbraun, glänzend, durch Querwände gekammert; je Fach ein harter, brauner Same. Das süßlich schmeckende Fruchtmark ist weich und verhärtet später. Frucht bei der Reife geschlossen bleibend. ▪ Blütezeit: September/Oktober; Fruchtreife: März/April.

S In Ölbaum-Pistazien-Hartlaubwäldern an exponierten, sommertrockenen Hängen auf oft kalk- oder basenreichem Untergrund; in Felsspalten und auf Steinböden, die meist nur wenig nährstoffreich sind; in Gesellschaft von Myrte, Erdbeerbaum, Baum-Heide, immergrünen Eichen und Zistrosen. Häufig zusammen mit der Mandel kultiviert.

V Mittelmeergebiet; ursprünglich vor allem im östlichen Teil.

Zweig mit ♂ Blütenstand; ♀ Blütenstand; ♂ und ♀ Einzelblüte; Frucht und Samen

G Die Gattung *Ceratonia* enthält nur 1 Art.

Der Johannisbrotbaum ist eine sehr alte Kulturpflanze des Mittelmeergebietes und wie Ölbaum und Feige ein bodenständiges Kulturgehölz. Hauptanbaugebiete sind Nordafrika, Südeuropa und hauptsächlich Zypern. Kultiviert wird vor allem die Varietät *edulis.* Sämlinge liefern nur minderwertige Früchte. Deshalb werden Kulturpflanzen auf Wildreiser veredelt. Pro Baum können bis 200 kg Hülsen geerntet werden. Sie enthalten 30–40% Zucker, 35% Stärke, 7% Eiweiß, 0,5% Fette und Gerbstoffe. Spuren von Isobuttersäure bewirken einen leicht ranzigen Geschmack.
Die Hülsen können ausgepreßt werden; der süße Saft, Kaftan genannt, wird wie Sirup gegessen, zu Alkohol vergoren oder zum Konservieren von Früchten verwendet. Die Hülsen waren früher auch in Mitteleuropa als Karobe im Handel. In Österreich wurde aus ihnen der sog. Karob-Kaffee bereitet. Embryofreie Samen werden als Johannisbrotkernmehl gehandelt. Es hat eine bis zu 5 mal höhere Quellfähigkeit als Stärke und wird als Dickungsmittel und Stabilisator für Backwaren und Speiseeis verwendet. Ihre Hauptbedeutung haben die Früchte als Viehfutter für Pferde und Schweine. Nur in Notzeiten waren sie für den Menschen Nahrungsmittel (Lukas XV, 16). In Italien werden jährlich rund 60000 Tonnen geerntet. Die sehr festen und gleichmäßig großen Samen dienten früher als Gewichtseinheit; im Schmuckhandel hat sie sich als Karat = 0,18 g bis heute erhalten.
Das Holz des Johannisbrotbaumes hat einen breiten, gelblichweißen Splint und einen rötlichen, dunkler geaderten Kern. Es ist gut polierfähig und wird in der Tischlerei und zur Holzkohlengewinnung verwendet.

Zweig mit männlichen Blütenständen

Der griechische Name »keratonia« leitet sich von »keration« = Hörnchen ab; die Hülsen sind leicht hornartig gebogen. Johannes der Täufer soll sich nach der Legende von Johannisbrotfrüchten ernährt haben (Markus I, 6). Andere deutsche Namen sind Bockshornbaum und Karobenbaum.

Blühender Zweig mit vorjährigen Früchten

Gemeiner Erbsenstrauch

Caragana arborescens Lam.

K Sommergrüner, aufrechter, 5–7 m hoher Strauch oder kleiner Baum mit olivgrüner bis graubrauner Rinde und breit ausgezogenen Korkwarzen. Zweigsystem deutlich in Lang- und Kurztriebe gegliedert. Junge Sprosse gerieft, graubraun, anfangs fein behaart, später verkahlend, olivgrün. Kurztriebe auch nach mehreren Jahren sehr gedrungen bleibend, dick, von alten Knospenschuppen umkleidet, viel dunkler als die Langtriebe. Winterknospen 6–10 mm lang, von zahlreichen, weißbewimperten Schuppen umkleidet. ▪ Laubblätter 7–10 cm lang, paarig gefiedert, an den Langtrieben entfernt wechselständig, an den Kurztrieben rosettig stehend. Fiederchen in 4–5 Paaren, fast sitzend, länglichelliptisch bis eiförmig, stachelspitzig, 2–3 cm lang, 1–2 cm breit; oberseits dunkelgrün, kahl, unterseits heller, entlang der Mittelrippe behaart. Nebenblätter 2–3 mm lang, pfriemlich, z. T. schwach verdornt, wie der unterste Blattstielteil bleibend. Kurztriebe häufig mit abgestorbenen Blattstielen und Blattspindeln besetzt. ▪ Blüten einzeln oder zu wenigen in 1,5–3 cm lang gestielten Dolden an den Kurztrieben. Kelch kurzröhrig, gezähnt, bis zur Fruchtreife bleibend. Kronblätter gelb, lang genagelt, 15–20 mm lang. 9 Staubblätter zu einer oben offenen Röhre verwachsen, das 10. Staubblatt frei, die Öffnung bedeckend. Hülse 3–5 cm lang, 4 mm dick, gerade oder spitzenwärts schwach gebogen, hellbraun; mit mehreren, 4 mm langen, hellbraunen Samen. ▪ Blütezeit: Mai/Juni; Fruchtreife: August/September.

S In lichten und lockeren Gebüschen und an Waldrändern; auf durchlässigen, oft steinigen, mittel- bis tiefgründigen, meist kalkhaltigen Böden.

Beblätterter Zweig, reife und geöffnete Hülse

V Mittel- und Ostsibirien bis zur Mandschurei.

G Die Gattung *Caragana* umfaßt 80 Arten, deren Areal von Südrußland bis zum Himalaja und östlich bis zur Mandschurei und China reicht. Alle Arten sind Gehölze, meist kleine bis größere Sträucher, seltener Bäume mit paarig gefiederten Blättern. Blattspindeln oft bleibend und manchmal verdornend (Spindeldornen). Auch die Nebenblätter können zu Dornen umgebildet sein. ▪ Der Erbsenstrauch gehört zur Familie der Schmetterlingsblütler *(Fabaceae)*, die mit ca. 500 Gattungen und fast 10 000 Arten zur den größten und vielgestaltigsten Familien des Pflanzenreichs gehört. Im Blüten- und Fruchtbau herrscht große Übereinstimmung. Die Frucht wird aus nur 1 Fruchtblatt gebildet und öffnet sich bei der Reife meist so, daß sich die beiden Fruchtblatthälften schraubenförmig einrollen. Die Blüten haben 5 Kronblätter und sind 2-seitig-symmetrisch gebaut. Das größte Blütenblatt, die Fahne, ist meist aufwärts gerichtet. 2 seitliche, zum Grunde hin fast stielartig verschmälerte Blütenblätter werden als Flügel bezeichnet. Sie umgeben die außer im Stielbereich weitgehend miteinander verwachsenen beiden übrigen Blütenblätter, die das sog. Schiffchen bilden. Im Schiffchen befinden sich 10 Staubblätter, die entweder alle über die halbe Länge zu einer Röhre verwachsen sind oder aber eine aus 9 Staubblättern gebildete, oben offene Röhre bilden, deren Spalt vom 10. Staubblatt abgedeckt wird. In der Staubblattröhre befindet sich das Fruchtblatt.

Der Erbsenstrauch ist seit 1752 in Europa in Kultur. Er ist ein wüchsiger und leicht zu pflegender Strauch, der in Gärten und Parks häufig angepflanzt wird. Die Blüten werden von Bienen und Hummeln bestäubt. Die Früchte öffnen sich zur Reife explosionsartig mit einem knackenden Geräusch und schleudern die Samen weit weg. Der Erbsenstrauch ist in allen Teilen giftig. Obwohl der Erbsenstrauch keimfähige Samen in großer Zahl hervorbringt, neigt er kaum zur Verwilderung. Die Jungpflanzen sind nämlich sehr lichtbedürftig und erlangen im ersten Jahr nur eine Größe von wenigen Zentimetern.

Blühender Zweig mit langgestielten Blüten

Neben dem Gemeinen Erbsenstrauch werden noch einige meterhohe Arten mit gelben oder orangefarbenen Blüten kultiviert, die alle mehr oder weniger stark bewehrt sind. Der Zierwert liegt vor allem in den ansehnlichen Blüten. Vom Gemeinen Erbsenstrauch ist öfter eine Form mit bogig nach unten wachsenden Zweigen angepflanzt. Diese 'Pendula'-Form ist meist auf eine stammbildende Unterlage gepfropft. Der wissenschaftliche Name leitet sich von »caragan« ab, dem mongolischen Namen für die Pflanze. Der deutsche Name nimmt Bezug auf die erbsenähnlichen Blüten.

Roter Ginster

Chamaecytisus purpureus (Scop.)Link

K Unbewehrter, sommergrüner, 30–75 cm hoher Halbstrauch mit bogig aufsteigenden bis überhängend-niederliegenden Zweigen. Rutentriebe unterirdischen Sprossen entstammend, kantig-gerieft bis schwach 4-kantig, dünn, kahl bzw. anfangs zerstreut behaart. Zweige durch bleibende Blattstielbasen knotig, darin auch die behaarten, kaum millimetergroßen Winterknospen geborgen. ▪ Laubblätter wechselständig, kahl oder zerstreut behaart, 10–15 mm lang gestielt; Spreite 3-teilig; Blättchen kurz gestielt bis sitzend, verkehrt-eiförmig bis länglich-elliptisch, 15–20 mm lang, bis 8 mm breit, beidseitig stumpfgrün; Nebenblätter fehlend. Unterer Blattstielteil scheidenartig erweitert. ▪ Blüten zu 1–3 an gestauchten Kurztrieben, die den vorjährigen Rutensprossen entspringen, Blütenstand dadurch scheinbar lang traubig. Kelch röhrig, 10 mm lang, braunrot, mehr oder weniger dicht behaart; Krone 2–2,5 cm lang, rosarot; Fahne in der Mitte meist dunkler gefärbt, am Grunde, wie alle Kronblätter, kurzzottig bewimpert. Hülse schmal linealisch, zugespitzt, dunkelbraun, 2 bis 5 cm lang, 4–6 mm hoch, seitlich stark abgeflacht, zur Reife aufspringend. Samen hellbraun bis schwarz, 3 mm lang, glänzend. ▪ Blütezeit: April bis Juni; Fruchtreife: August/September.

Blühende Zweige des Roten Ginsters

S Auf Felshängen und in Felsheiden, im Halbtrockenrasen, im Flaum-Eichen-Gebüsch und in Kiefernwäldern; wärmeliebende Pflanze, die vor allem auf karbonathaltigem Gestein, Kalk und Dolomit vorkommt.

V Endemisch in den Süd- und Ostalpen von Österreich und Italien sowie in Nordjugoslawien und Albanien; bis in Höhen von 1500 m aufsteigend.

G Die Gattung *Chamaecytisus* ist mit 35 Arten in Europa und im Mittelmeergebiet verbreitet. In Mitteleuropa sind 3 Arten heimisch. Sie haben kleeartige Blätter, ansehnliche, zu Köpfchen oder Trauben angeordnete Blüten und eine sich zur Reife öffnende Hülse. Die Gattung *Chamaecytisus* wird oft mit der Gattung *Cytisus* vereinigt. Bei beiden Gattungen tragen die Samen einen deutlichen Samenwulst.

Der Rote Ginster ist seit etwa 1790 in Mitteleuropa in Kultur. Er gedeiht problemlos und wird auch kaum von Schädlingen befallen. Dank seiner unterirdischen Sprosse, denen im Frühjahr neue oberirdische Rutensprossen entspringen, vermag er sich allmählich zu größeren Beständen auszudehnen.
Das Areal des Roten Ginsters ist auf einen kleinen Teil Europas beschränkt. Man bezeichnet Pflanzenarten, deren Verbreitungsgebiet sich auf einen kleinen Raum beschränkt, als endemisch.
Die Hülsen öffnen sich plötzlich, wobei die beiden Fruchtblatthälften sich schraubig einrollen und die Samen fortschleudern. Wie kommt diese Torsion der Fruchtblätter, die wir ja bei so vielen Hülsenfrüchtlern beobachten können, zustande? Die Fruchtwand einer Hülse ist aus faserartigen Elementen aufgebaut, die normalerweise in 2 Schichten, einer dickeren Innen- und einer schwächeren Außenschicht angeordnet sind. Die Streichrichtung beider Faserschichten ist aber nicht gleich, sondern um 90° gegeneinander versetzt.
Beim Austrocknen der reifen Frucht, das vorwiegend in Längsrichtung der Fasern voranschreitet, treten Spannungen auf. Die dicke Innenschicht übt dabei einen größeren Zug aus als die äußere Schicht, so daß es schließlich zu einem Aufreißen der Hülse und zu einer gegenläufigen Torsion beider Hälften kommt. Bei manchen Hülsenfrüchtlern werden die Samen mit so großer Wucht weggeschleudert, daß sie meterweit von der Mutterpflanze entfernt zu Boden fallen.
In Botanischen Gärten wird ein durch Pfropfung hervorgegangener Bastard zwischen dem Goldregen und dem Roten Ginster gehalten. Anders als bei echten Bastarden wahren bei einem Pfropfbastard die

Blütenstände des Kopf-Zwergginsters

Zellen des jeweiligen Partners ihre Erbanlagen. Die Blüten dieser *Laburnocytisus* genannten Pflanze sind hellpurpurn gefärbt und stehen damit farblich zwischen Goldregen und Rotem Ginster.
In Mitteleuropa heimisch ist der Kopf-Zwergginster, *Chamaecytisus supinus* (L.) Link. Es ist ein 20–50 cm hoher, stark zottig behaarter Strauch mit gelben, 2 cm großen Blüten, die meist kopfig am Ende junger Triebe stehen. Auch die Hülsen sind zottig behaart. Die Blütezeit fällt in die Monate April/Mai und Juli/August. Verbreitet ist der Kopf-Zwergginster in Mittel-, Süd-, Südost- und Osteuropa sowie in Kleinasien. In Deutschland beschränkt sich das Vorkommen auf das Alpenvorland, den Bayerischen Wald und den Fränkischen Jura, um im Donaugebiet bei Regensburg die Westgrenze zu erreichen.
Der Gattungsname *Chamaecytisus* enthält das griechische »chamai« = niedrig und das lat. *Cytisus* = Geißklee.

Gemeiner Blasenstrauch

Colutea arborescens L.

K Aufrechter, sommergrüner, 2–6 m hoher, reichverzweigter Strauch mit glatter bis flach längsfurchiger, graubrauner Rinde. Junge Triebe gerieft, hellbraun, anliegend behaart, durch degenerierendes Mark hohl. ■ Blätter wechselständig, unpaarig gefiedert, 7–10 cm lang, kurz gestielt. Fiederchen in 4–6 Paaren, verkehrt eiförmig, 1,5–3 cm lang, 8–15 mm breit; Spreite oberseits grün, zerstreut anliegend behaart, unterseits blaugrün, anliegend behaart; Nebenblätter schmal 3-eckig, bald eintrocknend. ■ Blüten an den Langtrieben in blattachselständigen, 3- bis 8-blütigen, langgestielten Trauben. Blüten 2-seitig-symmetrisch; Kelch breit glockig, 2-lippig; Krone 15–20 mm lang, gelb; 10 Staubblätter, 9 davon zu einer oben offenen Röhre verwachsen, das 10. Staubblatt diese Öffnung bedeckend. Fruchtblatt gestielt; Frucht durch Drehung des Fruchtstieles verkehrt stehend; Hülse 6–7 cm lang und 2–3 cm dick, Fruchtwand pergamentartig durchscheinend; Samen zahlreich, nierenförmig, 4 mm lang, schwarzbraun. ■ Blütezeit: Mai bis August; Fruchtreife: Juli bis Oktober.

Zweig mit langgestielten Blütentrauben

S An sonnigen Waldrändern, in Hecken, lichten Eichenwäldern oder sommerwarmen, lichten Eichengebüschen; in Südosteuropa auch in Kiefernwäldern; in den Südalpen bis 1600 m hoch ansteigend; auf sommerwarmen und sommertrockenen, vielfach kalkhaltigen, mild humosen, flachgründigen Löß- und Lehmböden.

V In Südeuropa von Spanien bis Griechenland; über Südosteuropa bis zur Ukraine; in Kleinasien und Transkaukasien; Nordafrika (Marokko und Algerien). In Mitteleuropa nur im oberen Rheintal, im Kaiserstuhlgebiet und im Elsaß. Vielerorts aber eingebürgert oder verwildert.

G Die Gattung *Colutea* umfaßt 26 Arten. Ihr Areal erstreckt sich von Südeuropa bis nach Mittelasien und dem nördlichen Afrika. Es handelt sich um unbewehrte, sommergrüne Sträucher mit unpaarig gefiederten Blättern und ansehnlichen Blüten. Die Früchte sind meist blasig aufgetrieben. In Europa sind 3 Arten beheimatet, nur 1 Art davon in Mitteleuropa.

Der Blasenstrauch ist im südöstlichen Europa weit verbreitet. Er gehört zu den Charakterpflanzen des Hopfenbuchen - Orient-Hainbuchen-Mischwaldes, wo er mit Burgen-Ahorn, Mehlbeere, Zürgelbaum, Johannisbrotbaum und Manna-Esche vergesellschaftet wächst. Desgleichen ist er häufig Bestandteil des Steppenwaldes mit Flaum-Eiche, Zerr-Eiche, Kornelkirsche und Wolligem Schneeball. Sein weitstreichendes Wurzelwerk versorgt ihn auch während der sommerlichen Trockenzeit ausreichend mit Wasser. In Deutschland ist er sehr selten natürlich verbreitet und in der Roten Liste als »potentiell gefährdet« aufgeführt. Seit Mitte des 16. Jahrhunderts wird er wegen seiner organgegelben, ansehnlichen Blüten und silbrigen Blasenfrüchte als Ziergehölz kultiviert.

Der Bestäubungsvorgang des Blasenstrauches erfolgt nach dem Prinzip des Bürstentyps: Der Griffel ist oberseits mit Bürstenhaaren besetzt, die den Pollen vor dem Öffnen der Blüten aufnehmen. Landet nun ein Insekt auf den Flügeln, das sind die äußeren seitlichen Blütenblätter der Blüte, wird ein Druck auf das Schiffchen, das sind die beiden inneren Blütenblätter, die Staubblätter und das Fruchtblatt bergen, ausgeübt und der Pollen portionsweise auf die Schiffchenspitze gefegt und vom Insekt aufgenommen. Nach dem Blütenbesuch schnellen die Blütenteile wieder in ihre Ausgangslage zurück. Der Vorgang kann sich mehrere Male wiederholen.

Die Hülsen bleiben lange Zeit über die Fruchtreife hinaus am Strauch. Sie öffnen sich nur im Spitzenbereich mit einem etwa 1 cm langen Spalt. Die 25–40 Samen fallen jedoch nicht aus, vielmehr lösen sich die Früchte durch den Wind vom Strauch und werden auch durch den Wind am Erdboden verweht und verbreiten auf diese Weise die Samen. Fruchtbildung kann nur erfolgen, wenn die geeigneten Bestäuber vorhanden sind. Der Bestäubungsmechanismus kann nämlich nur durch große Bienen oder Hummeln ausgelöst werden. In Mitteleuropa ist die blauviolette Holzbiene *(Xylocopa)* der wichtigste Blütenbesucher. Honigbienen gelangen an den reichlich abgeschiedenen Nektar nur, indem sie seitlich »einbrechen«, führen aber dadurch keine Bestäubung aus.

Hülsen mit pergamentartigen Wänden

Der Blasenstrauch ist giftig. Blätter und besonders die Samen enthalten ein Gift, über dessen Zusammensetzung bisher noch nichts bekannt ist. Es handelt sich hier nicht um das hochgiftige Cytisin, das für die Giftigkeit des Goldregens (s. S. 181) verantwortlich ist.

Mit »koulutea« bezeichnete Theophrast einen hülsentragenden Strauch. Vielleicht leitet sich der Name von »koilos« = hohl ab, wegen der stark aufgetriebenen Blasenfrüchte. Bisweilen wird der Strauch auch Blasenschote genannt.

Strauch-Kronwicke

Coronilla emerus L.

K Sommergrüner, reich verzweigter, straff aufrechter, 0,5–2 m hoher Strauch. Junge Triebe hin und her gebogen, gerieft, an den Knoten verdickt, schwach anliegend behaart aber bald verkahlend. Rinde später netzig aufreißend, braun und grau gemustert. Winterknospen 2 mm lang, behaart, zum Teil von den dachig zusammenneigenden Nebenblättern und vom basalen Blattstielteil, der erhalten bleibt, geschützt. Endknospe meist fehlend. ▪ Laubblätter wechselständig, unpaarig gefiedert, 4–6 cm lang; Blattstiel bis 10 mm lang. Fiederchen 7–9,

Zweig mit reifen Früchten

verkehrt-eiförmig bis herzförmig, 10–15 mm lang, bis 7 mm breit, schwach anliegend behaart; Nebenblätter 1 mm groß. ▪ Blüten in 3- bis 5-zähligen, blattachselständigen Dolden an jungen und alten Trieben. Blütenstand 2–3 cm, Einzelblüte 2–3 mm lang gestielt. Kelch glockig, schwach 2-lippig, 5–6 mm lang; Blumenkrone 18–20 mm lang, alle Blütenblätter lang genagelt (!); 9 Staubblätter zu einer oben offenen Röhre verwachsen, das 10. Staubblatt auf dieser Öffnung ruhend. Hülsen hängend, 5–10 cm lang und 2 mm breit, braun; Oberfläche netzartig erhaben; 6- bis 10-samig; Samen 3 mm groß, dunkelbraun bis schwarz. ▪ Blütezeit: März bis Mai; Fruchtreife: September.

S Auf sommerwarmen und -trockenen, kalkreichen Felshängen, in lichten Eichen- und Kiefern-Mischwäldern; auf humosen, flach- bis mittelgründigen, steinigen, meist basenreichen und häufig auch kalkhaltigen Lehm- und Lößböden. Lichtbedürftiges Gehölz.

V Südeuropa; von Ostspanien, Südfrankreich, Italien, Balkan-Halbinsel bis Westasien; Nordafrika. In Mitteleuropa nur im südlichen Oberrheingebiet, am Kaiserstuhl, südlich der Donau und am Bodensee; am nördlichen Alpenrand bei Füssen, Garmisch-Partenkirchen, Mittenwald und Ettal vorkommend; in den Gebirgen bis ca. 1350 m hoch ansteigend.

G Die Gattung *Coronilla* umfaßt 20 Arten, deren Areal von Europa bis zum Mittelmeergebiet reicht. Es sind 1-jährige Pflanzen, Stauden und Holzgewächse mit unpaarig gefiederten Blättern und ansehnlichen Blüten mit lang genagelten Kronblättern; die Früchte sind als Gliederhülsen ausgebildet. In Europa sind 13 Arten heimisch, 5 davon auch in Mitteleuropa, bis auf die Strauch-Kronwicke jedoch nur krautige Vertreter.

In Mitteleuropa ist die Strauch-Kronwicke sehr selten und in der Roten Liste als »potentiell gefährdet« eingestuft. In den Südalpen ist sie, z. B. im Wallis, Tessin und Graubünden, auch auf kalkarmen Mineralböden anzutreffen. In Südosteuropa ist die Strauch-Kronwicke ein wichtiger Bestandteil der Flieder-Orient-Hainbuchen-Gebüsche und wächst in Gesellschaft von Perückenstrauch, Manna-Esche, Flaum-Eiche und Kornelkirsche.

Die Blüten werden von Insekten, vor allem Hautflüglern wie Bienen und Hummeln bestäubt. Der Bestäubungsvorgang erfolgt nach dem sog. Nudelpumpenmechanismus. Das Schiffchen ist nadelartig spitz ausgezogen und bis auf eine kleine Öffnung an der Spitze geschlossen. Die Staubblätter lagern den klebrigen (!) Pollen am Ende des »Schnabels« ab. Landet ein Insekt auf den Flügeln, wird durch deren Gewicht über einen Hebelmechanismus das Schiffchen nach unten gedrückt und der Pollen durch die Öffnung des Schiffchens als bandartige Masse nach außen gedrückt. Die am Ende, d.h. unterhalb der Staubbeutel verdickten Staubfäden wirken dabei als Pumpenkolben, indem sie den Pollen vor sich herschieben. Nach dem Blütenbesuch hebt sich das Schiffchen wieder in seine Ausgangslage, der Pumpenkolben fährt zurück. Der Bestäubungsvorgang, bei dem der Pollen auf die Bauchseite des Insektes gelangt, kann sich mehrere Male wiederholen. Einen ähnlichen Pumpenmechanismus haben zahlreiche heimische krautige Schmetterlingsblütler.

Den Blütenbesuchern wird, anders als bei den Ginster-Arten, Nektar angeboten, an den jedoch nur langrüsselige Insekten gelangen können, da er am Grunde und im Inneren der Staubblattröhre gesammelt wird.

Die reifen Früchte der Kronwicken öffnen sich bei der Reife nicht, sondern zerfallen in einsamige Glieder. Zwischen den Samen ist ein Trennungsgewebe, das bei Eintrocknung der Frucht das Auseinanderfallen der Frucht bewirkt. Man spricht von sog. Gliederhülsen. Dieser Fruchttyp begegnet uns auch noch bei anderen Gattungen der Schmetterlingsblütler.

Betrachten wir die Hülsen der Schmetterlingsblütler einmal vergleichend, so tritt uns eine erstaunliche Mannigfaltigkeit entgegen. Längst

Zweig mit langgestielten Blütendolden

nicht alle Hülsen-Formen öffnen sich zur Reife. Nur bei einem Teil der sich öffnenden Hülsen geschieht dies explosionsartig unter Einrollen der Fruchtblatthälften und den Herausschleudern der Samen.

Der Gattungsname *Coronilla* entstammt dem Spanischen und heißt übersetzt kleine Krone. Das Wort geht auf das lat. »corona« = Kranz, Krone zurück. Das Epitheton *emerus* fußt auf dem griechischen »hemeros« = gezähmt, veredelt, wohl wegen der wohlriechenden Blüten.

Englischer Ginster

Genista anglica L.

K Reich verzweigter, sparriger, stark bewehrter, 10–50 cm hoher, sommergrüner Strauch. Junge Triebe kahl oder angedrückt behaart, grün, später graubraun. Hauptsprosse unbewehrt; Seitentriebe meist in 1–2 cm langen Dornen endend. ▪ Laubblätter wechselständig; Spreite ungeteilt, an den Langtrieben 7 bis 9 mm lang, 2–3 mm breit, lanzettlich; an den Dornentrieben meist kleiner, kahl. Blattstiel erhalten bleibend. ▪ Blüten in endständigen, 1–3 cm langen, dichten, 5- bis 10-blütigen Trauben, gold- bis zitronengelb, in allen Teilen kahl. Kelch gelippt, von der 8–9 mm langen Krone weit überragt. Hülse kahl, 15–20 mm lang, 5–6 mm breit, blasig verdickt, mit 4–10 schwarzen glänzenden Samen. ▪ Blütezeit: April/Mai; Fruchtreife: Juli bis September.

S Eine Charakterpflanze der Ginster-Heidekraut-Gesellschaften der Zwergstrauch-Heiden und Borstgrasrasen im wintermilden, atlantischen Europa, aber auch in lichten Kiefern-, Birken- und Eichenwäldern. Auf kalkfreien, mäßig basenreichen, sauren, humosen, nährstoffarmen Sand- und Torfböden. Größere Reinbestände bildend oder vergesellschaftet mit Glocken-Heide, Grauer Heide und Behaartem Ginster.

V Atlantisches Europa von Portugal, Nordspanien, Frankreich, England, Dänemark und Südschweden; fehlt in Irland. In Mitteleuropa vor allem in Nordwestdeutschland und auf den Nordseeinseln. Nach Süden bis zum Hohen Venn und Harz.

Der Englische Ginster ist eine der atlantischsten deutschen Gehölzarten, vergleichbar mit dem Stechginster. Die Symbiose mit Knöllchenbakterien und wohl auch Mykorrhiza-Pilzen ermöglichen es der Pflanze selbst auf nährstoffarmen Sand- und Torfböden zu gedeihen. Die Blüten werden von Honigbienen, Hummeln und anderen Hautflüglern bestäubt, die bei ihrem Blütenbesuch einen schwachen Explosionsmechanismus auslösen. Als Ziergehölz ist der Englische Ginster wegen seiner Bodenansprüche und Frostempfindlichkeit ohne Bedeutung. Linné belegte unsere Ginster-Art mit dem Epitheton *anglica,* weil sie auf den Britischen Inseln häufig anzutreffen ist. Weitere deutsche Namen sind Stechkraut und Heiddorn.

Blütenzweige des Englischen Ginsters

Deutscher Ginster

Genista germanica L.

K Sommergrüner, niederliegend-aufsteigender, bis 60 cm hoher, bewehrter Strauch. Langtriebe unbewehrt, gefurcht, abstehend behaart. Seitentriebe im nichtblühenden Bereich als 10–15 cm lange Dorntriebe, die ihrerseits wieder Dornen tragen, ausgebildet. ▪ Laubblätter beidseitig locker behaart und lang bewimpert, lanzettlich, 8–15 mm lang und 4–6 mm breit. Einige Blätter im Spitzenbereich überwintern. ▪ Blütentrauben endständig an Seitensprossen, bis 5 cm lang, goldgelb. Kelch gelippt, behaart, halb so lang wie die 10 mm großen Blütenblätter. Hülse schwarzbraun, 10 mm lang, mit 2–5 glänzend-braunen Samen. ▪ Blütezeit: Mai/Juni; Fruchtreife: August/September.

S An Wald- und Wegrändern, Heiden, in lichten Eichen- und Kiefernwäldern; auf mäßig trockenen, nährstoff- und kalkarmen bis schwach sauren Lehm-, Sand- und Steinböden.

V Europa. Von Ost- und Mittelfrankreich, Nord- und Mittelitalien bis zur nördlichen Balkan-Halbinsel; nördlich in Deutschland, Dänemark, Polen bis zum westlichen Rußland. Fehlt auf den Britischen Inseln und in den Alpen. In Mitteleuropa vor allem im mittleren und südlichen Deutschland, in den Gebirgen bis zu einer Höhe von 750 m.

G Die Gattung *Genista* umfaßt 75 Arten. Hauptverbreitungsgebiet ist Europa mit 55 Arten, 5 von ihnen sind in Mitteleuropa heimisch. Es sind kleine, bewehrte oder unbewehrte Sträucher mit meist einfachen Blättern. Die Blüten sind nach dem Schmetterlingstyp gebaut, d.h. 2-seitig symmetrisch. Die Hülsen springen auf und schleudern die Samen aus.

Der Deutsche Ginster ist eine Charakterpflanze der Ginster-Heidekraut-Gesellschaften. Die Blüten werden von Bienen bestäubt, die einen Explosionsmechanismus auslösen (s. S. 179).

Der Name *Genista* taucht bei Vergil und Plinius auf und bezeichnet eine nicht näher bestimmte Ginsterart. Unser Wort Ginster leitet sich aus dem althochdeutschen »geneste« ab und wurde, als Lehnwort aus dem Lateinischen, wohl vor allem für den Besenginster gebraucht.

Nur die Blütensprosse sind unbewehrt

Behaarter Ginster

Genista pilosa L.

K Reichverzweigter, unbewehrter, niederliegend-aufsteigender, 10 bis 30 cm hoher, sommergrüner Zwergstrauch. Junge Zweige gerieft, knotig verdickt, anliegend weiß behaart. ■ Laubblätter an den Langtrieben wechselständig, an den Kurztrieben rosettig stehend. Nebenblätter klein,

Behaarter Ginster im Trockenrasen

zusammenneigend und die kleinen Seitenknospen bergend. Blattspreite 3–12 mm lang, 1,5–3 mm breit, oberseits verkahlend, unterseits dicht anliegend behaart. ■ Blüten goldgelb, zu 1–3 achselständig an vorjährigen Langtrieben, kurz gestielt, 8–10 mm lang. Kelch 2-lippig; Kronblätter genagelt, d.h. am Grund stielartig verschmälert. Hülse 1–3 cm lang und 2–4 mm hoch, seitlich stark abgeflacht, silbrig behaart; mit 3–8 dunkelbraunen, glänzenden Samen. ■ Blütezeit: April bis Juni; Fruchtreife: Juli/August.

S An Wald- und Wegrändern, auf Felshängen und exponierten, sonnigen, sommerwarmen und -trockenen Lagen, in Trockenrasen und lichten Eichen- und Kiefernwäldern; auf nährstoff- und basenarmen, meist sauren Stein-, Torf- und Sandböden.

V Europa; von Nordostspanien über Frankreich, England, Dänemark, Südwestschweden bis Südwestpolen; im Süden von Italien bis Südosteuropa. In Mitteleuropa im Rheingebiet, den Mittelgebirgen und in Südwestdeutschland; nach Norden an Häufigkeit abnehmend; fehlt südlich der Donau. Im Schwarzwald bis 1200 m Höhe ansteigend.

Der Behaarte Ginster ist eine sehr licht- und wärmebedürftige Pflanze. Im blütenlosen Zustand tritt sie kaum in Erscheinung, bildet aber zur Blütezeit auffallende und leuchtende Farbteppiche. Verbreitungsschwerpunkte in Mitteleuropa sind einerseits die atlantisch beeinflußten Gebiete des Nordwestens, zum anderen die wintermilden Bereiche im Südwesten. An den Felsen können die Wurzeln tief in die Gesteinsspalten eindringen. Die Blüten werden von Insekten bestäubt, die einen schwachen Explosionsmechanismus der Blüten auslösen. Gleich den anderen Ginsterarten ist der Behaarte Ginster in allen Teilen giftig.
Das lat. Epitheton *pilosus* heißt behaart.

Blüten stehen an kurzen Seitensprossen

Färber-Ginster

Genista tinctoria L.

K Niederliegend-aufsteigender, unbewehrter, nur in den unteren Teilen verholzender, 30–75 cm hoher Halbstrauch. Junge Triebe tief gefurcht, grün, kahl oder locker behaart. ▪ Laubblätter wechselständig, lanzettlich, sehr kurz gestielt, 1–3 cm lang, 3–6 mm breit, beidseitig behaart. ▪ Blüten an jungen Trieben in endständigen, bis 6 cm langen, vielblütigen Trauben, goldgelb, in der Achsel laubiger Tragblätter stehend. Kelch tief eingeschnitten, weit von den 1–2 cm langen Blütenblättern überragt. Hülse 1,5–3 cm lang, 2–3 mm hoch, seitlich stark abgeflacht, kahl; mit 6–10 rundlichen, rotbraunen, glänzenden Samen. ▪ Blütezeit: Juni/Juli; Fruchtreife: September.

S An Wald- und Gebüschsäumen, in lichten Eichen- und Kiefern-Mischwäldern, in Halbtrockenrasen und Magerweiden; auf wechseltrockenen bis feuchten, humosen, basenreichen und kalkhaltigen bis mäßig sauren, mittel- bis tiefgründigen Lehm- und Tonböden.

V In Europa mit Ausnahme Irlands und Skandinaviens von Nordspanien bis zum Ural; Westasien. In Mitteleuropa allgemein verbreitet von der Küste bis zu den Alpen; in den Mittelgebirgen bis 1250 m, in den Alpen bis 1600 m hoch ansteigend.

Die Blüten werden durch Insekten bestäubt, die einen Explosionsmechanismus auslösen. Der Pollen wird von der Blütenentfaltung in das Schiffchen entleert. Landet ein Insekt auf den Flügeln, wirkt ein Hebelmechanismus auf das Schiffchen, welches niedergedrückt wird. Durch eine im Inneren des Schiffchens vom Griffel und den Staubblättern verursachte Spannung wird das Schiffchen bei Druck oben aufgeschlitzt, der Griffel schnellt hoch, berührt das Insekt und belädt sich mit Fremdpollen. Fast gleichzeitig wird der Pollen aus dem Schiffchen nach oben geschleudert und pudert das Insekt ein. Das Schiffchen kehrt nicht wieder in seine Ausgangslage zurück, der Bestäubungsvorgang ist einmalig.

Seit altersher wurde der Färber-Ginster zum Gelbfärben von Leinen und Wolle verwandt. Der Farbstoff ist dauerhaft.

Endständige Blütentrauben

Gemeiner Goldregen

Laburnum anagyroides Med.

K Straff aufrechter, wenigstämmiger, bis 7 m hoher Strauch oder kleiner Baum mit glatter, grünlicher bis grünlichbrauner, längsgestreifter Rinde. Sproßsystem deutlich in Lang- und Kurztriebe gegliedert. Junge Triebe anfangs dicht anliegend-behaart, bald verkahlend. Winterknospen oval bis 3-eckig, 3–4 mm lang, dicht silbrig-weiß behaart, von 4 dichtschließenden Schuppen und teilweise von den Basen der abgefallenen Blattstiele umhüllt. ▪ Laubblätter an den Langtrieben wechselständig, an den seitlichen Kurztrieben rosettig angeordnet, 3–5 cm lang gestielt; Spreite 3-geteilt; Blättchen 4–5 cm lang, 1,5–2 cm breit, elliptisch bis eiförmig, oberseits frischgrün und kahl, unterseits heller, dicht und fein anliegend behaart. ▪ Blüten 2 cm groß, ansehnlich, zu 10–30 in langen, bogig überhängenden, 10–20 cm langen Trauben; etwa 10 mm lang gestielt, Blütenstiele gedreht, so daß bei den hängenden Blüten die Fahne nach oben weist. Kelch glockig mit vergrößerter Unterlippe, anliegend behaart; Fahne rundlich, am Grund mit brauner Zeichnung; Staubblätter 10, zu einer Röhre verwachsen; Hülsenfrucht 3–8 cm lang, 6–8 mm hoch, seitlich stark abgeflacht, zwischen den Samen eingeschnürt, seidig behaart. Samen 6–10, rundlich bis bohnenförmig, 4,5 mm lang, schokoladenbraun, mattglänzend. ▪ Blütezeit: Mai/Juni; Fruchtreife: August/September.

S Lichte Buschwälder, Eichen- und Kiefernwälder; auf meist kalkhaltigen, nährstoffreichen, mäßig trockenen, mildhumosen Lehmböden. Vergesellschaftet mit Flaum-Eiche, Hop-

Zweig mit dreizähligen Blättern; geöffnete Früchte mit noch anhaftenden Samen

fenbuche, Manna-Esche, Perückenstrauch, Blasenstrauch, Weichsel-Kirsche und Burgen-Ahorn.

V Vom östlichen Frankreich über den Französischen Jura, die Südalpen bis nach Südosteuropa, Südungarn, Bulgarien, Rumänien; in den Gebirgen bis zu 2000 m hoch.

G Die Gattung *Laburnum* umfaßt 3 Arten, ihr Areal erstreckt sich von Südeuropa bis nach Westasien. Alle Arten sind unbewehrte, sommergrüne Gehölze mit 3-teiligen Blättern und gelben Blüten.

Blütentrauben entspringen Seitenknospen

Die Blüten des Goldregens sind nektarlos. Pollensammelnde Blütenbesucher sind vorwiegend Hautflügler, meist Bienen und Hummeln. Blütenbiologisch betrachtet sind die Blüten dem Klappmechanismus-Typ zuzurechnen. Das auf den Flügeln gelandete Insekt löst durch sein Gewicht einen Hebelmechanismus aus, der das Schiffchen nach unten drückt, so daß die Staubblätter herausgedrückt werden und die Pollensäcke sich in das Bauchhaarkleid des Blütenbesuchers entleeren. Nach Beendigung des Blütenbesuches klappt das Schiffchen nach oben in die Ausgangslage zurück. Der Vorgang kann sich mehrfach wiederholen. Die verschmälerten basalen Blatteile, die sog. genagelten Kronblätter bewirken das Zurückfedern. Das gleiche Prinzip ist bei Geißklee und manchen Ginsterarten verwirklicht.

Die reifen Hülsen öffnen sich bereits im September, doch vollzieht sich dieser Vorgang langsam. Die Samen lösen sich nicht ab, sondern können noch monatelang an den Fruchthälften verbleiben. Oft fallen sie auch zusammen mit den Fruchtblatthälften herunter. Die Keimung erfolgt erst nach Frosteinwirkung.

Der Goldregen ist sehr giftig. Fast alle Pflanzenteile enthalten das Alkaloid Cytisin, besonders konzentriert ist es in den Samen. 2 Samen können bei Kindern schon starke Vergiftungserscheinungen hervorrufen. Durch seine Wirkung auf das Zentralnervensystem führt das Gift zu einer Lähmung des motorischen Zentrums. Symptome einer Vergiftung sind Erbrechen, Durchfall und Krämpfe. Stärkere Dosen wirken tödlich, der Tod tritt durch Atemlähmung ein. Vergleichsweise wenig Gift ist in den Blättern enthalten.

Das Holz des Goldregens hat einen sehr schmalen Splint- und einen größeren Kernanteil. Seine Farbe variiert von gelb bis schokoladenbraun; häufig dunkel geadert. Es ist schwer, hart, sehr gut polierfähig und wird für feine Drechslerarbeiten verwendet sowie zu Maßstäben und Musikinstrumenten verarbeitet; früher wurden Armbrustbogen daraus gefertigt. Den Bast der Rinde nahm man zum Anbinden der Reben.

Laburnum nannte Plinius einen »breitblättrigen Bohnenbaum«. Das Epitheton *anagyroides* weist auf die Ähnlichkeit der Blätter mit dem im gesamten Mittelmeergebiet verbreiteten Stinkstrauch *(Anagyris)* hin.

Robinie

Robinia pseudacacia L.

K Sommergrüner, 20–25 m hoher Baum mit rundlicher oder lockerer, schirmartiger Krone, meist mit abgestorbenen Ästen. Borke tief gefurcht, netzig-längsrissig, graubraun bis dunkelbraun. Junge Zweige schwach hin und her gebogen, gerieft, kahl, olivgrün bis rotbraun. Zweige spröde und brüchig. Endknospe fehlend; Seitenknospen ganz in den Blattnarben verborgen, erst im Frühjahr hervorbrechend. ▪ Laubblätter sich sehr spät entfaltend, wechselständig, unpaarig gefiedert, 20–30 cm lang. Blattstiel 3–4 cm lang, am Grund knotig verdickt. Spreite mit 4–11 Paar Fiederchen; diese sehr kurz gestielt, länglich-elliptisch, 3–6 cm lang und halb so breit, beidseitig fein behaart, oberseits verkahlend. Nebenblätter, vor allem an Schößlingen, zu bis 3 cm langen, geraden, rotbraunen, festen Dornen umgebildet; im Blütenstandsbereich und in der Krone meist unverdornt und hinfällig. ▪ Blüten zu 10–25 in 10–25 cm langen, hängenden Trauben an jungen Trieben; stark duftend, bis 3 cm lang gestielt. Kelch glockig; Kronblätter weiß, 1–2,5 cm lang; die 10 Staubblätter zu einer Röhre verwachsen. Fruchtblatt zu einer 5–10 cm langen und 10–15 mm hohen, seitlich stark abgeflachten, pergamenten-lederigen, 4- bis 10-samigen, braunen Hülse auswachsend. Frucht zwischen den Samen eingeschnürt; Samen 6–7 mm lang, braun, glatt, sehr hart. ▪ Blütezeit: Mai/Juni; Fruchtreife: September.

Blatt mit Nebenblattdornen; Fruchtstand

S In der Heimat in Laubmischwäldern auf mäßig nährstoffreichen, mittel- bis tiefgründigen, lockeren Sand- und Lehmböden.

V Atlantisches Nordamerika; Appalachen, Pennsylvanien, Virginia, Nord- und Südkarolina bis nach Georgia, Indiana und Oklahoma; inzwischen in weiten Teilen Nordamerikas eingebürgert. Von Jean Robin (1550–1629), dem Hofgärtner von Heinrich IV. und Ludwig XIII. um 1600 aus Virginia nach Paris gebracht.

G Die Gattung *Robinia* umfaßt 20 Arten in Nordamerika, südlich bis Mexico. Es handelt sich ausnahmslos um laubwerfende Gehölze mit ansehnlichen Blüten.

Die Robinie ist das Fremdgehölz mit der größten Ausbreitung in Europa, Nordafrika, West- und Ostasien. Nach ihrer Einführung zunächst meist in Botanischen Gärten gehalten, ist sie dank ihrer geringen Bodenansprüche, ihrer Robustheit und ihrer Fähigkeit zur Wurzelsproßbildung in steter Ausweitung begriffen und verdrängt die natürliche Vegetation.

Die Bestäubung erfolgt durch Insekten. Es wird reichlich Nektar geboten, der am Blütengrund zwischen der Staubblattröhre und dem Fruchtblatt gebildet wird. Sein Zuckergehalt beträgt 34–59%. Die Robinie gehört zu den nektar- und zuckerreichsten Bienentrachtpflanzen. Der Zucker besteht aus etwa 60% Rohrzucker und 30% Fruchtzucker. Robinienblütenhonig ist sehr hell gefärbt. Bestäubungstechnisch sind die Blüten nach dem Bürstentyp gebaut (s. S. 173).

Die Robinie ist ein Wintersteher: Ihre Früchte bleiben bis zu einem Jahr nach der Reife am Baum, obwohl die Hülsen längst geöffnet sind. Die Öffnung erfolgt bald nach der Reife. Die beiden Fruchtblatthälften trennen sich allmählich und ohne Torsion.

Die Robinie kann ein Alter von 100–200 Jahren erreichen, wird aber meist nur 50–60 Jahre alt. Der Stammdurchmesser beträgt 50 bis 100 cm. Das Holz ist äußerst biegsam und sehr fest, kaum schwindend aber langsam trocknend und glänzt gehobelt goldgelb. Der dünne Splint ist hellgelb, der Kern gelb bis dunkelbraun, oft rötlich geflammt und dunkelt nach. Verwendet wird das Holz im Schiffsbau, als Gruben- und als Schwellenholz, wo seine Tragkraft von keinem anderen Holz übertroffen wird. Ferner wird es zu Ruderstangen, Leitersprossen, Speichen, Turngeräten und Parkett verarbeitet. Die Samen, Früchte, Blätter und Rinde sind giftig und können Koliken, Krämpfe und Kollaps auslösen.

Dicht hängende Trauben der Robinie

Von der Robinie sind zahlreiche Gartenformen bekannt. Von besonderer Bedeutung ist 'Unifoliola', bei der die Anzahl der Fiederchen oft bis auf 1 verringert ist. Sie hat sich als robuster, schnellwüchsiger und ebenmäßig wachsender Straßenbaum erwiesen. Die Form 'Umbraculifera', bei uns auch »Kugelakazie« genannt, ist schwachwüchsig und blüht nicht.

Tiefgefurchte Rippenborke

Besenginster

Sarothamnus scoparius (L.) Wimm.

K Reichverzweigter, sommergrüner, aufrechter oder bogig aufsteigender, meist 1–2 m, selten 3–9 m hoher Rutenstrauch mit kräftiger Pfahlwurzel. Junge Triebe grün, sehr biegsam, 5-kantig gerieft bis schwach geflügelt, fein behaart. Rinde später gelbbraun bis graubraun mit grünen Längsstreifen, an den Stämmen schwarzbraun. Winterknospen sehr klein, von den erhaltenbleibenden Blattbasen geborgen. ■ Laubblätter wechselständig an den Langtrieben, rosettig an den z.T. stark gestauchten Kurztrieben. Langtriebblätter mit lanzettlicher, 6–7 mm langer, ungeteilter, kurz gestielter Spreite. Blätter am Grunde von Langtrieben und von Kurztrieben kleeblattähnlich, bis 5 mm lang gestielt; Blättchen 5–20 mm lang, beidseitig behaart. ■ Blüten an gestauchten Seitentrieben, zu 1–2, etwa 10 mm lang gestielt. Kelch gelippt, 5 mm lang. Krone leuchtend gelb, bis 2,5 cm lang. Staubblätter nur am Grunde miteinander verwachsen; Fruchtknoten weißzottig behaart. Hülse seitlich stark abgeflacht, 3,5–5 cm lang, 7–9 mm hoch, an den Kanten bewimpert, schwarz. Samen zahlreich, 4 mm lang. ■ Blütezeit: Mai/Juni; Fruchtreife: August/September.

S An Böschungen, Waldsäumen, Wegrändern, in Eichen-, Buchen- und Birkenwäldern, auf Waldlichtungen und Weiden; auf mäßig nährstoff- und basenreichen, meist sauren, kalkfreien oder kalkarmen, mittel- bis tiefgründigen Lehm-, Sand-

Zur Blütezeit sind mit Ginster bestandene Hänge goldgelb gefärbt

und Steinböden. Der Besenginster ist ein lichtbedürftiges Gehölz, das auch im Sommer ausreichend Feuchtigkeit benötigt.

V West- und Mitteleuropa; Portugal, Spanien, Frankreich, Britische Inseln, Deutschland, Dänemark, Südskandinavien bis Westrußland. Südlich bis Italien, Bosnien und Ungarn. In Mitteleuropa weit verbreitet, vor allem in den atlantisch beeinflußten Teilen. Im Gebirge bis ca. 1100 m hoch ansteigend.

G Die Gattung *Sarothamnus* umfaßt 10 Arten in Europa und Nordwestafrika. Das Hauptverbreitungsgebiet liegt auf der Iberischen Halbinsel. In Mitteleuropa ist nur 1 Art heimisch.

Der Besenginster benötigt ein wintermildes und sommerwarmes Klima. In strengen Wintern frieren die Büsche meist bis zum Grund zurück und färben sich schwarz, treiben jedoch in der Regel wieder kräftig aus. In der sog. Atlantischen Heide ist der Besenginster eine der Charakterarten.

Die Blüten sind geruchlos und produzieren keinen Nektar. Bestäuber sind Hummeln und größere Bienen. Die Bestäubung erfolgt mittels eines Explosionsmechanismus (s. S. 179). Die reifen Hülsen öffnen sich ebenfalls explosionsartig, indem sie an den beiden Schmalseiten aufreißen und die Samen durch Einrollen der Fruchtblatthälften wegschleudern.

Die Samen haben am Nabel, d. h. der ehemaligen Ansatzstelle des Samenstielchens, der Samen und Plazenta miteinander verbindet, einen Wulst, der aufgrund seiner Inhaltsstoffe als Ölkörper oder Elaiosom bezeichnet wird. Ameisen werden vom Duft dieses Ölkörpers angelockt und verschleppen den Samen. Ähnliche Anhangsgebilde haben auch die Samen des Buchsbaumes (s. S. 190). Die Samen keimen nur am Licht, können aber längere Zeit im Waldboden liegen ohne ihre Keimkraft einzubüßen.

Besenginster kann auf nährstoff- und vor allem stickstoffarmen Substrat gedeihen, weil er mit Bakterien in Symbiose lebt, die Luftstickstoff zu binden vermögen. Diese Bakterien lösen an den Wurzeln die Bildung mehr oder weniger großer Knöllchen aus.

Bei bestäubten Blüten sind die Staubblätter sichtbar

Im 1. Weltkrieg wurden aus Besenginsterrinde Fasern als Juteersatz gewonnen. Die Rinde enthält 5–7% Fasern die versponnen werden können. Die gelben Blütenfarbstoffe dienten früher zum Färben von Papier und Tuch. Der Verwendung seiner Zweige zur Herstellung von Besen verdankt der Besenginster seinen deutschen Namen. Das elastische Holz wurde für Armbrustbögen verwendet.

In Norddeutschland wird der Besenginster Bram genannt. Diese Bezeichnung ist in zahlreiche Orts- und Flurnamen eingegangen. Der Name *Sarothamnus* enthält die griechischen Worte »saros« = Besen und »thamnos« = Busch, Strauch. Im Epitheton *scoparius* ist das lat. »scopae« = Besen enthalten.

Binsenginster

Spartium junceum L.

K Unbewehrter, reichverzweigter, aufrechter, im Alter breit buschiger, 2–3 m hoher, sommergrüner Strauch mit grau berindeten Stämmen. Junge Triebe fein gerieft, rundlich, sehr biegsam, kahl. Zweige später graubraun und grün längsgestreift. Winterknospen sehr klein. ■ Laubblätter ungegliedert, kurzlebig, länglich-lanzettlich, 1,5–3 cm lang, 3–5 mm breit, beidseitig grün, oberseits kahl, unterseits entlang der Mittelrippe anliegend behaart; Blätter fast sitzend; Nebenblätter fehlen. ■ Blüten ansehnlich, 2–2,5 cm groß, stark duftend, in langen Trauben am Ende junger Triebe. Blütenstiele 5 mm lang. Kelch oben aufgespalten, dadurch scheidig und 1-lippig mit 5 kleinen Zähnchen. Krone leuchtend gelb; Schiffchen und Flügel außen silbrig behaart. Die 10 Staubblätter ungleich lang miteinander verwachsen. Früchte schwarzbraun, ca. 8 cm lang und 7 mm hoch, seitlich stark abgeflacht und zwischen den 10 bis 20 Samen verengt; zunächst anliegend behaart, dann verkahlend, schwach gebogen; sich meist erst längere Zeit nach der Samenreife explosionsartig öffnend, Fruchtblatthälften dabei etwas spiralig einrollend, die Samen weit wegschleudernd. Samen glänzend rotbraun, 4 mm lang. ■ Blütezeit: April bis Juni; Fruchtreife: September.

S Der Binsenginster ist eine Charakterpflanze der Macchie und Garigue. Er ist ein lichtbedürftiger, tief wurzelnder Strauch, der auch in lichten Wäldern und Kork-Eichen-Beständen anzutreffen ist; auf steinigen, mittel- bis flachgründigen, mäßig nährstoffreichen Kalkverwitterungs- und Lehmböden aber auch in Felsspalten.

V Gesamtes Mittelmeergebiet, nur auf den Balearen fehlend; Südwestfrankreich, Südportugal; in Ostspanien weit nach Norden verbreitet.

G Die Gattung *Spartium* hat nur 1 Art.

Der Binsenginster ist den Trockenstandorten gut angepaßt. Die ohnehin kleinen Laubblätter werden bei beginnender Trockenheit abgeworfen. Die Assimilation übernehmen die grünen, häufig schwach wachsbereiften Sproßachsen. Die Verdunstung ist dadurch erheblich eingeschränkt. Der Binsenginster fehlt der Urgesteinsmacchie. Er wird dort vom Dornginster *(Calicotome),* einem stark dornig bewehrten, leuchtend gelb blühenden Gehölz ersetzt.
Wegen seiner ansehnlichen Blüten, die später als bei anderen ginsterartigen Schmetterlingsblütlern erscheinen, wird der Binsenginster häufig in mitteleuropäischen Gärten – schon seit der Mitte des 16. Jahrhunderts – angepflanzt. Im Weinbauklima ist er völlig winterhart. Aber auch in anderen Teilen Deutschlands erweist er sich für ein Mittelmeergehölz als erstaunlich hart. Angepflanzt und verwildert ist der Binsenginster auch auf den Azoren und Kanaren, ja selbst in entfernten Erdteilen. So hat er sich in Kalifornien

und Mexico, aber auch in den Anden Boliviens bis zu einer Höhe von 4000 m eingebürgert. In Südafrika, wo er ursprünglich als Ziergehölz in den Gärten angepflanzt war, wird er in der letzten Zeit zu einem die heimische Flora bedrohenden Gehölz.
Die Bestäubung des Binsenginsters erfolgt durch Großbienen, in Mitteleuropa wohl vor allem durch die Holzbiene *(Xylocopa)*. Der Explosionsmechanismus ist der gleiche wie beim Besenginster: Von den 10 Staubblättern sind 5 kürzer und 5 länger gestielt. Landet ein Insekt auf den Flügeln der Blüte, so drücken diese durch einen ausgeklügelten Hebelmechanismus auf das Schiffchen. Im Inneren des Schiffchens herrscht Spannung, da der lange Griffel und die Staubblätter gegen die Wand des Schiffchens drücken. Durch den vom Insekt aktiv ausgelösten Druck beginnt das Schiffchen sich oben zu spalten. Ist die Spaltung bis zur Mitte erfolgt, schnellen die 5 kürzeren Staubblätter nach oben und schleudern den Pollen an die Bauchseite des Insektes. Ist das Schiffchen schließlich bis zur Spitze aufgeschlitzt, schnellt der Griffel hervor und schlägt, sich einrollend, auf den Rücken des Insekts und belädt sich dort mit Fremdpollen. Unmittelbar darauf schnellen auch die 5 längeren Staubblätter nach oben, wobei das Insekt auf dem Rücken eingepudert wird; Flügel und Schiffchen klappen nach unten. Der Vorgang ist nicht wiederholbar, die Bestäubung kann also nur 1mal erfolgen.
Die Honigbiene vermag aufgrund ihres geringen Gewichtes diesen Bestäubungsmechanismus nicht auszulösen, selbst die Holzbiene benötigt dazu einige Kraft. Honigbienen sammeln jedoch den Restpollen, der sich noch im Schiffchen befindet.

Endständige, reichblütige Trauben

Reife, noch geschlossene Hülsen

Die Rutensprossen wurden früher ihrer guten Biegsamkeit wegen als Flechtmaterial, u.a. für Schuhe benutzt. Aus den Bastfasern fertigte man im Altertum Stricke und Taue.
Der Gattungsname *Spartium* leitet sich von griechisch »sparton« = Tau, Seil ab. Mit diesem Namen wurden in der Antike mehrere Rutensträucher und binsenartige Gewächse benannt. Das Epitheton *junceum* leitet sich von *Juncus* = Binse ab.

Stechginster, Gaspeldorn

Ulex europaeus L.

K Sparriger, immergrüner und dicht bewehrter Strauch. Zweige fein gerillt, abstehend behaart, dunkelgrün. Rinde später hellbraun. Seitenknospen der Haupt- und Nebensprosse bereits im 1. Jahr austreibend. Alle Verzweigungen in kräftigen, spitzen Dornen endend und empfindlich stechend. ▪ Laubblätter wechselständig, nur bei Keimpflanzen ausgebildet, mit 3-zähliger, kleeblattartiger Spreite und dornigen Nebenblättern. Alle späteren Laubblätter zu stechenden, grünen, pfriemlichen, 4–8 mm langen, kurz behaarten und gekielten, nebenblattlosen Dornblättern umgebildet, nicht abfallend. ▪ Blüten zu 1–3 an seitenständigen, gestauchten und mit bald absterbenden, schuppenförmigen Blättchen besetzten Kurztrieben stehend; mitunter auch in Trauben oder Doldentrauben. Blütenstiele 5–10 mm lang, dicht behaart, Kelch gelblich, stark behaart, 10–12 mm lang, in 2 fast bis zum Grund gespaltene Lippen gegliedert; stark behaart, später auch die Frucht teilweise umschließend. Kronblätter gelb, bis 2 cm lang; die 10 Staubblätter miteinander verwachsen. Hülse 1–2 cm lang, dicht filzig behaart, 2- bis 4-samig. Samen 3 mm lang, hellbraun, glänzend. ▪ Blütezeit: April bis Juli; Fruchtreife: Juli bis September.

Dornensproß und Frucht

S Der Stechginster ist eine der Charakterpflanzen der Atlantischen Heide, wo er mit verschiedenen Heidearten, insbesondere der Grauen Heide, Ginsterarten und Adlerfarn üppige und undurchdringliche Dikkichte bildet. Er gedeiht auf humosen Sandböden, mageren Heide- und gut durchlässigen Lehmböden, vor allem auf saurem Gestein. Der Stechginster benötigt als lichtbedürftige Pflanze einen freien Stand.

V Atlantisches Westeuropa; Portugal, Nordspanien, West- und Nordfrankreich, Belgien, Britische Inseln mit Ausnahme des nördlichen Schottland. In Mitteleuropa nur eingebürgert, in Deutschland vor allem im Küstengebiet. Eingebürgert auch in Südskandinavien, Ostpreußen, Italien, Dalmatien und auf Korsika.

G Die Gattung *Ulex* hat 20 Arten in Westeuropa und Nordafrika. Der Verbreitungsschwerpunkt liegt auf der Iberischen Halbinsel. Es sind ausnahmslos reichverzweigte und dornig bewehrte, immergrüne Sträucher mit ansehnlichen, gelben Blüten und wenigsamigen Hülsen.

Die Blüten des Stechginsters werden durch Bienen und Hummeln bestäubt, die beim Blütenbesuch einen Explosionsmechanismus auslösen, der dem des Besenginsters ähnelt (s. S. 187). Auch die Früchte öffnen sich explosionsartig und schleudern dabei die Samen weg. An den Samen befindet sich ein orangegelbes, stark ölhaltiges Anhangsgebilde. Dieser Ölkörper (Elaiosom) lockt Ameisen an, die die Samen verschleppen und damit zur Verbreitung beitragen.

Im 18. und 19. Jahrhundert wurde der Stechginster in Mitteleuropa vielfach angepflanzt. An den meisten Stellen hat er sich jedoch nicht halten können. Die Sträucher sind zu frostempfindlich und leiden selbst im milden Weinbauklima, wo sie in strengeren Wintern oft bis zum Grund zurückfrieren, jedoch stets wieder austreiben. Auch gegen sommerliche Trockenheit sind sie empfindlich. Auf kalkhaltigem Untergrund färben sich die Sprossen leicht gelb (sog. Chlorose). Eingebürgert hat sich der Stechginster hingegen im atlantischen Nordamerika.

In seinen Ansprüchen ist der Gaspeldorn mit dem Besenginster zu vergleichen, hat jedoch nicht dessen Winterhärte. Im atlantischen Europa wird der Stechginster des öfteren angepflanzt. Man nutzt seine Dornen als wirksame Heckenpflanze, seine Sprosse auch als Viehfutter. Dazu werden vor allem jüngere Zweige genommen und zunächst zwischen Walzen zerquetscht.

Im atlantischen Europa ist der Gaspeldorn eine wichtige Pionierpflanze. Er wächst in den milden Gebieten fast das ganze Jahr hindurch, entwickelt sich dadurch schnell zu beachtlicher Größe und erlangt oft schon im 2. Jahr Blühfähigkeit. Einen kräftigen Rückschnitt vertragen die Pflanzen recht gut. Die Blütezeit kann sich in den besonders milden Teilen Westeuropas fast auf das ganze Jahr erstrecken.

Alle Seitensprosse werden zu Dornen

Die Samen des Gaspeldorns sind giftig. Sie enthalten das Glykosid Cytisin.

Ulex war bei Plinius der Name für einen rosmarinartigen Strauch. Im Namen »Gaspeldorn« ist das Wort »Gaspe« enthalten, das soviel wie Spange oder Nestel bedeutet.

Stechginster inmitten Grauer Heide

Buchsbaum

Buxus sempervirens L.

K Immergrüner, dichtverzweigter, hoher Strauch oder bis 8 m hoher Baum von unregelmäßigem Wuchs. Junge Triebe 4-kantig, grün, mehr oder weniger dicht behaart, später rundlich und graubraun. Stämme mit graubrauner, runzeliger Borke.
Winterknospen länglich elliptisch, 3 mm lang, behaart, Blütenstandsknospen ebenso lang aber kugelig. ▪ Laubblätter gegenständig, Stiel 1–2 mm lang, behaart; Spreite lederig, eiförmig bis länglich-elliptisch, 15–20 mm lang, 7–12 mm breit, dunkelgrün; unterseits heller und kahl, oberseits entlang der Mittelrippe behaart. Die Lebensdauer der Blätter beträgt 2 Jahre. ▪ Blüten in achsel- oder endständigen, mehrblütigen Knäueln, bereits im Vorjahr angelegt. Gipfelblüte weiblich, die anderen Blüten männlich. Krone fehlend, Kelch grünlichgelb. Männliche Blüten mit 4 Staubblättern, den ebenfalls 4-blättrigen Kelch weit überragend. Weibliche Blüten mit 4–8 weißlichen Kelchblättern und einem 3-fächerigen Fruchtknoten mit 3 freien Griffeln. Nektardrüsen zwischen den Griffelästen. Frucht 7–8 mm lang, lederig-runzelig, zur Reife in drei 2-hörnige Teile zerfallend. Samen länglich, 5–6 mm groß, 3-kantig, schwarz, mit einer kleinen Samenwarze. ▪ Blütezeit: März/April; Fruchtreife: August/September

S Vom Tiefland bis in die Gebirgsstufe; in den Pyrenäen bis 1650 m, in Griechenland am Olymp fast 2000 m Höhe erreichend. In Buchen- und Flaum-Eichenwäldern, in Südosteuropa im Buschwald mit Stein-Eiche, Lorbeer und Pistazie. Auf lockeren, durchlässigen, mittelgründigen, meist kalkhaltigen und mäßig trockenen Steinschuttböden. Der Buchsbaum ist ein Halbschatten- bis Lichtgehölz mit einem dichten, weitstreichenden Wurzelwerk.

Zweige mit achselständigen Früchten und Blüten; reife, noch geschlossene Einzelfrucht

V Europa bis Kaukasus: Nordspanien, Zentral- und Südfrankreich, Schweizer Jura, Westschweiz, südliches Alpengebiet, Balkan-Halbinsel, Nordanatolien. In Mitteleuropa gibt es natürliche Bestände im Moseltal und in Südbaden.

G Die Gattung *Buxus* umfaßt 70 Arten, deren Verbreitung sich über Eurasien, Nord- und Mittelamerika, Afrika bis nach Westindien erstreckt. In Europa ist noch eine zweite Art, *Buxus balearica,* auf den Balearen, Sardinien, sowie in Süd- und Ostspanien beheimatet. ■ Der Buchsbaum gehört zur Familie der Buchsbaumgewächse *(Buxaceae),* die mit 4 Gattungen und 100 Arten in den Tropen, Subtropen und temperierten Zonen mit Ausnahme Australiens vorkommt. Es sind immergrüne Stauden und Holzgewächse.

In Europa liegt die Verbreitungsgrenze des Buchsbaumes dort, wo die mittlere Jahrestemperatur unter +10 °C absinkt bzw. die Winter zu trocken und zu kalt sind. Die Blüten sind duftlos, produzieren reichlich Nektar und Pollen. Trotz ihrer Unauffälligkeit werden sie von Bienen und Fliegen aufgesucht. Zur Fruchtreife fallen die Samen zu Boden und werden hier häufig von Ameisen verschleppt, die vom Duft der Samenwarze angelockt werden. Neben dem Besenginster ist der Buchsbaum damit eines der wenigen heimischen Gehölze, dessen Samen von Ameisen verbreitet werden.

Der Buchsbaum ist ein langsamwüchsiges Gehölz, das ein Alter von mehreren Hundert Jahren erreichen kann. Das Holz ist sehr dicht, elastisch und beinhart bzw. von hornartiger Beschaffenheit. Da es stark schwindet, muß es sehr sorgfältig getrocknet werden. Es ist von gelber Farbe. Aufgrund seiner guten Polierfähigkeit ist es als wertvolles Drechslerholz und für Intarsienarbeiten geschätzt. Aus Buchsholz werden Schachfiguren, Kämme, Schublehren, Maßstäbe und Druckstöcke für Holzschnitte gefertigt. Die Wurzelknollen sind ein begehrtes Maserholz für Pfeifenköpfe und Intarsien. Buchsbaumholz ist sehr knapp und teuer. Aus dem Kaukasus, wo der Buchsbaum bis 16 m hoch wird, kommt auch das beste, bis 6 m lange und 30 cm dicke Holz.

Buchsbäume lassen sich mancherlei Form aufzwingen

Als Gartenpflanze ist der Buchsbaum schon seit Jahrhunderten beliebt. In Kloster-, Barock- und Bauerngärten dient er, regelmäßig geschnitten, als Einfassung für Beete. Der Buchsbaum ist giftig, er enthält in allen Teilen Alkaloide, wie z. B. das Cyclobuxin.

Buxus leitet sich vom griech. »pyxos« ab, dem von Theophrast verwendeten Namen für den Buchsbaum. Ihm liegt das griech. »pyxis« = Büchse zugrunde, da schon im Altertum aus Buchsholz Arzneibüchsen gefertigt wurden. Der deutsche Name ist dem Lateinischen entlehnt.

Götterbaum

Ailanthus altissima (Mill.) Swingle

[K] Sommergrüner, oft langschäftiger, 20–25 m hoher, mäßig verzweigter Baum mit hell längsstreifig gemusterter, flachgerippter bis fast glatter Borke. Junge Zweige dick, abgerundet-gerieft, kahl, mattglänzend braun bis rötlichbraun, mit großen, abgerundet 3-eckigen Blattnarben. Winterknospen sehr flach (!), fein behaart, 1–2 mm hoch; eine Endknospe fehlt. ■ Laubblätter wechselständig, unpaarig gefiedert, 45–75 cm lang. Fiederchen 13–25, länglich-oval bis schief-lanzettlich, 7–12 cm lang, bis 6 cm breit; ganzrandig oder im unteren Teil mit 2–4 Zähnen, die eine große Drüse tragen; Spreite oberseits dunkelgrün, unterseits bläulichgrün, beidseitig kahl, nur Schößlingsblätter bisweilen behaart. ■ Blüten unscheinbar, zwittrig oder eingeschlechtig, in 10–20 cm langen, reichverzweigten, endständigen Rispen. Blütenhülle doppelt, 5-zählig. Kelchblätter bis zur Mitte miteinander verwachsen; Krone viel länger als der Kelch, gelblich-weiß, 7–8 mm im Durchmesser. Nektarscheibe 10-lappig. Staubblätter in männlichen Blüten 10, in den zwittrigen 5; Fruchtblätter 5–6, nicht miteinander verwachsen. Nußfrüchtchen ringsum geflügelt, 4,5–5 cm lang, 12–15 mm breit, Flügel an der Spitze gedreht; Samen im Zentrum liegend. ■ Blütezeit: Juni/Juli; Fruchtreife: September/Oktober.

[S] Licht- und wärmebedürftiges Gehölz auf steinigen, basenreichen und oft kalkhaltigen, gut drainierten Böden.

[V] China.

[G] Die Gattung *Ailanthus* umfaßt

Fiederblatt, reife Flügelnüsse und zwittrige Blüte des Götterbaumes

10 Arten, die von Ostasien über Südasien bis nach Australien verbreitet sind. Zur Gattung gehören ausschließlich Holzgewächse. ■ Der Götterbaum ist ein Vertreter der Bitterholzgewächse *(Simaroubaceae)*. Dieser Familie gehören 20 Gattungen mit 120 Arten an, die vor allem in den Tropen und Subtropen beheimatet sind. Nur wenige Arten gedeihen in den gemäßigten Breiten.

Der Götterbaum wurde 1751 nach England eingeführt und gelangte von dort aus bald nach ganz Mittel- und Südeuropa. Dank seiner reichen Fruchtbildung und Anspruchslosigkeit konnte er sich schnell ausbreiten und ist in weiten Teilen Europas und Nordamerikas eingebürgert. Wegen der ornamentalen, gelb bis rötlich gefärbten, heranreifenden Fruchtstände ist er häufig als Parkbaum angepflanzt.
Die Blüten sind reich an Nektar und Pollen. Bienen gehören zu den wichtigsten Blütenbesuchern. Die Früchte fallen nach der Reife nicht sofort ab, sondern bleiben noch lange, oftmals bis zum Frühjahr am Baum. Vom Wind werden die einzelnen Früchtchen oder ganze Fruchtstände losgerissen. Die Früchtchen werden verbreitungsbiologisch den sog. Schraubendrehfliegern zugeordnet: Beim freien Fall dreht sich das Früchtchen um die eigene Längsachse und sinkt darüberhinaus noch in einer schraubenförmigen Flugbahn zu Boden.
Die Samen benötigen eine hohe Keimungstemperatur. Häufig findet man Jungpflanzen zwischen Steinen, die die Sonnenwärme speichern. Anfangs kann der Zuwachs mehrere Meter pro Jahr betragen. Dieser Raschwüchsigkeit steht ein Lebensalter von oft nur 40–50 Jahren gegenüber. Die Äste sind leicht windbrüchig, das Holz oft kernfaul. Der Götterbaum ist als Stadtgehölz geeignet, da er Trockenheit und Abgase verträgt und auch auf schlechten Böden wächst. Von Krankheiten und Schädlingen ist er fast frei.
Der Name *Ailanthus* leitet sich von »Ailanto«, dem Volksnamen auf den Molukken, ab, was so viel wie »Baum des Himmels« bedeutet.

Fast ausgereifte, gefärbte Fruchtstände

Längsrissige Götterbaumborke

Perückenstrauch

Cotinus coggygria Scop.

Blütenstand und zwittrige Einzelblüte

K Sommergrüner, reichverzweigter, 3–5 m hoher Strauch oder kleiner Baum mit dunkler kleinfeldriger Borke. Junge Zweige gerieft, kahl, hell- bis rotbraun oder rot, bereift, mit vielen kleinen Korkwarzen. Winterknospen bis 5 mm groß, eiförmig-zugespitzt; Endknospe stets vorhanden. Angeschnittene Zweige aromatisch-harzig duftend. ■ Laubblätter wechselständig, Blattstiel 1–2 cm lang; Spreite 5–8 cm lang, 3–5 cm breit, elliptisch bis kreisförmig, beidseitig kahl; oft mit orangeroter Herbstfärbung. ■ Blüten klein, unscheinbar, gelblich-grün, zwittrig oder eingeschlechtig in 15–20 cm langen, endständigen Rispen an jungen Trieben. Blütenhülle doppelt, 5-zählig. Kelch kürzer als die 1,5–3 mm langen Kronblätter. Staubblätter so lang wie die Krone; Fruchtknoten oberständig. Blütenstiele sich später streckend und mit spreizenden Haaren besetzt. Steinfrüchte asymmetrisch, 5 mm lang, abgeplattet, 1-samig. ■ Blütezeit: Mai/Juni; Fruchtreife: August/September.

S Trockene, sonnige und warme Hänge von der Ebene bis in Gebirgslagen; vor allem auf felsigem oder steinigem Untergrund, auf gut drainierten, meist kalkhaltigen, mäßig nährstoffreichen Böden. Der Perückenstrauch ist sehr lichtbedürftig und dringt nur in sehr lichte Laub- und Nadelmischwälder ein. Im südöstlichen Europa wächst er in Begleitung von Blasenstrauch, Manna-Esche, Orient-Hainbuche und Flieder.

V Balkan-Halbinsel, östliches Mittelmeergebiet bis nach Mittelasien und zum nordwestlichen Himalaja. In Europa nördlich bis nach Südtirol und zum Tessin.

G Von den 3 Arten der Gattung *Cotinus* ist der Perückenstrauch die einzige europäische Art. ■ Er ist ein Vertreter der Sumachgewächse *(Anacardiaceae)*, die mit 60 Gattungen und 600 Arten vor allem in den Tropen beheimatet sind. Meist sind es immergrüne oder laubwerfende Gehölze die ein Gummiharz enthalten. Zur Familie gehören Nutzgehölze wie Pistazie, Mango- und Akaschubaum (Cashewnuß).

Der Perückenstrauch ist seit Mitte des 17. Jahrhunderts in Mitteleuropa vor allem wegen seiner ornamentalen Fruchtstände, denen er auch seinen deutschen Namen verdankt, häufig angepflanzt. In China ist er ein Gehölz der Tempelhaine. Zur Fruchtreife lösen sich ganze Fruchtstände

oder Teile und fallen zu Boden. Oft verfilzen sie sich zu größeren Ballen und werden durch den Wind verweht.
Blätter und Rinde enthalten Gerbstoffe (Tannine). Sie fanden Verwendung in der Gerberei. Die Blätter nutzte man aufgrund ihrer adstringierenden Wirkung als blutstillendes Mittel. Das Holz, mit schmalem weißen Splint und goldgelbem bis grüngelbem Glanz, ist für Drechslerarbeiten verwendbar. Die verwertbaren Stämme erreichen jedoch kaum mehr als 10 cm Dicke. Das Kernholz enthält den Farbstoff Fisetin und wird, als sog. Fisettholz in der Färberei verwendet. Es liefert für Seide meist braune, für Wolle orange bis scharlachrote Farbtöne. Der Perückenstrauch wurde zur Fisettholzgewinnung früher im Elsaß, in Südtirol und in Ungarn angepflanzt.
Als *Cotinus* wurde von Plinius ein in den Apenninen wachsender Strauch bezeichnet, aus dem eine Purpurfarbe gewonnen wurde. Das Epitheton *coggygria* ist der von Plinius benutzte Name für den Perückenstrauch. Er geht auf »kokkygea« zurück, mit dem Theophrast einen zum Rotfärben der Wolle benutzten Strauch benannte. Häufiger als die Wildform werden in unseren Gärten Zuchtformen des Perückenstrauchs angepflanzt. *Cotinus coggygria* 'Rubrifolius' ist eine Mutante, deren Blätter im Austrieb purpurrot gefärbt sind, später jedoch an Farbintensität verlieren. Bei der Sorte 'Royal Purple' bleibt die kräftigtiefrote Färbung hingegen erhalten.

Noch unbehaarter Blütenstand (oben)

Den behaarten, oft sterilen Blütenstielen verdankt der Perückenstrauch seinen Namen (Mitte)

Fruchtender Perückenstrauch (unten)

Feld-Ahorn

Acer campestre L.

K Sommergrüner, reichverzweigter, 10–15 m, selten bis 25 m hoher Baum mit rundlicher Krone oder sparriger, mehrstämmiger Strauch. Borke durch Längs- und Querrisse fast rechteckig gefeldert, grau- bis schwarzbraun, schwach abschuppend. Junge Zweige olivgrün bis rotbraun, gerade, zunächst fein und kurz behaart, später verkahlend und längsrissig; Korkwarzen zerstreut. Gefäße Milchsaft führend; An manchen Individuen unregelmäßige, flügelartige Korkleisten, besonders an jungen Pflanzen oder jungen Zweigen. Winterknospen sind eiförmig, 2–4 mm groß, von 4 weißbehaarten, dicht schließenden Schuppen umhüllt. Endknospen außer an fruchtenden Kurztrieben stets vorhanden. Blattnarben breit V-förmig, sich an den Rändern berührend! ▪ Laubblätter gegenständig; Blattstiel 2–7 cm lang, oft rötlich; Spreite 5–8 cm lang, 5–10 cm breit, zu einem Drittel oder bis zur Hälfte buchtig eingeschnitten, mit 3–5 Lappen; Abschnitte schwach gekerbt, leicht gewellt, stumpf endigend. Blätter oberseits verkahlend, dunkelgrün, unterseits graugrün, fein behaart, mit deutlichen Achselbärten. Herbstfärbung intensiv gelb bis goldgelb. Johannistriebe oft vorhanden, im Austrieb bleich oder rötlich getönt. ▪ Blüten mit den Laubblättern erscheinend, in kurzen 10- bis 20-blütigen Rispen. In einem Blütenstand sowohl eingeschlechtige als auch zwittrige Blüten; 10–15 mm lang gestielt. Kelch- und Kronblätter fast gleich gestaltet, in 5-Zahl, 3–4 mm lang, gelbgrün; Staubblätter 8, so lang wie die Krone. Fruchtknoten oberständig, aus 2 Fruchtblättern gebildet; die beiden Teilfrüchte im Winkel von 180° stehend, 2,5–3,5 cm lang, 6–10 mm breit. ▪ Blütezeit: Mai; Fruchtreife: September/Oktober.

Zweigspitze mit Winterknospen; Blatt

S In krautreichen Eichen-Hainbuchen-Mischwäldern, Buchen- und Auenwäldern, im Saum von Gebüschen, Waldrändern, Feldrainen und Hecken; auf nährstoff- und basenreichen, oft kalkhaltigen bis mäßig sauren, feuchten bis wechseltrockenen Lehmböden. Verlangt mehr Sommerwärme als Berg- und Spitz-Ahorn, ist aber dürreempfindlicher als der Burgen-Ahorn.

V Europa bis Nordpersien; Nordafrika. Von Nordspanien über Frankreich und England östlich bis zur Weichsel und zum Don; im Süden über Italien, die Balkan-Halbinsel, das nördliche Anatolien bis zum Kaukasus. In Irland, Schottland, Skandinavien und den Zentralalpen fehlend bzw. nur verwildert. In Mitteleuropa vom Tiefland bis in Gebirgslagen von 900 m Höhe, in den Alpen bis 1000 m hoch ansteigend; abgesehen vom Norddeutschen Tiefland weit verbreitet.

Der Feld-Ahorn ist ein raschwüchsiges, robustes Gehölz. Er wird bis zu 150 Jahre alt und kann eine Stammdicke von 1 m erlangen. Mit 15 bis 20 Jahren ist er blühfähig. Wegen seiner enormen Ausschlagsfähigkeit war er ein wichtiger Bestandteil der Niederwälder. Zur Viehfuttergewinnung wurden Bäume und Sträucher früher geschneitelt, d.h. junge Äste wurden regelmäßig abgeschnitten, so daß die Bäume eine mehr oder weniger zylindrische Gestalt bekamen und verstärkt zu neuem Austrieb angeregt wurden.
Das Holz ist rötlich getönt, seltener fast weiß und schön gemasert. Es ist fest, elastisch, sehr hart, mittelschwer, schwindet nur mäßig und glänzt nach dem Hobeln. Man schätzt es als gutes Tischler- und Drechslerholz. Gut gemaserte Stämme werden auch zu Furnieren verarbeitet. Aus dem Feld-Ahorn gewonnene Holzkohle hat eine hohe Qualität, der Brennwert des Holzes ist gut. Der Feld-Ahorn wird nur selten als Ziergehölz angepflanzt. Größere Bedeutung hat er hingegen als Strauch oder kleinerer Baum bei Begrünungen von Dämmen und Böschungen. Der Feld-Ahorn wird von Krankheiten kaum befallen. Vergleichsweise häufig sind Gallbildungen auf der Blattoberseite, meist rotgefärbte, hörnchenartige Gebilde, die von einer Gallmilbe *(Aceria)* hervorgerufen werden.

Blühender Zweig mit vorjährigen Früchten

Das Epitheton *campestre* enthält das lat. »campus« = Feld. Weitere deutsche Namen sind Kleiner Ahorn und Massholder, vom althochdeutschen »mazzaltra« bzw. dem mittelhochdeutschen »mazzolter« abgeleitet. Im Namen »mazzaltra« ist das germanische Baumsuffix »-tra« enthalten.

Flügelartige Korkleisten

Spitz-Ahorn

Acer platanoides L.

K Sommergrüner, breitkroniger, 20–30 m hoher Baum mit mächtigen Ästen und längsrissiger, dunkelbrauner bis schwärzlicher, kaum abschuppender Borke. Junge Zweige rund, kahl, braun, mit kleinen Korkwarzen. Winterknospen eiförmig, zugespitzt oder gerundet, den Zweigen anliegend, mit 6 grünen, knorpeligen, fein bewimperten, dicht schließenden Schuppen. Die Blattnarben eines Wirtels berühren sich. ■ Laubblätter gegenständig; Stiel 3–20 cm lang, am Grunde stark verdickt; Spreite mäßig derb, meist 5-lappig, die obersten 3 Lappen groß, spitz auslaufend, weit bogig gezähnt, jederseits mit 1–2 Zähnen; bis 20 cm breit, 15 cm lang; Spreitengrund mit

Zweigspitze mit Winterknospen; Blatt

keil- oder herzförmiger, schmaler Stielbucht; oberseits dunkelgrün, kahl und glänzend; unterseits heller, entlang der Mittelrippe und der Adern schütter behaart, aber ohne Achselbärte. Die Pflanze bildet Johannistriebe mit meist rötlicher Tönung. Herbstfärbung intensiv goldgelb bis tiefrot, oft gefleckt. ■ Blüten mit doppelter, freiblättriger, 5-zähliger Hülle; in kurzen, 4–8 cm langen, endständigen Rispen an Kurztrieben, vor dem Laubaustrieb erscheinend; eingeschlechtige und zwittrige Blüten im gleichen Blütenstand. Blüten 10–12 mm groß, 1–2 cm lang gestielt. Kelch und Krone ähnlich gestaltet, 4–7 mm lang, 1–2 mm breit, gelbgrün bis blaßgelb. Endblüten oft mit 6- bis 7-blättriger Krone. Staubblätter 8; bei den weiblichen Blüten halb so lang wie die Kronblätter, steril; bei den männlichen so lang wie die Kronblätter. Nektarscheibe als kräftiger Wulst ausgebildet. Narbe 2-gabelig. Männliche Blüten mit verkümmertem Fruchtknoten. Früchte kahl; die 1-samigen Teilfrüchte etwa 180° voneinander abspreizend, 4–5 cm lang, bis 15 mm breit, geflügelt. ■ Blütezeit: April/Mai; Fruchtreife: Oktober.

S In Buchen- und Laubmischwäldern, vorwiegend in Linden-Ahorn-Wäldern, Eschen-Ulmen-Ahorn-Wäldern in feuchter Hanglage, in Schluchtwäldern und im Eichen-Ulmen-Auenwald (Hartholzhaue) sowie im Eichen-Hainbuchen-Wald; auf tiefgründigen, feuchten, oft sickerfeuchten, nährstoff- und basenreichen, humosen, mild bis mäßig sauren, lockeren Lehm- und Steinschuttböden. Der Spitz-Ahorn ist ein Licht- bzw. Halbschattengehölz.

V Europa. Von den Pyrenäen,

Frankreich, Südbelgien, Deutschland, Dänemark, Südskandinavien nach Osten bis zum Ural; im Süden Italien, Balkan-Halbinsel bis zum Kaukasus, Kleinasien und Nordpersien. Fehlt auf den Britischen Inseln, in West- und Nordfrankreich und auf den großen Mittelmeerinseln. In Mitteleuropa vom Tiefland bis in Gebirgslagen um 1000 m ansteigend, in den Mittelgebirgen nicht so hoch wie der Berg-Ahorn. Durch Anpflanzung und Selbstverbreitung in weiten Teilen Europas eingebürgert.

G Die Gattung *Acer* ist mit 200 Arten vor allem in der nördlich gemäßigten Zone vertreten. Einige Arten erreichen in Südostasien die tropischen Gebirge, eine weitere dringt bis Java und Sumatra in die Südhemisphäre vor. Das Mannigfaltigkeitszentrum der Gattung ist Ostasien (Osthimalaja, China, Japan); mehrere Arten sind in Nordamerika heimisch. Es handelt sich ausnahmslos um Holzgewächse mit gegenständigen Blättern und geflügelten Früchten. Mannigfaltigkeit herrscht im Blütenbereich: Die Blüten können zwittrig oder eingeschlechtig, einhäusig oder zweihäusig verteilt, insekten- oder windblütig sein. In Europa sind 14 Arten vertreten, 4 davon sind in Mitteleuropa heimisch.

Zur Familie der Ahorngewächse *(Aceraceae)* gehört nur noch 1 weitere, ostasiatische Gattung: *Dipteronia* mit 2 Arten.

Blühender Zweig mit entfalteten Knospenschuppen

Der Spitz-Ahorn ist insektenblütig. Sein von einer großen Nektarscheibe reichlich gebildeter Zuckersaft wird frei dargeboten. Hauptbestäuber sind Bienen. Starker Blattlausbefall führt im Sommer auch zur Bildung von reichlich Honigtau, der ebenfalls von den Bienen gesammelt wird.

Die Früchte des Ahorn bestehen aus 2 Fruchtblättern. Jede Fruchthälfte entwickelt einen großen, propellerartigen Flügel mit stark verdickter Vor-

Früchte der bei uns heimischen Ahornarten

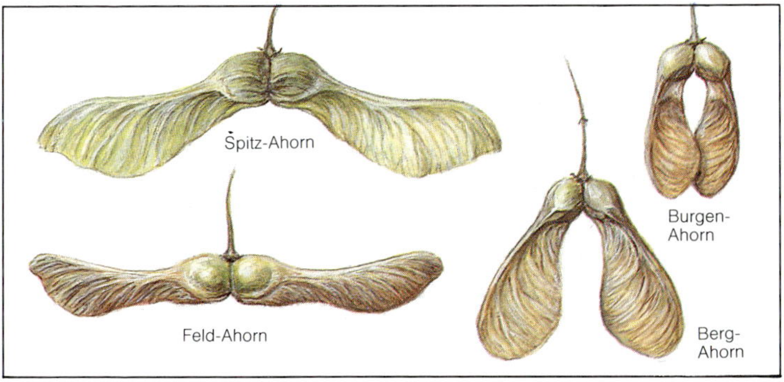

derkante und einem dünnen, mechanisch nicht verfestigten Hinterrand. Die reife Frucht spaltet sich an der Verwachsungsstelle der beiden Fruchtblätter in 2 Hälften, ohne daß die Samen frei werden. Beide Hälften bleiben vorerst an einem Fruchtträger hängen und werden erst später (manchmal erst im Spätwinter) vom Wind losgelöst. Im freien Fall wirkt der samentragende Teil der Frucht als Schwerpunkt, um den sich der Flügel zu drehen beginnt, wobei die mechanisch verfestigte Kante nach vorn gerichtet ist. Es resultiert eine schraubige Flugbahn. Die Sinkgeschwindigkeit des Flugkörpers wird auf 0,9 m/sek verringert und so die Möglichkeit eines Ferntransportes durch den Wind erhöht.

Im Samen befindet sich ein Embryo mit grünen, stark gefalteten Keimblättern. Sie enthalten Speicherstoffe, die der Keimling zur Entwicklung benötigt. Gleichzeitig stellen sie die ersten Assimilationsorgane dar, entfalten sich und bleiben bis zur Entwicklung der ersten Laubblätter funktionstüchtig.

Der Spitz-Ahorn zeigt verschiedene Gallen, die durch tierische oder pflanzliche Erreger hervorgerufen

Rippenborke des Spitz-Ahorns

werden. Die Milbe *Eriophyes* legt ihre Eier in Blatteinstiche. Dadurch entwickeln sich auf der Blattoberseite 0,3–4 mm große Schnabelgallen, in denen die Tiere ihre Entwicklung durchmachen.

Runde, wie schwarz lackiert wirkende Flecken auf der Blattoberseite bis zu 2 cm Größe werden im Spätsommer und Frühherbst von einem Pilz *(Rhytisma acerinum)* hervorgerufen.

Der Spitz-Ahorn ist milchsaftführend und hat, wie andere Ahorn-Arten, einen zuckerhaltigen Blutungssaft. Der Zuckergehalt beträgt allerdings höchstens 3,5%. Im 1. Weltkrieg wurde versucht Ahornzucker in größeren Mengen zu gewinnen, doch ohne nennenswerten Erfolg. Wesentlich effektiver ist die Zuckersaftgewinnung beim nordamerikanischen Zucker-Ahorn *(Acer saccharum)*. Die Leitbündel werden im Spätwinter durch Schnitte angezapft und der Saft in Gefäßen aufgefangen. Man kann auf diese Weise von einem Baum 50–150 l. jährlich gewinnen, was einem Zuckergehalt von 12–35 kg entspricht. Dieser Ahornsaft wird zu einem sehr wohlschmeckendem Sirup oder zu Zucker verarbeitet.

Große Bedeutung hat der Spitz-Ahorn als Nutzgehölz. Sein Lebensalter beträgt etwa 150 Jahre und liegt damit wesentlich unter dem des Berg-Ahorns. Mit 20 Jahren wird er blühreif. Als Nutzholz haben die Stämme einen Durchmesser von 60–100 cm und sind bis 15 m hoch astfrei. Splint- und Kernholz unterscheiden sich nur geringfügig; das Kernholz ist etwas rötlicher, der Splint mehr gelblich.

Das Holz ist mäßig hart, schwer, sehr fest, zäh, feinfaserig und biegsam, der Schwund nur mäßig. Es eignet sich vorzüglich zur Herstellung von Messerfurnieren und besonders für helle Wohn- und Schlafzimmermöbel. Weiterhin wird es für Drechslerarbeiten verwendet und zu Küchengeräten, Tischplatten und Musikinstrumenten verarbeitet. Noch geschätzter als das Holz des Spitz-Ahorns ist das des Berg-Ahorns, da es härter, aber ebenso elastisch ist. Wie das Holz des Spitz-Ahorns ist es gut polierbar und wird zur Fertigung von Billardstöcken, für Seitenwände von Streichinstrumenten, Tischplatten, ferner für die Wagnerei, Drechslerei und zur Parkettherstellung verwendet.

Der lat. Name *Acer* heißt übersetzt scharf, spitz und bezieht sich wohl auf die Blattgestalt. *Acer* wurde der Ahorn schon im Altertum genannt. Das Epitheton nimmt wiederum, wie beim Berg-Ahorn, auf die platanenähnlichen Blätter Bezug. Weitere deutsche Namen sind Lenne, Löhne und Leinbaum.

Der Ahorn spielte im Volksglauben eine große Rolle. Seine Zweige wurden zum Schutz vor Hexen an Häusern und Stalltüren angebracht. Der Spitz-Ahorn ist häufig in Parkanlagen angepflanzt. Als Solitärgehölz kann er beachtliche Ausmaße annehmen. Als einzige heimische Ahornart kommen seine Blüten voll zur Geltung, da sie vor der Laubentfaltung erscheinen.

Groß ist die Zahl der Kulturformen. Als Straßenbaum ist häufig die Form 'Globosum', der Kugel-Ahorn, angepflanzt. Die Blätter sind im Austrieb rotbraun, der Baum im Wuchs breiter als hoch und sehr dicht verzweigt. Diese Form ist seit 1873 in Kultur und meist als Hochstamm veredelt. Die Form 'Columnare' ist schmal säulenförmig, wächst langsam und bleibt vergleichsweise niedrig. Die Mutante 'Schwedleri', um 1864 vom Hofgärtner Schwedler in Oberschlesien gefunden, hat im Austrieb blutrote Blätter, die später dunkelrotgrün gefärbt sind. 'Albovariegatum' ist eine Form mit grün/weiß gefleckten Blättern.

Spitz-Ahorn in Herbstfärbung

Bei der Form 'Dissectum' schließlich sind die jungen Blätter rotbraun und fast bis zum Grunde tief geteilt. Die Liste der Gartenformen ließe sich noch lange fortführen.

Mehr noch als die heimischen Ahornarten und -formen erfreuen sich exotische Arten aus Ostasien und Nordamerika großer Beliebtheit. Der breitkronige Eschen-Ahorn *(Acer negundo)* aus Nordamerika hat gefiederte Blätter und ist zweihäusig. Die männlichen Blüten erscheinen ab März. Obwohl windblütig sind sie sehr ansehnlich und werden auch von Bienen aufgesucht, die hier Pollen sammeln. Eine der neuerdings häufig angepflanzten Arten ist der Silber-Ahorn *(Acer saccharinum)* aus Nordamerika. Er wächst dort in Auenwäldern, erträgt aber in Mitteleuropa erstaunlich viel Trockenheit. Aus diesem Grunde und dank seiner Schnellwüchsigkeit ist er ein geschätzter Straßenbaum. Seine Kalkempfindlichkeit äußert sich in einer Gelb- oder Bleichfärbung der Blätter.

Berg-Ahorn

Acer pseudoplatanus L.

K Sommergrüner, bis 30 m hoher, stattlicher Baum mit breiter, länglich-runder Krone und silbriger bis graubrauner Schuppenborke. Junge Zweige olivgrün, gerade und rund; Korkwarzen zerstreut, hell. Rinde später schwach glänzend, dunkel- bis rotbraun. Winterknospen spitzenwärts deutlich gefördert, bis 10 mm groß, eiförmig, mit 8–10 grünen, dicklichen, bewimperten, braunrandigen, dicht schließenden Schuppen. Endknospe stets vorhanden. ■ Laubblätter gegenständig; Stiel 3–25 cm lang, sonnenseits rötlich, am Grunde stark verdickt; Spreite deutlich 5-lappig, bis zur Hälfte eingeschnitten, die beiden basalen Lappen kleiner und weniger tief;

Zweigspitze mit Winterknospen; Blatt

Spreite bis 20 cm lang und ebenso breit, derb; oberseits dunkelgrün, matt, kahl; unterseits viel heller, mehr oder weniger dicht grau behaart; Achselbärte bräunlich-wollig. Lappen stumpf gesägt, spitz auslaufend. Herbstfärbung intensiv goldgelb. ■ Blüten mit den Blättern erscheinend, endständig an beblätterten Kurztrieben, in traubenartigen, hängenden Rispen. In einem Blütenstand eingeschlechtige und zwittrige Blüten; Blütenhülle doppelt, freiblättrig, 5-zählig; Kelch und Krone sehr ähnlich, 2,5–5 mm lang, bis 1 mm breit, gelbgrün. Staubblätter 8, in den männlichen Blüten 2–3 mal so lang wie die Krone, in den weiblichen nur als Rudiment. Fruchtknoten weißzottig behaart, mit 2 großen Griffelästen, in den männlichen Blüten klein und steril. Früchte kahl, spitzenwärts breit geflügelt; äußere Flügelränder der beiden Teilfrüchte einen rechten bis spitzen Winkel bildend; Teilfrucht 3,5–4,5 cm lang, bis 15 mm breit. Reife Teilfrüchte voneinander gelöst noch längere Zeit am Baum hängend. ■ Blütezeit: April/Mai; Fruchtreife: September/Oktober.

S Schluchtwälder, Linden-Ahorn- und Buchen-Mischwälder; auf tiefgründigen, humus- und nährstoffreichen, frischen, sickerfeuchten, oft kalkhaltigen bis mäßig sauren Lehmböden. Von der Hügelstufe bis zur subalpinen Zone. Im Schwarzwald bis 1480 m, in den Alpen bis 1650 m hoch ansteigend. Vor allem an Standorten mit hoher Luftfeuchtigkeit. Der Berg-Ahorn ist ein tief wurzelndes Halbschatten- bzw. Schattengehölz.

V Europa. Von Portugal, Nordspanien, den Pyrenäen, dem Französischen Zentralmassiv über Mitteleu-

Hängende Blütenrispe

Schuppenborke des Berg-Ahorns

ropa und Polen bis zur Ukraine; südlich über Italien, Sizilien zur Balkan-Halbinsel bis Nordgriechenland. Fehlt auf den Britischen Inseln und in Skandinavien. In Mitteleuropa vor allem in den Mittelgebirgen und dem Alpenraum bis 1650 m hoch steigend. Im nordwestdeutschen Tiefland fehlend. Eingebürgert in weiten Teilen Frankreichs, auf den Britischen Inseln und in Südschweden.

Wie die anderen heimischen Ahornarten bildet der Berg-Ahorn keine Reinbestände sondern ist in Mischwäldern anzutreffen. Zusammen mit der Eberesche bildet er oft die Laubwaldgrenze. Er wird sehr alt, 500 Jahre sind belegt. Große Exemplare können einen Stammdurchmesser bis zu 3,5 m aufweisen. Mit 20 bis 30 Jahren ist er blühreif, mit 80 bis 100 Jahren hat er seine endgültige Höhe erreicht. Seine Borke wird gern von epiphytischen Moosen und Flechten besiedelt; auch Gelegenheitsepiphyten, d.h. höhere Pflanzen, die normalerweise am Erdboden gedeihen, gelangen durch den Wind oder Vögel auf die z.T. dickbemooste Borke und können sich entwickeln.
Die Bestäubung der Blüten erfolgt durch Bienen und Fliegen, die den offen dargebotenen Nektar aufnehmen. Durch Blattlausbefall kommt es zur Bildung von Honigtau, wodurch die Bienen auch im Sommer angelockt werden. Vom Berg-Ahorn gibt es viele Formen, von denen diejenige mit rötlich gefärbter Blattunterseite wohl die häufigste ist.
Das Holz des Berg-Ahorns ist ein wertvolles Nutzholz und ähnelt in seinen Eigenschaften dem des Spitz-Ahorns (s. S. 200).
Das lat. Epitheton nimmt auf die Ähnlichkeit der Blätter mit der Platane Bezug. Weitere deutsche Namen sind Wald-Ahorn und Urle.

Ahornfurnier

Burgen-Ahorn

Acer monspessulanum L.

K Sommergrüner, reichverzweigter, 3–10 m hoher, oft etwas sparriger oder krummer Baum mit flacher längsrissiger, gefelderter, dunkler Borke. Junge Zweige gerade, wenig biegsam, kahl, braun und glänzend, mit zahlreichen, hellen, länglichen Korkwarzen. Rinde später graubraun. Zweige ohne Milchsaft. Winterknospen eiförmig, etwas spreizend, 3–4 mm lang, zunächst behaart, aber verkahlend, braun, mit 4–10 Schuppen. Endknospe außer an fruchtenden Kurztrieben stets vorhanden. Blattnarben sich nicht berührend (!). ▪ Laubblätter gegenständig, derb; Stiel 2–6 cm lang, rötlich; Spreite 3–6 cm lang, 4–7 cm breit, in 3 (!) glattrandige Lappen gegliedert. Seitenlappen mit dem Mittellappen fast einen rechten Winkel bildend. Spreite am Grunde gerade abgeschnitten oder schwach herzförmig; oberseits dunkelgrün, kahl und glänzend; unterseits graugrün, anfangs weich behaart, bis auf die Achseln verkahlend. Herbstfärbung gelb. ▪ Blüten mit den Blättern erscheinend, mit doppelter, freiblättriger, 5-zähliger Hülle; 1–4 cm lang gestielt, am Ende beblätterter Kurztriebe, in gestielten, doldenartigen, hängenden, oft flaumig behaarten Rispen. Kelch- und Kronblätter fast gleich gestaltet, rundlich-eiförmig bis linealisch, 4–6 mm lang, 2–3 mm breit, gelbgrün, kahl. In einem Blütenstand sowohl eingeschlechtige als auch zwittrige Blüten vorhanden. Staubblätter 8, in den männlichen Blüten 7–8 mm lang, größer als bei den zwittrigen Blüten, in den weiblichen nur kurz und unfruchtbar. Nektarscheibe kragenartig; Fruchtknoten oberständig, aus 2 Fruchtblättern gebildet, in den männlichen Blüten nur als Rudiment vorhanden. Frucht eine 2-teilige Flügelnuß, zur Reife in 2 Teilfrüchte zerfallend, bis 2,7 cm lang, 5–9 mm breit, geflügelt. Äußere Fruchtflügelkanten nahezu parallel zueinander stehend. ▪ Blütezeit: April/Mai; Fruchtreife: September.

Zweigspitze mit Winterknospen; Blätter

S Selten, aber gesellig an besonnten, sommerwarmen und sommertrockenen Felshängen und Trockengebüschen; auf nährstoff- und basenreichen, meist kalkarmen bis mäßig sauren, steinigen, flach- bis mittelgründigen Lehmböden. Vergesellschaftet mit Elsbeere, Mehlbeere, Trauben-Eiche, Felsenbirne, Zwergmispel, Hasel, Wolligem Schneeball und Bibernell-Rose. Im südöstlichen Europa im Manna-Eschen-Orient-Hainbuchen-Mischwald mit Flaum-

Eiche, Hopfenbuche, Perückenstrauch und Blasenstrauch.

V Mittelmeergebiet bis Kleinasien, Nordpersien und Turkestan, Nordwestafrika; westliches und südliches Mitteleuropa. In Deutschland nur im Bereich des Weinbauklimas am Mittelrhein, im Mosel-, Nahe- und Maintal als isolierte Vorkommen getrennt vom südlichen Hauptareal.

Die mitteleuropäischen Vorkommen in Deutschland sind räumlich weit vom Gesamtareal getrennt. Über einen möglichen Einwanderungsweg ist man sich noch nicht im klaren. Das gehäufte Auftreten in der Nähe von Burgen hat die Meinung aufkommen lassen, das Gehölz sei in früherer Zeit aus dem Mittelmeergebiet eingeführt und in der Nähe von Burgen angepflanzt worden, von wo aus es sich im Laufe der Zeit verbreitet hat. Die Gegenansicht, daß es sich um durchaus natürliche Vorkommen handelt, kann aus der Tatsache erklärt werden, daß der Burgen-Ahorn als konkurrenzschwache Gehölzart nur an exponierten Standorten und auf Grund seiner Licht- und Wärmebedürftigkeit auch nur hier zu gedeihen vermag. Nur an wenigen Standorten erreicht der Burgen-Ahorn baumförmigen Wuchs. Im Nahetal kommen, kleinräumig zwar, aber doch fast waldartige Bestände vor.

Auch unter den günstigsten Bedingungen erreicht der Burgen-Ahorn in Mitteleuropa nicht die Ausmaße, Höhen und Stammdicken, wie im Mittelmeergebiet. In trockenen Jahren kann das Blattwerk schon im Sommer völlig eintrocknen, ohne daß die Bäume nachhaltigen oder sichtbaren Schaden davontragen.

Die Blüten sondern reichlich Nektar ab und werden von Insekten, vor allem Bienen, aufgesucht. Die Verbreitung der Früchte erfolgt durch den Wind. Zwischen Fruchtreife und Verbreitung kann eine große Zeitspanne liegen. Die Keimung erfolgt, wie bei allen heimischen Ahornarten, im zeitigen Frühjahr. Die Jungpflanzen des Burgen-Ahorns sind sehr lichtbedürftig und weniger wüchsig als die des Feld-Ahorns.

Der Burgen-Ahorn scheint bei uns nur wenig von Krankheiten befallen zu werden. Auch Gallen, die wir bei anderen Ahornarten bisweilen in großer Anzahl finden, treten vergleichsweise selten auf. Lediglich die Gallwespe *Pediaspis aceris* befällt den Burgen-Ahorn öfter. Die Larven machen ihre Entwicklung in 6–8 mm großen, kugeligen und einkammerigen Gallen an der Blattunterseite durch.

Zweig mit langgestielten Flügelfrüchten

Das lat. Epitheton *monspessulanum* leitet sich von »Mons Pessulanus«, dem südfranzösischen Montpellier ab, wo das Gehölz erstmalig beschrieben wurde. Andere deutsche Namen sind Dreilappiger Ahorn, Französischer Ahorn und Französischer Massholder.

Gemeine Roßkastanie

Aesculus hippocastanum L.

K Sommergrüner, asymmetrisch-breitkroniger, bis 25 m hoher, meist kurzschäftiger Baum mit überhängenden Zweigen und graubrauner Schuppenborke. Junge Zweige bis 2 cm dick, graubraun bis braun, mit zahlreichen, helleren Korkwarzen. Winterknospen rotbraun, klebrig (!), eiförmig; Endknospe 2–3,5 cm lang, Seitenknospen viel kleiner. ■ Laubblätter gegenständig, fingerförmig gefiedert. Blattstiel und Spreite je 10–20 cm lang; die 5–7 Fiedern länglich-verkehrt-eiförmig, am Grund keilförmig verschmälert, zugespitzt; Rand doppelt gezähnt; oberseits dunkelgrün, kahl; unterseits heller, an den Adern behaart. Laubfärbung gelb. Blattnarben groß, abgerundet 3-eckig. ■ Blüten in endständigen, aufrechten, kegelförmigen, 20–30 cm langen, reichblütigen Scheinrispen (Thyrsen), 20 mm groß, zwittrig oder männlich, mit doppelter, 5-zähliger Blütenhülle. Kelch glockig; Kronblätter eiförmig, lang genagelt, am Rande gewellt, weiß, die beiden oberen Blütenblätter mit gefärbtem Saftmal. Staubblätter meist 7 (5–9), gebogen, die Krone überragend. Fruchtknoten oberständig, 3-fächerig; zu einer 5–6 cm großen, bestachelten, grünen Frucht auswachsend. Samen 1–3, rund oder abgeflacht, glänzend dunkelbraun, mit großem weißen Nabel. ■ Blütezeit: April/Mai; Fruchtreife: September/Oktober.

S In Berg- und Schluchtwäldern; auf nährstoffreichen, tiefgründigen Sand- und Lehmböden. In Bulgarien in Höhen von 380–500 m, vergesellschaftet mit Walnuß, Silber-Linde, Buche und Hainbuche; in Nordgriechenland meist in Höhenlagen zwischen 1000 und 1300 m, mit Walnuß, Hopfenbuche und verschiedenen sommergünen Eichenarten.

Fingerförmig gefiedertes Blatt, reife Frucht und Samen

V Nördliche Balkan-Halbinsel. Albanien, Südjugoslawien, Ostbulgarien und Nordgriechenland.

G Die Gattung *Aesculus* umfaßt 13 Arten. Das Areal gliedert sich in 3 Teilareale: Nordamerika, Südosteuropa und Süd- und Ostasien. ▪ Zur Familie der Roßkastaniengewächse *(Hippocastanaceae)* gehören nur 2 Gattungen mit 15 Arten; alle sind Holzgewächse.

In Mitteleuropa ist die Roßkastanie erst seit Ende des 16. Jahrhunderts anzutreffen. Busbecq, Gesandter in Konstantinopel, brachte die Roßkastanie, wie auch den Flieder und die Tulpe, nach Mitteleuropa. 1576 erhielt der Arzt und Botaniker Carolus Clusius in Wien die ersten Samen der Roßkastanie. Im 17. Jahrhundert gelangten Samen auch nach England (1612), Frankreich (1615) und die Niederlande (1633). Lange vermutete man die Heimat der Roßkastanie im Gebiet um Konstantinopel. Erst 1879 entdeckte der Botaniker Heldreich natürliche Standorte in Nordgriechenland. 1907 konnte sie auch für Bulgarien nachgewiesen werden.

Wegen der ansehnlichen Blütenstände wurde die Roßkastanie bald in vielen Teilen Europas angepflanzt. Inzwischen hat sie sich vielerorts eingebürgert. Die Blüten werden von Bienen und Hummeln bestäubt. Die Saftmale sind am 1. Tag gelb gefärbt, die Blüten bestäubungsfähig. Am 2. Tag färben sie sich ziegelrot, am 3. und 4. Tag schließlich karminrot. Der Farbwechsel ist bei zwittrigen und männlichen Blüten gleich. Mit dem Farbwechsel ändert sich auch der Duft. Die Nektarproduktion erlischt. Die Nektarien, kleine Höcker zwischen Kron- und Staubblättern, bilden reichlich Nektar, der 40–76% Zucker, überwiegend Saccharose, enthält. Früchte entwickeln sich nur am Grunde des Blütenstandes.

Blütenstand der Roßkastanie

Die Samen sind reich an Stärke (bis zu 30%), Saponinen (3–5%), sowie Bitter- und Gerbstoffen. Die Saponine wurden im 1. Weltkrieg als Seifenersatz genutzt. Die Verwertung der Stärke scheiterte an den Bitterstoffen. Das Holz ist hell, weich und gut polierfähig aber stark schwindend und wenig dauerhaft. Die bis zu einem Meter dicken Stämme sind zudem meist drehwüchsig.

Aesculus nannten römische Autoren eine Eichenart mit eßbaren Früchten. Das Epitheton enthält die griechischen Worte »hippos« = Pferd und »kastanon« = Kastanie. Die deutsche Bezeichnung ist eine Lehnübersetzung.

Längsrissige Schuppenborke

Stechpalme, Hülse

Ilex aquifolium L.

K Immergrüner, aufrechter Strauch oder 10–15 m hoher Baum mit dünner, abrollender, schwarzgrauer Borke. Junge Zweige gerieft, grün, sehr kurz und dicht behaart, im 2. Jahr rund und verkahlend; Korkwarzen nur zerstreut. Winterknospen spitzkegelförmig, 2–3 mm lang, kahl, grün; Blütenstandsknospen rundlich; Endknospe stets vorhanden. ▪ Laubblätter wechselständig, dick ledrig; Blattstiel 10–15 mm lang; Spreite elliptisch bis lanzettlich, zugespitzt, 5–8 cm lang und halb so breit, oberseits glänzend dunkelgrün, unterseits gelbgrün, beidseitig kahl, am Grund breit keilförmig bis abgerundet. Blattrand sehr unterschiedlich ausgebildet: Schatten- und Jugendblätter mit jederseits bis zu 7 Stachelzähnen; im Blütenstandsbereich oft wenig- oder ungezähnt; Blätter der weiblichen Pflanzen oft stärker bewehrt als die männlichen; Nebenblätter hinfällig. Lebensdauer der Laubblätter durchschnittlich 3 Jahre. ▪ Blüten meist eingeschlechtig, Pflanzen zweihäusig; Blüten mit doppelter Hülle, 4-zählig, zu mehreren in der Achsel vorjähriger Laubblätter. Kelch unscheinbar, klein. Krone weiß, oft rötlich überlaufen, ausgebreitet, 8 mm groß; Kronblätter am Grunde miteinander verwachsen. Staubblätter 4, die Krone nicht überragend, in den weiblichen Blüten steril. Fruchtknoten oberständig, 4-blättrig. Steinfrucht 8–10 mm groß, glänzend rot, mit 4 hellbraunen, 6–7 mm langen, gerieften Steinkernen. ▪ Blütezeit: Mai/Juni; Fruchtreife: Oktober.

Zweig mit männlichen Blüten

S In Buchen-, Buchen-Tannen- und Eichen-Hainbuchen-Wäldern, meist als strauchiger Unterwuchs; bei freiem Stand baumförmig; auf nährstoff- und basenreichen, meist kalkfreien bis mäßig sauren, humosen, steinigen Lehmböden.

V Atlantisches Europa, westliches und zentrales Mittelmeergebiet, nördlicher und südlicher Voralpenraum, Südosteuropa; Nordwestafrika. In Mitteleuropa vor allem im Norddeutschen Tiefland, in Westdeutschland und dem Alpenvorland; in den Alpen mitunter bis zu 1800 m ansteigend.

G Die Gattung *Ilex* umfaßt rund 400 Arten, die vor allem in den Tropen und Subtropen beider Erdhälften heimisch sind. Nur wenige Arten dringen in die gemäßigten Breiten vor, so z.B. im atlantischen Nordamerika, in Europa und in Ostasien. Die sommer- oder wintergrünen Holzgewächse haben meist auffällig gefärbte Steinfrüchte. *Ilex paraguariensis* aus Brasilien und Paraguay liefert die Blätter des Mate-Tees. ■ Die Familie der Stechpalmengewächse *(Aquifoliaceae)* besteht aus 3 Gattungen mit 145 Arten, die durchweg Holzgewächse sind.

Reife Früchte und unterschiedlich gestaltete Blätter

Die Blüten der Stechpalme werden hauptsächlich von Bienen bestäubt. Die Verbreitung der Steinkerne erfolgt durch Vögel, vor allem durch Amseln und Drosseln. Auf dem glänzend grünen Laub heben sich die roten Früchte kontrastreich ab, offenbar eine Anpassung an die Vogelverbreitung. Die Stechpalme bildet auch reichlich Wurzelsprosse aus, so daß es, namentlich in schattigen Wäldern mit nur spärlicher Blütenbildung zur vegetativen Ausbreitung kommt, und die Pflanzen großflächige Bestände bilden können.

Die Stechpalme gedeiht besonders gut in Klimaten mit milden, feuchten Wintern und nicht zu trockenen Sommern. Derartige Lebensräume bieten das atlantisch getönte Europa und die Gebirgslagen des Mittelmeergebietes. So finden wir prächtige, baumförmige Stechpalmenbestände auf Sardinien in Höhenlagen zwischen 600 und 1000 m, vergesellschaftet mit Eiben und laubwerfenden Eichen.

Die Stechpalme kann ein Alter von 300 Jahren bei einer Stammdicke von 50 cm erreichen. Das Holz ist im Splint und Kern weiß bis gelblichgrün mit einem bläulichen Schimmer. Es ist feinfaserig, zäh, schwer spaltbar und stark schwindend. Man verwendet es nicht zuletzt wegen seiner guten Polierfähigkeit für Drechsler- und Einlegearbeiten, Holzschnitte und Furnierholz.

Die Früchte sind giftig. Über die Natur des Giftes wissen wir noch sehr wenig. Der Verzehr mehrerer Früchte kann Leibschmerzen, Erbrechen und Durchfall auslösen. Die Blätter der Stechpalme werden häufig von der Minierfliege *Phytomyza aquifolii* befallen, deren Larven Gänge durch das chlorophyllhaltige Blattgewebe fressen. Die Blätter bekommen unregelmäßig geformte, gelbe und braune Flecken. Die Larven, oft mehrere in einem Blatt, überwintern im Blattgewebe, z.T. auch als Puppe.

Stechpalmenzweige werden, besonders in England, als Weihnachtsschmuck verwendet. In Deutschland ist die Stechpalme geschützt.

Ilex nannten die Römer die Stein-Eiche. *Aquifolium* hingegen war der Name für die Stechpalme. In dem Wort sind die Bestandteile »acutus« = scharf, spitz und »folium« = Blatt enthalten. Der deutsche Name Hülse ist aus dem althochdeutschen »huls«, »hulis« abgeleitet. Aus ihm entstand auch das englische »holly«.

Gemeines Pfaffenhütchen

Euonymus europaea L.

K Sommergrüner, aufrechter und reichverzweigter, 2–6 m hoher Strauch oder kleiner Baum mit graubrauner, längsrissiger Rinde. Junge Zweige 4-kantig oder gerieft, oft mit Korkleisten, kahl, zunächst grün, später graubraun bis dunkelrotbraun; Seitensprosse fast rechtwinklig abstehend. Winterknospen kugelig bis spitz-eiförmig, bis zu 7 mm lang, grün bis rötlich, kahl; Schuppen bewimpert. ■ Laubblätter gegenständig; Stiel 5–8 mm lang; Spreite länglich-lanzettlich bis eiförmig, zugespitzt, am Grund gerundet oder keilförmig, 5–8 cm lang, 1,5 bis 3,5 cm breit, beidseitig kahl, oberseits dunkelgrün, unterseits heller; Rand gleichmäßig fein gesägt. ■ Blüten zwittrig, selten auch eingeschlechtig, meist 4-zählig, in 2- bis 9-blütigen, blattachselständigen Trugdolden, mit den Laubblättern erscheinend. Blütenstände 1,5–2,5 cm, Blüten 5–8 mm lang gestielt. Kelchblätter 1 mm lang, grün, unscheinbar; Kronblätter länglich-linealisch, 3–5 mm lang, gelblichgrün, oft etwas gefranst. Staubblätter kürzer als die Krone; Nektarscheibe deutlich; Fruchtknoten oberständig. Fruchtkapsel hängend, glatt, 4-lappig, 10–15 mm breit, rosa oder rot; sich fachspaltig öffnend und die Samen exponierend. Samen eiförmig, 5 bis 7 mm lang, weiß; ringsum von einem orangeroten Samenmantel umhüllt. ■ Blütezeit: Mai/Juni; Fruchtreife: August bis Oktober.

Zweig mit Blütenständen und gegenständigen Blättern

S Laubmischwälder und Auenwälder, Waldsäume und Gebüsche, an Hecken und Zäunen, Feldrainen und Wegrändern; auf mittel- bis tiefgründigen, nährstoff- und basenreichen, oft kalkhaltigen, wechselfeuchten Ton- und Lehmböden.

V Europa von Zentralspanien bis zur Wolga; Kleinasien, Kaukasus. Fehlt im südlichen Teil der Iberischen Halbinsel, dem größten Teil

Skandinaviens, in Schottland und Nordrußland. In Mitteleuropa weit verbreitet und häufig; vom Norddeutschen Tiefland bis zu den Alpen, hier bis 1200 m hoch aufsteigend.

Das Gemeine Pfaffenhütchen hat ein breites ökologisches Spektrum, das vom Auwald und anderen dauerfeuchten Standorten bis zu sommertrockenen, wärmeliebenden Gebüschen reicht. Es ist ein Licht- bzw. Halbschattengehölz mit dichtem, flach streichendem Wurzelwerk. Die recht unscheinbaren Blüten werden von Insekten, vor allem Fliegen, bestäubt, die den offen und reich dargebotenen Nektar aufnehmen. Die Verbreitung der Samen erfolgt durch Amseln, Drosseln, Rotkehlchen und andere Vögel, die von den kontrastreich gefärbten Früchten und Samen angelockt werden.
Nach dem Laubaustrieb werden die Pflanzen häufig von der Gespinstmotte *(Yponomeuta plumbellus)*, einem Kleinschmetterling, befallen, dessen Larven die Sträucher mit einem dichten Gespinst überziehen. Nicht selten kommt es zu völligem Kahlfraß. Ein 2. Laubaustrieb bleibt hingegen verschont. Auch die Schwarze Bohnenlaus *(Aphis fabae)* befällt das Gemeine Pfaffenhütchen oft so stark, daß die Zweige schwarz gefärbt sind (s. auch S. 109).
Das Pfaffenhütchen ist giftig. Samen, Blätter und Rinde enthalten einen Bitterstoff, der brecherregend und abführend wirkt. Verschiedene Herzglykoside und Alkaloide können Schädigungen der Herzmuskulatur, Kreislaufstörungen, ja sogar einen Kollaps herbeiführen. Ca. 35 Früchte sollen tödlich wirken.
Das Holz ist hart, schwer, zäh und von gelblicher Farbe. An der Luft bleicht es aus. Es wurde früher für feine Drechslerarbeiten und zur Herstellung von Spindeln (Spindelstrauch!), Stricknadeln und Schuhnägeln verwendet. Die aus dem Holz bereitete Holzkohle ist als Zeichenkohle geschätzt, dürfte heute aber kaum noch hergestellt werden.
Der Name Pfaffenhütchen geht auf die einem Barett ähnelnde Frucht zurück.

Geöffnete Kapselfrüchte

Raupen der Gespinstmotte

Breitblättriges Pfaffenhütchen

Euonymus latifolia (L.) Mill.

K Sommergrüner, aufrechter, nur mäßig verzweigter Strauch oder gelegentlich bis zu 5 m hoher, kleiner Baum. Junge Zweige schwach 4-kantig bis gerundet, kahl, grünlich, sonnenseits gerötet; Verzweigungen oft fast rechtwinklig abspreizend und leicht überhängend. Rinde später graubraun, längsrissig, mit auffallend hellen, kleinen Korkwarzen. Winterknospen 1–2,5 cm lang, lang zugespitzt, grünlich bis rotbraun, kahl, seidig-glänzend, am Rand bewimpert; Endknospe stets vorhanden. ■ Laubblätter gegenständig; Stiel 5–10 mm lang; Spreite breit oval, zugespitzt, am Grund abgerundet bis keilförmig, 8–14 cm lang, bis 5,5 cm breit, beidseitig kahl, oberseits frisch-, unterseits hellgrün; Rand fein und gleichmäßig gesägt; Nebenblätter fädig, bald abfallend. ■ Blüten zwittrig, meist 5-zählig, mit doppelter Hülle, im Durchmesser 7–9 mm; in 6- bis 15-blütigen, blattachselständigen Trugdolden an jungen Trieben. Blütenstände 5–6 cm, Einzelblüten 5–7 mm lang gestielt. Kelchzipfel 1–2 mm lang, grün; Kronblätter 2–3 mm lang, linealisch, grünlichgelb. Staubblätter kürzer als die Krone; Nektarscheibe groß; Fruchtknoten oberständig. Fruchtkapsel 1,5 cm lang und bis 2,5 cm breit, geflügelt, hängend, karmin- bis purpurrot; Samen 6–7 mm lang, weiß, ringsum von einem orangeroten Samenmantel umhüllt. ■ Blütezeit: Mai/Juni; Fruchtreife: September/Oktober.

S In krautreichen Laubmischwäldern; vorwiegend im Ahorn-Linden-Wald, aber auch in Buchen- und Buchen-Tannen-Wäldern und an Waldrändern; gern in warmen, luftfeuchten Lagen; auf mittel- bis tiefgründigen, kalk- und nährstoffreichen, lockeren Mull- und Lehmböden. Begleitpflanzen sind Pimpernuß, Elsbeere, Hasel, Liguster, Hopfenbuche, Pfeifenstrauch und Flieder.

V Europa, Kleinasien, Kaukasus, Nordpersien, Nordwestafrika. In Eu-

Zweigspitze mit Blütenstand und lang zugespitzte Endknospe

ropa in den Cevennen, im Jura, in den Alpen und in den Apenninen sowie in den Gebirgen der Balkan-Halbinsel. In Deutschland nur südlich der Donau, von der Ebene bis zu Höhen von 1600 m in den Alpen; vorwiegend im Bergland.

G Die Gattung *Euonymus* umfaßt 175 Arten, die mit Ausnahme Afrikas in allen Erdteilen, schwerpunktmäßig im Himalaja und Ostasien, verbreitet sind. Alle Arten sind Holzgewächse, sommer- oder immergrün, aufrecht wachsend oder mit Hilfe von Haftwurzeln kletternd. ■ Das Pfaffenhütchen gehört zur Familie der Baumwürgergewächse *(Celastraceae).* Die 55 Gattungen mit 850 Arten, Schlingpflanzen, Wurzelkletterer, Sträucher und Bäume, sind in den Subtropen und gemäßigten Zonen beider Erdhälften beheimatet. In Europa ist nur die Gattung *Euonymus* mit 4 Arten vertreten.

Die Blüten des Breitblättrigen Pfaffenhütchens werden von Insekten bestäubt, die den offen dargebotenen Nektar ausbeuten. Vogelverbreitung ist die Regel. Für den Menschen sind die Samen giftig.
Wegen des schönen Laubaustriebes, des ansehnlichen Fruchtbehanges und der weinroten Herbstfärbung wird das Breitblättrige Pfaffenhütchen gelegentlich in Gärten und Parks angepflanzt. Als Ziergehölze spielen die europäischen Arten keine große Rolle. Weitaus häufiger treffen wir immergrüne, ostasiatische Arten an. Am bekanntesten ist wohl das in Japan und Korea heimische Japanische Pfaffenhütchen *(Euonymus japonica),* ein bis 8 m hoher, reichverzweigter Strauch, der seit 1804 in Europa in Kultur ist. Weniger die Wildart, als eine Fülle von Spielarten, vor allem buntblättrige Formen, werden in den wintermilden Gegenden im Freien, anderenorts als Kübelpflanzen gehalten. In Süd-

Blattachselständige Blütenstände

und Westeuropa ist diese Art eine beliebte Heckenpflanze. Anhand seiner markanten, schmalen Korkleisten ist der Flügel-Spindelstrauch *(E. alata),* ebenfalls häufig angepflanzt, leicht zu erkennen.
»Euonymos« hieß das Pfaffenhütchen bei Theophrast, »euonymus« bei Plinius, was übersetzt »mit gutem Namen« heißt. Wegen des unangenehmen Geruchs und der Giftigkeit der Früchte galt das Pfaffenhütchen als unheilbringend, was der Name jedoch verschleiern sollte.

Völlig vom Samenmantel umhüllte Samen

Warzen-Pfaffenhütchen

Euonymus verrucosa Scop.

K Sommergrüner, reich verzweigter, 0,5–2 m hoher Strauch. Verzweigungen fast rechtwinkelig. Sprosse dünn, rundlich, graugrün, kahl; dicht mit großen, dunkelbraunen Korkwarzen besetzt, die sich später vergrößern, schwarz färben und den Zweigen eine dunkle Farbe verleihen. Winterknospen eiförmig, zugespitzt, 1–4 mm lang. Endknospe stets vorhanden, mit 4 Paaren dicht schließender, braun bewimperter Schuppen. ■ Laubblätter gegenständig; Stiel 1–3 mm lang; Spreite länglich-eiförmig bis länglich-elliptisch, zugespitzt, mit keilförmigem Grund, 3–6 cm lang, 1,3–2 cm breit, beidseitig kahl; Rand gleichmäßig fein gesägt. Laubfärbung hellviolett. ■ Blüten in 2- bis 9-zähligen Trugdolden. Blütenstandsachse fädig, 2,5–5 cm, Blütenstiel 5 mm lang. Blüten zwittrig, 4-zählig, 6–10 mm breit. Kelch unscheinbar, grün, 1,5 mm lang. Kronblätter rundlich, 2–4 mm lang, gelbgrün, fein rötlich punktiert (!), ganzrandig oder gefranst; Staubblätter viel kürzer als die Krone; Nektarscheibe als großes Drüsenpolster ausgebildet; Fruchtknoten oberständig. Fruchtkapsel hängend, abgeflacht birnenförmig, 4-lappig, 10 bis 12 mm breit, bleichrosa bis rötlich, sich zur Reife fachspaltig öffnend; Samen kugelig, ca. 6–7 mm groß, schwarz (!), nur unvollständig (!) von einem scharlachroten, dickfleischigen Samenmantel umhüllt. ■ Blütezeit: Mai/Juni; Fruchtreife: August/September.

S Lichte Buchen-, Eichen-, Laubmisch- und Nadelwälder, Gebüsche und Felshänge; meist auf kalkhaltigen, flach- bis mittelgründigen, sandigen, steinigen oder reinen Lehmböden. Feuchte Standorte werden ebenso besiedelt wie sommerwarme, trockene Hänge. In Südosteuropa auch im Steppenwald vorkommend, vergesellschaftet mit Hasel, Manna-Esche, Hopfenbuche, Wolli-

Blühender Zweig; die Blüten sind durch zahlreiche Punkte rötlich gefärbt

gem Schneeball und Perückenstrauch.

V Ost- und Südosteuropa bis zur Wolga, zum Ural und dem Kaukasus; nördliches Kleinasien, Nordpersien. Isolierte Vorkommen in der Schweiz und in Italien. Fehlt dem südlichen Teil der Balkan-Halbinsel. Auch in Deutschland nicht verbreitet; in Polen vor allem östlich der Weichsel; in Böhmen und im östlichen und südlichen Österreich, nach Westen bis Salzburg. Von der Ebene bis in Höhenlagen von 1800 m im Pontischen Gebirge.

Zweig mit Korkwarzen

Vom Samenmantel nicht ganz umhüllte Samen

Die zarten Blüten des Warzen-Pfaffenhütchens bieten den in einem verhältnismäßig großen, den Griffel umgebenden Nektarpolster gebildeten Nektar offen dar. Blütenbesucher sind Fliegen und Hautflügler.

Die Früchte öffnen sich wie bei allen Arten der Gattung fachspaltig, so daß die Samen sichtbar werden. Im Unterschied zu den meisten Pfaffenhütchenarten bleibt jedoch der nur teilweise von einem Samenmantel umhüllte, schwarze Samen nicht direkt an der Fruchtwand befestigt. Vielmehr streckt sich der fleischige, dicke Samenmantel so stark in die Länge, daß die Samen an diesem Faden aus der Kapsel heraushängen. Die Kapselwand spreizt sich zudem weniger als bei anderen Arten. So entsteht ein 3-facher Farbkontrast: eine rosa gefärbte Fruchtaußenwand, ein schwarzer Same und ein scharlachroter, durch Karotinoide gefärbter Samenmantel.

Die Samen werden von Vögeln verbreitet. Eine Keimung erfolgt spät, meist erst nach 18–20 Monaten. Bei uns wird das Warzige Pfaffenhütchen kaum angepflanzt, obwohl es gut und problemlos gedeiht und, im Unterschied zum Gemeinen Pfaffenhütchen, kaum von Schädlingen, auch nicht Gespinstmotten, befallen wird. Die Wurzeln enthalten 7–10% Guttapercha, ein Polyterpen, das im Unterschied zum Kautschuk in der trans-Form vorliegt. Guttapercha wird in besonderen Zellen der Wurzelrinde gebildet und in Milchsaftschläuchen gespeichert. In der Sowjetunion, z. B. im Altai-Gebirge, wird das Warzen-Pfaffenhütchen plantagenmäßig angepflanzt.

Das lat. Epitheton *verrucosa* heißt übersetzt warzig.

Gemeine Pimpernuß

Staphylea pinnata L.

K Sommergrüner, aufrechter, schwach gabelig verzweigter, 2–5 m hoher Strauch mit grauer, netzartig gemusterter Rinde. Junge Zweige grünlich bis rötlichbraun, mit zahlreichen, heller gefärbten Korkwarzen, kahl. Winterknospen eiförmig, bis 13 mm lang, kahl, rötlichbraun, die beiden Knospenschuppen zu ⅔ bis ¾ miteinander verwachsen. Endknospe fehlt, durch den Verlust einer der beiden im Spitzenbereich gelegenen Seitenknospen kann eine Endknospe vorgetäuscht werden. ▪ Laubblätter gegenständig, bis 25 cm lang; unpaarig gefiedert, mit 5–7, bis zu 10 cm langen, 3–5 cm breiten Fiederblättchen. Spreite elliptisch, lang zugespitzt; Endfieder lang gestielt, die seitlichen Fiederchen sitzend; beidseitig kahl, oberseits frischgrün, unterseits bläulichgrün; Blattrand fein gesägt; Nebenblätter fädig, hinfällig. ▪ Blüten in 15–20 cm langen, endständigen Rispen an den jungen Trieben; zwittrig, mit doppelter, 5-zähliger, freiblättriger Blütenhülle. Kelchblätter 8–15 mm lang, weiß bis gelblichweiß, außen oft rötlich getönt, von den nur wenig längeren Kronblättern kaum unterschieden. Staubblätter 5, von den glockenförmig angeordneten Kronblättern umhüllt; Fruchtknoten oberständig, 2- bis 3-fächerig. Fruchtkapseln hängend, 15 mm lang gestielt, blasig aufgetrieben, 3–4 cm lang, kurz gezipfelt. Je Fach mit einem hellbraunen, glänzenden, 10–14 mm großen, kugeligen Samen. ▪ Blütezeit: Mai/Juni; Fruchtreife: September/Oktober.

S In krautreichen Laubmischwäldern, vor allem Ahorn-Linden-, Buchen- und Flaum-Eichenwäldern, in lockeren Gebüschen, an Waldrändern, vorwiegend in der Hügel- und Berglandstufe; auf sommerwarmen, kalkreichen, lockeren, humosen,

Zweig mit Fiederblatt und Blütenrispe; reife Blasenfrüchte

nährstoffreichen, steinigen Lehm- und Lößböden; im südöstlichen Europa oft in Begleitung von Wolligem Schneeball, Schlehe, Perückenstrauch, Flaum-Eiche und Manna-Esche. In Deutschland bis zu 600 m hoch vorkommend.

V Mitteleuropa, Alpenraum, Apenninen, Südosteuropa, Kleinasien, Kaukasus. In Mitteleuropa südlich des Mains, z.B. im Oberrheintal.

G Die Gattung *Staphylea* umfaßt 10 sommergrüne, strauchige Arten in der gemäßigten Zone der Nordhalbkugel. In Mitteleuropa ist nur 1 Art heimisch. ▪ Die Familie der Pimpernußgewächse *(Staphyleaceae)* besteht aus 5 Gattungen mit 60 Arten, die in den Tropen, Subtropen und den gemäßigten Breiten Amerikas und Eurasiens beheimatet sind; sie sind ausnahmslos Holzgewächse.

Hängende Blütenrispe

Ausgewachsene, fast reife Früchte

Die Gemeine Pimpernuß ist in Deutschland selten. Sie gedeiht nur in milden Lagen. In der Roten Liste ist sie als »gefährdet« aufgeführt. Wegen ihrer ansehnlichen Blütenstände und der eigenartigen Blasenfrüchte ist sie schon lange in Kultur und gebietsweise verwildert. Die Blüten werden von Bienen aufgesucht, doch herrscht Selbstbestäubung vor.

Die reifen Früchte sind blasig aufgetrieben, die Fruchtwand ist pergamentartig dünn und gelbgrün gefärbt. Die Früchte öffnen sich zur Reife gar nicht oder nur mit einem kleinen Spalt und lösen sich auch nicht vom Strauch. Die reifen Samen fallen im Herbst in die Fruchthöhle. Wenn sie vom Wind geschüttelt werden entsteht ein klapperndes Geräusch, was der Pflanze den Namen Klapper- oder auch Pimpernuß (mittelhochdeutsch »pimpern«, »pümpern« = klappern) eingebracht hat. Schließlich werden die Früchte im Spätwinter oder Frühling vom Wind losgerissen und am Erdboden verweht. Die Samen keimen mitunter erst im 2. Jahr.

Das Holz der Pimpernuß ist hart, schwer spaltbar, im Splint gelblichweiß und fast farblos im Kern. Es wurde früher gern für Drechslerarbeiten verwendet, da es eine schöne Maserung aufweist.

Im Gattungsnamen ist das griechische »staphyle« = Traube, Weintraube enthalten. Das lat. Epitheton *pinnatus* heißt gefiedert. Einer der Kräuterbuchautoren des 16. Jahrhunderts, Lonitzer, nannte die Pimpernuß »Pistacia germanica« und schrieb den Samen eine blutreinigende Wirkung zu.

Faulbaum

Frangula alnus Mill.

K Aufrechter, sommergrüner, unbewehrter, 1,5–3 m hoher Strauch oder gelegentlich bis 7 m hoher Baum mit graubrauner, flach-längsrissiger Borke. Junge Sprosse rundlich; Rinde grau- bis rotbraun, mit zahlreichen, länglichen, hellbraunen Korkwarzen; grau bis rostrot behaart, nur wenig verkahlend. Winterknospen bis 5 mm lang, eiförmig, zugespitzt, ohne Knospenschuppen (!). Knospenschutz übernehmen in Knospenlage verharrende, unentfaltete, rotbraun behaarte Laubblätter, die sich bei Beginn der neuen Vegetationsperiode zu funktionstüchtigen Laubblättern entfalten. ▪ Laubblätter wechselständig; Stiel 8–12 mm lang; Spreite breit-eiförmig bis breit-elliptisch, 3–6 cm lang, 3–4 cm breit, am Ende stumpf, am Grund breit keilförmig, ganzrandig, beiderseits mit 7–8 bogig aufsteigenden Seitenadern, ober- und unterseits entlang der Adern behaart, z.T. verkahlend. ▪ Blüten zwittrig, 5-zählig, mit doppelter Blütenhülle, mit den Laubblättern erscheinend, zu 3–7 blattachselständig gruppiert, 5–10 mm lang gestielt. Kelchblätter 1,5–3 mm lang, 3-eckig, einem glockenförmigen Blütenbecher aufsitzend, grünlichweiß; Kronblätter weiß, 1–2 mm lang, die auf gleicher Höhe inserierten Staubblätter kapuzenartig bedeckend. Fruchtknoten frei im Blütenbecher stehend. Frucht eine kugelige, 7–8 mm große, 2 bis 3 Kerne enthaltende Steinfrucht mit saftig-fleischiger Außenwand, sich zur Reife von grün über rot nach schwarzviolett färbend. ▪ Blütezeit: Mai bis August; Fruchtreife: Juli bis Oktober.

S Erlenbrüche, Birkenmoore, Auenwälder, aber auch in lichten Laub-, Laubmisch- und Nadelwäldern; auf staunassen bis wechselfeuchten, mageren, basenreichen bis basenarmen oder sauren, tiefgründigen Torf-, Lehm-, Ton- und Sandböden. Vergesellschaftet mit Schwarz- und Grau-

Zweig mit Blättern und achselständigen Blüten

Erle, Trauben-Kirsche, Gemeinem Schneeball, Roter Heckenkirsche und Purgier-Kreuzdorn.

V Nördlichstes Nordwestafrika, Iberische Halbinsel bis Westsibirien, Kleinasien, Nordpersien. Auf den großen Mittelmeerinseln, dem Südteil der Balkan-Halbinsel sowie weiten Teilen Nordskandinaviens und Südrußlands fehlend. In Mitteleuropa allgemein verbreitet; vom Norddeutschen Tiefland bis zu den Alpen, hier bis zu 1400 m hoch ansteigend; vor allem in mittleren Gebirgslagen.

G Die Gattung *Frangula* umfaßt 50, vorwiegend in Eurasien und Nordamerika beheimatete, unbewehrte Holzgewächse. Von der nah verwandten Gattung *Rhamnus* unterscheidet sie sich durch 5-zählige, zwittrige Blüten und das Fehlen von Knospenschuppen. In Europa sind 3 Arten vertreten, nur 1 davon in Mitteleuropa.

Die recht unscheinbaren Blüten werden über einen langen Zeitraum hinweg gebildet, so daß meist Blüten und reife Früchte am gleichen Zweig zu sehen sind. Zahlreiche Insekten, z.B. Bienen, Fliegen, Wespen und Käfer bestäuben die Blüten, in dem sie den offen dargebotenen Nektar aufnehmen. Auch Selbstbestäubung ist möglich. Die Früchte werden von Vögeln verzehrt, die so für die Verbreitung der Pflanze sorgen. Nach der Bestäubung löst sich der obere Teil des Blütenbechers mit dem Kelch ringförmig ab, der untere Abschnitt bleibt bis zur Fruchtreife erhalten.

Das Holz des Faulbaumes ist grobfaserig, leicht und weich, im schmalen Splint hellgelb, im Kern ziegelrot. Man nutzte es für Drechslerarbeiten, in der Tischlerei sowie zur Herstellung von Holznägeln und Faßspunden. Die aus Faulbaumholz hergestellte Holzkohle ist von bester Qualität und diente der Schießpulverbereitung. Der Faulbaum wird deshalb auch Pulverbaum oder Pulverholz genannt.

Aus der Rinde wird die Droge »Cortex Frangulae« gewonnen. Sie enthält vor allem Anthraglykoside, die, wie auch das im Samen enthaltene Glukofrangulin, stark abführende Wirkung haben. Als Drogenlieferant hat der Faulbaum an Bedeutung verloren, die im pazifischen Nordamerika beheimatete *Frangula purshiana*, aus der die Droge »Cortes Rhamni Purshianae« bereitet wird, wird heute bevorzugt. Inhaltsstoffe sind, im Unterschied zur heimischen Faulbaumrinde, in erster Linie sog. Cascaroide. Beide Rinden müssen längere Zeit, 1 bzw. 2 Jahre, gelagert werden.

Reife, saftige Steinfrüchte

Der Gattungsname *Frangula* leitet sich von lat. »frangere« = brechen ab, bezogen auf das recht brüchige Holz. Das Epitheton *alnus* ist der Gattungsname der Erle. Aufgrund des fauligen Geruchs der frischen Rinde erhielt der Faulbaum seinen deutschen Namen.

Purgier-Kreuzdorn

Rhamnus cathartica L.

K Sommergrüner, sparrig verzweigter, aufrechter, 2–3 m hoher, dornig bewehrter Strauch mit rot- bis schwarzbrauner, horizontal abrollender Ringelborke. Junge Zweige gerundet, grau bis graubraun, schwach behaart, jedoch bald verkahlend, mit nur wenigen Korkwarzen. Sprosse kreuz-gegenständig verzweigt (Name!), häufig in Dornen endend. Winterknospen länglich-eiförmig, zugespitzt, 5–8 mm lang, rotbraun, mit bewimperten, dicht schließenden Schuppen. ■ Laubblätter gegenständig; Stiel 1–3 cm lang; Spreite eiförmig, kurz zugespitzt, am Grund gerundet, 3–7 cm lang, 1,5–4 cm breit, oberseits tiefgrün, unterseits heller, vor allem auf den Adern behaart; Rand regelmäßig fein gezähnt. Nebenblätter pfriemlich, hinfällig. ■ Blüten gelbgrün, eingeschlechtig, 4-zählig, mit doppelter, freiblättriger Hülle, blattachselständig, in 2- bis 8-blütigen Scheindolden an jungen Trieben, 10 mm lang gestielt. Kelchblätter am Ende eines Blütenbechers stehend, länglich 3-eckig, 2–3 mm lang; Kronblätter schmallanzettlich, 5–6 mm lang. Männliche Blüten mit 4 Staubblättern von Kronblattlänge und einem nur unvollständig ausgebildeten Fruchtknoten. Weibliche Blüten mit einem frei im Blütenbecher stehendem, 3- bis 4-fächerigem Fruchtknoten und kurzen, sterilen Staubblättern. Frucht eine kugelige, schwarzviolette, 6–8 mm große, außen saftige Steinfrucht mit 2–4 Steinkernen; diese 5 mm groß mit 1 Samen. ■ Blütezeit: Mai/Juni; Fruchtreife: September/Oktober.

S In Auenwäldern, feuchten Laubmischwäldern und an Waldsäumen sowie in Gebüschen sommerwarmer, sommertrockener Standorte; auf basenreichen, häufig kalkhaltigen, humosen, lockeren, steinigen Lehmböden oder flachgründigen Steinböden. Vergesellschaftet mit Schlehe, Rotem Hartriegel, Liguster, Berberitze und Hasel.

Langtriebe mit endständigen Dornen und blühenden Kurztrieben

V Europa von Zentralspanien bis zum Ural, östlich bis Westsibirien und zum Altai-Gebirge; nördliches Kleinasien, Kaukasus, Nordpersien, nördlichstes Nordwestafrika. Fehlt in Schottland, dem größten Teil Skandinaviens, Nordrußland und den Südteilen der Iberischen und der Balkan-Halbinsel. In Mitteleuropa vom Norddeutschen Tiefland bis zu den Alpen weit verbreitet, bis zu Höhen von 1600 m aufsteigend.

Der Purgier-Kreuzdorn ist ein Licht- oder Halbschattengehölz. Häufig

Reife, ausgefärbte Steinfrüchte

kommt es zur Ausbildung von Wurzelsprossen. Die wenig auffälligen Blüten werden von kurzrüsseligen Insekten aufgesucht, die den offen dargebotenen Nektar aufnehmen. Die Früchte werden von Vögeln verzehrt. Die enthaltenen Anthraglykoside sind giftig und rufen beim Menschen Durchfall und Erbrechen hervor. Die Steinfrüchte sind aufgrund ihrer Inhaltsstoffe auch als Droge »Fructus Rhamni catharticae« bekannt. Auch die Rinden sind als Abführdrogen noch im Handel.
Das harte, feste, schwere und sehr schwer spaltbare Holz ist gut bearbeitbar, sehr dauerhaft und im schmalen Splint gelblichgrau, im Kern rötlichgelb bis rot. Es wurde früher in der Tischlerei und Möbelschreinerei verwendet. Das meist sehr schön und zierlich gemaserte Holz des Wurzelstockes war in der Drechslerei hoch geschätzt.
Die Früchte, auch anderer Kreuzdornarten, die sog. Gelbbeeren, dienten aufgrund ihres Gehalts an wasserunlöslichem Rhamnetin in Verbindung mit Metallsalzen zur Herstellung lichtechter und beständiger Farben. Baumwolle, Wolle, Leder und Papier konnten damit gelb,

Ringelborke des Purgier-Kreuzdorns

orange, rotbraun oder olivgrün gefärbt werden.
Der Purgier-Kreuzdorn ist der Zwischenwirt des Hafer-Kronenrostes *(Puccinia coronifera)*, einer Pilzkrankheit, die beim Hafer auf Blättern und Blattscheiden anfänglich kleine, strichartige, rötlichgelbe Sommersporenlager erscheinen läßt, die sich später kranzartig mit schwarzen Wintersporenlagern umgeben. Der Purgier-Kreuzdorn wird daher in Haferanbaugebieten entfernt.
Das Epitheton *cathartica* leitet sich vom griechischen »katharein« = reinigen ab. Die gleiche Bedeutung hat das Wort purgieren.

Zwerg-Kreuzdorn

Rhamnus pumila Turra

K Knorriger, niederliegend bis kriechender, 5–20 cm hoher, reichverzweigter, sommergrüner, unbewehrter Spalierstrauch. Junge Zweige graubraun, mit zahlreichen hellen Korkwarzen, kurz behaart. Ältere Zweige querrunzelig-knotig, grau- bis rötlichbraun. Winterknospen eiförmig, bis 5 mm lang; Schuppen dicht schließend, rötlichbraun, lang behaart. ■ Laubblätter wechselständig, an den Zweigspitzen dicht genähert; Stiel 5–10 mm lang; Spreite länglich verkehrt-eiförmig bis ei-lanzettlich oder zugespitzt elliptisch, 1–3 cm lang, bis 16 mm breit, am Grund keilförmig; Spreite jederseits

Zweige mit Blättern und Blüten; Einzelblüte

mit 5–8 schwach bogig aufsteigenden Adern, anfangs kurz flaumig-behaart, oberseits verkahlend, unterseits auf den Adern bleibend; Rand kaum gegliedert. ■ Blüten eingeschlechtig, 4-zählig, mit doppelter, freiblättriger Hülle, 5–7 mm lang gestielt, in der Achsel junger Triebe. Kelch einem Blütenbecher aufsitzend, 3-eckig, grün, bis zur Fruchtreife bleibend; Kronblätter schmal 3-eckig, 2–3 mm lang, gelbgrün, bei weiblichen Blüten oft fehlend; Staubblätter so lang wie die Kronblätter; Griffel 2- bis 3-teilig. Frucht eine kugelige, 6–8 mm große, sich von grün über rot nach blauschwarz färbende, außen saftige Steinfrucht mit meist 3 Steinkernen und bleibendem Griffel. ■ Blütezeit: Mai bis Juli; Fruchtreife: August/September.

S Vorwiegend in der alpinen und subalpinen Höhenstufe; in den Alpen zwischen 1400 und 2330 m Höhe, in den Südalpen auch tiefer. An steilen und kahlen Felsen, in Felsnischen und in sonnigen, feinerdearmen Felsspalten, vorwiegend auf kalkhaltigem Gestein. Vergesellschaftet mit Stengel-Fingerkraut, Kugelschötchen, Stumpfblättriger Weide und Silberwurz.

V Spanien, Pyrenäen, Jura, Alpen, Apenninen bis Mittelitalien, Sardinien, Jugoslawische Gebirge, Albanien; Nordwestafrika (Atlas). In Mitteleuropa nur im Schweizer Jura und den Alpen.

G Die Gattung *Rhamnus* umfaßt 110 Arten mit weltweiter Verbreitung, vor allem in der nördlich gemäßigten Zone, fehlt aber in Australien. Es sind bewehrte oder unbewehrte, immergrüne oder laubwerfende Gehölze. In Europa sind 13 Arten vertreten, 4 davon auch in Mitteleuropa. ■ Die Familie der Kreuzdorngewächse *(Rhamnaceae)* hat 58 Gattungen mit ca. 900 Arten, überwiegend Holzgewächse mit kleinen, unscheinbaren Blüten. Sie sind in allen Erdteilen beheimatet, das Mannigfaltigkeitszentrum liegt in Ostasien.

Der Zwerg-Kreuzdorn ist eines der markantesten mitteleuropäischen Spaliergehölze. Mit seinem Wurzelwerk vermag er tief in Gesteinsklüfte einzudringen und ist geradezu ein Lehrbuchbeispiel für ein Pioniergehölz auf extremen Standorten. Der Zwerg-Kreuzdorn vermag die strengen Hochgebirgswinter auch ohne Schneeschutz zu überdauern und verträgt extreme Klimaschwankungen. Der jährliche Zuwachs, sowohl Sproßlänge als Stammdicke betreffend, ist mancherorts außerordentlich gering. Selbst kleine Exemplare können ein erstaunlich hohes Alter aufweisen. Bei einem nur 22 mm dikken Stamm konnten 75 Jahresringe gezählt werden!

Die unscheinbaren Blüten werden vor allem von Fliegen und Hautflüglern aufgesucht. Die Blüten bilden im Nektarpolster reichlich Nektar. Reife Früchte werden von Vögeln verbreitet.

Der Zwerg-Kreuzdorn läßt sich problemlos auch in Steingärten kultivieren, verliert jedoch seine charakteristische Wuchsform, indem er wesentlich höher wird und auch größere Blätter ausbildet. Hin und wieder kommt es auch zu einer 2. Blütenbildung im Spätsommer.

In den Alpen und in südeuropäischen Hochgebirgen, östlich bis zu den Apenninen, sowie in Nordwestafrika ist noch eine weitere, unbewehrte, sommergrüne Art, der Alpen-Kreuzdorn *(Rhamnus alpina)* anzutreffen. Er ist ein aufrecht wachsender, schwach verzweigter, vielgestalteter Strauch, der bis zu 3 m hoch wird und gegenständig beblättert ist. Er bevorzugt kalkhaltige Böden und gedeiht vorwiegend an sonnigen Standorten, auf Felsen, Geröll, aber auch in lichten Wäldern.

Der Felsen-Kreuzdorn *(Rhamnus saxatilis)* erinnert entfernt an den Purgier-Kreuzdorn. Er ist stark bewehrt, sparrig verzweigt, 0,5–2 m hoch und gegenständig beblättert. Er ist im südlichen Mitteleuropa und Südeuropa verbreitet und auch in Süddeutschland heimisch. Im Unterschied zum Purgier-Kreuzdorn sind die Laubblätter nur 1–3 cm lang, sie stehen näher beieinander, entsprechend dicht ist die Verzweigung.

Blühender Zwerg-Kreuzdorn

Mit »rhamnos« bezeichneten Theophrast und Dioskurides verschiedene Dornensträucher und wohl auch die bewehrten Kreuzdornarten. Das lat. Epitheton *pumila* heißt übersetzt zwergenhaft.

Aufrechte Zweige des Alpen-Kreuzdorns

Wild-Rebe

Vitis sylvestris C. Gmel.

Wild-Rebe am natürlichen Standort

K Sommergrüne, 20–30 m hoch kletternde Liane mit längsfaseriger, grau- bis rotbrauner Borke. Junge Zweige anfangs flockig behaart, später verkahlend. Die Ranken sind zu Haftorganen umgebildete Blütenstände. Winterknospen rundlich, 3–5 mm groß, braun, behaart, außen von 2 Schuppen umhüllt. ▪ Laubblätter wechselständig, sehr vielgestaltig; Stiel 7–10 cm lang; Spreite im Umriß rundlich, 5–15 cm groß, mit 3–5 Lappen und tief, aber nicht bis zum Grund eingeschnittenen Buchten; Spreite oberseits tiefgrün, verkahlend, unterseits bleibend behaart; Spreitengrund mit weit geöffneter Stielbucht. Laubfärbung purpurrot. ▪ Blüten eingeschlechtig, wohlriechend, gelbgrün, in Rispen am Grund junger Triebe; Pflanzen zweihäusig. Blütenhülle doppelt, 5-zählig. Kelch viel kürzer als die 4–5 mm lange, im Aufblühen als »Mütze« abfallende Krone. Männliche Blüten mit aufrechten Staubblättern und verkümmertem Fruchtknoten; weibliche Blüten mit sterilen und zurückgebogenen Staubblättern, Fruchtknoten oberständig, 2-fächerig; zwischen Staubblättern und Fruchtknoten ist eine 5-teilige Nektarscheibe. Reife Beere kugelig, 5–7 mm groß, blauviolett bis schwarzblau, saftarm und sauer schmeckend. Samen herz- bis birnenförmig, meist 3. ▪ Blütezeit: Juni; Fruchtreife: September/Oktober.

S Eichen-Ulmen-Auenwälder und Waldränder. Auf feuchten, nährstoff- und basenreichen, tiefgründigen Lehm- und Tonböden. Ehemals Charakterpflanze wärmeliebender Auenwälder. Die Wild-Rebe ist eine Halbschatten- bzw. Lichtpflanze.

V Ostfrankreich, Italien, Donaugebiet, Balkan-Halbinsel, Südrußland, Kleinasien, Kaukasus, Transkaukasien, Nordpersien bis zum Tienschan- und Hindukusch-Gebirge. In Mitteleuropa erreicht die Wild-Rebe im

Zweigabschnitt mit Blättern und verzweigten Sproßranken

südlichen Oberrheingebiet die Nordgrenze ihres Areals.

G Die Gattung *Vitis* umfaßt 70 Arten, ausnahmslos Rankengehölze der Nordhemisphäre, überwiegend in Nordamerika und Ostasien. In Europa nur 1 Art. ■ Die Familie der Weinrebengewächse *(Vitaceae)* ist mit 12 Gattungen und 700 Arten, meist Rankenpflanzen, vor allem in den Tropen und Subtropen vertreten.

Noch in der Mitte des vorigen Jahrhunderts gab es im südlichen Oberrheingebiet, namentlich in den badischen Rheinwäldern, noch mehrere tausend Exemplare. Durch die Rheinregulierung und als Folge der Trockenlegung und forstmäßigen Bewirtschaftung der ehemaligen Auenwälder verringerte sich die Individuenzahl um die Jahrhundertwende auf wenige Hundert. Durch forstliche Pflegemaßnahmen wurden die Lianen systematisch entfernt, so daß die Wildrebe heute nur noch in etwa 40 Exemplaren an 10 Standorten anzutreffen ist. In der Roten Liste ist sie als »vom Aussterben bedroht« aufgeführt.

Durch die Zweihäusigkeit – an mehreren Fundorten kommt nur noch ein Geschlecht vor – und die insgesamt geringe Individuenzahl sind der natürlichen Verjüngung Grenzen gesetzt. Jungpflanzen sind empfindlich gegen Echten und Falschen Mehltau, Krankheiten die 1845 bzw. 1878 aus Nordamerika nach Europa eingeschleppt wurden. An trockeneren Standorten ist die Wild-Rebe zudem von der Reblaus, um 1860 ebenfalls aus Nordamerika nach Europa eingeschleppt und 1874 auch in Deutschland auftretend, bedroht.

In der nacheiszeitlichen Wärmezeit reichte das Areal der Wild-Rebe weiter nach Norden bis nach Belgien, Südschweden und Polen, wie es uns vorgeschichtliche Kernfunde bezeugen.

Männliche Blütenstände

Der »Wilde Wein« wächst oft neben der Wild-Rebe

Das größte Vorkommen der Wild-Rebe in Deutschland befindet sich auf der Halbinsel Ketsch zwischen Mannheim und Speyer.

Die Echte Weinrebe unterscheidet sich von der Wild-Rebe durch die birnenförmigen, geschnäbelten Samen, die größeren und saftreichen, süßen Beeren, stärker behaarte Blätter, dickere Zweige, zwittrige Blüten und die geringere Frosthärte.

Vitis hieß die Weinrebe bzw. der Weinstock bei den Römern. Das lat. Epitheton *sylvestris* hat die Bedeutung von wild oder wird als Präfix »Wald-« gebraucht.

Winter-Linde

Tilia cordata Mill.

K Sommergrüner, 25–30 m hoher Baum mit kräftigen Ästen und sehr feiner Verzweigung, eine dichte große Krone bildend. Stamm mit längsgefurchter, dicht gerippter, schwärzlichgrauer Borke. Junge Zweige hin und her gebogen, olivgrün, anfangs fein behaart, bald verkahlend und glänzend, grau- bis schwarzbraun und rauh. Korkwarzen klein aber deutlich. Winterknospen eiförmig, 5–7 mm lang, abspreizend, mit 2–3 kahlen, grünen bis rötlichen Schuppen; ohne Endknospe. ▪ Laubblätter 2-zeilig stehend; Stiel kahl, 2–5 cm lang; Spreite schief herzförmig, mit schmaler Stielbucht, 3–10 cm lang und ebenso breit, zugespitzt, am Rand gleichmäßig gesägt, oberseits grün, kahl, unterseits graugrün, auf den Adern behaart, mit rotbraunen Achselbärten entlang der Mittelrippe. ▪ Blüten zwittrig, 5-zählig, mit doppelter, freiblättriger Hülle. Blütenstand mit 4–10 Blüten; Stiel mit dem flügelartigen, spitzenwärts freien und abgewinkelten Hochblatt verwachsen. Kelchblätter eiförmig, 3 mm lang, weiß, behaart; Kronblätter 4–8 mm lang, oval, aufgerichtet, gelblichweiß; Staubblätter bis 30, in 5 Bündeln, alle fruchtbar; Fruchtknoten 5-blättrig. Frucht eine behaarte, dünnschalige (!), 5–7 mm große, schwach gerippte, kugelige, 1-samige Nuß. Fruchtstand 8–10 cm lang; Flügel 8–15 mm breit, nicht bis zum Grund des Blütenstandsstieles reichend. ▪ Blütezeit: Juni/Juli; Fruchtreife: September.

Zweig mit Winterknospen; Blattober- und Unterseite mit Achselbärten

S In sommerwarmen Eichen- und Eichen-Hainbuchen-Wäldern, auch in Eichen-Auenwäldern und Ahorn-Eschen- Linden-Hangwäldern. Abgesehen vom östlichen Arealteil bildet die Winter-Linde keine Reinbestände. Sie bevorzugt geschützte

Blühende Zweige der Winter-Linde

Lagen auf flach- bis tiefgründigen, basenreichen bis mäßig sauren, steinigen Lehm-, Löß-, Ton- oder Hangschuttböden.

V Europa von den Pyrenäen bis zum Ural, der Krim und dem Kaukasus; in Westsibirien bis zum Irtysch; Nordostanatolien. Fehlt in Irland, auf der Iberischen Halbinsel und der südlichen Balkan-Halbinsel sowie in Nordskandinavien. In Mitteleuropa von der Ebene bis in die Gebirgslagen; in den Alpen bis 1500 m hoch ansteigend. Im nördlichen Tiefland seltener. Das Areal der Winter-Linde reicht weiter nach Norden und Osten als das der Sommer-Linde.

Im geschlossenen Waldbestand bildet die Winter-Linde langschäftige Stämme, bei freiem Stand und besonders an der Nordgrenze des Areals ist sie oft von Grund an verzweigt. Ihr Stockausschlagsvermögen ist sehr hoch, weshalb sie ein wichtiger Bestandteil der Niederwälder war. In Mitteleuropa wächst sie vergesellschaftet mit Trauben-Eiche, Stiel-Eiche, Berg-Ulme, Hainbuche, Esche, Mehlbeere und Vogel-Kirsche; im südlichen Europa mit Zerr-Eiche, Eßkastanie und Hopfenbuche.

Wie die Sommer-Linde ist die Winter-Linde ein wichtiger Zierbaum für Parks, Gärten und Dorfplätze. In den Städten wird sie dagegen aufgrund ihrer Empfindlichkeit gegen Luftverschmutzung kaum noch gepflanzt. Ältere Exemplare zeigen durch vorzeitigen Laubfall und Blattbräunung Schädigungen an, nicht zuletzt auch infolge von Lufttrockenheit. Die Winter-Linde kann ein Alter von über 1000 Jahren und einen Stammdurchmesser von fast 2 Metern erreichen. Für zahlreiche »Gedenklinden« ist ein Alter von 700–800 Jahren bezeugt.

Das Holz der Winter-Linde ist dichter, fester, biegsamer, aber auch stärker schwindend als das der Sommer-Linde. Es wird für Zeichenbretter, Bilderrahmen und vor allem als Schnitzholz verwendet. Viele mittelalterliche Plastiken sind aus Lindenholz. Weiche Lindenholzkohle wird als gute Zeichenkohle geschätzt. Lindenbast spielte vor der Verdrängung durch den Raphiabast (Palmenbast) in der Gärtnerei eine wichtige Rolle. Das aus den fettreichen Samen gewonnene Öl hat die Güte von Olivenöl. Das lat. Epitheton *cordata* bedeutet herzförmig.

Lindenborke

Sommer-Linde

Tilia platyphyllos Scop.

K Sommergrüner, bis 40 m hoher Baum mit breiter, runder Krone, längsrissiger, dichtgerippter grau- bis schwarzbrauner Borke und weitverzweigtem Wurzelsystem mit kräftiger Pfahlwurzel. Junge Zweige mäßig hin und her gebogen, olivgrün, sonnenseitig rot, abstehend flaumig behaart, im 2. Jahr kahl. Korkwarzen klein, zahlreich. Winterknospen rötlich, mit 2–3 Schuppen, eiförmig bis schief-eiförmig, an der Spitze behaart, ohne Endknospe. ▪ Laubblätter 2-zeilig, weich; Stiel 3–5 cm lang, flaumig behaart; Spreite unterschiedlich groß, durchschnittlich bis 15 cm lang und 12 cm breit, im Kronenbereich oft kleiner, an Wasserreisern bis zu 25 cm lang, schief-eiförmig bis schief-herzförmig, deutlich zugespitzt, oberseits stumpfgrün, anfangs behaart, meist verkahlend, unterseits graugrün, flaumig behaart, mit zahlreichen, weißen (!) Achselbärten; Blattrand scharf gesägt. ▪ Blüten zwittrig, mit doppelter, 5-zähliger, freiblättriger Hülle; Blütenstand 2- bis 5-blütig. Kelchblätter 5–6 mm lang, länglich-eiförmig, spitzenwärts behaart; Kronblätter verkehrt länglich-eiförmig, zum Grund verschmälert, 6–8 mm lang, ausgebreitet, gelblich; Staubblätter 25–30, die Kronblätter etwas überragend, ohne sterile Staubblätter; Fruchtknoten mit langem Griffel und 5 Narbenlappen. Nußfrucht dickwandig, stark verholzt, kugel- bis birnenförmig, 8–9 mm lang, 7–8 mm breit, graufilzig behaart, deutlich 5-rippig. Fruchtstand bis 10 cm lang; Flügel 7–8 cm lang, 14–18 mm breit, fast bis zum Grund der Blütenstandsachse reichend, fast kahl. ▪ Blütezeit: Juni; Fruchtreife: September.

S In Buchen-Linden-Bergwäldern,

Zweig mit Winterknospen; Blattober- und Unterseite; Keimpflanze der Linde

Linden-Ahorn-Wäldern und Ahorn-Eschen-Ulmen-Berg- und Hangwäldern; auf Geröllhängen auch bestandbildend. Auf frischen, nährstoff- und basenreichen, oft kalkhaltigen bis mäßig sauren, steinigen Lehmböden.

V West-, Mittel-, Süd- und Südosteuropa, zerstreut in Kleinasien und im Kaukasus. Fehlt dem westlichen und südlichen Teil der Iberischen Halbinsel, auf den Britischen Inseln, im größten Teil Skandinaviens, auf Sardinien und Sizilien sowie in der ungarischen Ebene. In Mitteleuropa vor allem im mittleren und südlichen Teil. In den Nordalpen bis 1000 m hoch ansteigend, in den Südalpen auch höher. Eingebürgert in Irland, England, Belgien und den Niederlanden. Zwischen- und nacheiszeitliche Fossilfunde in Norddeutschland, Dänemark, Südschweden und Rußland.

G Die Gattung *Tilia* umfaßt 50 Arten, sommergrüne Gehölze mit hinfälligen Nebenblättern. Blüten zwittrig, radiär, zur Reife 1-samige Nußfrüchte an einem geflügeltem Fruchtstand. Das Areal erstreckt sich über die nördlich gemäßigte Zone der Alten und Neuen Welt und reicht südlich bis Mexico bzw. Indochina. Das Mannigfaltigkeitszentrum liegt in Ostasien. In Europa sind 5 Arten vertreten. ■ Die Linde gehört zur Familie der Lindengewächse *(Tiliaceae)*. Sie umfaßt 50 Gattungen mit 450 Arten in allen Erdteilen, vor allem in den Tropen und Subtropen. Große wirtschaftliche Bedeutung hat die einzige krautige Gattung *Corchorus*, die Jute.

Die Sommer-Linde ist schattenverträglich und in ihren Feuchtigkeitsansprüchen der Buche vergleichbar. Als einzeln stehender Baum ist sie meist bis zum Grunde verzweigt oder hat bis fast auf den Boden hängende Zweige; im geschlossenen Bestand bildet sie dagegen langschäftige Stämme. In den Gebirgen steigt sie oft höher als die Winter-Linde. Lindenmischwälder auf nährstoffreichem, feuchten Boden schaffen gute Lebensbedingungen für die Krautschicht, denn durch den späten Laubaustrieb haben die Bodenpflanzen lange einen optimalen Lichtgenuß. Lindenlaub verwittert leicht. Reine Sommer-Lindenwälder gibt es im östlichen Teil des Areals.

Die Bestäubung der Lindenblüten erfolgt durch Insekten. Blütenbesucher sind außer Bienen und Hummeln vor allem Fliegen und Schwebfliegen. Der Blütenduft wird beson-

Fruchtstände europäischer Lindenarten

ders gegen Abend intensiv. Die Blütenbesucher finden reichlich Nektar; dieser wird am Grunde der Kelchblätter von Haaren abgesondert (Haar-Nektarien) und ist von anderen Haaren bedeckt. Die Nektarabsonderung ist ungleichmäßig über den Tag verteilt: Sie erfolgt vor 6.00 Uhr in den Morgenstunden und noch einmal am Spätnachmittag zwischen 16.00 und 18.00 Uhr. Der Morgennektar unterscheidet sich im Zuckergehalt mit 16% bis 27% vom Abendnektar mit 50% bis 80%.

Die Blüten der Linde sind proterandrisch, d.h. die männlichen Organe reifen vor den weiblichen. Das männliche Stadium dauert 1 bis 2 Tage, das weibliche 4 bis 8 Tage. Nektarabsonderung und Zuckergehalt sind während der weiblichen Phase höher als während der männlichen. Der Zuckerbehalt ist auch von Art zu Art verschieden. Bei der Winter-Linde beträgt er durchschnittlich 40%, bei der Sommer-Linde 34%, bei der Silber-Linde aber nur 26%. Man rechnet mit einem druchschnittlichen Zukkerertrag von 700–1000 g je Lindenbaum. Die Bienen sammeln außer dem Nektar aber auch Pollen.

Die Linde gehört zu den wenigen heimischen Laubgehölzen, die erst blühen nachdem sie vollständig belaubt sind. Eigenartig sind die Blütenstände aufgebaut, nämlich aus Seitensprossen, die der Achsel eines Laubblattes entstammen. Wie bei zweikeimblättrigen Pflanzen allgemein üblich, beginnt die Blattfolge eines Seitensprosses mit 2 Vorblättern, auf die dann weitere Blätter folgen können. Das 1. Vorblatt bei den Blütenstandstrieben der Linden ist von langer, schmaler Form und sein unterer Teil mit der Blütenstandsachse verwachsen, nur der oberste, freie Teil spreizt flügelähnlich ab. Das 2. Vorblatt ist nicht so leicht zu erkennen. Es ist kleiner und dient gleichzeitig als Knospenschutz (!) für die in seiner Achsel verborgenen Winterknospe.

Das Flügelblatt des Fruchtstandes hat verbreitungsbiologische Bedeutung. Zur Fruchtreife ist es trockenhäutig und abgestorben. Bei dem vom Wind abgelösten Fruchtstand bilden nun die Nüsse den Schwerpunkt. Im freien Fall wird durch die schwache Drehung des freien Flügelteils der Fruchtstand in eine drehende Bewegung versetzt und trudelt schraubenförmig zu Boden. Durch das geringe Gewicht und seitlich ansetzende, z.T. beträchtliche Luftströmungen, kann der Fruchtstand ziemlich weit vom Baum entfernt landen. Der Verbreitungseffekt ist um so größer, je höher die Frucht hängt und je stärker der Wind weht. Zweck dieser Flugvorrichtung ist also eine Verminderung der Sinkgeschwindigkeit verbunden mit einem Distanzgewinn. Bei vielen Linden hängen die Fruchtstände noch lange nach dem Laubfall, teilweise bis zum Frühjahr am Baum, so daß man sie als Wintersteher bezeichnen kann.

Die Keimpflanzen entfalten ihre Keimblätter über der Erdoberfläche. Diese sind, anders als bei den meisten zweikeimblättrigen Pflanzen, gegliedert, nämlich meist 5-zipfelig, so daß man sie sofort erkennen kann. Die Sommer-Linden sind schnellwüchsig und erlangen mit 15–20 Jahren Blühreife. Sie sollen ein Alter von 1000 bis 1500 Jahren erreichen, doch sind Angaben, die über 1000 Jahre hinausreichen mit Skepsis aufzunehmen; die Existenz 1000-jähriger Exemplare hingegen ist verbürgt. Sie sind also nicht nur raschwüchsiger als die Winter-Linden sondern erreichen auch ein höheres Alter.

Das Holz der Sommer-Linde hat einen gelblichweißen breiten Splint und einen dunkler getönten Kern. Es ist noch leichter als das ohnehin nicht schwere Holz der Winter-Linde und hat eine gleichmäßige Textur, ist weich, dichtfaserig, zäh, elastisch, leicht spaltbar, trocknet rasch und schwindet mäßig; überdies hat es einen leichten Seidenglanz und läßt sich sehr gut bearbeiten. Die Stämme erreichen eine Dicke von 0,5–1,5 m, sie können bis zu 15 m Höhe astfrei sein. Lindenholz wird in der Tischlerei, Bildhauerei und Drechslerei verwendet. Es eignet sich zur Herstellung von Reiß- und Zeichenbrettern, Bilderrahmen, Bleistiften, Spielsachen, Zigarrenkisten und Zündhölzern. Außerdem verarbeitet man es auch zu Holzwolle und Zellulose.

Lindenblüten, genauer die gesamten Blütenstände der Linden, bilden die wertvolle Droge »Flores Tiliae« für den Lindenblütentee; sie enthalten viel Schleimstoffe, Zucker und das ätherische Öl Farnesol. Merkwürdigerweise sind die Lindenblüten mit ihrer schweißtreibenden, blutreinigenden Wirkung in den Kräuterbüchern des 16. Jahrhunderts noch nicht aufgeführt.

Als Parkgehölz ist die Sommer-Linde zwar ein ansehnlicher und stattlicher Baum, aber gegen Abgase ebenso empfindlich wie die Winter-Linde.

Den Slaven und Germanen war die Linde heilig und der Frigga oder Frija, der Göttin der Fruchtbarkeit, geweiht. Als Dorflinde und Gerichtslinde spielt sie eine große Rolle. Im Volksgut ist sie von einiger Bedeutung. Viele Linden sind zu Ehren von Dichtern gepflanzt; groß ist allein die Zahl der Luther- und Goethe-Linden. Für die Imker sind Linden wichtige Trachtpflanzen. Deshalb waren sie im Mittelalter gebannt, d.h. sie durften nicht gefällt werden. Auch der auf den Blättern reichlich vorhandene Honigtau, die Ausscheidung der Blattläuse und Zikaden, ist wichtiger Bestandteil vieler Honige.

Die Achselbärte der Blattunterseiten

Lindenfurnier

dienen manchen Milben als Wohnstätte, man bezeichnet sie wissenschaftlich auch als Acarodomatien. Gallbildungen, die durch verschiedene Tiergruppen hervorgerufen werden, sind häufig. Am bekanntesten sind wohl die durch die Gallmilbe *Eriophyes tiliae tiliae* verursachten Hörnchengallen auf der Blattoberseite. Sie stehen oft zu mehreren dicht beisammen, können 10–15 mm lang werden, sind erst grün, dann rot oder braun gefärbt. Ähnliche Gallen finden wir auch auf Blättern des Berg- und Spitz-Ahorns. Linden sind die Wirtspflanzen des in Mitteleuropa verbreiteten Lindenschwärmers, eines selten gewordenen Nachtschmetterlings.

Tilia wird die Linde bei Vergil und Columella genannt. Das Epitheton *platyphyllos* enthält die griechischen Worte »platys« = breit und »phyllon« = Blatt; breitblättrige Linde im Unterschied zur kleinblättrigen, nämlich der Winter-Linde. Aus dem althochdeutschen »linta« (altnordisch »linda«) wurde im Mittelhochdeutschen »linde«.

Silber-Linde

Tilia tomentosa Moench

K Sommergrüner, bis 30 m hoher Baum von breit-pyramidalem Wuchs, mit mächtigen, spitzwinklig aufragenden Ästen und längsrissiger, flachrippiger, silbriggrauer bis dunkelgrauer Borke. Junge Zweige grau- bis graubraun-filzig, schwach hin und her gebogen, spätestens im 3. Jahr verkahlend und graubraun. Korkwarzen sehr klein, wenig auffallend. Verzweigungen oft in einer Ebene ausgerichtet. Winterknospen meist 2-schuppig, eiförmig, 3–5 mm lang, graubraun-filzig. Endknospe fehlend, oberste Seitenknospe oft eine Endknospe vortäuschend. ▪ Laubblätter 2-zeilig; Stiel 3–5 cm lang, filzig behaart; Spreite schief-herzförmig, mit asymmetrischem Grund, 7–13 cm lang, genauso breit, oben kurz zugespitzt; oberseits anfangs behaart, nahezu verkahlend und dunkelgrün; unterseits durch Sternhaare silbern weißfilzig, deutlich geadert, ohne Achselbärte; Rand scharf gesägt. ▪ Blüten zwittrig, mit doppelter, freiblättriger, 5-teiliger Hülle, weißlich, stark duftend, zu 5–10 in einem büscheligen Blütenstand. Kronblätter eiförmig, 7–8 mm lang, fast aufrecht, wenig länger als die Kelchblätter; Staubblätter 50–80, sterile Staubblätter stets vorhanden; Fruchtknoten stark behaart. Nußfrüchte eiförmig, 7–8 mm lang, 5–6 mm breit, schwach 5-rippig, dickwandig, warzig-filzig, graubraun, 1-samig. Fruchtstand 5–7 cm lang, 1- bis 3-früchtig; Flügel bis zum Grunde der Fruchtstandsachse reichend, 14–18 mm breit, behaart. ▪ Blütezeit: Juli; Fruchtreife: September/Oktober.

S In Hopfenbuchen-Orient-Hainbuchen-Mischwäldern, Eichen-Manna-Eschen- und Eßkastanien-Wäldern.

Zweig mit Winterknospen, Blatt, Einzelblüte und Nußfrucht

Auf nährstoff- und basenreichen, oft kalkhaltigen, mittel- bis tiefgründigen, steinigen oder sandigen Lehmböden. Vergesellschaftet mit Zerr-Eiche, Flaum-Eiche, Ungarischer Eiche, Elsbeere, Walnuß, Burgen-Ahorn und Roßkastanie.

V Südosteuropa bis zum nördlichen Kleinasien; nördliche Balkan-Halbinsel von Griechenland, Bulgarien, Albanien, Rumänien, Jugoslawien Nordungarn, nach Osten bis zur Westukraine. Fossile Funde in Mittel- und Osteuropa, d.h. weit entfernt vom heutigen Verbreitungsgebiet.

Wie die mitteleuropäischen Linden bildet auch die Silber-Linde keine reinen Bestände, sondern ist Bestandteil der recht unterschiedlich zusammengesetzten Laubmischwälder. In Mitteuropa wird die Silber-Linde seit etwa 1767 angepflanzt. Besonders im Weinbauklima wird sie häufig kultuviert, da sie die Sommertrockenheit gut verträgt und keine hohen Anforderungen an die Luftfeuchtigkeit stellt. Aber auch ihre gute Kalkverträglichkeit ist hervorzuheben. Als Allee- und Parkbaum bildet sie freistehend mächtige Exemplare. Sie ist bedeutend schnellwüchsiger als die Sommer-Linde und eignet sich durch ihren pyramidalen Wuchs zur dichteren Anpflanzung in den Alleen. Hervorzuheben ist auch ihre Windverträglichkeit, sowohl im Blattwerk als auch im Holz. Im Herbst zeigt sie eine intensive, goldgelbe Laubfärbung.

Die Fossilfunde in Mittel- und Osteuropa belegen, daß das Aral einst weit nach Norden reichte. Nicht nur die Silber-Linde, auch die mitteleuropäischen Linden hatten während der Wärmezeit, d.h. vor etwa 8000 bis 4000 Jahren, eine weiter nach Norden und Osten reichende Verbreitung als heute und spielten auch in der Waldzusammensetzung eine größere Rolle. Mit einsetzender Klimaverschlechterung wurden sie durch die Buche allmählich verdrängt.

Die Silber-Linde blüht als letzte der bei uns angepflanzten Linden-Arten, fast 4 Wochen nach der Sommer-Linde und gut 2 Wochen nach der Winter-Linde. Die Blüten werden von Bienen und Hummeln aufgesucht, die reichlich Nektar vorfinden, aber auch Pollen sammeln.

In den Baumschulen wird die Silber-Linde meist nicht aus Samen gezogen, sondern es werden Reiser auf Winter-Linden veredelt. Bei älteren Bäumen zeigen sich dann meist 2 deutlich unterscheidbare Borkenbilder am Stamm.

Herbstfärbung der Silber-Linde

Nahe verwandt mit der Silber-Linde und vielleicht sogar nur eine Varietät von dieser ist die Hänge-Silberlinde *(Tilia petiolaris),* die sich durch grannenartig zugespitzte Blattzähne, einen längeren Blattstiel und die oben abgeflachten, 5-furchigen Früchte auszeichnet.

Das lat. Epitheton *tomentosus* bedeutet filzig und nimmt auf die starke Behaarung Bezug.

Gemeiner Seidelbast

Daphne mezereum L.

K Aufrechter, schwach verzweigter, sommergrüner, 40–120 cm hoher Strauch. Junge Zweige anfangs anliegend silbrig behaart, graubraun, mit zahlreichen, sehr kleinen Korkwarzen. Winterknospen eiförmig, zugespitzt, 5–10 mm lang, Endknospe stets vorhanden. ▪ Laubblätter nur am Zweigende (seitliche Knospen meist nur Blüten hervorbringend), wechselständig, länglich-lanzettlich, bis 8 cm lang und 2 cm breit. Spreite kahl oder am Rande behaart, oberseits frisch-, unterseits bläulichgrün, am Grund keilförmig in einen kurzen Blattstiel verschmälert. ▪ Blüten rosa, zwittrig, fast sitzend, meist in 3-zahl an vorjährigen Zweigen, lange vor den Blättern erscheinend. Krone fehlend. Kelchröhre 5–7 mm lang, außen schwach anliegend behaart; Kelchzipfel stumpf-3-eckig, 5 mm lang, ausgebreitet. Staubblätter 8, in 2 Kreisen, der Kelchröhre entspringend, nur die oberen sichtbar; Fruchtknoten oberständig. Frucht eine länglich-eiförmige, glänzend rote, 8 mm lange Steinfrucht mit einem 5–6 mm langen, braunen Steinkern. ▪ Blütezeit: Februar bis April; Fruchtreife: August/September.

S In krautreichen Buchen-, Eichen-, Hainbuchen, Ahorn-Eschen-Ulmen- sowie Nadel-Mischwäldern. Auf nährstoff- und basenreichen, meist kalkhaltigen bis mäßig sauren, humosen Lehm- und Mullböden. Der Gemeine Seidelbast ist eine Halbschatten- bzw. Lichtpflanze, die feuchte Böden bevorzugt, Staunässe aber meidet. Sie wächst vor allem in der Hügel- und Bergstufe, aber auch in hochmontanen bis subalpinen Hochstaudenfluren in Begleitung von Zwergmehlbeere, Alpen-Heckenkirsche und Behaarter Alpenrose. In den Alpen bis ca. 2000 m hoch ansteigend.

V Europa, von den Pyrenäen bis Nordrußland und zum Altai-Gebirge; Kaukasus, Nordpersien. Fehlt fast ganz auf der Iberischen Halbinsel, in Irland, Schottland, Südrußland, auf der Balkan-Halbinsel und den großen Inseln des Mittelmeeres. In Mitteleuropa mit Ausnahme des Norddeutschen Tieflandes ziemlich häufig.

G Die Gattung *Daphne* umfaßt 70 Arten; in Europa, Nordafrika sowie im subtropischen und temperier-

Blühender und fruchtender Zweig; Blüte

ten Asien. In Europa sind 17 Arten beheimatet, davon 5 in Mitteleuropa. ■ Die Familie der Seidelbastgewächse *(Thymelaeaceae)* besteht aus 50 Gattungen mit 500 Arten, die in allen Erdteilen von den Tropen bis zu den gemäßigten Zonen vorkommen und überwiegend Holzgewächse darstellen. Ihr Verbreitungsschwerpunkt liegt in Afrika.

Der Gemeine Seidelbast gehört zu den ersten blühenden Gehölzen der heimischen Flora. Die bereits im Vorjahr angelegten und mit einem Knospenschutz überwinternden Blüten öffnen sich in den ersten Vorfrühlingstagen. Die Blüten duften sehr intensiv und angenehm. Sie werden von Schmetterlingen und anderen langrüsseligen Insekten aufgesucht, die den am Grunde der Kelchröhre reichlich vorhandenen Nektar saugen. Die leuchtend roten Früchte werden von Vögeln, insbesondere Drosseln, Hänflingen und Rotkehlchen verzehrt. Im Vogeldarm wird das Fruchtfleisch verdaut. Damit sind die keimungshemmenden Stoffe entfernt. Die Keimung erfolgt rasch, die fleischigen Keimblätter enthalten die nötigen Reservestoffe bis zum Beginn der Assimilationstätigkeit entfalteter Laubblätter. Bereits 4- bis 5-jährige Pflanzen blühen.
Die Pflanze riecht mit Ausnahme der Blüten unangenehm und ist äußerst giftig! Sowohl das in der Rinde enthaltene Daphnetoxin als auch das Mezerein der Samen wirken stark hautreizend, so daß bereits der Kontakt zu heftigen Rötungen und Blasenbildungen führen kann. Der unangenehme Geruch der Pflanze sowie der brennend scharfe Geschmack der Früchte verhindern beim Menschen den Genuß der Beeren, von denen schon wenige zum Tode führen können. Vergiftungssymptome sind brennendes Kratzen im Mund, Lippen- und Gesichtsschwellungen, heftige Leib- und Kopfschmerzen, Erbrechen, blutiger Durchfall sowie Krämpfe.
In Kultur ist eine anthozyanfreie, weißblühende Form, die hin und wieder auch am Standort anzutreffen ist.
Der deutsche Name Kellerhals soll mit den Giftwirkungen in Verbindung stehen: »queln«, »keln« hat im Mittelhochdeutschen die Bedeutung von quälen, weil die Früchte im Hals ein Kratzen bewirken. Der Name Seidelbast leitet sich vom mittelhochdeutschen »Zidelbast« ab. Ein weiterer deutscher Name ist Zilander.
Daphne ist der altgriechische Name für den Lorbeer (s. Lorbeer-Seidelbast, S. 237). Der Ähnlichkeit der Blätter und auch Früchte wegen wurde der Name auf den Seidelbast übertragen. Daphne war in der griechischen Mythologie die Tochter des Flußgottes Peneus, die in einen Lorbeerbaum verwandelt wurde. Das Epitheton *mezereum* ist arabischen Ursprungs. Mit »mazaryun« ist der Seidelbast bzw. seine getrocknete Rinde gemeint.

Die leuchtenden Früchte sind sehr giftig

Rosmarin-Seidelbast

Daphne cneorum L.

K Immergrüner, 10–40 cm hoher Strauch mit niederliegender, bewurzelter Grundachse und aufsteigenden Zweigen. Junge Triebe dunkelbraun, anliegend, grau behaart, bis zu 1,5 mm dick. Winterknospen grün, 2–3 mm lang, eiförmig, kahl. ■ Laubblätter wechselständig, an den Sproßenden, sitzend, länglich-lanzettlich bis spatelförmig, 12–15 mm lang, 2–4 mm breit, lederig, kahl, oberseits dunkelgrün, unterseits heller. ■ Blüten zwittrig, ohne Krone, zu 5–10 in endständigen Dolden. Kelchröhre 6–12 mm lang, außen dicht anliegend behaart, leuchtend rosa gefärbt; die 4 Kelchzipfel eiförmig, 4–6 mm lang, zur Blütezeit ausgebreitet. Staubblätter 8, in die Röhre eingefügt, die Öffnung nicht überragend; Fruchtknoten oberständig. Steinfrucht 1-samig, elliptisch, gelb bis rötlichbraun. ■ Blütezeit: April/ Mai (bis Juli); Fruchtreife: August/ September.

Pflanze mit teils geöffneten Kelchen

S In lichten Kiefernwäldern, im Legföhrengürtel, auf Bergmatten, Steppenheiden und an sonnigen Felshängen. Auf mäßig trockenen, basen- und meist kalkreichen, nährstoffarmen, humosen Stein- und Kiesböden. In Begleitung von Zwergbuchs, Schnee-Heide und Zwergalpenrose. In den nördlichen Alpen in Höhenlagen bis zu 1280 m, in den Südalpen bis über 2000 m hoch ansteigend.

V Von Nordwestspanien und den Pyrenäen im Westen bis Südpolen, Mähren, Siebenbürgen, Bulgarien, Mazedonien, Ukraine im Osten. In Mitteleuropa vor allem in den Alpen, dem Alpenvorland und im Schwäbischen Jura.

Der Rosmarin-Seidelbast ist in Deutschland selten. Er steht, wie alle heimischen Seidelbast-Arten, unter Naturschutz und ist in der Roten Liste als »stark gefährdet« ausgewiesen. Die stark nach Nelken duftenden Blüten werden von Schmetterlingen und anderen langrüsseligen Insekten aufgesucht und bestäubt; auch Selbstbestäubung ist möglich. Die Früchte werden von Vögeln verbreitet. Die Pflanzen sind in allen Teilen giftig.
»Kneoron« nannten die antiken Schriftsteller mehrere Arten der Gattung Seidelbast. Bei uns wird die Pflanze auch Heideröschen oder Reckhölderle genannt.

Lorbeer-Seidelbast

Daphne laureola L.

K Immergrüner, mäßig verzweigter, aufrechter Strauch von 40–120 cm Höhe. Junge Sprosse grün bis olivgrün, kahl, schwach knotig. Winterknospen 5–7 mm lang; Endknospe fast linealisch, spitz; seitliche Blütenknospen verkehrt-eiförmig. ▪ Laubblätter schopfig, an den Zweigenden, 2,5–10 cm lang, 7–30 mm breit, stumpflich oder zugespitzt, am Grund keilförmig verschmälert; Blattstiel 2–5 mm lang; Spreite beidseitig kahl, oberseits dunkelgrün, matt glänzend mit hellem Mittelnerv, unterseits hell- bis gelbgrün. Lebensdauer der Blätter 1 Jahr. ▪ Blüten meist zu je 5 in blattachselständigen Trauben, zwittrig, 2–3 mm lang gestielt, kaum duftend. Krone fehlend. Kelchröhre 6–8 mm lang, gelbgrün, kahl; die 4 Kelchzipfel 3-eckig, 2 mm lang, spreizend. Staubblätter 8, in 2 Kreisen, in der Kelchröhre inseriert, die oberen kurz aus der Röhre ragend; Fruchtknoten oberständig. Reife Steinfrucht elliptisch, bis 10 mm lang, blauschwarz, kahl; Außenschicht fleischig; Steinkern birnenförmig, glatt. ▪ Blütezeit: Februar bis Mai; Fruchtreife: Juli/August.

S In krautreichen Buchen-, Eichen- und Eichen-Hainbuchen-Mischwäldern. Auf flach- bis mittelgründigen, nährstoffreichen, humosen, lockeren Lehmböden; bevorzugt auf kalkhaltigem Gestein.

V Azoren, Spanien, Frankreich, England, West- und Süddeutschland, bis Ungarn und Südosteuropa; Italien, Korsika, Sardinien; Nordwestafrika. In Deutschland an der Nordgrenze der Verbreitung; selten im Oberrheingebiet.

Der Lorbeer-Seidelbast ist empfindlich gegen Winterkälte und sommerliche Trockenheit. Er wächst vergesellschaftet mit Buchsbaum, Eibe und Stechpalme, vorwiegend in der Hügel- und Bergstufe. In den Alpen kommt er bis in 1000 m Höhe vor.
Die Blüten werden von Faltern bestäubt, die Früchte von Vögeln verzehrt. Der Lorbeer-Seidelbast ist in allen Teilen giftig. Die Rinde enthält das hochgiftige Daphnin.
Der Lorbeer-Seidelbast ist in Deutschland sehr selten und steht unter Naturschutz. In der Roten Liste ist er als »potentiell gefährdet« aufgeführt. Das lat. Epitheton *laureola* ist die Verkleinerungsform von »laurus« = Lorbeer.

Zweige mit achselständigen Trauben

Granatapfelbaum

Punica granatum L.

[K] Aufrechter, bewehrter, sommergrüner, 1,5–2 m hoher Strauch oder knorriger, 5 m Höhe erreichender Baum, oft mit gedrehtem Stamm. Junge Zweige 4-kantig, häufig schmal geflügelt, graubraun. Seitensprosse oft als Dornen. ▪ Laubblätter gegenständig, an Schößlingen auch wechselständig, an den Kurztrieben rosettig, länglich-oval bis lanzettlich, beidseitig kahl, kurz gestielt, 3–8 cm lang und 5–10 mm breit. ▪ Blüten zwittrig, ansehnlich, ungestielt zu 1 bis 3 an den Enden der Zweige in der Achsel von Laubblättern. Blütenbecher ca. 15 mm lang, von 5–9 bis zur Fruchtreife bleibenden, 3-eckigen Kelchblättern gekrönt. Kronblätter 5–8, leuchtend korallenrot, aber heller als der Blütenbecher, zart und faltig, verkehrt-eiförmig bis länglich, 2–3 cm lang und etwa halb so breit. Staubblätter zahlreich, mit orangeroten Staubfäden und gelben Staubbeuteln, kürzer als die Krone. Frucht apfelgroß mit dikker, lederiger Schale, schließlich aufspringend und die Samen zeigend. ▪ Blütezeit: Juni/Juli; Fruchtreife: September/Oktober.

Dornig bewehrte, blühende und fruchtende Zweige; geschnittene Frucht mit reifen Samen

[S] Sonnige, felsige Hänge, auf mittelgründigen Steinböden im Orient-Hainbuchen-Mischwald, in Hopfenbuchen-Orient-Hainbuchen-Beständen und in den Zistrosen-Erika-Heiden Südosteuropas.

[V] Ursprünglich wohl nur in Südwestasien bis zum Himalaja, dort zusammen mit Christus- und Judendorn wachsend. Seit altersher im gesamten Mittelmeergebiet kultiviert.

[G] Als einzige Gattung der Granatapfelbaumgewächse *(Punicaceae)* umfaßt *Punica* neben dem Granatapfelbaum nur noch 1 Art auf der Insel Sokotra. *Punica protopunica* ist vermutlich nur die Wildform des Granatapfelbaumes.

Der Granatapfelbaum war bereits den Ägyptern um 2500 v.Chr. bekannt, wie Abbildungen in Tempeln, auf Reliefs und Grabbeigaben belegen. Im 2. vorchristlichen Jahrhundert gelangte er nach China. Auch im Kult der Perser spielte er eine Rolle. Vergoldete Granatäpfel zitierten die Kapitäle des salomonischen Tempels. Bei den Juden galt die Frucht als Symbol der Eintracht. Bei den Griechen war die Blüte Ausdruck leidenschaftlicher Liebe, die Frucht ein Fruchtbarkeitssymbol; in der Mythologie spielte der Baum eine Rolle und auch den Römern galt das »malum granatum« als Symbol für Einigkeit und Fruchtbarkeit. Die Frucht ging als Ornament schon bei den Assyrern, Juden, Arabern und Griechen in die Weberei ein und erreichte in der Gotik ihre kunstvollste Gestaltung. Mit den Arabern gelangte der Granatapfel nach Spanien; die Stadt Granada führt seine Frucht im Stadtwappen.

Die Blüten haben zahlreiche Staubblätter

Junge Frucht mit bleibendem Kelch

Der kompliziert gebaute Fruchtknoten besteht aus 9 Fruchtfächern. In jedem Fach sitzen zahlreiche Samenanlagen, ausgereift sind sie durch Pferchung stumpfkantig und bläulichpurpurn, die Außenschicht ist saftig, der innere Teil hornartig.

Aus den Samen wird ein aromatischer, klebrigroter Saft bereitet, der Grenadine-Sirup. Aus den Fruchtschalen gewann man einen zitronengelben bis rotbraunen Farbstoff für Orientteppiche sowie Gerbstoff für Marokkoleder. Stamm und Wurzelrinde liefern die Droge »Cortex Granati«, ein kräftiges Bandwurmmittel. Heute hat die Orangenkultur den Anbau des Granatapfelbaumes weitgehend verdrängt.

Die natürliche Verbreitung der Samen erfolgt durch Vögel. Nach Plinius gediehen in Punien (Karthago) die besten Granatäpfel. Granatum bedeutet mit Körnern versehen und leitet sich vom lat. »granum« = Korn ab. Auch die Granate, ein Hohlgeschoß, erhielt ihren Namen nach dem Granatapfel. Da er über Nordafrika nach Rom gelangte, wurde der Granatapfel »malum punicum« bzw. »malum granatum« genannt.

In Mitteleuropa ist der Granatapfelbaum im Weinbauklima winterhart. Er wächst strauchförmig, blüht regelmäßig und setzt bisweilen auch Früchte an. Günstiger wird er als Kübelpflanze gehalten, denn hier erweist er sich als ziemlich langlebig. So steht z.B. in Hannover ein prächtiges Exemplar aus dem Jahre 1653!

Schmalblättrige Ölweide

Elaeagnus angustifolia L.

K Sommergrüner, oft dornig bewehrter Großstrauch oder bis 7 m hoher, breitkroniger Baum mit überhängenden Ästen und Zweigen sowie graubrauner, flach längsrissiger Streifenborke. Junge Triebe dicht mit silbrig glänzenden Schuppenhaaren, sog. Schülferhaaren, bekleidet. Hauptsprosse oft in 1–3 cm langen Dornen endend. Die 10–15 cm langen Kurztriebe sterben häufig nach den Laubfall ab, bleiben aber meist an den Zweigen haften. Winterknospen rundlich, silbrig, 3–4 mm dick. ■ Laubblätter wechselständig, schmal-lanzettlich, 4–8 cm lang, 10–25 mm breit, am Ende stumpf oder zugespitzt, am Grund keilförmig in einen 5–8 mm langen Blattstiel verschmälert; Spreite oberseits mattgrün, unterseits dicht mit silbrigweißen Schuppenhaaren bekleidet; Blattrand ungegliedert. Keine Herbstfärbung. ■ Blüten zwittrig oder männlich, 4-zählig, ohne Blumenkrone, kurz gestielt, zu 2–3 in den Blattachseln junger Kurztriebe. Kelchröhre glockig, 8–10 mm lang; Kelchzipfel so lang wie die Röhre, länglich-3-eckig, spreizend, außen silbrig, innen gelb. Die Staubblätter in der Röhre inseriert und nicht herausragend. Fruchtknoten oberständig, mit langem Griffel. Frucht steinfruchtartig, elliptisch, 7–14 mm lang, 5–10 mm breit, gelblich bis rötlichbraun, der feste Kern von einer mehlig-fleischigen Wand umgeben. ■ Blütezeit: Mai/Juni; Fruchtreife: September/Oktober.

Zweig mit Sproßdornen; Einzelblüten

S An Küsten, Fluß- und Seeufern, in Flußbetten von Wüsten und Halbwüsten, in Auenwäldern, Flugsandvertiefungen und Dünentälern, in Steppen und Ton-Steppenhängen. Oft vergesellschaftet mit Sanddorn und Tamarisken; auf mittel- bis tiefgründigen, durchlässigen Lehm-, Stein-, Kies- und Sandböden. Vom Tiefland bis in Höhen von 700 m in den Gebirgen, die Varietät *orientalis* in Höhenlagen von 700–2000 m gedeihend.

V Klein- und Westasien bis zum Altai-Gebirge und in der Wüste Gobi in Innerasien. Im Mittelmeergebiet mit Ausnahme Italiens; in Südosteuropa und dem südlichen Rußland vielfach angepflanzt und gebietsweise eingebürgert. In West- und Mitteleuropa als Ziergehölz kultiviert.

G Die Gattung *Elaeagnus* umfaßt 45 Arten in Asien und Nordamerika. Das Mannigfaltigkeitszentrum der Gattung liegt in Ostasien. Es sind immer- oder sommergrüne Holzgewächse, deren meist intensiv duftende Blüten nur eine einfache Blütenhülle haben. Die Früchte mehrerer Arten sind eßbar. ▪ Zur Familie der Ölweidengewächse *(Elaeagnaceae)* gehört außer den hier behandelten Gattungen Sanddorn und Ölweide noch die Büffelbeere *(Shepherdia)* aus Nordamerika. Sie ähnelt in der Tracht dem Sanddorn.

Die auch nachts sehr intensiv und angenehm duftenden Blüten der Schmalblättrigen Ölweide werden vor allem von Bienen bestäubt. Der Honig ist bernsteinfarben und sehr aromatisch. Nach der Bestäubung stirbt der oberhalb des Fruchtknotens befindliche Teil der Kelchröhre ab. Der untere Teil umgibt den heranwachsenden Fruchtknoten bis zur Reife. Dabei werden die inneren Gewebeschichten der Kelchröhre steinhart, die äußeren hingegen mehligfleischig, so daß die gesamte Frucht einer 1-samigen Steinfrucht gleicht. Die reifen Früchte schmecken angenehm süßlich. Bei Kulturformen können sie 2 cm lang und über 1 cm breit werden. Im Orient werden sie gern gegessen und auf den Märkten gehandelt. Sie enthalten 10–55% Eiweiß, reichlich Glukose, Fruktose sowie Kalium und Phosphor. Man kann sie auch schmoren, mit Mehl zu allerlei Gebäck verarbeiten oder Suppen aus ihnen bereiten. Da die Bäume regelmäßig und reich fruchten, läßt man die Früchte auch in größeren Mengen zu Alkohol vergären. Die Duftstoffe der Blüten, durch Enfleurage (s. S. 287) gewonnen, werden für Parfüme verwendet.

Die Stämme zeigen häufig Drehwuchs. Das Holz, im Splint gelb, im Kern braun, wird für Musikinstrumente, in der Drechslerei, als Bau- oder Brennholz verwendet.

»Elaiagnos« ist bei Theophrast eine in Böotien wachsende Sumpfpflanze. Im Namen sind die Elemente »elaios« = Ölbaum und »agnos« = Keuschbaum (s. S. 285) enthalten. Der deutsche Name Ölweide bezieht sich auf die Blattähnlichkeit mit Ölbaum und Weide.

Stamm mit Streifenborke

Zweige mit fast reifen Früchten

Sanddorn

Hippophaë rhamnoides L.

K Sommergrüner, zweihäusiger, dornig bewehrter, reichverzweigter Strauch oder bis 10 m hoher Baum von sehr unregelmäßigen Wuchs, mit graubrauner, längsrissiger Borke. Junge Triebe rundlich, dicht mit silbrigen Schildhaaren bekleidet, später graubraun. Sprosse und deren im gleichen Jahr gebildete Seitensprosse in Dornen endend. Winterknospen weiblicher Pflanzen rundlich, 2–2,5 mm groß, die der männlichen eiförmig, 6 mm lang; Knospenschuppen fleischig-knorpelig, dicht mit rostfarbenen Schuppenhaaren besetzt. ■ Laubblätter wechselständig; Stiel 1–2 mm lang; Spreite 1 bis 6 cm lang, 3–10 mm breit, anfangs beidseitig dicht silbrig-weiß, oberseits etwas verkahlend. ■ Blüten grünlich-bräunlich, eingeschlechtig, schon im Spätsommer angelegt und lange vor dem Laubaustrieb erblühend. Männliche Blüten sitzend, zu 4–6 in kurzen Trauben an vorjährigen Zweigen, ohne Kronblätter; Tragblätter schuppenförmig oder laubig; Kelchröhre verkümmert, die beiden eiförmigen, 3 mm langen Kelchblätter bilden ein Dach über den 4 Staubblättern; Nektarscheibe 4-ekkig, von den Staubblättern umgeben. Weibliche Blüten kurz gestielt; Fruchtknoten von einer Kelchröhre umhüllt, die kürzer als Griffel und Narbe ist. Frucht beerenartig, eiförmig bis kugelig, 7–8 mm groß, orangefarben, saftreich, mit dunkelbraun glänzendem, 3 mm langem, eiförmigem Samen. ■ Blütezeit: März/April; Fruchtreife: September.

S Lichtbedürftiges Pioniergehölz; im Küstengebiet auf Sand in Begleitung von Dünengräsern; im Binnenland auf tiefenfeuchten und zeitweise überfluteten, meist kalkhaltigen, humus- und feinerdearmen Kies- und Sandböden; in lichten Kiefernwäldern, Schotterauen, Flußbetten und

Zweige mit Früchten; weibliche (Mitte) und männliche Blütenstände und Einzelblüten

Zweig mit weiblichen, unscheinbaren Blüten

Kiesgruben. Durch Wurzelsproßbildung oft in dichten Beständen. In Süddeutschland in Gesellschaft von Rispelstrauch, Erlen- und Weidenarten. Vom Meeresspiegel bis zu 1900 m in den Alpen; in Asien bis auf 5000 m hoch ansteigend.

V Eurasien. Küsten der Nord- und Ostsee, Alpenraum, Norditalien, Südosteuropa, Kleinasien, Kaukasus, Persien, Zentralasien bis zum Altai-Gebirge und zur Wüste Gobi. In Mitteleuropa im Küstenbereich, dem Oberrheingebiet, in den Alpen und im Alpenvorland bis zur Donau.

G Die Gattung *Hippophaë* umfaßt 3 sommergrüne Gehölzarten, 2 von ihnen kommen nur in Innerasien vor.

Die Blüten sind wenig auffällig. Durch die unterschiedliche Größe der Blütenstandsknospen lassen sich die Geschlechter auch im Winter leicht erkennen. Die Blüten werden durch den Wind, aber auch von Insekten bestäubt. Oft wächst die Blütenstandsachse weiter, so daß sich die Blüten am Grunde beblätterter Sprosse befinden. Meist sterben diese Kurztriebe im Herbst ab, bleiben jedoch an der Pflanze, wo sie fest verholzen.

Die Früchte sind recht kompliziert gebaut: Nach der Bestäubung fallen die Kelchzipfel ab, die Kelchröhre jedoch bleibt erhalten und wird bei der Fruchtreife saftig-fleischig, mit einer derben, orangefarbenen Haut. Die Fruchtblattwand ist pergamentartig dünn und umhüllt den Samen.

Die außerordentlich sauer schmeckenden Früchte enthalten viel Apfelsäure und sind sehr vitaminreich. 100 g eßbare Anteile enthalten 100–1200 mg Vitamin C und 7,1 g Fett. Fettes Öl wird auch im Samen gespeichert. Die Früchte hängen sehr lange, mitunter bis zum Frühjahr am Strauch. Heimische Vogelarten verschmähen sie. Wintergäste verzehren die Früchte.

Der Sanddorn ist in weiten Teilen Europas eingebürgert, so auf den Britischen Inseln und in Rußland. Mit »Hippohaes« bezeichnete Dioskurides eine dornige Pflanze, abgeleitet von »hippos« = Pferd und »phaeinein« = glänzen. Das lat. Epitheton weist auf den Kreuzdorn *Rhamnus* hin.

Zweig mit männlichen Blütenständen

Gemeines Sonnenröschen

Helianthemum nummularium (L.) Mill.

K Immergrüner, 10–50 cm hoher Halbstrauch mit niederliegend-aufsteigenden bis aufrechten Sprossen, nur unten ganz verholzt. Junge Triebe kahl oder behaart, grün, sonnenseits rötlich. ▪ Laubblätter gegenständig, linealisch bis länglich-oval, am Rand etwas nach unten eingerollt. Blattstiel 3–5 mm lang; Spreite 1–3 cm lang und halb so breit, beidseitig grün, mit gebüschelt-verzweigten Haaren besetzt, unterseits oft heller; Nebenblätter laubig, pfriemlich, bis 7 mm lang, bleibend. ▪ Blüten in später gestreckten, 2- bis 15-blütigen Wickeln. Täglich öffnet sich pro Blütenstand nur eine Blüte! Blütenstiel aufgerichtet, 7–8 mm lang, nach der Blütezeit zurückgekrümmt. Blüten radiär, zwittrig, sehr ansehnlich, goldgelb mit orangefarben getönter Mitte, 2 cm im Durchmesser. Kelch aus 2 kleinen, grünen und 3 größeren, grüngeaderten, durchscheinenden Blättern bestehend, bis zur Fruchtreife erhalten

Gemeines Sonnenröschen in Blüte

Die Blüten stehen in traubenähnlichen Wickeln

bleibend. Kronblätter verkehrt-eiförmig, kahl und stets zerknittert. Staubblätter zahlreich, gelb. Aus dem Fruchtknoten, der in einen knieförmig gebogenen Griffel übergeht, entwickelt sich eine 3-kantige, nach unten hängende, mehrsamige Kapsel, die sich zur Reife 3-klappig öffnet und braune, 2 mm lange Samen entläßt. ▪ Blütezeit: Mai bis September; Fruchtreife: Juli bis Oktober.

S In vollsonnigen, sommerwarmen und trockenen Kalk-Magerrasen, an Böschungen, Felshängen, Gebüschsäumen und in lichten Kiefernwäldern; auf mild humosen, kalkreichen bis kalkfreien sowie mäßig sauren Lehm-, Sand- und Felsschuttböden. Von der Ebene bis zur subalpinen Stufe; in den Alpen bis 2300 m hoch ansteigend.

V Von der nördlichen Iberischen Halbinsel über Frankreich, Mitteleuropa, England bis Südschweden und Osteuropa; im Süden von Italien über die Balkan-Halbinsel, Kleinasien, das Kaukasusgebiet bis nach Nordpersien.

G Die Gattung *Helianthemum* ist mit fast 100 Arten vor allem im Mittelmeergebiet, in Zentralasien und Persien vertreten. In Europa sind 15 Arten, davon 4 in Mitteleuropa, heimisch. ▪ Die Familie der Zistrosengewächse *(Cistaceae)* mit 8 Gattungen und 165 Arten enthält einjährige, staudige und holzige Vertreter. Ihre Blüten sind ansehnlich, radiär, aber nur kurzlebig. Das Areal der Familie umfaßt die nördlich-gemäßigte Zone und Südamerika; Verbreitungsschwerpunkt: Mittelmeergebiet.

Die Blüten des Sonnenröschens öffnen sich in den Morgenstunden. Bereits am frühen Nachmittag fallen die zarten Kronblätter ab. Diese Eigenart ist kennzeichnend für die meisten Zistrosengewächse. Die Blüten produzieren keinen Nektar, dafür aber reichlich Pollen. Zahlreiche Insektengruppen, unter ihnen die Hautflügler und Käfer, suchen die Blüten auf. Die Staubblätter, die den Griffel ringförmig umgeben, krümmen sich nach einer Reizung innerhalb von 2–5 Sekunden um 45–90° nach außen. Etwa 15 Minuten später bewegen sie sich in die Ausgangslage zurück. Beide Vorgänge können sich mehrfach wiederholen.
Der Gattungsname *Helianthemum* setzt sich aus griechisch »helios« = Sonne und »anthemon« = Blume zusammen. Das Epitheton *nummularium* leitet sich vom lat. »nummulus« = Münze ab. Linné hatte bei der Benennung des Gemeinen Sonnenröschens eine breitblättrige Form vorliegen.
Neben anderen gelbblütigen Sonnenröschen kommt in der heimischen Flora auch das weißblütige Apenninen-Sonnenröschen vor. Diese seltene Pflanze der Kalkmagerrasen kommt in den Trockengebieten Rheinhessens und im mittleren Maingebiet nur an jeweils wenigen Standorten vor. In der Roten Liste ist sie als »gefährdet« ausgewiesen.
Eine weitere Besonderheit der heimischen Flora ist das Heideröschen *(Fumana procumbens)*. Seine Zweige, stärker verholzt als beim Sonnenröschen, liegen dem Erdboden dicht auf und tragen nadelförmige Blätter, die am Sproß wechselständig angeordnet stehen. Seine kleineren Blüten sind blasser gefärbt als beim Gemeinen Sonnenröschen und entfalten sich ebenfalls nur für wenige Stunden. Ohne offene Blüten sind die unauffälligen Pflanzen kaum aufzufinden. Vielleicht ist die selten gewordene Pflanze nur deshalb noch nicht gänzlich ausgerottet. In der Roten Liste ist sie als »stark gefährdet« aufgeführt. Verläßliche Angaben zur Deutung des Namens *Fumana* fehlen.

Blühendes Heideröschen

Sonnenröschen und Heideröschen repräsentieren in der heimischen Flora jene Pflanzengruppe, deren Hauptverbreitung im Mittelmeergebiet liegt und deren Vertreter im Europa nördlich der Alpen nur in klimatisch begünstigten Gebieten gedeihen können. Während sie bei uns an nur wenigen Stellen ein Relikt einstmals großflächiger Verbreitung darstellen, sind sie in Südeuropa häufig oder doch zumindest nicht gefährdet.

Rispelstrauch

Myricaria germanica L. (Desv.)

K Straff aufrechter und rutenartig verzweigter, 0,75–2 m hoher, sommergrüner Strauch. Junge Zweige schwach gerieft bis rundlich, sehr biegsam, kahl, gelbgrün bis rötlichbraun. Winterknospen etwa 1 mm lang. Die bereits im 1. Jahr austreibenden Seitenknospen 1.–3. Ordnung bilden reichverzweigte Sproßsysteme. ■ Laubblätter ungestielt, am Hauptsproß 4–7 mm lang, pfriemlich, lang zugespitzt, an den Seitensprossen nur 1,5–2 mm lang, linealisch, dicklich, wie die Sprosse blaugrau bereift, der Achse dicht dachziegelartig anliegend. ■ Blüten in endständigen, einfachen oder verzweigten Trauben an jungen Langtrieben. Kelch und Krone meist 5-, seltener 4-zählig. Kelchblätter lanzettlich bis linealisch, 3 mm lang, hautrandig, bis zur Fruchtreife bleibend. Kronblätter 4 mm lang, 1 mm breit, hellrosa bis fast weiß, ebenfalls trocken erhalten bleibend. Staubblätter 10, in 2 Kreisen, bis zur Mitte miteinander verwachsen; Staubbeutel rot. Fruchtknoten aus 3 Fruchtblättern gebildet, aber 1-fächrig, schmal-kegelig mit sitzender Narbe. Fruchtkapsel bis 12 mm lang, mit zahlreichen Samen. ■ Blütezeit: Juni bis August; Fruchtreife: Juli bis September.

S Vor allem montan und subalpin, seltener in der Hügelstufe vorkommend. Auf Grobsand, Kies und Geröllen sowie schlickhaltigen Sanden entlang der Flüsse und Bäche. Allgemein selten, aber gesellig auftretend.

V Areal zerklüftet. Von den Pyrenäen bis zur Balkan-Halbinsel, Karpaten, Krim, Kleinasien bis Mittelasien; nördlich bis Skandinavien (70° nördlicher Breite). In Mitteleuropa nur in den Alpen, von den Flüssen bis ins Alpenvorland geschwemmt. In Norwegen bis etwa 630 m, in den Südalpen bis 2000 m hoch ansteigend. Auf den Britischen Inseln fehlend.

G Gattung mit 10 Arten. Sträucher

Trauben mit Blüten und Früchten; Zweig mit heidekrautähnlichen Blättern

mit aufrechten Rutenzweigen und schuppenartigen Blättern. Vor allem in Mittelasien. In Europa nur 1 Art. ■ Der Rispelstrauch gehört zur Familie der Tamariskengewächse *(Tamaricaceae)*, einer Familie mit 4 Gattungen und 120 Arten, bei denen Sträucher und Bäume überwiegen. Hauptverbreitung im gemäßigten Eurasien und Afrika. Vielfach Wüsten- und Steppenbewohner, oft salzertragend! Arten der Gattung *Tamarix* werden in Deutschland oft angepflanzt.

Der Rispelstrauch ist eine Pionierpflanze auf Flußschottern. Er wächst hier oft in schütteren Reinbeständen oder in Begleitung von Rosmarin-Weide, Sanddorn und Weidenröschen *(Epilobium fleischeri)*. Obwohl sehr anspruchslos, ist er in Deutschland vom Aussterben bedroht und steht unter dieser Kategorie in der Roten Liste. Er benötigt einen hohen Grundwasserstand und verträgt zeitweilige Überflutung (Schmelzwasser). Durch Uferbefestigungen, Trokkenlegungen mit aufgeschüttetem Geröll wird ihm der Lebensraum entzogen oder er verliert den Konkurrenzkampf gegen die um so üppiger wachsenden Weiden und den Sanddorn, denen er außerdem als lichtbedürftige Art unterliegt. In der Oberrheinebene ist er auf deutscher Seite bereits ausgestorben.
Die Bestäubung erfolgt durch Insekten. Nektar wird innen am Grunde der Staubblattröhre abgeschieden. Selbstbestäubung ist nicht selten.
Die nur 0,065 mg schweren Samen können weit vom Wind transportiert werden. Dem 1–1,5 mm langen Samenkörper sitzt ein 6 mm langer, weißer, gestielter, federartiger Haarbusch an, der ein ausgezeichnetes Flugorgan darstellt. Eine reiche Samenproduktion und gute Fernverbreitung ermöglichen es der Pflanze, neue Lebensräume zu erschließen und sie in großer Zahl zu besiedeln. Die Keimung kann schon nach 1 Tag erfolgen! Normalerweise erreicht der Rispelstrauch kein hohes Alter, doch gibt es Ausnahmen, bei denen 65 Jahresringe im Holz gezählt werden konnten.
Myricaria leitet sich von griechisch »myrike« ab, womit Theophrast und Dioskurides die Afrikanische Tamariske bezeichneten (siehe auch unter Gagelstrauch S. 37).

Zweige mit Blütentrauben

Fruchtender Rispelstrauch

Kornelkirsche

Cornus mas L.

K Sommergrüner, sparrig verzweigter, 3–6 m hoher Strauch oder kleiner Baum mit überhängenden Zweigen und graubrauner, schuppig abblätternder Borke. Junge Zweige schwach 4-kantig, fein anliegend-behaart, grün, sonnenseits gerötet. Winterknospen länglich-eiförmig, zugespitzt, bis 5 mm lang, rötlich-braun behaart. Knospenschuppen dicht schließend. Endknospe stets vorhanden. Blütenstandsknospen dick und rund. ▪ Laubblätter gegenständig; Stiel 5–10 mm lang; Spreite eiförmig bis elliptisch, zugespitzt, 8–10 cm lang, bis 5 cm breit, am Grund breit keilförmig bis abgerundet; oberseits dunkelgrün, fein anliegend behaart, unterseits heller, stärker behaart und achselbärtig; Spreite ganzrandig, mit 3–5 Paar bogig aufsteigenden Seitenadern. ▪ Blütenstandsknospen bereits im Spätsommer angelegt, am Ende unterschiedlich kurzer Seitentriebe, von 4 Schuppen umhüllt. Blüten lange vor dem Laubaustrieb erscheinend, gelb. Blütenstandsdolde 1,5–2 cm breit, die entfalteten, bis 10 mm langen Knospenschuppen als Schauapparat fungierend. Blüten zwittrig, 4-zählig, 5 mm lang gestielt. Fruchtknoten unterständig; Kelchblätter 3-eckig, von den länglich-3-eckigen, bis 2,5 mm langen Kronblättern weit überragt; Staubblätter kürzer als die Krone. Nektarscheibe als Wulst zwischen Staubblättern und Griffel. Steinfrucht hängend, elliptisch, 2 cm lang, 15 mm dick, glänzend rot. Steinkern 2-samig, 10 mm lang, von saftreichem, säuerlich-wohlschmeckendem Fruchtfleisch umgeben. ▪ Blütezeit: März/April; Fruchtreife: August/September.

S In lichten Eichen- und Laubmischwäldern, an Waldsäumen und in Gebüschen an sommerwarmen, trockenen Hängen; in Südosteuropa auch in Schwarz-Kiefern- und Steppenwäldern. Auf mittel- bis tiefgründigen, basen- und nährstoffreichen, lockeren und humosen Lehm- und Steinböden.

V Europa bis Kleinasien und Transkaukasien. Von Frankreich, Deutschland, der Tschechoslowakei bis Südrußland; südlich von Italien bis zur Balkan-Halbinsel und Südosteuro-

Zweige mit Blütenstandsknospen; Dolde und Einzelblüte

pa. In Deutschland nur im Saar-Mosel-Gebiet, im niedersächsischen Hügelland, dem Harz, Thüringen und im Fränkischen Jura. In den Südalpen bis 1300 m hoch ansteigend.

G Die Gattung *Cornus* umfaßt 45 Arten; Stauden und Holzgewächse der nördlich-gemäßigten Zone. Verbreitungszentren sind das atlantische Nordamerika und Ostasien. In Mitteleuropa sind 3 Arten heimisch, der Schwedische Hartriegel *(Cornus suecica)* ist eine Staude. ▪ Die Familie der Hartriegelgewächse *(Cornaceae)* ist mit 12 Gattungen und 100 Arten mit Ausnahme Australiens in allen Erdteilen vertreten.

Die Kornelkirsche gehört zu unseren ersten Blühgehölzen. Die Blütenstandsknospen öffnen sich bei milder Witterung bereits im Februar. Die Blütenbesucher, vor allem Bienen und Fliegen, sammeln den offen dargebotenen Nektar und auch Pollen. Vögel verzehren die reifen Früchte.

Die Kornelkirsche ist seit alters her in Kultur und in vielen Teilen Europas verwildert oder eingebürgert. Die nur bei Vollreife roh eßbaren Früchte enthalten im Fruchtfleisch 14% Zucker. Auf den Märkten Südosteuropas und der Türkei werden sie zum Kauf angeboten. Man kann aus ihnen Marmelade, Gelee und Säfte bereiten. Auch als Obstwein sind sie sehr geschätzt. Hildegard von Bingen und die Autoren der Kräuterbücher des 16. Jahrhunderts schrieben der Kornelkirsche Heilkräfte zu. In der antiken Mythologie spielte die Kornelkirsche eine große Rolle.

Die Sträucher können 100 Jahre alt, die Stämme 15–20 cm dick werden. Das außerordentlich schwere, zähe und feste Holz schwindet stark und verlangt ein sehr sorgfältiges Trocknen. Es ist im Splint hellgelb bis rötlichweiß, im Kern rötlichbraun. Wegen seiner guten Polierfähigkeit ist es als Drechslerholz geschätzt. Man verwendet es zur Herstellung von Radspeichen, Werkzeugstielen, Leitersprossen, Schirmstöcken sowie für Reitgerten und Angelruten.

Cornus wurde die Kornelkirsche von Vergil und Plinius genannt. Das lat. Epitheton *mas* = männlich bezieht sich auf das beinharte Holz und steht im Gegensatz zu dem von Plinius *Cornus »femina«* genannten Roten Hartriegel.

Die Blüten entfalten sich vor den Blättern

Reife Früchte und Blütenstandsknospen

Roter Hartriegel

Cornus sanguinea L.

K Sommergrüner, reichverzweigter, 1,5–5 m hoher Strauch oder kleiner Baum. Junge Zweige dicht anliegend behaart, rundlich, grün, sonnenseits gerötet; Zweige im Winter tiefrot (Name!). Winterknospen elliptisch, bis 5 mm lang, dicht rötlichbraun behaart, von 2 Schuppenpaaren umhüllt. Endknospen deutlich gestielt; äußere Knospenschuppen die inneren nicht einhüllend, innere im Frühjahr zu funktionstüchtigen Laubblättern auswachsend. ▪ Laubblätter gegenständig; Stiel 10 bis 15 mm lang; Spreite elliptisch, zugespitzt, bis 10 cm lang und 4 cm breit, am Grund keilförmig, ganzrandig; oberseits dunkelgrün, angedrückt gabelhaarig, unterseits heller, besonders auf den Adern behaart; Spreite jederseits mit 3–4 bogig aufsteigenden Seitenadern. Laubfärbung leuchtend weinrot. ▪ Blüten zwittrig, 4-zählig, radiär, in schirmförmigen Rispen am Ende beblätterter Jungtriebe. Fruchtknoten unterständig; Kelch verwachsenblättrig, unscheinbar. Kronblätter frei, ansehnlich, linealisch, 5–6 mm lang, weiß, unterseits behaart. Staubblätter fast so lang wie die Kronblätter, den Griffel wenig überragend. Nektarscheibe deutlich sichtbar. Steinfrucht kugelig, 5–8 mm groß, anfangs grün, sich rot und zur Reife schwarzblau färbend, mit einem glatten, 2-samigen Steinkern. ▪ Blütezeit: Mai/Juni; Fruchtreife: September.

S In Auenwäldern, in der Nähe von Gewässern und in lichten, krautreichen Buchen- und Eichen-Hainbuchen-Wäldern; jedoch auch an sommerwarmen und sommertrockenen Hängen, in Gebüschen und in Saumgesellschaften; auf nährstoff- und basenreichen, oft kalkhaltigen bis mäßig sauren, humosen Lehmböden.

V Europa, nördliches Kleinasien, Kaukasien. Fehlt im südlichen Teil der Iberischen Halbinsel, dem größten Teil Skandinaviens sowie in Nordost- und Ostrußland. In Mitteleuropa vom Norddeutschen Tiefland

Zweigspitze und Einzelblüte

bis zu den Alpen, hier in Höhen bis zu 1500 m aufsteigend.

Der Rote Hartriegel ist ein Gehölz mit großer ökologischer Amplitude, dessen Lebensraum von den immerfeuchten Ufern und Auenwäldern bis zu den sommertrockenen Felshängen im südwestlichen Deutschland reicht. Die Pflanzen können durch Wurzelsprosse dichte und große Bestände bilden. In aufgelassenen Weinbergen, auf Brachäckern und in Wiesen ist der Rote Hartriegel ein Pioniergehölz. Er wächst hier häufig in Begleitung von Schlehe, Hunds-Rose, Liguster und Wolligem Schneeball.
Die unangenehm nach Trimethylamin riechenden Blüten werden von zahlreichen Insekten aufgesucht, die den offen dargebotenen Nektar aufnehmen und auch Pollen sammeln. Zur Reife heben sich die Früchte gut vom grünen Blattwerk und den rot gefärbten Fruchtstielen und Fruchtstandsachsen ab. Einen ähnlichen Farbkontrast können wir auch beim Schwarzen Holunder beobachten, und wie dort, als eine Anpassung an die Vogelverbreitung deuten. *Cornus* ist eine der wenigen Gattungen im Pflanzenreich, bei denen die Steinkerne 2 Samen enthalten.
Rohe Früchte sind ungenießbar, aber ungiftig. Wegen des hohen Gehaltes an Vitamin C wurden sie früher zu Säften und Marmeladen verarbeitet. Noch bis zum 18. Jahrhundert sammelte man die Früchte auch zur Ölgewinnung. Die Samen enthalten ein grünliches, nicht trocknendes Öl, das zu Brennzwecken genutzt wurde. Das Holz ist fest, zäh, schwer spaltbar und stark schwindend, jedoch weniger hart und schwer als das der Kornelkirsche. Man verwendet es für Drechslerarbeiten und zur Herstellung von Spazierstöcken und Werkzeuggriffen. Die Zweige dienten als Flechtwerk.

Blühende Schirmrispe

Reifer Fruchtstand mit roten Fruchtstielen

Bei manchen Menschen kann eine Berührung der Blätter, wohl durch die Haare bedingt, zu Juckreiz und Rötungen führen.
Der Name Hartriegel nimmt Bezug auf das harte Holz und leitet sich vom althochdeutschen »hart(t)rugil« ab. Die Silbe »trugil« enthält den indogermanischen Wortstamm »dru« = Eiche, Baum. Plinius nannte den Roten Hartriegel *Cornus »femina«*, wegen des weicheren Holzes, im Gegensatz zu *Cornus mas*.

Efeu

Hedera helix L.

K Auf dem Boden weit kriechender oder an Bäumen und Felsen mit Haftwurzeln bis 20 m hoch aufsteigender Kletterstrauch mit abspreizenden, später herabhängenden, blütentragenden Zweigen. Sprosse 2-gestaltig: Kriech- und Klettersprosse zunächst abgeflacht, dicht mit Sternhaaren bekleidet. Unterseits mit büschelig oder bandartig angeordneten, kurzlebigen, etwa 5 mm langen, verholzenden Haftwurzeln besetzt. Allseitig beschattete Sprosse ringsum mit Haftwurzeln bekleidet. Laubblätter 2-zeilig angeordnet, mit 1,5–10 cm langen Stielen; Spreite im Umriß stumpf 3-eckig, 3- bis 5-lappig, am Grund herzförmig; oberseits dunkelgrün, mit heller, fingerförmiger Aderung; im Winter oft rötlich. Blütentragende Sprosse rundlich, stets wurzellos (!), grün, mit wechselständigen, ungelappten, rauten- oder fast herzförmigen, lang zugespitzten Blättern; Spreite oberseits glänzend dunkelgrün, unterseits heller. ▪ Blüten zwittrig, 5-zählig, in endständigen, 6–10 cm langen Rispen mit doldigen Teilblütenständen. Kelchblätter unscheinbar, 0,5 mm groß; Kronblätter 4 mm lang, lanzettlich, gelbgrün; Staubblätter 3 mm lang und aufrecht. Zwischen Staubblättern und Griffel eine breitkegelige, reichlich Nektartröpfchen absondernde Nektarscheibe. Fruchtknoten halbunterständig, 5-fächerig; zu einer blauschwarzen, runden, 8–10 mm breiten Steinfrucht heranwachsend. Steinkerne 6 mm lang, dünnschalig, mit gerunzeltem, braunem Samen. ▪ Blütezeit: September/Oktober; Fruchtreife: Februar bis April.

S Bevorzugt in feuchten und wintermilden Lagen, vor allem in Buchen-, Eichen- und Auenwäldern; in Südosteuropa vorzugsweise in Kastanienwäldern; auf frischen, nährstoff-

Kriechsproß mit Haftwurzeln; Blütensproß und Einzelblüte

reichen, lockeren, neutralen bis mäßig sauren Lehm- und Mullböden.

V Europa bis Westasien. Von Spanien bis Südschweden; südlich über Italien und Südosteuropa bis zur Krim und dem Kaukasus. Fehlt im größten Teil Rußlands und in der ungarischen Ebene. In Mitteleuropa vor allem im Westen und Süden; in den Mittelgebirgen bis 800 m, in den Nordalpen bis 1200 m ansteigend.

gelingt es nur schwer, Blütensprosse zu bewurzeln. Aus solchen Stecklingen hervorgehende Pflanzen wachsen zu mehr oder weniger aufrechten Sträuchern, bilden jedoch niemals wieder Kriechsprosse!

Efeublüten werden von Insekten bestäubt. Vor allem Wespen und Fliegen holen den offen dargebotenen Nektar. Verbreitet werden die Früchte vor allem von Amseln und Drosseln.

Heranreifende Steinfrüchte im Spätherbst

Allseitig bewurzelter Klettersproß

G Die Gattung *Hedera* umfaßt 15 Arten, deren Areal von den Kanaren über Europa bis Ostasien reicht. In Europa kommen 3 Arten vor, nur 1 ist in Mitteleuropa heimisch. ▪ Der Efeu gehört zur Familie der Araliengewächse *(Araliaceae)*. Die meisten der 700 Arten aus 55 Gattungen sind tropische Bäume und Sträucher. In Nordamerika und Ostasien dringen mehrere Arten bis weit in die gemäßigten Zonen vor.

Der Efeu ist der einzige heimische Wurzelkletterer. Die unterschiedliche Ausbildung der Blätter hat schon Theophrast beschrieben. Während sich aus Kriechsprossen schnell bewurzelnde Pflanzen ziehen lassen,

Die Samen keimen leicht, mit 8–10 Jahren erlangen die Pflanzen Blühreife. Schon nach 25 Jahren sind die Stämme über 10 cm dick. Sie können bis zu 1 Meter mächtig werden und ein Alter von 450 Jahren erreichen.

Efeu ist neben der Herbstzeitlose eine der wenigen heimischen Pflanzen, bei denen Blüte und Fruchtreife in 2 Vegetationsperioden fallen.

Im Altertum war der Efeu - gleich der Rebe - dem Dionysos geweiht. Mit Efeu und Rebe war der Thyrsosstab umwickelt. *Hedera* oder »edera« wurde die Pflanze von den Römern genannt. Das Epitheton *helix* leitet sich von griechisch »helissein« = winden, herumdrehen ab.

Rosmarinheide

Andromeda polifolia L.

K Zierlicher, 10–20 cm hoher, kahler, schwach verzweigter, wintergrüner Strauch mit liegender Grundachse und aufrechten, hellbraunen, bereiften Sprossen. ▪ Laubblätter wechselständig, ganzrandig; Spreite linealisch, 1,5–3 cm lang und 2 bis 4 mm breit, dunkelgrün, unterseits silbrig bis hellblau bereift. Blattrand stark nach unten eingerollt; Blätter 2 Jahre alt werdend. ▪ Blüten in hängenden, kurzen Trauben zu 3–7. Kelch unscheinbar; Krone zartrosa, verwachsenblättrig, kugelig bis glokkig, 6–8 mm lang, mit verengter Mündung und 5 aufgerichteten Zipfeln.

Blühende Rosmarinheide im Hochmoor

Staubblätter 10; Staubbeutel mit 2 fädlichen Hörnchen. Frucht eine kugelige, 5-fächrige Kapsel. Samen eiförmig, 1,5 mm lang. ▪ Blütezeit: Mai bis August; Fruchtreife: September/Oktober.

S In Hochmooren; auf nassen, nährstoffarmen, sauren Torfböden.

V Mittel- und Nordeuropa, östlich bis Sibirien; Nordamerika, Westgrönland. Im Süden auf höhere Lagen beschränkt, bis 2000 m hoch ansteigend.

Blühende Triebe mit eingerollten Blättern

G Die Gattung *Andromeda* hat nur 2 Arten, von denen 1 ganz auf Nordamerika beschränkt ist.

Die Rosmarinheide ist eine Charakterpflanze der Torfmoos- und Heidemoore. Sie wächst vergesellschaftet mit Sonnentau, Moosbeere, Heidekraut und Sumpf-Porst. In Mitteleuropa ist sie ein Eiszeitrelikt. Durch die Zerstörung ihres Lebensraumes ist sie selten geworden und in der Roten Liste als »gefährdet« aufgeführt. Die Bestäubung der auffälligen Blüten erfolgt durch Insekten, vor allem Hautflügler und Falter. Der Nektar wird am Grund des Fruchtknotens gebildet. Die Fruchtkapseln öffnen sich häufig erst im Spätwinter oder Frühjahr (Wintersteher).

Die Rosmarinheide, auch Lavendelheide oder Gränke genannt, wurde von Linné nach Andromeda, der Tochter des Kepheus und der Kassiope, die an Schönheit mit der Juno wetteiferte, benannt. Er wählte den Namen »für eine liebliche Bewohnerin der felsigen Sümpfe Lapplands«. Das Epitheton *polifolia* soll auf die Blattähnlichkeit mit einer südeuropäischen Gamander-Art hinweisen. Die Rosmarinheide ist in allen Teilen giftig. Vergiftungssymptome sind Erbrechen und blutiger Durchfall.

Bärentraube

Arctostaphylos uva-ursi (L.) Spreng.

Kriechsproß mit aufrechten Blütenzweigen

K Dichte Teppiche bildender, immergrüner Spalierstrauch. Sprosse rötlich, filzig behaart; Rinde später grau, sich in dünnen Schuppen ablösend. ▪ Blätter lederig, spatelig, bis 3 cm lang, kahl, tiefgrün, glänzend, fein netzaderig; Lebensdauer 3 bis 4 Jahre. ▪ Trauben wenigblütig, endständig an den spitzenwärts aufgerichteten Sprossen. Blüten nickend; Krone krugförmig, 5–6 mm lang, weiß bis blaßrosa, zur Öffnung hin verengt, mit 5 aufgerichteten Zipfeln. Staubblätter 10, an den Staubbeuteln mit fädigen Anhängseln. Fruchtknoten oberständig. Steinfrucht scharlachrot, fleischig-mehlig, mit 5 Steinkernen, die je 1 Samen bergen; ungenießbar. ▪ Blütezeit: April/Mai; Fruchtreife: September/Oktober.

S Im Flachland vor allem in Kiefernwäldern; auf sommerwarmen, mäßig trockenen, basenreichen bis mäßig sauren, sandigen und humosen Lehmböden zusammen mit Heidekraut. Im Hochgebirge werden lichte Lärchen-, Arven- und Legföhrenbestände besiedelt; oberhalb der Waldgrenze gedeiht die Bärentraube in windgeschützten, schneereichen, sonnigen Lagen in den Zwergstrauchheiden mit Preißelbeere und Zwerg-Wacholder.

V Europa von Nordportugal bis zum Ural; im nördlichen Sibirien und Nordamerika. In Deutschland vom Norden bis zu 2780 m Höhe in den Alpen.

G Die Gattung *Arctostaphylos* umfaßt 70 Arten. Die meisten sind im westlichen Nordamerika beheimatet.

Die Bärentraube wird in der Roten Liste als »stark gefährdet« ausgewiesen und ist geschützt.

Bestäuber sind langrüsselige Insekten, vor allem Hummeln. Die Früchte, lange an der Pflanze verbleibend, werden von Schneehühnern, Hähern, Wacholderdrosseln und Seidenschwänzen verzehrt. Die Norweger backen sie ins Brot. Die Blätter werden als Teedroge gegen Blasen- und Nierenleiden verwendet.

Arctostaphylos kommt von griechisch »arctos« = Bär und »staphyle« = Traube, die auch im lat. Epitheton als »uva« = Traube und »ursus« = Bär wiederkehren. Die Beeren sollen nämlich von Bären gefressen werden. Zugleich kommt darin auch eine Abwertung der Frucht zum Ausdruck.

Zweige mit endständigen Trauben

Heidekraut

Calluna vulgaris (L.) Hull

K Sparriger, dicht verzweigter, 20–50 cm hoher, immergrüner Strauch mit aufrechten oder niederliegend-aufsteigenden Zweigen. Junge Triebe 4-kantig bis abgerundet, kahl oder kurzflaumig behaart; mit rötlichbrauner, später graubrauner, längsrissiger Rinde. ▪ Laubblätter gegenständig in 4 deutlich ausgebildeten Längszeilen, am Hauptsproß voneinander entfernt sitzend, 1–3 mm lang, knapp 1 mm breit; mit langem spießförmigem, der Achse anliegendem Grund, Spreitenteil im spitzen Winkel abstehend; Blattränder umgebogen, sich auf der Unterseite berührend, mit sehr kurzen Wimpern einen weißen Streifen bildend. Seitensprosse mit dicht dachziegelig angeordneten Blättern besetzt. ▪ Blütenstand eine durchgewachsene, einseitswendige, reichblütige Doppeltraube; seitenständige Trauben am Grunde beblättert, 1- bis vielblütig. Blüten nickend, rosa oder weiß, mit doppelter, 4-teiliger Blütenhülle. Kelch 3,5–4 mm lang, fast bis zum Grund freiblättrig, außen von 4 bewimperten, teilweise rosa gefärbten Hochblättern umgeben. Kronblätter 1–2 mm lang, zu ⅔ miteinander verwachsen, an der Spitze gefranst. Staubblätter 8, kürzer als die Krone; Staubbeutel mit abwärts gerichteten, fädigen Anhängseln; Griffel länger als der Kelch. Fruchtkapsel rundlich, 1,5 mm groß, behaart, sich 5-klappig öffnend, zur Reife vom Kelch eingehüllt. Samen braun, bis zu 0,3 mm lang. ▪ Blütezeit: Juli bis September; Fruchtreife: September/Oktober.

Blütensprosse und Einzelblüte

S Heiden, lichte Kiefern- und Eichenwälder, Magerweiden, Böschungen, Felshänge und Moore. Auf mäßig feuchten bis sommertrokkenen, nährstoff- und basenarmen, sauren, humosen Sand-, Stein-, Lehm- oder Torfböden.

V Europa von den Azoren bis zum Ural; nördliches Kleinasien, Nordmarokko. In den südlichen Teilen der europäischen Südhalbinseln, Sardinien und Südrußland fehlend. In Mitteleuropa gebietsweise häufig, im Norddeutschen Tiefland in den Heiden bestandsbildend, in den Alpen bis zu 2700 m Höhe ansteigend. Im atlantischen Nordamerika stellenweise eingebürgert.

G Die Gattung *Calluna* enthält nur 1 Art.

Das Heidekraut bildet in den atlantisch beeinflußten Teilen Europas, von Nordspanien bis zum Nordkap, zum Teil großflächige Heiden. Sie bil-

Blühendes Heidekraut in der Lüneburger Heide

det entweder Reinbestände oder ist mit Birke, Kiefer und Wacholder vergesellschaftet und vermag, wie z. B. in der Lüneburger Heide, landschaftsprägend zu sein.
Die heutigen, großflächigen Heidekrautgesellschaften sind jedoch nicht ursprünglich. Im Mittelalter waren weite Teile der Lüneburger Heide und Norddeutschlands mit Wäldern oder ausgedehnten Mooren bedeckt. Erst durch die Vernichtung der Wälder und das Trockenlegen von Mooren bzw. deren Abbau konnten sich ausgedehnte Heidekrautflächen bilden.
Die Besiedlung erfolgt schnell: Die feinen Samen werden vom Wind angeweht, keimen sehr rasch und die jungen Pflanzen gelangen bald zur Blüte. Dichte Bestände überaltern jedoch nach vergleichsweise kurzer Zeit, bereits nach 10–15 Jahren hört der Blütenreichtum auf. Eine Neubesiedlung ist nicht möglich, da die Samen zum Keimen Licht benötigen. In der Lüneburger Heide gab es früher kein Verjüngungsproblem, die Heidschnucken hielten die Heide kurz; anderenorts wurde die überalterte Heide abgebrannt, um für die Imkerei stets reichblühende Flächen zu erhalten. Inzwischen ist man auch in der Lüneburger Heide wieder zur Weidewirtschaft übergegangen.
Das Vorkommen von Heidekraut zeigt Nährstoffarmut im Boden an. Es kann sich nur da voll entfalten, wo die Konkurrenz anderer Pflanzen nicht zu groß ist. Die Wurzeln leben in Symbiose mit Bodenpilzen (Mykorrhiza) wodurch die Pflanze zusätzlich Nährstoffe erhält. Die Pilze hingegen beziehen Kohlehydrate.
Die Bestäubung der Blüten übernehmen Bienen, Hummeln und Schmetterlinge, die den reichlich gebotenen Nektar sammeln. Heidekrautnektar enthält zwischen 23 und 39% Zucker. Der Honig ist dunkel gefärbt. Früher spielte das Heidekraut auch in der Viehwirtschaft eine Rolle. In Nordwestdeutschland wurden alle 4–8 Jahre Heidekrautteppiche ausgestochen (sog. Plaggenhieb) und als Stallstreu genutzt.
Der Gattungsname *Calluna* leitet sich vom griechischen »kallynein« = schön machen, putzen, reinigen ab; wohl wegen der Verwendung des Heidekrautes zu Besen. Das althochdeutsche »heida« wurde nur für das Heidekraut, nicht aber für die Heiden gebraucht.

Schnee-Heide

Erica herbacea L.

K Immergrüner, reich verzweigter und dichte Matten bildender, 15–30 cm hoher Zwergstrauch mit niederliegend-aufsteigenden Sprossen. Verzweigung meist büschelig-quirlig. Junge Triebe kahl, 4-kantig, stark gerieft, die hellbraune Rinde bereits im 1. Jahr aufreißend, später dunkel rotbraun. Winterknospen sehr klein, vielschuppig. ▪ Laubblätter in 4-gliedrigen Wirteln, schmal-lineal; Blattstiel 1 mm lang, der Achse anliegend; Spreite 7–10 mm lang, 1 mm breit, fast rechtwinklig abspreizend, zum Ende hin zugespitzt; Blattränder nach unten eingerollt, sich fast berührend und nur einen weißbehaarten Mittelstreifen freilassend;

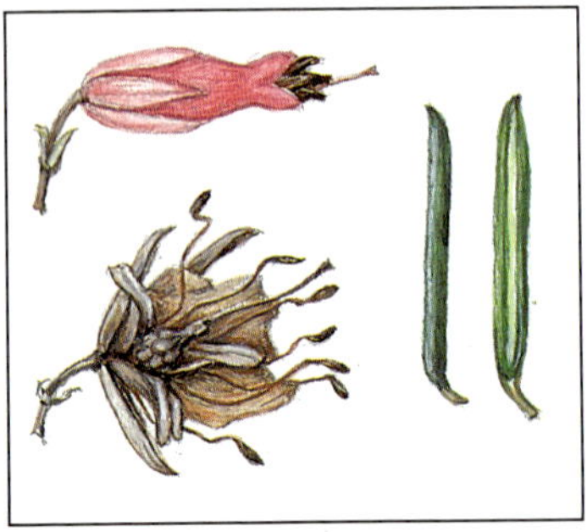

Einzelblüte, geöffnete Kapsel und Blätter

Spreite kahl und glänzend, am Rand mit winzigen Wimpern. Blätter ca. 3 Jahre ausdauernd. ▪ Blütenstand eine meist einseitswendige Doppeltraube. Blüten nickend, in allen Teilen kahl, rosa bis fleischfarben, zu 1–5 an Seitenzweigen, die den Blattachseln vorjähriger Langtriebe entspringen. Blüten bereits im Spätsommer angelegt und ohne Knospenschutz überwinternd. Blütenstiel 3 mm lang. Blütenhülle doppelt, 4-zählig. Kelchblätter frei, 3 mm lang, lanzettlich, rötlich gefärbt; Krone zylindrisch bis

Einseitswendige Doppeltrauben

glockig, an der Mündung verengt, fast doppelt so lang wie der Kelch, mit gelapptem Saum. Die dunklen, braunroten Staubbeutel der 8 Staubblätter aus der Kronröhre herausragend. Frucht eine Kapsel, 2 mm lang, von der eingetrockneten Krone umschlossen, sich 4-klappig öffnend; Samen 0,7 mm lang. ▪ Blütezeit: März bis Mai; Fruchtreife: August/September.

S Zum Teil in dichten Beständen an warmen, sonnigen, Fels- und Geröllhängen der montanen und subalpinen Föhrenheiden, in Legföhrenbeständen sowie in lichten Lärchen- und Fichtenwäldern bis zu 2600 m Höhe. Auf flachgründigen, meist kalkhaltigen bis schwach sauren Böden. An der Waldgrenze vergesellschaftet mit Behaarter Alpenrose, Bärentraube, Zwergbuchs *(Polygala chamaebuxus)*, Kugelblume und Steinröschen *(Daphne striata)*.

V Alpen und Alpenvorland, Apenninen, jugoslawische Gebirge. In Mitteleuropa nördlich bis zum Fichtelgebirge und entlang der Alpenflüsse bis zur Donau.

G Die Gattung *Erica* (sprich Erica!) umfaßt mehr als 550 Arten, von denen der überwiegende Teil in Südafrika beheimatet ist. In Europa sind 17 Arten heimisch, 3 davon reichen bis nach Mitteleuropa. Alle Arten sind immergrün, haben nadelartige

Blätter, 4-zählige Blüten mit freien Kelchblättern und eine zylindrische, glockige oder urnenförmige Kronröhre. Die reife Fruchtkapsel wird von der eingetrockneten Kronröhre umhüllt.

Die Schnee-Heide ist eine der wenigen kalkholden, auf Dolomit, Kalkstein und Serpentin gedeihenden Heidearten. In den Kiefern- und Bergföhrenwäldern bildet sie oft reine Bestände. Wie viele immergrüne Alpenpflanzen leidet auch sie in schneearmen Wintern unter dem Frost. Die Pflanzen bilden ständig neue Zweige, die sich über die älteren, abgestorbenen legen, so daß mit der Zeit ein sehr dichtes Substrat entsteht. Die Schnee-Heide kann ein Alter von ca. 30 Jahren erreichen. Die Wurzeln sind in innigem Kontakt mit Bodenpilzen (Mykorrhiza).

Die Blüten, im Herbst bereits fertig ausgebildet, blühen unmittelbar nach der Schneeschmelze, oft auch schon im Winter, wenn eine Wärmeperiode den Schnee schmelzen läßt und die Hänge erwärmt. Sie bilden in einer Nektarscheibe am Grund der Blüte reichlich Nektar, der jedoch durch die verengte Öffnung der Kronröhre verborgen ist und nur für langrüsselige Insekten, die ohnehin nur die Bestäubung durchführen können, zugänglich ist. Die Schnee-Heide ist eine wichtige Bienenpflanze. Bestäuber sind aber außer der Honigbiene ebenfalls viele solitäre Bienen, die bereits im zeitigen Frühjahr fliegen. Auch Schmetterlinge gehören zu den Blütenbesuchern.

Die Schnee-Heide erfreut sich als Gartenpflanze großer Beliebtheit; sie gedeiht auch im Tiefland problemlos. Es gibt zahlreiche Formen, die sich vor allem durch unterschiedliche Blütenfarbe auszeichnen.

Der Gattungsname *Erica* stammt vom griechischen »ereike« bzw. dem lateinischen »erice« ab, womit die antiken Schriftsteller aber in erster Linie wohl die im Mittelmeergebiet häufige Baum-Heide *(Erica arborea)* meinten. Sie wird bis 4 m hoch und ist im Frühling dicht mit weißen Blüten besetzt. Das lat. Epitheton *herbaceus* bedeutet krautig.

Die Schnee-Heide bildet oft dichte Teppiche

Graue Heide

Erica cinerea L.

Blütensprosse der Grauen Heide

K Immergrüner, reichverzweigter, 20–60 cm hoher, aufrechter Strauch. Junge Triebe kantig, kurz grau-filzig, kaum 1 mm dick. Nichtblühende Sprosse mit zahlreichen, dicht beblätterten, kurzen Seitentrieben. ■ Laubblätter in 3-zähligen Wirteln, nadelförmig-lanzettlich, 1 mm lang gestielt; Spreite 4–7 mm lang, bis 1,5 mm breit; Ränder nach unten umgebogen und sich hier fast berührend. Spreite oberseits flach, kahl, am Rand kurz bewimpert. Lebensdauer der Blätter 2 Jahre. ■ Blüten endständig, quirlig bis traubig stehend, 3 mm lang gestielt; Blütenhülle doppelt, 4-zählig; Kelchblätter 2,5 mm lang, fast bis zum Grunde frei, grünlich-rötlich; Krone glockig, 5–7 mm lang mit 1 mm langen Zipfeln, hellviolett, kahl, die 8 Staubblätter in der Kronröhre geborgen. Fruchtkapsel kugelig, 4-fächerig; Samen 0,6–0,9 mm lang. ■ Blütezeit: Juni/Juli; Fruchtreife: September/Oktober.

Blühende Graue Heide in Westeuropa

S In atlantischen Heidegesellschaften mit Heidekraut, Behaartem Ginster, Stechginster und Adlerfarn. Auf sauren, humosen, nährstoffarmen, sandigen oder steinigen Silikatböden.

V Atlantisches Europa. Portugal, Nordspanien, Frankreich, Britische Inseln, Südwestnorwegen, Belgien, Holland. Im Süden in Frankreich bis zur Rhône und ein isoliertes Vorkommen in Norditalien (Ligurischer Apennin). In Mitteleuropa nur noch westlich der deutschen Grenze.

Die Graue Heide prägt zur Blütezeit den Farbton der atlantischen Heide. In ungestörter Ausprägung finden wir sie heute noch auf den Sandböden der französischen »Landes«; auf felsigem Untergrund beispielsweise in Nordfrankreich und in Irland. Nach der Roten Liste gilt die Graue Heide als »vom Aussterben bedroht«.
Die nektarreichen Blüten werden von Bienen und Hummeln bestäubt. Kurzrüsselige Insekten rauben den Nektar, indem sie die Kronröhren seitlich aufbeißen. Diese Erscheinung läßt sich bei zahlreichen, langröhrigen Blüten beobachten.
Das lat. Epitheton *cinereus* hat die Bedeutung von aschgrau, abgeleitet von »cinis« = Asche.

Glocken-Heide

Erica tetralix L.

Die Blüten stehen in Doppeltrauben

K Immergrüner, niederliegender bis aufrecht wachsender, 20–50 cm hoher, büschelig verzweigter Strauch. Junge Triebe aufrecht, grau-filzig behaart, mit brauner Rinde. ■ Laubblätter in 4-zähligen Quirlen, sehr kurz gestielt; Spreite nadelförmig-linealisch, 3–5 mm lang, 1 mm breit, grau behaart; Blattränder nach unten eingerollt, von der Blattunterseite nur einen schmalen, grau behaarten Streifen frei lassend; Ränder 1 mm lang abstehend drüsenhaarig bewimpert. Lebensdauer der Blätter 2 Jahre. ■ Blüten in 5- bis 10-blütigen, endständigen Doldentrauben, bis 5 mm lang gestielt. Blütenhülle doppelt, 4-zählig. Kelchblätter frei, 2 mm lang, gewimpert. Krone bauchig-röhrig, mit verengter Öffnung, blaßrosa oder weiß, 6–7 mm lang, kahl, die kurzen Zipfel zurückgeschlagen. Staubblätter 8, in der Kronröhre verborgen. Kapselfrucht 2 mm groß, 8-eckig, 4-fächerig, sich 4-klappig öffnend, von der vertrockneten Kronröhre umhüllt; Samen braun, 0,3 mm groß. ■ Blütezeit: Juli/August; Fruchtreife: August bis Oktober.

S In Heide- und Torfmooren; auf nassen, nährstoffarmen, sauren Torfböden bzw. humusreichen, sauren Sandböden, auf feuchteren Standorten als das Heidekraut.

V Atlantisches Europa. Portugal, Nordspanien, Frankreich, Britische Inseln, Deutschland, Dänemark, Norwegen, Südschweden bis zum Baltikum. In Mitteleuropa vor allem in den küstennahen Bereichen Nordwestdeutschlands; nach Südosten bis zur Lausitz, im westlichen Deutschland bis zum Hohen Venn, der Schneifel und zum Westerwald.

Der Nektar ist nur langrüsseligen Insekten, vor allem Bienen und Hummeln zugänglich. Die Rüssel der Blütenbesucher stoßen an die Fortsätze der Staubbeutel; hierbei wird der Pollen ausgeschüttelt und das Insekt eingestäubt. Die feinen, sog. Staubsamen, verbreitet der Wind.
Tetralix nannte Plinius das Heidekraut, Theophrast hingegen eine distelartige Pflanze. Das griech. »tetraelix«, = 4mal gewunden, bezieht sich auf die 4 Blattzeilen.

Im Hochsommer sind Heide- und Torfmoore von blühender Glocken-Heide geprägt

Sumpf-Porst

Ledum palustre L.

K Immergrüner, fast quirlig verzweigter, 1–1,5 m hoher Strauch. Junge Sprosse hellbraun; locker mit längeren, weißen Haaren und fast sitzenden, kleinen Drüsen besetzt; später längsstreifig rotbraun bis grau. Winterknospen braun, rundlich, 1–4 mm lang, Knospenschuppen bewimpert und drüsig. Blütenstandsknospen endständig, eiförmig, 7–8 mm lang. ▪ Laubblätter wechselständig, lederig; Blattstiel 2–3 mm lang; Spreite 1,8–3,5 cm lang, 3 bis 8 mm breit, linealisch bis lanzettlich; Ränder stark nach unten eingerollt, sich bis auf 1 mm nähernd; oberseits olivgrün, matt glänzend, unterseits rostrot wollig behaart und mit Drüsen besetzt. Laubblätter des Vorjahres im Herbst abfallend, sich gelb bis orangerot färbend. ▪ Blüten in endständigen, gedrungenen Trauben, zahlreich, aufrecht stehend, weiß, 10–15 mm gestielt, 10–15 mm im Durchmesser. Blütenhülle doppelt, 5-zählig. Kelch verwachsenblättrig, mit eiförmigen, drüsigen Zipfeln; Krone freiblättrig mit sternförmig ausgebreiteten, 5 bis 8 mm langen Blütenblättern; Staubblätter meist 10, die Krone überragend; Fruchtknoten oberständig. Fruchtstiel zurückgekrümmt, Kapsel 3–6 mm lang, 5-klappig aufspringend; Samen zahlreich, spindelförmig, bis 1,5 mm lang. ▪ Blütezeit: Mai/Juni; Fruchtreife: Oktober/November.

S In Kiefern- und Waldmooren mit Rauschelbeere, Rosmarinheide, Glocken-Heide, Heidekraut, Heidelbeere und Moosbeere; auf nassen, nährstoffarmen, sauren Torfböden und feuchten, rohhumusreichen Sandböden.

V England, Mitteleuropa östlich der Weser, östliches Skandinavien, Nordosteuropa; Nordasien, nördliches Nordamerika, Westgrönland.

G Die Gattung *Ledum* umfaßt 10 Arten in der gemäßigten und arktischen Zone der Nordhemisphäre.

Zweige mit Blüten und Früchten; Kapsel (links) und Samen (rechts)

Die immergrünen Sträucher haben freikronblättrige Blüten. In Mitteleuropa ist nur 1 Art vertreten. ■ Die Familie der Heidekrautgewächse (*Ericaceae*) umfaßt 90 Gattungen mit 3000 Arten, die in allen Erdteilen beheimatet sind. Meist handelt es sich um immergrüne Holzgewächse mit ungeteilten, ledrigen oder nadelförmigen Blättern. Blüten mit doppelter 4- bis 5-zähliger Blütenhülle und verwachsenen Kronblättern. Die Staubbeutel besitzen vielfach eigenartige horn- oder schwanzförmige Anhängsel. Die Frucht ist eine Kapsel, Steinfrucht oder Beere.

Früher auch im Schwarzwald, der Oberpfalz und am Fichtelsee wachsend, ist der Sumpf-Porst im süddeutschen Raum seit Ende des 19. bzw. Anfang des 20. Jahrhunderts ausgestorben. In Norddeutschland geht er infolge Trockenlegung und Abbau der Moore ständig zurück. Die Rote Liste weist ihn als »stark gefährdet« aus.
Hauptbestäuber sind Insekten wie Fliegen, Bienen und Schmetterlinge, die den am Fruchtknotengrund abgesonderten Nektar aufnehmen. Auf viele Blütenbesucher wirkt der starke Blütenduft tödlich betäubend. Interessant ist die Fruchtbiologie. Die Frucht öffnet sich zwar, im Gegensatz zu den meisten Kapselfrüchten, am Grund, doch weist die 5-klappig entstandene Öffnung durch den gekrümmten Fruchtstiel kapselüblich nach oben. Die Samen werden wie aus einem Körbchen im Spätwinter oder Frühjahr vom Wind herausgeschüttelt und verweht.
Die Blätter rollen sich bei großer Kälte stark ein und hängen fast senkrecht nach unten, ein Phänomen wie bei Rhododendron-Arten.
Der Sumpf-Porst riecht intensiv nach Bohnerwachs und Kampfer, er wurde früher deswegen auch als Motten- und Wanzenmittel verwendet. Vor allem die Blätter enthalten das stark riechende und brennend schmeckende Porstöl. Es enthält hauptsächlich Ledol (Porstkampfer) und Palustrol. Die Wikinger benutzten Blätter und Triebe als Hopfenersatz bei der Bierbereitung. Porst verleiht dem Bier eine ähnlich stark berauschende Wirkung wie der Gagelstrauch (s. S. 37).

Blühende Doldentrauben des Sumpf-Porstes

Blüten und junge Sprosse wurden früher auch als Droge gegen Fieber, Gicht, Keuchhusten, Ruhr und Hautkrankheiten sowie als Diuretikum und Abortivum verwendet. Die Inhaltsstoffe sollen ihrerseits jedoch Erbrechen, Herzklopfen, Gelenkschmerzen sowie Schweißausbrüche hervorrufen.
Ledum leitet sich von griechisch »ledon« ab. Dioskurides benannte damit eine Zistrose, aus der eine Harzsubstanz, das »ladanum«, gewonnen wurde. Der deutsche Name Porst taucht im Althochdeutschen als »porse« oder »borse« auf. Gemeint war damit aber der Gagelstrauch.

Alpenheide

Loiseleuria procumbens (L.) Desv.

K Flach niederliegender, reich verzweigter und dichte Teppiche bildender, immergrüner Spalierstrauch. Junge Sprosse kahl, grün bis rötlich, Wurzeln ausschlagend. Ältere Zweige graubraun. Winterknospen winzig. ■ Laubblätter gegenständig, lanzettlich bis länglich-oval, 5–7 mm lang, 2 mm breit, kurz gestielt, kahl und glänzend; Blattrand fast bis zur unterseits stark verbreiterten Mittelrippe umgeschlagen. Lebensdauer der Blätter 1–2 Jahre. ■ Blüten zu 2–5 in endständigen Trauben. Blütenhülle 5-zählig; Kelchblätter rötlich, lanzettlich, bis zum Grunde frei; Kronblätter 3–4 mm lang, rosarot, bis zur Hälfte miteinander verwachsen; Staubblätter kürzer als die Krone. Fruchtknoten kugelig bis oval; Kapsel sich 2- bis 3-klappig öffnend und die zahlreichen, winzigen Samen entlassend. ■ Blütezeit: Juni/Juli; Fruchtreife: September/Oktober.

S In den Alpen verbreitet in Höhenlagen zwischen 1600 und 3000 m. In Zwergstrauch- und Spalierheiden, oft in Reinbeständen. Auf Urgestein oberhalb der Legföhrenstufe oft in Gratlagen an windexponierten und im Winter häufig schneefreien Kämmen. Bevorzugt auf sauren, humosen, flachgründigen, nährstoffarmen Steinböden und Moränenhängen, vor allem in Höhenlagen zwischen 2000 und 2400 m mit Krähen- und Rauschbeere.

V Pyrenäen, Alpen, Karpaten, Schottland, Skandinavien, Island, Ural; über Sibirien nach Ostasien, Nordamerika und Grönland.

G Die Gattung *Loiseleuria*, nach dem französischen Arzt und Botaniker Jean Louis Auguste Loiseleur-Deslongchamps (1774–1849) benannt, umfaßt nur 1 Art.

Die Alpenheide ist ein wichtiger Rohhumus bildender Pionier auf Schuttflächen. Die kurzröhrigen Blüten bieten insbesondere Hummeln, Fliegen und Faltern den Nektar offen dar. Die Blütenknospen werden schon im Herbst angelegt. Die Fruchtkapseln öffnen sich oft erst im Frühjahr, so daß die Samen an der Pflanze überwintern (sog. Wintersteher). Pflanzengeographisch zählt die Alpenheide zu den arktisch-alpinen Gewächsen. In den mitteleuropäischen Hochgebirgen ist sie ein Eiszeitrelikt. Das Epitheton *procumbens* ist lateinisch und heißt so viel wie niederliegend, am Boden kriechend.

Blühende Trauben der Alpenheide

Zwergalpenrose

Rhodothamnus chamaecistus (L.) Rchb.

K Mäßig verweigter, immergrüner, 20–40 cm hoher Strauch. Junge Triebe kurzflaumig und länger borstig behaart, grau- bis rotbraun; Rinde sich längsschuppig ablösend. ▪ Laubblätter wechselständig, vor allem an den Sproßspitzen dicht gedrängt stehend, kurz gestielt; mit 8–13 mm langer, 2–3 mm breiter, lederiger, eilanzettlicher Spreite, beidseitig glänzend; am Rande abstehend weiß behaart. Lebensdauer der Blätter 1–2 Jahre. ▪ Blüten endständig, zu 1–3 an aufrechten, drüsenhaarigen Stielen. Kelchblätter lanzettlich; Kronblätter radförmig ausgebreitet, Blütendurchmesser bis 2,5 cm; die 10 Staubblätter die Krone weit überragend. Fruchtknoten oberständig; sich zu einer 3 mm großen, kugeligen Kapsel mit zahlreichen winzigen Samen entwickelnd. ▪ Blütezeit: Juni/Juli; Fruchtreife: August/September.

S Selten, aber meist gesellig, in der subalpinen und alpinen Stufe zwischen 1200 und 2450 m im Bereich der Föhrenwälder und Legföhrenbestände auf Kalk und Dolomit; auf flach- bis mittelgründigen Stein- und Rohböden, in Felsbändern und Schutthalden. Gedeiht vergesellschaftet mit Schnee-Heide, Behaarter Alpenrose, Bärentraube, Kugelblume, Aurikel und Silberwurz.

V Ostalpen bis Karawanken, vor allem in den südlichen und nördlichen Kalkalpen, seltener in den Zentralalpen. Westgrenze der Verbreitung im Allgäu bzw. in den Bergamasker Alpen südlich bis zum Monte Baldo und den Vincentiner Alpen.

G Die Gattung *Rhodothamnus* besteht nur aus 2 Arten, wovon die 2. Art auf Nordost-Kleinasien beschränkt ist.

Die Blütenknospen werden bereits im Herbst angelegt. Bestäuber der Blüten sind Hautflügler, insbesondere Bienen und Hummeln. Selbstbestäubung ist möglich. Die Samen werden durch den Wind verbreitet. Die Zwergalpenrose erreicht ein Alter bis zu etwa 40 Jahren. Der jährliche Zuwachs ist gering.

Der Name leitet sich von »rhodon« (griechisch) = Rose und »thamnos« (griechisch) = Busch ab; das Epitheton von »chamae« (griechisch) = niedrig, an der Erde hingestreckt und »cistus« (lat.) = Zistrose; eine der Zistrose ähnliche Pflanze, hinsichtlich der zarten, faltigen Blüten.

Voll erblühte Zwergalpenrose

Behaarte Alpenrose

Rhododendron hirsutum L.

K Immergrüner, reichverzweigter, bis 1 m hoher, rundlicher Strauch mit kurzen Sproßabschnitten. Junge Zweige grün, kurzfilzig behaart und schütter mit Drüsen und langen, weißen Haaren besetzt; Rinde später braun. Winterknospen 1–2 mm lang; die den Knospenstand bergende Endknospe eiförmig, dick, 1 cm lang, grün. ■ Laubblätter wechselständig, lederig, 3–8 mm lang gestielt; Spreite länglich-oval, 1,5–3,5 cm lang, 1–1,5 cm breit, beidseitig glänzend, gleich dem Blattstiel 2 mm lang am Rand bewimpert. Lebensdauer der Blätter 2 Jahre. ■ Blüten in endständigen, 5- bis 10-zähligen, kurzen Trauben, 10 mm lang gestielt, waagerecht abstehend. Blütenhülle doppelt, 5-zählig. Kelch 4–5 mm lang; Krone trichterförmig-glockig, rosa, 15 mm lang; Staubblätter 10. Fruchtkapsel 4 mm groß, sich 5-klappig öffnend; Samen zahlreich, 1 mm lang. ■ Blütezeit: Juni bis August; Fruchtreife: September/Oktober.

Blütentrauben der Behaarten Alpenrose

Fruchtstand mit geöffneten Kapseln

S Gebietsweise häufig und bestandbildend; im Legföhrengürtel und in Gebüschen im Bereich der Waldgrenze; vorwiegend in Höhenlagen von 1200–2650 m; an steinigen Hängen, auf Grobschutthalden und nährstoffarmen, lehmig-tonigen Kalkverwitterungsböden. Wächst in Gesellschaft von Schnee-Heide, Zwergmehlbeere und Preißelbeere.

V Mittlere und östliche Alpen bis Nordjugoslawien; westlich bis zum Genfer See.

G Die Gattung *Rhododendron* umfaßt 1300 Arten. Verbreitungszentren sind Ostasien (Osthimalaja, Südchina) und Malaysia. In Europa sind 6 Arten beheimatet.

Die Behaarte Alpenrose, auch Almrose, Bergrose oder Almrausch genannt, steht in Deutschland unter Naturschutz. Mit ihren augenfälligen Blüten gehört sie zu den gebietsweise landschaftsprägenden Alpenpflanzen. Die Blüten werden von Bienen und Hummeln bestäubt. Die Behaarte Alpenrose kann weit über 20 Jahre alt werden.

Der griechische Gattungsname setzt sich aus »rhodon« = Rose und »dendron« = Baum zusammen. Das lat. Epitheton *hirsutum* bedeutet borstig, rauh.

Rostblättrige Alpenrose

Rhododendron ferrugineum L.

Blütensproß mit endständiger Traube

K Immergrüner, reich verzweigter, bis 1 m hoher, rundlicher Strauch. Rinde und Blattunterseiten dicht mit anfangs gelblichen, später dunkel rotbraunen bis schwarzbraunen Drüsenschuppen besetzt. Winterknospen 1–2 mm lang; die den Knospenstand bergende Endknospe eiförmig, bis 10 mm lang, vielschuppig. ■ Laubblätter wechselständig, lederig, verkehrt-eiförmig bis elliptisch, ganzrandig; Spreite 2,5–4,5 cm lang, bis 1 cm breit, oberseits dunkelgrün, glänzend; Blätter im Herbst des 2. Jahres abfallend; Laubfärbung orangegelb. ■ Blüten in einer endständigen, 6- bis 10-blütigen, kurzen Traube. Blütenhülle doppelt, 5-zählig, Kelch sehr klein; Krone trichterförmig-glockig, 10–15 mm lang, außen drüsig; Staubblätter 10. Fruchtkapsel bis 2,5 cm lang gestielt, 5–6 mm groß, sich 5-klappig öffnend; Samen ca. 1 mm groß. ■ Blütezeit: Juni/Juli; Fruchtreife: September/Oktober.

S Gesellig und oft dichte Bestände bildend; in Höhenlagen zwischen 1500 und 3000 m, im Bereich der Legföhren, Arven und Lärchen und oberhalb der Baumgrenze; auf feuchten, nährstoff- und basenarmen, sauren, humosen, steinigen Lehm-, Ton- und Torfböden.

V Europa. Pyrenäen, Jura, Alpen, nördliche Apenninen, Karpaten.

Rostrote und Behaarte Alpenrose besiedeln zwar in den Alpen gleiche Höhenlagen, kommen jedoch fast nie miteinander vergesellschaftet vor, da die eine Art kalkmeidend, die andere kalkhold ist. Der Botaniker spricht von sog. vikariierenden Arten. Die Samen, 0,025 mg schwer, werden vom Wind verbreitet. Die Rostrote Alpenrose kann bis 100 Jahre alt werden. Sie ist geschützt.
Das lat. Epitheton *ferrugineus* heißt übersetzt eisenfarbig, hier im Sinne von rostfarben.

Die Rostblättrige Alpenrose wächst oberhalb der Baumgrenze oft in Reinbeständen

Heidelbeere

Vaccinium myrtillus L.

[K] Sommergrüner, reich verzweigter, 15–50 cm hoher Strauch mit weitkriechender unterirdischer Sproßachse. Junge Triebe kantig-gerieft bis schwach geflügelt, 1,5 mm dick, grün, deutlich hin und her gebogen. Winterknospen länglich-eiförmig, bis 2 mm lang, kahl. ▪ Laubblätter wechselständig, sehr kurz gestielt; Spreite zugespitzt-eiförmig, 1,5–2 cm lang, 1–1,5 cm breit, kahl; Blattrand gesägt. ▪ Blüten einzeln blattachselständig, am Grunde junger Sprosse, hängend oder nickend, krugförmig, 4–7 mm lang; Fruchtknoten unterständig. Frucht kugelig, dunkelblau, bereift, 7–8 mm groß, mit stark gefärbtem Saft und 1 mm langen Samen. ▪ Blütezeit: Mai/Juni; Fruchtreife: Juli bis September.

[S] Häufig und gesellig in Laub- und Nadelwäldern, Heidemooren und Zwergstrauchheiden; vom Tiefland bis in Höhen von 2800 m ansteigend. Auf mittelgründigen Lehm- oder Torfböden; bevorzugt in feuchter Klimalage; kahlfrostempfindlich.

Zweige mit Blüten und Blättern

[V] Europa (mit Ausnahme der südlichen Teile der 3 Südhalbinseln) bis Mittelsibirien, Kaukasus.

Die Heidelbeere wird durch Bienen und Hummeln bestäubt. Die Blüten führen reichlich Nektar, der 20% Zukker enthält. Die Früchte werden von Vögeln verzehrt. Sie enthalten bis zu 5% Zucker uns sind reich an Vitamin C. Das Fruchtfleisch wird durch Anthocyan intensiv gefärbt.
Der Name Heidelbeere leitet sich vom althochdeutschen »heitperi«, einer im Gebüsch wachsenden Beere ab. Das Epitheton ist von »myrtus« = Myrte abgeleitet.

Heidelbeeren verschiedener Reifestadien

Heidelbeeren im Moorbirkenwald

Preißelbeere

Vaccinium vitis-idaea L.

K Immergrüner, 10–30 cm hoher Zwergstrauch. Aufrechte Sprosse einer schuppig beblätterten, kriechenden Grundachse entstammend. Junge Triebe kurzfilzig behaart. ▪ Laubblätter wechselständig; Lebensdauer 3 Jahre; Spreite verkehrt-eiförmig bis elliptisch, lederig, 1–2,5 cm lang und halb so breit, oberseits dunkelgrün, glänzend, unterseits graugrün, zerstreut behaart und drüsig punktiert. ▪ Blüten in endständigen, nikkenden Trauben; Blütenhülle doppelt, 5-zählig; Krone weiß, rosa überlaufen, glockig, 6–10 mm lang, Kronblattzipfel zurückgeschlagen. Beere kugelig, 5–8 mm groß, rot und glänzend, vom Kelch gekrönt; Fruchtfleisch mehlig, säuerlich schmekkend; Samen 1,5 mm groß, rotbraun. ▪ Blütezeit: Mai bis September; Fruchtreife: August bis Oktober.

S Zerstreut, aber gesellig, in trockenen Kiefernwäldern, Heiden und Mooren; auf sauren, nicht zu nassen bis trockenen Rohhumusböden. In den Alpen im Legföhrengürtel und in subalpinen Zwergstrauchheiden.

V Europa mit Ausnahme der südlichen Teile der Südhalbinseln; Nordasien und Nordamerika. In Mitteleuropa vom Norddeutschen Tiefland bis zu den Alpen, hier bis in Höhen von 3000 m ansteigend.

Fruchtende Zweige der Preißelbeere

Blühender Sproß der Preißelbeere

Die Preißelbeere lebt in Gemeinschaft mit Bodenpilzen (Mykorrhiza). Die Blüten werden durch Bienen und Hummeln bestäubt. Wacholderdrossel, Häher, Alpendohle und Elster verzehren die Früchte. Sie enthalten bis zu 7% Zucker.

Das lat. *vitis-idaea* ist eine Lehnübersetzung des griechischen »ampelos tês Ides«. Theophrast bezeichnete damit einen Weinstock vom Berge Ida. Der deutsche Name Preißelbeere leitet sich vom tschechischen »brusnice« bzw. »brusina« ab.

Preißelbeeren mit reifen Früchten

Rauschbeere

Vaccinium uliginosum L.

K Sommergrüner, 20–90 cm hoher, reichverzweigter Strauch. Junge Zweige rund, kurzflaumig oder kahl. Rinde grau bis rotbraun. Winterknospen 1–1,5 mm lang, gekielt. ▪ Laubblätter wechselständig, verkehrt-eiförmig bis breit-elliptisch, 1,5–2 cm lang, 8–15 mm breit, kahl, kurz gestielt, oberseits mattgrün, unterseits hell blaugrün; Blattrand schwach nach unten eingerollt. Herbstfärbung gelb bis orangerot. ▪ Blüten in 4- bis 5-blütigen Trauben. Blütenhülle doppelt, 4- bis 5-zählig. Kelch sehr klein; Krone krugförmig, 4–5 mm lang, mit

Blaubereifte Früchte der Rauschbeere

zurückgebogenen Zipfeln, weiß bis rosa; Staubblätter 8–10, in der Kronröhre geborgen; Staubbeutel mit 2 langen Hörnern und geschwänzten Anhängseln. Beeren schwarzblau, bereift, vom Kelch gekrönt, 8–10 mm groß, kugelig, Fruchtsaft farblos; Samen zahlreich, 1,5 mm groß. ▪ Blütezeit: Mai bis Juli; Fruchtreife: Juli bis September.

S Häufig und gesellig in Torfmoo-

Blühender Sproß der Rauschbeere

ren, vor allem in Kiefern-, Birken- und Heidemooren, moorigen Wäldern, in lockeren Arven- und Legföhrenbeständen sowie in den Zwergstrauchheiden der Hochgebirge. In den Alpen auch an schneefreien Graten und Windecken. Die Rauschbeere gedeiht auf nährstoffarmen, sauren Rohhumusböden.

V Europa, Nordasien, Nordamerika. Fehlt auf den Südteilen der europäischen Südhalbinseln sowie in Irland und England. In Mitteleuropa weit verbreitet.

G Die Gattung *Vaccinium* umfaßt 400 Arten, die in der nördlich gemäßigten Zone und in den tropischen Gebirgen Asiens, Amerikas sowie in Südafrika und Madagaskar beheimatet sind. In Europa sind 7 Arten vertreten, 5 davon in Mitteleuropa.

Der Lebensraum der Rauschbeere ist sehr vielgestaltig. Während die Pflanze in den Mooren des Tieflandes stattliche Büsche bildet, bleibt sie in den Hochgebirgen gedrungen. Die Bestäubung erfolgt durch Bienen und Hummeln, die Verbreitung durch Vögel. Die säuerlich schmeckenden Früchte sind giftverdächtig. Pupillenerweiterung, rauschartige Erregungen, Schwindelgefühl und Durchfall treten wohl nur nach dem Verzehr größerer Mengen auf.
Das lat. Epitheton *uliginosus* bedeutet sumpfig, morastig.

Moosbeere

Vaccinium oxycoccus L.

K Immergrüner, dem Boden aufliegender, kleiner Halbstrauch mit 10–30 cm langen Sprossen. Triebe bis 1 mm dick, kahl, braun, später auch Wurzeln bildend. ■ Laubblätter lederig, länglich-eiförmig bis lanzettlich, kurz gestielt, oberseits glänzend dunkelgrün, unterseits blaugrün bereift; Blattrand stark nach unten eingerollt; Spreite 3–10 mm lang, 2–4 mm breit. Lebensdauer der Blätter 2 Jahre. ■ Blüten zu 1–4 an aufgerichteten Sproßspitzen. Blütenstiel fädig, 1–2 cm lang; Blütenhülle doppelt, 4- bis 5-teilig. Kelch sehr klein; Kronblätter 6–7 mm lang, zurückgeschlagen, Blüte dadurch turbanartig, dunkel- bis blaßrosa; Staubblätter meist 8, mit dunkelpurpurnen Staubfäden. Beere mehrsamig, saftreich, 8–12 mm groß; Samen 1,5–2,5 mm lang. ■ Blütezeit: Mai bis Juli; Fruchtreife: Oktober.

S In Torfmooshochmooren; auf den Bulten in Gesellschaft von Rosmarinheide und Sonnentau wachsend.

V Europa mit Ausnahme der 3 Südhalbinseln; Nordasien, Nordamerika. In den Alpen bis 1300 m hoch ansteigend.

Die Moosbeere wird meist in 2 Kleinarten aufgeteilt: Die Gemeine Moosbeere (*Vaccinium oxycoccus* im engeren Sinne) zeichnet sich durch behaarte Blütenstiele, ovale Blätter von 4–8 mm Länge und kugelige Früchte aus. Die Kleinfrüchtige Moosbeere (*Vaccinium microcarpum* (Turcz.) Schmalh.) hat kahle Blütenstiele, nur 3–5 mm lange, fast 3-eckige Blätter und eine ovale bis birnenförmige Beere. Oftmals werden die Moosbeeren einer eigenen Gattung, *Oxycoccus*, zugeordnet.

Die Früchte der Moosbeere schmekken säuerlich. Sie sind reich an Apfel- und Zitronensäure. In Rußland werden die Beeren, meist nach Frosteinwirkung, gesammelt und gegessen. Die Verbreitung erfolgt durch Vögel, vor allem durch den Seidenschwanz und den Tannenhäher. Nicht selten überdauern die Früchte den Winter über an der Pflanze. Die Blüten werden von Bienen und Hummeln bestäubt. Auch Selbstbestäubung ist möglich. Die Ausbreitung erfolgt vor allem vegetativ durch kriechende Sprosse.

Das Epitheton *oxycoccus* leitet sich von griechisch »oxys« = sauer und »kokkos« (lat. »coccus«) = Beere ab.

Kriechender Sproß mit Blütentrieben

Früchte der Gemeinen Moosbeere

Krähenbeere

Empetrum nigrum L.

Zweig mit reifen Steinfrüchten

K Immergrüner, kriechender, niederliegender, Teppiche bildender Zwergstrauch mit bogig aufsteigenden, fast quirligen Verzweigungen. Junge Triebe hell- bis rötlichbraun, kurzflaumig behaart, doch bald verkahlend. Rinde sich im 2. Jahr lösend. ▪ Laubblätter wechselständig oder zu 3 bis 5 wirtelig genähert, 4 bis 5 mm lang, 1–1,5 mm breit; Stiel der Sproßachse anliegend, etwa 1 mm lang; Spreite abgewinkelt, kahl oder vereinzelt behaart, tiefgrün glänzend; Blattränder nach unten eingerollt und sich mit den randständigen weißen Haarstreifen berührend. ▪ Blüten unscheinbar, meist eingeschlechtig, einzeln in den Achseln der Laubblätter stehend, an den Zweigenden gehäuft. Blütenstiel von häutigen Hochblättern umhüllt. Pflanzen ein- oder zweihäusig. Kelch und Krone getrenntblättrig, 2- bis 3-zählig. Kronblätter 2–3 mm lang, d.h. doppelt so lang wie der gewimperte, bleichgrüne Kelch, blaß- bis purpurrot; Staubblätter 2–3, rot, die Krone weit überragend; Fruchtknoten oberständig; Steinfrucht 6–8 mm groß, kugelig, schwarzglänzend, mit 6 bis 9 Steinkernen, die je 1 Samen enthalten. ▪ Blütezeit: Mai/Juni; Fruchtreife: August/September.

S Siehe bei den Unterarten.

V Nördlicher Teil der Nordhemisphäre; im südlichen Teil des Areals nur im Gebirge. In Europa Pyrenäen, Britische Inseln, Mitteleuropa, Baltikum, Nord- und Mittelrußland.

G Die Gattung *Empetrum* enthält nur 2 Arten. *Empetrum rubrum* ist in den Südanden bis Feuerland und

Biotop der Zwittrigen Krähenbeere in Nordschweden (Abisko)

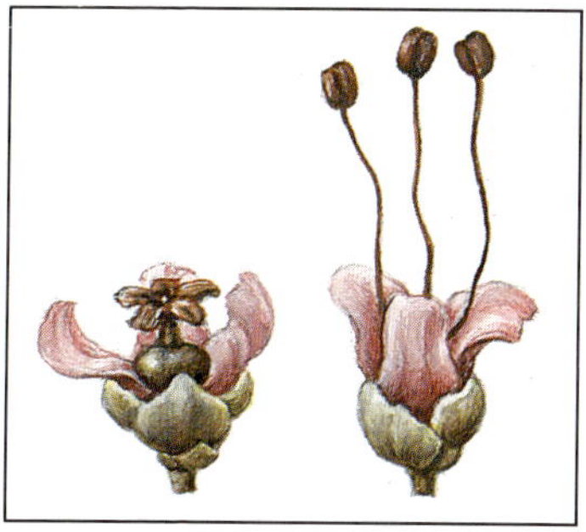

Weibliche und männliche Blüte

auf den Falkland-Inseln heimisch. ■

Die Familie der Krähenbeerengewächse (*Empetraceae*) umfaßt 3 Gattungen mit 10 Arten. Ihre Heimat ist die nördlich gemäßigte Zone und das südliche Südamerika. Die Pflanzen sind ausnahmslos heidekrautähnliche Holzgewächse.

Die Krähenbeere läßt sich in 2 Unterarten mit voneinander abweichendem Lebensraum gliedern. Die Schwarze Krähenbeere (*E. nigrum* ssp. *nigrum*) ist meist zweihäusig, d. h. die Blüten sind eingeschlechtig und auf getrennten Pflanzen. Die Blätter sind etwas größer und schmaler als bei der anderen Unterart, die Triebe mehr rötlichbraun gefärbt, die Zweige ausgebreitet niederliegend. Diese Form ist vor allem im Küstenbereich der Nord- und Ostsee, aber auch in den Mittelgebirgen wie Eifel, Hohes Venn, Rhön, Harz, Thüringer Wald, Fichtel- und Erzgebirge sowie Schwarzwald anzutreffen. Sie fehlt jedoch in den Alpen. Im Küstenbereich gedeiht sie in den Hinterdünen und Heiden auf Sand; wächst in den Mooren mit Heidekraut, Rauschelbeere und Rosmarinheide, wo sie dichte, dicke Polster bildet.

Die Zwittrige Krähenbeere (*E. nigrum* ssp. *hermaphroditum*) ist einhäusig und hat meist zwittrige Blüten, ihr Wuchs ist mehr aufrecht, sie ist kräftiger. Diese Unterart ist in den Alpen in 1700–3000 m Höhe und in der Arktis anzutreffen. In den Alpen wächst sie an schneereichen Hängen, oft nordexponiert, auf lockeren Moränen- und Steinschuttböden oder frischen Rohhumusböden mit Heidelbeere, Preißel- und Rauschbeere, Alpenrosen und Alpenheide. Im Gegensatz zu einem Wachstum bis zu 20 cm während einer langen Vegetationsperiode im Flachland beträgt der jährliche Zuwachs in den Alpen und in der Arktis nur 1 bis 2 cm.

Die wintergrünen Laubblätter sterben im 2. Jahr ab. Die Bestäubung erfolgt vorwiegend durch Fliegen, Bienen und Hummeln; auch Windbestäubung ist in dichten Beständen möglich. Die Früchte sind ungiftig, die der Alpenpflanzen schmecken jedoch meist bitter. In Nordosteuropa werden sie gesammelt, roh gegessen oder zu Gelee verarbeitet, oft überwintern sie am Strauch. Blüten für das kommende Jahr werden bereits im Spätsommer angelegt.

Empetrum leitet sich von griechisch »empetron« ab, was »auf Felsen wachsend« bedeutet.

Schwarze Krähenbeere auf Dünensand

Gemeine Esche

Fraxinus excelsior L.

K Sommergrüner, langschäftiger, 25–40 m hoher Baum mit ovaler bis kugelförmiger Krone und grauer, längsrissiger, breit gerippter Borke. Junge Zweige abgeflacht und gerieft; Rinde von olivgrün nach grau umfärbend. Korkwarzen deutlich sichtbar. Winterknospen bis 6 mm groß, schwarzbraun, rund; Endknospe stets vorhanden. ▪ Laubblätter gegenständig, unpaarig gefiedert, mit 4–6 Fiederpaaren, 20–35 cm lang. Fiederblättchen sitzend, nur die Endfieder lang gestielt, lanzettlich, 5 bis 12 cm lang, 1,5–4,5 cm breit, oberseits kahl, unterseits entlang der Adern wollig rotbraun behaart. ▪ Blüten unscheinbar, zwittrig oder eingeschlechtig, in seitenständigen Rispen, vor dem Laubaustrieb blühend. Männliche Blüten mit 2 Staubblättern, die weiblichen mit einem Fruchtknoten und 2 sterilen Staubblättern. Nußfrüchte 2–3,5 cm lang, 4–6 mm breit, schmal länglich, geflügelt, braun. ▪ Blütezeit: Mai; Fruchtreife: September/Oktober.

S Auf lockeren, nährstoff- und basenreichen bis mäßig sauren, feuchten, mitunter nur flachgründigen humosen Ton- und Lehmböden.

V Nordspanien, Frankreich, Britische Inseln, Südskandinavien, Mittel- und Osteuropa bis zur Wolga; südlich über Nord- und Mittelitalien, die Balkan-Halbinsel, Nordanatolien, den Kaukasus bis Nordpersien. In Mitteleuropa vor allem im westlichen und südlichen Teil; in den Mittelgebirgen bis 700 m; im Schwarz-

Zweig mit Fiederblatt, Winterknospen und vorjährigen Früchten; Zwittrige Einzelblüte

wald 1230 m und in den Alpen 1400 m Höhe erreichend.

G Die Gattung *Fraxinus* umfaßt 70 Arten, sommergrüne Bäume und Sträucher vor allem in Ostasien und Nordamerika. In Europa sind 4 Arten heimisch, 2 davon in Mitteleuropa. ▪ Die Eschen gehören der Familie der Ölbaumgewächse (*Oleaceae*) an. Es sind ausnahmslos Holzgewächse mit 30 Gattungen und 600 Arten in allen Erdteilen.

Die Gemeine Esche ist ein wichtiges, wenngleich nur selten reine Bestände bildendes Gehölz in Auen-, Laubmisch- und Schluchtwäldern, an Bächen und Flüssen, steinigen Hängen, vor allem in feuchter Klimalage. Im Ahorn-Ulmen-Eschen-Wald kann sie bis zu 50% des Baumbestandes ausmachen. Solche Wälder sind recht selten geworden. Ihre Krautschicht ist sehr reichhaltig und üppig, da die Belaubung der Kronen erst spät erfolgt.

Die reifen Früchte fallen nicht ab, sie bleiben den Winter über, ja mitunter bis zum Herbst des folgenden Jahres am Baum. Die Fruchtbildung erfolgt meist in 2-jährigem Rhythmus. Die Flügelnüsse gehören zu den sog. Drehschraubenfliegern: Im freien Fall drehen sie sich zum einen um ihre Längsachse und bewegen sich gleichzeitig noch in einer schraubenförmigen Flugbahn.

Die Gemeine Esche wird etwa 200 Jahre alt, ihr Stamm 60–80 cm, selten über 1 Meter dick. Die Stämme können bis zu 15 m astfrei sein und liefern ein wertvolles, gut zu bearbeitendes Holz. Als Furnier ist es für Schlafzimmer und Küchen geschätzt. Dank seiner großen Elastizität wird es auch für Sportgeräte, Fruchtpressen, Jalousien und Leitersprossen verwendet.

Obwohl die Gemeine Esche windblütig ist, wird sie von Bienen besucht, die den Pollen sammeln!

Borke der Gemeinen Esche

Eschenfurnier

Die Esche wird häufig von einer Milbe (*Aceria fraxinivora*) befallen, wodurch es zur Ausbildung von Gallen kommt: Die mißgestalteten Blütenstände verholzen und bleiben im Winter am Baum hängen. Der Befall beschränkt sich oft auf einzelne Bäume, so daß stark gallenbehangene Individuen unmittelbar neben reich fruchtenden stehen können.

Der Name *Fraxinus* findet sich bei Plinius; das lat. Epitheton *excelsior* bedeutet höher, herausragend. Aus dem althochdeutschen »asc« wurde unser heutiges Esche.

Manna-Esche

Fraxinus ornus L.

K Sommergrüner, 10–15 m hoher, oft mehrstämmiger Baum mit grauer, zuletzt warziger dunkler Borke. Junge Zweige abgeflacht oder gerieft, wenig biegsam, olivgrün bis grau gefärbt, mit zahlreichen, braunen Korkwarzen. Winterknospen spitzenwärts stark gefördert, die Endknospe stets größer als die Seitenknospen, bis 13 mm lang; Knospenschuppen filzig-behaart, graubraun. ■ Laubblätter gegenständig, 15–25 cm lang, unpaarig gefiedert, mit 3–4 Fiederpaaren. Blattstiel 5–7 cm lang. Fiederblättchen lanzettlich, bis 7 cm lang und 2,5 cm breit, Spitze lang ausgezogen; oberseits kahl, unterseits an der Mittelrippe rötlichbraun wollig behaart; Blattrand stumpf gesägt. ■ Blüten stark duftend, mit den Blättern erscheinend, in reichblütigen, endständigen Rispen. Kelch tief 4-teilig, 1 mm lang, an der Frucht verbleibend; Krone mit 2 oder 4 am Grund paarweise verwachsenen, schmalen, 7–15 mm langen Blütenblättern. Staubblätter 2, meist so lang wie die Krone; Fruchtknoten oberständig, schmal kegelförmig. Reife Frucht 3–4 cm lang, 7–10 mm breit, zum Grund hin verschmälert, geflügelt. ■ Blütezeit: April; Fruchtreife: September/Oktober.

Zweigspitze mit Winterknospen; Blüte

S Verbreitet in der Hügelstufe, weniger häufig im Gebirge. An sonnigen, trockenen Hängen bis zu 1500 m in Südtirol. Auf trockenen, kalk- oder basenreichen Lehm- und Steinböden.

V Gesamtareal aufgegliedert: Ostspanien, Korsika, Sardinien, Südfrankreich, Italien bis zu den Südalpen; Österreich, Balkan-Halbinsel, West- und Südanatolien bis Syrien. In Mitteleuropa nur angepflanzt. Nördlichste Grenze in der Steiermark, Kärnten, Südtirol und im Tessin. Im Oberrheingebiet auch eingebürgert.

Die Manna-Esche spielt in der Zusammensetzung der Waldgesellschaften Südosteuropas eine wichtige Rolle. Sie ist Charakterart im Manna-Eschen – Kermes-Eichen-Wald, im Orient-Hainbuchen-Wald sowie den artenreichen Trauben-Eichen-Mischwäldern. In den niederen Lagen wächst sie meist baumförmig, in den Bergwäldern tritt sie als mehrstämmiger Strauch auf. Weitere

Begleitpflanzen sind Hopfenbuche, Eßkastanie, Zürgelbaum, Goldregen, Silber-Linde und Perückenstrauch. Das Holz der Manna-Esche gleicht dem der Gemeinen Esche. Es ist sehr elastisch und oft schön gemasert. Man verwendet es als Furnierholz in der Möbelindustrie.

Eine große Rolle spielte früher die Mannagewinnung. Seit dem 15. Jahrhundert wurde die Manna-Esche in Süditalien, seit dem 17. Jahrhundert vor allem in Nordsizilien großflächig angepflanzt. Etwa vom 7. bis 12. Lebensjahr an werden im Juli und August die 8–10 cm dicken Stämme bis zur Wachstumsschicht, dem sog. Kambium, eingeschnitten. Aus den Siebröhren tritt ein bräunlicher Blutungssaft aus, der sich an der Luft gelblichweiß verfärbt und erhärtet. Diese Masse wird eingesammelt. Da Manna leicht wasserlöslich ist, muß darauf geachtet werden, daß Regen die Ernte nicht vernichtet. Aus diesem Grunde wurden Wächter eingesetzt, die bei Regengefahr die Mannaglöckchen läuten mußten. Mannabäume werden in 20- bis 30-jährigem Umtrieb gehalten, da die Erträge sonst nachlassen. Etwa 5000 Bäumchen liefern 80–1000 kg Manna. Gute Manna soll wenig Zukker und 75% Mannit enthalten, das ist ein süßlich schmeckender Alkohol mit honigartigem Geruch, der auch in zahlreichen anderen Ölbaumgewächsen enthalten ist.

Manna findet Verwendung als leichtes Abführmittel und wird seit altersher bei Husten verabreicht. Das von der Manna-Esche stammende Manna ist nicht identisch mit dem in der Bibel erwähnten. Manna ist eine Sammelbezeichnung für eine Fülle verschiedener Pflanzensubstanzen oder Pflanzenteile. Der Mannaanbau ist längst stark eingeschränkt.

Die Blütenstände der Manna-Esche sind auffallend und reichblütig

Der Name *ornus* geht wohl auf die indogermanische Wurzel »osenos« bzw. »osinus« zurück, was Esche bedeutet. *Ornus* hieß das Gehölz bei den Römern, bei Theophrast aber »melia«. Weitere deutsche Namen sind Orne, Weiß-Esche und Blumen-Esche, da anders als bei der Gemeinen Esche auffallende Blütenstände ausgebildet sind, die dem blühenden Baum ein prächtiges Aussehen verleihen.

Gemeiner Liguster

Ligustrum vulgare L.

K Sommergrüner, reichverzweigter, 5–7 m hoher, aufrechter Strauch, häufig Ausläufer treibend. Junge Triebe äußerst biegsam, sehr fein behaart, bald verkahlend, mit grauer Rinde und zahlreichen, winzigen Korkwarzen. Winterknospen oval, 3–5 mm lang, von feinbewimperten Schuppen umkleidet. ■ Laubblätter gegenständig, ein Teil den Winter überdauernd, kurz gestielt; Spreite 3–7 cm lang, 1,5–2,5 cm breit, lederig, lanzettlich bis linealisch, beidseitig kahl, oberseits dunkelgrün, unterseits hellgrün. Laubfall spätestens bei Entfaltung der neuen Blattgeneration. ■ Blüten in endständigen, pyramidalen, 6–8 cm langen, fein behaarten Rispen. Blütenhülle 4-zählig; Kelch 1 mm lang, erhalten bleibend;

Ligusterzweig und Einzelblüte

Krone trichterförmig, 5 mm lang, weiß bis gelblichweiß, die Zipfel flach ausgebreitet, kahl. Staubblätter 2, in den Oberteil der Kronröhre eingefügt und diese nicht überragend. Fruchtknoten oberständig, 2-fächrig; zu einer runden, 5–10 mm großen, glänzend schwarzvioletten, mehlig-saftigen Steinfrucht auswachsend. Früchte oft bis in den Spätwinter am Strauch bleibend, zuletzt mehlig. Steinkerne

1–4, Samen 5–6 mm groß. ■ Blütezeit: Juni/Juli; Fruchtreife: September/Oktober.

S In lichten Eichen- und Kiefernwäldern, an Waldrändern, in Gebüschen und auf Magerweiden; bevorzugt im Trockengebüsch und Niederwald. In Südosteuropa vor allem in Flaum-Eichen-Hopfenbuchen-Manna-Eschen-Gesellschaften; auf sommerwarmen und wechseltrockenen, humosen, kalk- und basenreichen, lockeren Ton-, Lehm- und Sandböden; Licht- bis Halbschattenpflanze mit dichtem, flachstreichendem Wurzelwerk.

V Europa, von Spanien über Frankreich nach Südengland bis Südskandinavien; im Süden von Italien, der Balkan-Halbinsel über die Südukraine zum Kaukasus und Kleinasien; Nordwestafrika. In Mitteleuropa vor allem in Mittel- und Süddeutschland. Im Norden wohl nur angepflanzt bzw. verwildert. In den Mittelgebirgen bis etwa 400 m, in den nördlichen Alpen bis 1100 m ansteigend.

G Die Gattung *Liguster* ist mit ihren 45 Arten von Europa über Kleinasien, Nordpersien bis nach Ostasien, dem indomalayischen Raum und nach Neuguinea und Australien verbreitet. Sie umfaßt nur Gehölze mit sommer- oder wintergrünen Blättern sowie zu

Rispen angeordnete Blüten. In Europa ist nur 1 Art vertreten. Verbreitungsschwerpunkt ist Ostasien.

Die Blüten des Ligusters sind insektenblütig. Bestäuber sind vor allem Bienen, Hummeln und Fliegen. Der Nektar wird am Grunde der Kronröhre bzw. an der Wand des Fruchtknotens abgeschieden. Ein eigentliches Nektarium ist nicht vorhanden. Die Bienen sammeln neben Nektar auch Pollen.
Die Verbreitung der Früchte erfolgt durch Vögel, z.B. Amseln, Drosseln und Wintergäste. Der Verzehr findet oft erst im Spätwinter statt. Liguster zählt mit Schlehen, Rosen und Rotem Hartriegel zu den von Vögeln verbreiteten Pioniergehölzen auf brachliegenden Äckern, Wiesen und Weinbergen.
Liguster ist seit altersher eine wichtige Gartenpflanze. Dank seiner enormen Ausschlagskraft eignet er sich vorzüglich als Heckenpflanze; er kann über Jahrzehnte kurzgehalten werden. Auch für die naturnahe Begrünung an Böschungen und Dämmen wird er mit Erfolg verwendet, nicht zuletzt wegen seiner breiten ökologischen Amplitude, die auch am Naturstandort vom Auenwald bis zum Trockengebüsch reicht.
Die Früchte schmecken bitter, die Samen bewirken Brechreiz, Durchfall und Bauchschmerzen. Vergiftungen kommen selten vor, wohl wegen des unangenehmen Geschmacks. Über die Natur der Bitterstoffe ist wenig bekannt. Die Rinde enthält das Glykosid Syringin, das früher zum Gelbfärben von Wolle diente.
Die biegsamen Zweige wurden gern zum Körbeflechten verwendet. Das Holz, im Splint bräunlichgelb, im Kern gelbbraun, wurde für kleinere Drechslerarbeiten genutzt.
Außer der Normalform des Gemeinen Ligusters sind zahlreiche Gartenformen angepflanzt, die sich durch wintergrüne Blätter, abweichende Blattgestalt, Panaschierung, Zwergwuchs oder andere Fruchtfarbe auszeichnen.
Von den Römern wurde die Pflanze *Ligustrum* genannt. Die Herkunft des Wortes ist ungeklärt, leitet sich vielleicht von lat. »ligare« = binden ab. Weitere deutsche Namen sind Rainweide, Beinholz, Tintenbeere und Zaunriegel.

Rispe mit sich öffnenden Blüten

Reife, glänzende Steinfrüchte

Gemeiner Flieder

Syringa vulgaris L.

K Sommergrüner, 2–6, selten bis 10 m hoher Strauch oder Baum mit kräftigem, weitstreichendem Wurzelwerk und grauer, längsrissiger, sich in langen Streifen ablösender Borke. Stämme oft drehwüchsig. Junge Zweige gerade, kahl, olivgrün; Korkwarzen wenig auffällig; Rinde sich später graufärbend. Endknospe schon jung absterbend; Triebe aus gipfelnahen Seitenknospen setzen den Sproßverband gabelig verzweigt fort. Knospen dick-eiförmig, kahl, bis 10 mm lang. ■ Laubblätter gegenständig, derb, Blattstiel 1,5–2,5 cm lang; Spreite herzförmig bis oval, 8–10 cm lang, 5–7 cm breit, lang zugespitzt, beidseitig kahl. ■ Blüten in 15–20 cm langen, reichblütigen Rispen. Blütenhüllen 4-zählig. Kelch sehr klein, unscheinbar; Krone blauviolett mit enger, 1–1,5 cm langer Röhre und 4 ausgebreiteten, 4 bis 5 mm langen, abgerundeten Zipfeln; Staubblätter 2, die Öffnung der Kronröhre nicht überragend; Fruchtknoten oberständig; Kapsel 2-fächerig, seitlich abgeflacht, 1,5–1,7 cm lang, zugespitzt, sich 2-klappig öffnend. Samen 10 mm lang, ringsum geflügelt. ■ Blütezeit: April/Mai; Fruchtreife: September/Oktober.

S Vollsonnige bis halbschattige Felshänge, Gebüsche, lichte Wälder und Waldränder; auch auf sommerwarmen und sommertrockenen, schwach sauren bis kalkreichen, steinigen Böden. Eine Charakterpflanze der Orient-Hainbuchen-Flieder-Buschgesellschaft mit Manna-Esche, Flaum-Eiche, Buchsbaum und Tataren-Ahorn. In Deutschland vielerorts eingebürgert und durch starke Ausläuferbildung dichte Gebüsche bildend; an Steilhängen, namentlich Felshängen an Burgen, teilweise reine Bestände bildend.

V Südosteuropa. Rumänien, Bulgarien, Serbien, Mazedonien, Albanien und Nordostgriechenland.

G Die Gattung *Syringa* umfaßt

Zweig mit gegenständigen Blättern; Einzelblüte und Fruchtstand

30 Arten. Ihr Areal erstreckt sich von Südosteuropa bis Ostasien. Das Hauptverbreitungszentrum liegt in Nord- und Mittelchina, nach Europa dringen nur 2 Arten vor. Alle Arten sind Holzgewächse mit meist großen, seiten- oder endständigen Rispen.

Der Gemeine Flieder ist um 1560 wie die Roßkastanie (s. S. 207) durch den Gesandten Busbecq von Konstantinopel nach Wien gebracht worden und hat sich rasch in ganz Mitteleuropa ausgebreitet. Bereits 1597 soll er in Wien zum ersten Male geblüht haben.
Die Fliederblüten duften intensiv und führen reichlich Nektar, der am Grund der Kronröhre am Fruchtknoten gebildet wird. Nur langrüsselige Insekten, Hautflügler und Schmetterlinge können die Blüten bestäuben, da die Kronröhre sehr eng ist. Der Fruchtansatz ist bei uns entsprechend gering, da geeignete Blütenbesucher in ausreichender Zahl fehlen.
Die ätherischen Öle der Blüten werden mit Wasser destilliert und finden Verwendung als Parfüm. Das Holz des Flieders ist beinhart und fest, im Splint gelblich bis rötlichweiß, im Kern braun bis hellviolett. Als gut polierbares Material wird es in der Drechslerei und Kunsttischlerei verwendet.
Erst seit ca. 100 Jahren wird, vor allem in Frankreich, der Flieder gezüchtet. Mittlerweile gibt es Hunderte von Sorten, die sich durch intensivierte Färbung, Gefülltblütigkeit oder starken Duft großer Beliebtheit erfreuen und die Wildform fast verdrängt haben. Flieder läßt sich gut treiben, d.h. durch geeignete Behandlung schon im Winter oder zeitigem Frühjahr in Treibhäusern zur Blüte bringen. Auch viele ostasiatische Arten haben Eingang in die Gärten gefunden.

Blühende Rispen des Gemeinen Flieders

Der Name *Syringa* leitet sich von lat. »syrinx« = Rohr ab. Für den Flieder ist kein eigener deutscher Name geprägt worden. Vielmehr wurde die Bezeichnung für den Holunder auf *Syringa* übertragen. Oft wird der Flieder mit unzutreffenden Herkunftsbezeichnungen wie Spanischer, Welscher oder Türkischer Flieder versehen. Unsere Farbbezeichnung »lila« stammt von dem französischen Namen für Flieder, »lilas« ab, diese wiederum entstammt dem Persischen.

Längsrissige Fliederborke

Oleander

Nerium oleander L.

K Straff aufrechter, mäßig verzweigter, immergrüner Strauch oder kleiner Baum von 3–6 m Höhe. Junge Triebe abgerundet 3-kantig, sehr fein behaart oder kahl. Rinde grün, später graubraun, an dickeren Stämmen schwarzbraun. ▪ Laubblätter lederig, in 3- selten 2- oder 4-zähligen Wirteln, kurz gestielt; Spreite ganzrandig, lanzettlich 15 bis 20 cm lang, 2–2,5 cm breit, oberseits dunkelgrün, kahl, unterseits graugrün, spärlich behaart oder verkahlend; Blattrand schwach nach unten eingerollt. ▪ Blüten rosa, ansehnlich, zwittrig, 5-zählig, kurz gestielt in endständigen Rispen. Kelchblätter 8–10 mm

Blüte, Frucht und Samen mit Haarschopf

lang, lanzettlich; Krone 3 cm breit, mit 1–1,5 cm langer Röhre und tellerartig ausgebreiteten, nach rechts gedrehten, 10 mm breiten, asymmetrischen Zipfeln. Schlund mit sog. Nebenkrone aus 5 schlitzig-gezähnten, bis 2 cm langen, aufrechten Schuppen. Staubblätter über dem Griffel zusammenneigend, mit je 1 gedrehten, fädigen Fortsatz die Kronröhre schließend. Fruchtknoten oberständig, 2-blättrig; eine 2-teilige, sich jeweils balgartig öffnende, 10–15 cm lange Frucht bildend. Samen zahlreich, zottig braun behaart, mit einem 10 mm langen Haarschopf an der Spitze. ▪ Blütezeit: Juli bis September; Fruchtreife: ab Oktober.

S Der Oleander verlangt ein weitgehend frostfreies Klima und zumindest in der Tiefe jederzeit ausreichend Wasser. Er wächst daher vorwiegend an Flüssen und Bächen, zwischen Felsen, auf Kies- und Schotterbänken ausgetrockneter Gewässer. Häufig wird er von Keuschbaum, Riesenschilf *(Arundo)* und Tamariske begleitet.

V Mittelmeergebiet; vom Atlas bis nach Mesopotamien. Ob die heutige Verbreitung dem ursprünglichen Areal entspricht, ist nicht sicher. In der Literatur wird eine ursprünglich westmediterrane Verbreitung (Südspanien, Portugal, Marokko), aber auch die genau gegenteilige Ansicht vertreten! Immerhin taucht der Oleander sowohl auf kretischen Wandgemälden um 1300 v. Chr. als auch auf Wandmalereien in Pompeji auf.

G Die Gattung *Nerium* enthält 3 Arten, vom Mittelmeergebiet bis zum subtropischen Asien. ▪ Der Oleander gehört zur Familie der Hundsgiftgewächse *(Apocynaceae)*. Diese

Pflanzenfamilie umfaßt 180 Gattungen mit 1500 meist tropischen Arten. Unter ihnen gibt es zahlreiche Schlingpflanzen bzw. Lianen. Die meisten haben ansehnliche Blüten, führen Milchsaft und sind giftig.

Blüten mit asymmetrischen Kronblättern

Der Oleander zählt zu den schönsten Blütengehölzen des Mittelmeergebietes. Zur Blütezeit markiert er die meist ausgetrockneten Flüsse wie mit roten Bändern. Seine Blüten duften vor allem in den Abendstunden intensiv. Nur Schmetterlinge mit ihrem langen, schmalen Rüssel können durch die von den Staubblattfortsätzen fast geschlossene Röhre den am Blütengrund abgeschiedenen Nektar aufsaugen. Ein wichtiger Bestäuber ist der Große Oleanderschwärmer, der gelegentlich bis nach Mitteleuropa fliegt; seine Raupe lebt von Oleanderblättern.
Der Oleander ist durch seinen Gehalt an Glykosiden für viele Säugetiere und auch den Menschen giftig. Seit Ende des 16. Jahrhunderts wird der Oleander kultiviert. Er verlangt im Sommer einen vollsonnigen Standort und im Winter einen frostfreien, aber kühlen Raum. Die Blütenfarben der Kulturformen variieren von rein weiß über gelb, rosa bis tiefrot. Kultiviert werden auch Formen mit panaschierten Blättern und gefüllten Blüten; bei diesen sind einige oder alle Staubblätter, manchmal auch die Kelchblätter (oder nur diese!) kronblattartig umgebildet.
Dioskurides nennt den Oleander »nerion«, wohl abgeleitet vom griechischen »naros« = rinnend, fließend. Oleander leitet sich von lat. »olea« = Ölbaum ab.

Oleanderbüsche säumen die Ränder von Bachläufen

Keuschbaum, Mönchspfeffer

Vitex agnus-castus L.

[K] Sommergrüner, aufrechter 2–3 m hoher mäßig verzweigter Strauch. Junge Triebe mehr oder weniger 4-kantig, feinfilzig behaart, graubraun. ▪ Laubblätter gegenständig, 1,5–5 cm lang gestielt, mit fingerförmiger, 5- bis 7-zähliger Spreite. Fiederblättchen 5–10 cm lang, 5–15 mm breit, schmal-lanzettlich, ganzrandig oder mit einigen, entfernt stehenden Zähnchen, zum Grund in einen stielartigen Teil verschmälert. Spreite oberseits kahl bis schwach behaart, dunkel graugrün und mit kleinen Drüsen besetzt, unterseits dicht weißfilzig. ▪ Blüten in endständigen oder den Achseln der oberen Blätter entspringenden, 10–20 cm langen, filzig-behaarten Rispen. Blüten duftend, zwittrig, mit doppelter Blütenhülle. Kelch glockig, bis 2 mm lang; Krone violett, blau oder rosa, selten fast weiß, 8 mm lang, mit kurzer, aufrechter Oberlippe und herabhängender, 3-lappiger Unterlippe. Die 4 Staubblätter und der Griffel überragen die Blumenkrone. Frucht eine schwärzlichbraune, 2–4 mm große, rundliche bis ovale sog. Steinbeere mit weicher Außen- und harter Innenschicht; in 4 Fächer unterteilt, deren jedes 1 Samen enthält. ▪ Blütezeit: Juli bis September; Fruchtreife: September bis November.

[S] Flußufer und ausgetrocknete Bachläufe, von der Ebene bis ins Bergland. Vergesellschaftet mit Oleander, Tamariske und Riesenschilf *(Arundo)*.

[V] Mittelmeergebiet bis Kleinasien; Krim, Nordwestafrika.

[G] Die Gattung *Vitex* umfaßt 250, hauptsächlich tropische und subtropische Arten. Nur wenige dringen in die gemäßigten Zonen vor. Mit ihren gefiederten Blättern nimmt die Gattung innerhalb der Familie der Eisenkrautgewächse *(Verbenaceae)*, die

Zweig mit endständiger Rispe; Fruchtstand und Einzelblüte

normalerweise ungegliederte Blattspreiten besitzt, eine Sonderstellung ein. ■ Die 100 Gattungen und ca. 2600 Arten der Familie sind überwiegend in den tropischen, subtropischen und gemäßigten Zonen der Südhemisphäre beheimatet. Unter ihnen gibt es krautige Pflanzen, aufrechte Holzgewächse und Lianen mit ansehnlichen, meist 2-lippigen Blüten.

Der Mönchspfeffer gehört neben dem Oleander zu den wenigen im Sommer blühenden Holzgewächsen des Mittelmeerraumes. Die Hauptblütezeit ist der Frühling. Während der sommerlichen Trockenheit blühen nur noch wenige Pflanzen, vorwiegend Korbblütler. Allein längs der (auch oberflächlich) trockenen Wasserläufe treffen wir im Sommer noch grüne und blühende Pflanzen an. Die Blüten des Mönchspfeffers werden von Insekten, hauptsächlich von Hautflüglern, aufgesucht und bestäubt. Die Früchte enthalten ein ätherisches Öl, das Mönchspfeffer-Öl. Sie schmecken scharf und dienen in der südländischen Küche als Pfefferersatz. Seit dem Altertum wird ihnen eine den Geschlechtstrieb hemmende Wirkung zugeschrieben. Der Mönchspfefferstrauch gilt seit altersher als Symbol der Keuschheit. In Mitteleuropa ist der Keuschbaum seit etwa 1570 in Kultur. Im milden Weinbauklima sind die Sträucher winterhart; sie frieren bei stärkeren Frösten zwar zurück, treiben aber am Grund meist wieder aus. Die Blätter entfalten sich ziemlich spät im Jahr. Dafür blüht *Vitex* auch bis in die zweite Septemberhälfte recht reich. Besonders die Pflanzen mit intensiv blauer Blütenfarbe stellen attraktive Sträucher dar. In klimatisch ungünstigen Gebieten, insbesondere in Spät- und Frühfrost gefährdeten Gegenden, empfiehlt sich die Kultur in Kübeln, um die Pflanzen frostfrei, jedoch keinesfalls warm überwintern zu können. Ab und zu benötigen die Pflanzen einen Rückschnitt.

Blütenstand des Keuschbaumes

Vitex ist ein römischer Pflanzenname und leitet sich von lat. »viere« = flechten, binden ab. Das Epitheton *agnus-castus* geht nicht auf lat. »agnus« = Lamm zurück, sondern greift die von Dioskurides benutzte Bezeichnung für die Pflanze »agnos« auf, abgeleitet von griechisch »hagnos« = heilig, rein, keusch bzw. »agonos« = unfruchtbar; ähnliche Bedeutung hat das lat. »castus« = keusch. Der deutsche Name Keuschbaum ist lediglich die Übersetzung aus dem Lateinischen.

Echter Lavendel

Lavandula angustifolia Mill.

K Immergrüner, reichverzweigter, buschiger, bis 60 cm hoher Strauch. Junge Triebe 4-kantig, graubraun, dicht behaart; Rinde sich später in papierartigen Fetzen ablösend; Äste rund, Stämmchen oft mehrere Zentimeter dick. Besondere Winterknospen fehlend. Die Achselknospen treiben im Spätsommer aus und bilden Blattrosetten, die im folgenden Frühjahr weiterwachsen. ▪ Laubblätter gegenständig, linealisch, 1–6 cm lang, 1–4 mm breit, ungestielt, am Ende stumpf. Blattrand oft bis zur Mittelrippe nach unten eingerollt; Spreite oberseits zerstreut bis dicht behaart, graugrün, unterseits durch Gabel- und Sternhaare weiß- bis graufilzig. Herbstblätter beidseitig filzig behaart. Abgestorbene Blätter noch lange an der Pflanze hängend. ▪ Die ährenartigen, 3–6 cm langen Blütenstände 10–20 cm lang gestielt. Blüten zwittrig, 2-seitig symmetrisch, in 4–5, jeweils 6- bis 10-blütigen Scheinquirlen in den Blattachseln. Tragblätter grannenartig zugespitzt, violett überlaufen, 3–5 mm lang. Blüten sehr kurz gestielt; Blütenhülle doppelt, 5-zählig, verwachsenblättrig. Kelch glockig, 5 mm lang, graufilzig; Krone deutlich gelippt, 10 mm lang, violett, behaart; Kronröhre gerade, nur wenig länger als der Kelch; Oberlippe 2-, Unterlippe 3-lappig. Klausenfrüchtchen ca. 2 mm groß, braun, glatt. ▪ Blütezeit: Juni bis August; Fruchtreife: September/Oktober.

Blütenstände des Echten Lavendels

S Sonnenexponierte Trockenhänge, Kleinstrauch-Heiden; vorwiegend auf kalkhaltigem Gestein. Vom Meeresspiegel bis in Höhenlagen von 1700 m in den Seealpen. Auf mageren, flach- bis mittelgründigen, humusarmen Stein- und Lehmböden.

V Westliches Mittelmeergebiet; in Südeuropa von Spanien bis Griechenland.

G Die Gattung *Lavandula* umfaßt 28 Arten. Das Areal erstreckt sich von den Kapverdischen und Kanarischen Inseln über das Mittelmeergebiet bis nach Somalia und Indien. In Europa sind 7 Arten heimisch, nach Mitteleuropa dringt keine Art vor. ▪ Der Lavendel gehört zur Familie der Lippenblütler *(Lamiaceae)*, der 180 Gattungen mit 3500 Arten zugerechnet werden. Es sind 1-jährige Kräuter, Stauden und Holzgewächse, die in allen Erdteilen vorkommen. Die meisten Lippenblütler sind reich an leichtflüchtigen Duftstoffen (ätherischen Ölen). Der Fruchtknoten zerfällt zur Reife in 4 Klausen.

Die Blüten des Lavendels werden von Hautflüglern, vorwiegend Bienen, bestäubt. Lavendel ist eine wichtige Trachtpflanze für Honigbienen. Die reifen Klausen werden durch Kelchhaare und die verengte Kelchröhre noch lange nach der Reife im Kelch arretiert, später vom Wind ausgeschüttelt. Die langen Blütenstände sterben ab, durch eine reiche Verzweigung aus den darunterliegenden Sproßabschnitten kommt der kugelförmige Habitus zustande. Die ätherischen Öle werden in mehrzelligen Drüsenköpfchen gebildet. Das Lavendelöl enthält zahlreiche Duftkomponenten und Inhaltsstoffe. Es wird in der Parfümindustrie benötigt. Getrocknete Blätter werden als Gewürz gehandelt.
Zur Ölgewinnung nimmt man die Blütenstände, insbesondere die Kelche, die reich an Ölbehältern sind. Das Öl wird durch Wasser- oder Vakuumdestillation gewonnen. Eine andere Art der Ölgewinnung wird als Enfleurage bezeichnet: Man legt Blüten auf mit Fett bestrichene Glasplatten. Die fettlöslichen Duftstoffe können dann mittels Alkoholextraktion gewonnen werden.

Blütenstand des Schopf-Lavendels

Lavendel wird vorwiegend in Südfrankreich angebaut. Berühmt sind die Lavendelfelder der Provence. Nur bei vollsonnigem Stand und sommerlicher Trockenheit bilden sich ätherische Öle in ausreichender Menge.
Lavandula leitet sich von lat. »lavandus« = zum Waschen gehörig ab. Der Name *Lavandula* kommt bei den antiken Schriftstellern nicht vor. Das lat. Epitheton *angustifolia* bedeutet schmalblättrig.

Lavendelfeld in der Provence

Berg-Gamander

Teucrium montanum L.

K Immergrüner, niederliegend-aufsteigender, reichverzweigter, 5 bis 15 cm hoher und lockere Teppiche bildender Halbstrauch. ■ Laubblätter gegenständig, 5–20 mm lang, 2 bis 5 mm breit, lanzettlich bis linealisch, oberseits graugrün, unterseits weißfilzig behaart; Blattränder nach unten eingerollt. ■ Blüten 2–3 mm lang gestielt, zu 1–3 in den oberen Laubblattwirteln in köpfchenartigen Ständen vereinigt, gelblichweiß, gelippt. Kelchröhre 3–5 mm lang, mit spitzen Zähnchen. Kronröhre den Kelch überragend; Oberlippe sehr klein; Unterlippe herabgebogen, 3-lappig. Klausenfrüchtchen 2 mm lang, im Kelch geborgen. ■ Blütezeit: Juni bis August; Fruchtreife: August bis Oktober.

S Auf meist südexponierten, sommerwarmen und sommertrockenen Kalkfelsen, im Kalkgesteinsschutt, in Kalkmagerrasen und lichten Kiefernwäldern. Vom Hügel- und Bergland bis zu Höhenlagen von 2200 m in den Alpen. Der Berg-Gamander ist eine lichtbedürftige, bis 1 m tief wurzelnde Pionierpflanze auf Kalk- und Dolomitgestein.

Blühende Sprosse des Berg-Gamanders

Zweige mit Blütenständen

V Südeuropäische Gebirge; von der Iberischen Halbinsel über die Alpen, Apenninen, Karpaten zur Balkanhalbinsel und der Krim; Kleinasien. Nördlich bis zum mittleren Deutschland; im südlichen Harzvorland und Maingebiet, im Nordwesten bis zur Eifel.

G Die Gattung *Teucrium* umfaßt 300 Arten die weltweit verbreitet sind. In Europa ist sie mit 50 Arten vertreten, 5 davon sind auch in Mitteleuropa heimisch. Die Wuchsform reicht vom 1-jährigen Kraut bis zum hohen Strauch. Wichtiges Gattungsmerkmal ist die kurze Oberlippe.

Die Blüten des Berg-Gamanders werden von Hautflüglern, vor allem Bienen und Hummeln bestäubt. Die elastischen Fruchtstiele ermöglichen bei Druckeinwirkung auf den Kelch ein Herausschnellen der Klausenfrüchtchen.

Der Name *Teucrium* geht auf den von Theophrast und Dioskurides gebrauchten Namen »teukrion« zurück, mit dem mehrere Arten der Gattung benannt wurden. Das lat. Epitheton bedeutet bergbewohnend. Aus dem Mittelhochdeutschen »gamandrê« wurde unser Gamander.

Echter Thymian

Thymus vulgaris L.

K Immergrüner, dicht verzweigter, 15–40 cm hoher Strauch mit aufrechten, später niederliegend-aufsteigenden Zweigen. ■ Laubblätter 5–10 mm lang, 2–3 mm breit, länglich-eiförmig; Blattränder nach unten eingerollt; Spreite unterseits dicht behaart. ■ Blüten meist zwittrig, seltener weiblich, zu 3–6 in den Blattachseln junger Triebe. Kelch kurzröhrig; Krone 4–6 mm lang, den Kelch deutlich überragend, 2-lippig, hellrosa bis hellviolett. Teilfrüchte (sog. Klausen) 0,7–1 mm lang. ■ Blütezeit: Mai bis Oktober; Fruchtreife: Juli bis November.

S In Felsheiden und in der Garigue. In Spanien werden nach dem Echten Thymian (Tomillo) die Gariguen »Tomillares« genannt.

V Europa. Südliches und westliches Spanien, Südfrankreich, Italien südlich bis Neapel.

G Die Gattung *Thymus* umfaßt rund 300 Arten, die vor allem im temperierten Eurasien beheimatet sind.

Blütenstände des Echten Thymians

Die Blüten des Echten Thymians werden vor allem von Bienen und Hummeln bestäubt. Die Klausenfrüchtchen sind vielerorts Beute der Ernteameisen (Messor), die sie aus den Kelchen holen und verschleppen.

Vor allem die Blätter enthalten bis zu 3,4% ätherische Öle, die in mehrzelligen, ins Blattgewebe eingesenkten Drüsen gebildet werden. Inhaltsstoffe sind Thymol, Thymiankampfer (Carvacrol) und Bitterstoffe. Thymol dient als Hustenmittel und Küchengewürz.

In Mitteleuropa ist der Echte Thymian seit dem 11. Jahrhundert bekannt. *Thymus* geht auf das griechische »thymon« bzw. »thymos« zurück. Es leitet sich von »thyein« = duften, räuchern ab.

Thymianstrauch in einer Felsheide

Bocksdorn

Lycium barbarum L.

[K] Sommergrüner, dornig bewehrter, 2–3 m hoher Strauch mit bogig überhängenden Rutenzweigen. Triebe gerieft, graubraun, kahl. Seitliche Kurztriebe bisweilen in Dornen endend. ▪ Laubblätter an den Langtrieben wechselständig, an den Kurztrieben rosettig stehend, in Form und Größe sehr variabel, 3–6 cm lang, 8–10 mm breit, meist lanzettlich; Spreite anfangs behaart, verkahlend, beidseitig graugrün. ▪ Blüten zu 1–3 an stark gestauchten Kurztrieben, scheinbar an den Langtrieben stehend, zwittrig mit doppelter Blütenhülle, 15 mm lang gestielt. Kelch glockig, 2-lippig; Krone bis 15 mm lang, mit trichterförmiger Röhre und ausgebreiteten Zipfeln, den Kelch weit überragend, hellviolett. Frucht eine 1–2 cm lange, elliptische, rot glänzende Beere. ▪ Blütezeit: Juni bis September; Fruchtreife: August bis Oktober.

[S] Auf nährstoff- und basenreichen, oft kalkhaltigen aber auch lockeren, meist steinigen Böden; vorzugsweise in sommerwarmer, sonniger Lage, vor allem an Hängen.

[V] China.

Blühender Zweig mit Sproßdornen

[G] Die Gattung *Lycium*, den Nachtschattengewächsen *(Solanaceae)* angehörend, umfaßt rund 80 Arten, von denen 3 auch in Europa beheimatet sind.

Der Bocksdorn ist 1772 nach Europa eingeführt und in Süd- und Mitteleuropa vielerorts verwildert. Die Blüten, anfangs violett, färben sich später nach gelb um. Sie werden von Bienen und Hummeln bestäubt, die Beeren durch Vögel verbreitet. Der Bocksdorn ist in allen Teilen giftig (Glykoside, Alkaloide, Hyoscyamin). Der Name *Lycium* leitet sich von »lykion« ab. Dioskurides bezeichnete damit eine in Lykien vorkommende Dornpflanze.

Junge und reife Beeren des Bocksdorns

Die Blüten stehen an seitlichen Kurztrieben

Herzblättrige Kugelblume

Globularia cordifolia L.

K Immergrüner, 3–10 cm hoher, an den Knoten wurzelnder Spalierstrauch. Die einer Blattrosette entspringenden, bis 30 cm langen, wechselständig beblätterten Ausläufer bilden an ihrem Ende wieder eine rosettig beblätterte Tochterpflanze. So entstehen quadratmetergroße, mehr oder weniger dichte Rasen. Blätter lederig, spatelförmig, 1–2,5 cm lang, 3–8 mm breit, an der Spitze herzförmig eingeschnitten; Spreite ganzrandig, kahl, oberseits glänzend. ■ Blüten in blattachselständigen, 5–8 cm lang gestielten, 10–15 mm breiten Köpfchen. Blütenhülle doppelt, 5-zählig, gelippt. Krone verwachsenblättrig, 5–10 mm lang, lilablau bis lilarosa. Die 4 Staubblätter die Krone deutlich überragend. Nußfrucht vom bleibenden Kelch umhüllt. ■ Blütezeit: Mai bis Juli; Fruchtreife: Juli bis September.

S Auf besonnten Kalkfelsen, Felsschutt und steinigen Matten, in Höhenlagen zwischen 2000–2800 m; in Legföhrengesellschaften mit Alpenrosen; mit den Flüssen auch tiefer absteigend, so z. B. auf der bayerischen Hochebene bis zur Donau, wie in der Garchinger Heide bei München.

V Vom Französischen und Schweizer Jura über die Alpen bis zur Tatra.

G Die Gattung *Globularia* umfaßt 28 Arten, von denen 15 in Europa beheimatet sind. Das Areal erstreckt sich von den Kapverden über die Kanaren, Südeuropa bis nach Kleinasien. ■ Die Familie der Kugelblumengewächse *(Globulariaceae)*, nah verwandt mit den Braunwurzgewächsen *(Scrophulariaceae)*, hat 2 Gattungen mit 30 Arten; es sind krautige oder holzige Pflanzen.

Kriechsproß mit Blütenständen

Die Blüten der Kugelblume werden von Tagfaltern bestäubt, die mit ihrem Rüssel durch die enge Kronröhre zum Nektar am Blütengrund gelangen. Die im bleibenden Kelch geborgenen Nußfrüchte werden vom Wind verbreitet.

Die Herzblättrige Kugelblume ist Pionierpflanze auf Felsgestein und in den Gesteinsschutthalden, gedeiht aber auch in lichten Kiefernwäldern. Sie ist an Kalkgestein gebunden. In Steingärten im Flachland gedeiht sie auch sehr gut und blüht reich. Die Blütezeit ist standortabhängig.

Der wissenschaftliche Name leitet sich von lat. »globulus« = Kügelchen ab. Das lat. Epitheton *cordifolius* bedeutet herzblättrig.

Voll erblühte Kugelblume

Rote Heckenkirsche

Lonicera xylosteum L.

K Aufrechter, sommergrüner, 1–3 m hoher, reichverzweigter, breitbuschiger Strauch. Junge Zweige dünn, kurz weichhaarig, später nur mäßig verkahlend, mit graubrauner, im Alter längsrissiger, sich in Streifen ablösender Rinde; Sprosse durch degenerierendes Mark hohl. Winterknospen schmal kegelförmig, zugespitzt, 6–9 mm lang, grau oder gelbbraun, mit 6–8 Paar, an der Spitze zottig behaarter Schuppen. Knospenschuppen bei der Laubentfaltung nicht abfallend. An kräftigen Zweigen und Schößlingen häufig

Fraßspuren von Minierfliegenlarven

sog. Beiknospen, d.h. oberhalb der Achselknospe noch 1 oder 2 weitere, an Größe abnehmende Knospen, die alle in einer Reihe stehen. ▪ Laubblätter gegenständig; Stiel 6–8 mm lang; Spreite breit eiförmig bis elliptisch, am Ende gerundet oder kurz zugespitzt, 3–6 cm lang, 2–4 cm breit, am Grund abgerundet, beidseitig schwach anliegend behaart, am Rand bewimpert. ▪ Blüten zwittrig, 5-zählig, paarig in den Achseln der Laubblätter junger Triebe. Teilblütenstände 1,5–2 cm lang gestielt, Einzelblüten sitzend. Kelchzipfel gerundet, 0,5 mm groß; Krone 2-seitig symmetrisch, 10–15 mm lang; Kronröhre trichterförmig, an der Unterseite bauchig, 3 mm lang, behaart; Oberlippe mit 4 gerundeten Zipfeln, aufgerichtet; Unterlippe ungelappt. Blüten weiß, außen oft rötlich getönt, sich später gelb färbend. Staubblätter so lang wie die Krone, länger als der Griffel. Fruchtknoten unterständig, 1,5 mm lang, drüsig behaart. Die beiden Fruchtknoten eines Blütenpaares frei oder nur am Grund etwas miteinander verwachsen. Beere 5–7 mm groß, rund, glänzend rot, mit 4 im saftreichen Fruchtfleisch eingebetteten, 3 mm großen Samen. ▪ Blütezeit: Mai/Juni; Fruchtreife: August/September.

S Krautreiche Eichen-, Eichen-Hainbuchen-, Buchen- und Nadelmischwälder, lichte Kiefernwälder, Waldsäume, Lichtungen und Gebüsche. Auf frischen, nährstoff- und basenreichen, oft kalkhaltigen, humosen, tiefgründigen Lehm- und Tonböden. In Gesellschaft von Alpen-Johannisbeere, Gemeinem Schneeball, Trauben-Holunder, Liguster und Berberitze.

V Europa von Zentralspanien bis zum Ural; Westsibirien, östlich bis zum Altai-Gebirge, nördliches Kleinasien, Kaukasus. Fehlt in Irland, Schottland, Nordskandinavien, Griechenland und Südrußland.

In Mitteleuropa außer im westlichen Norddeutschland allgemein verbreitet und häufig. Vom Tiefland bis in

Gebirgslagen; in den bayerischen Alpen bis 1070 m, im Unterengadin bis 2000 m hoch ansteigend.

G Die Gattung *Lonicera* umfaßt 200 sommer- oder immergrüne, aufrecht wachsende Sträucher oder rechtswindende Lianen. Blüten ansehnlich, Beerenfrüchte lebhaft gefärbt, mitunter zu Doppelbeeren verwachsen. Das Areal der Gattung erstreckt sich über die Nordhalbkugel, erreicht in Südostasien auf Java die Tropen der Südhemisphäre. ▪ Die Familie der Geißblattgewächse *(Caprifoliaceae)* hat 12 Gattungen mit 450 Arten, von denen die meisten Holzgewächse der nördlich gemäßigten Zone sind. Das Mannigfaltigkeitszentrum liegt in Ostasien.

Die Blüten der Roten Heckenkirsche sind nur schwach duftend. Sie werden von Hummeln bestäubt, die mit ihrem langen Rüssel durch die stark behaarte Kronröhre bis zum Nektar vordringen können. Der reichlich gebildete Nektar wird am Grund der Kronröhre im bauchig erweiterten Teil gespeichert.

Die sich vom grünen Laubwerk kontrastreich abhebenden, glänzenden, roten Früchte werden vorwiegend von Amsel, Drossel, Garten- und Mönchsgrasmücke verzehrt. Die Beeren enthalten neben Zucker, Pectin und Gerbstoff einen Bitterstoff, das Xylostein, der Erbrechen, starke Leibschmerzen, blutigen Durchfall und Krämpfe hervorrufen kann.

Die Blätter der Roten Heckenkirsche werden häufig von einer Minierfliege *(Phytozoma xylostei)* befallen, deren Larven Gänge ins Blattgewebe fressen, die sich als helle Muster im Blattgrün abheben. Häufiger als die Rote Heckenkirsche ist die im Wuchs ähnliche Tatarische Heckenkirsche *(L. tatarica)* angepflanzt.

Die Gattung *Lonicera* ist nach dem Mathematiker, Arzt und Botaniker Adam Lonitzer (1528–1586) benannt, der zu den großen Kräuterbuch-Autoren des 16. Jahrhunderts zählt. Das Epitheton *xylosteum* enthält die griechischen Wortelemente »xylon« = Holz und »osteon« = Knochen; es nimmt Bezug auf das außerordentlich feste, beinharte Holz, aus dem früher Ladestöcke, Tabaksröhren, Weberkämme und Weberschiffchen hergestellt wurden, das heute aber nicht mehr genutzt wird.

Sproß mit blattachselständigen Blütenpaaren

Zum Grün des Laubes kontrastierende Beeren

Alpen-Heckenkirsche

Lonicera alpigena L.

K Aufrechter, mäßig verzweigter, sommergrüner, 1–3 m hoher Strauch. Junge Triebe schütter behaart, aber bald verkahlend, graubraun, mit 2 erhabenen Längsleisten. Winterknospen eiförmig, zugespitzt, bis 10 mm lang; Endknospe vorhanden. Knospenschuppen später nicht abfallend. ■ Laubblätter gegenständig; Blattstiel 1–2 cm lang; Spreite länglich-elliptisch, zugespitzt, 8 bis 12 cm lang und halb so breit, oberseits dunkelgrün, glänzend, unterseits heller, auf den Adern behaart. ■ Blüten zwittrig, 2-seitig-symmetrisch, mit doppelter, 5-zähliger Blütenhülle, paarig an langgestielten Teilblütenständen in den Blattachseln junger Triebe. Kelch unscheinbar; Krone gelblichgrün bis schmutzigrot, trichterförmig, gelippt, 10–18 mm lang. Die beiden unterständigen Fruchtknoten zu einer kugeligen, glänzend roten, 10 mm dicken, sehr saftigen Doppelbeere verwachsen. ■ Blütezeit: Mai bis Juli; Fruchtreife: August/September.

Blütenstand und Doppelbeere

S In krautreichen Buchen- und Bergmischwäldern, auf Lichtungen und Kahlschlägen, an Waldrändern und in Hochstaudenfluren. In den Alpen bis 2000 m hoch ansteigend. Auf frischen, humosen und lockeren, nährstoffreichen, steinigen Ton- und Lehmböden; vor allem auf karbonathaltigem Gestein. Die Alpen-Heckenkirsche ist ein lichtbedürftiges bzw. Halbschatten vertragendes Gehölz. Sie wächst vergesellschaftet mit Alpen-Heckenrose, Trauben-Holunder, Gemeinem Seidelbast, Zwergmehlbeere und Behaarter Alpenrose.

V Gebirge Mittel- und Südeuropas. Pyrenäen, Auvergne, Schweizer Jura, Alpen und Alpenvorland, Apenninen, Karpaten, Balkan. In Deutschland vor allem südlich der Donau.

Die wenig auffälligen und vergleichsweise kurzröhrigen Blüten bilden reichlich Nektar. Sie werden von zahlreichen Hautflüglern, namentlich Bienen und Wespen bestäubt. Die wenigsamigen Doppelbeeren – gelegentlich entwickelt sich auch nur ein Fruchtknoten – sind saftreich aber ungenießbar. Verzehr kann zu Erbrechen, Durchfall, Krämpfen und Störungen der Nierenfunktion führen. Vögel verbreiten die Samen.
Das lat. Epitheton *alpigena* bedeutet alpenbewohnend.

Blaue Heckenkirsche

Lonicera caerulea L.

K Sommergrüner, reich verzweigter, 1–2 m hoher Strauch. Junge Zweige rotbraun und bläulich bereift, kahl. Rinde sich später in Streifen lösend. Winterknospen eiförmig, lang zugespitzt, kahl; Endknospe größer als seitliche Knospen, bis 10 mm lang. Seitliche Knospen oft mit 1–3, in einer Zeile angeordneten sog. Beiknospen. ▪ Laubblätter gegenständig; Stiel 1–4 mm lang; Spreite eiförmig bis elliptisch, 2–8 cm lang, 2–4 cm breit, anfangs beidseitig weich behaart, bis auf den Blattstiel schnell verkahlend, oberseits dunkelgrün, unterseits blaugrün. Basis der Schößlingsblätter oft zu einem 5–6 mm breitem Ring verwachsen. ▪ Blüten zwittrig, mit doppelter, 5-zähliger Blütenhülle, paarig an gestielten Teilblütenständen in den Blattachseln junger Triebe, schon während der Laubblattentfaltung blühend. Kelch unscheinbar; Krone 10 bis 15 mm lang, trichterförmig mit 3–5 mm langen Lappen, gelblichweiß, fast radiär. Die beiden unterständigen Fruchtknoten eines Blütenpaares von becherartig verwachsenen Blättchen, sog. Vorblättern, umhüllt. Dieser Blattbecher wird zur Fruchtreife fleischig, ist schwarz gefärbt und hellblau bereift und täuscht so eine 10–12 mm lange, elliptische Doppelbeere vor. Die beiden Fruchtknoten sind jedoch auch zur Reife völlig frei. ▪ Blütezeit: April bis Juli; Fruchtreife: Juli bis September.

Blütenstand und bereifte Fruchtbecher

S In Kiefern-Hochmooren, lichten Arven-, Lärchen- und Bergmischwäldern, im Legföhrengebüsch und in Alpenrosen-Gesellschaften; zusammen mit Alpen-Waldrebe, Heidelbeere und Grün-Erle. Auf feuchten, nährstoff- und basenarmen, sauren Rohhumusböden sowie humosen Lehmböden. In den Alpen bis 2450 m hoch ansteigend

V Europäische Hochgebirge mit Ausnahme der Vogesen und des Schwarzwalds; Nordeuropa bis Sibirien und Nordostasien.

Die Blaue Heckenkirsche ist eine kalkmeidende Halbschattenpflanze. Die Blüten werden durch Bienen und Hummeln bestäubt, die Früchte von Vögeln verzehrt. Die Beeren und der sie umhüllende fleischige Becher sind eßbar, aber nicht besonders wohlschmeckend. Sie finden keinerlei Verwendung.
Das lat. Epitheton *caeruleus* heißt übersetzt blau.

Echtes Geißblatt

Lonicera caprifolium L.

K Sommergrüner, mehr als 5 m hoch rechtswindender Schlingstrauch. Junge Triebe anfangs mit längeren, abstehenden Haaren und kurzen Drüsenhaaren besetzt, später verkahlend, weißlich bereift und im Alter graubraun. Winterknospen eiförmig, zugespitzt, vielschuppig, 2–6 mm lang, braun. ▪ Laubblätter gegenständig, sitzend oder mit stielartig verschmälerter Spreite, elliptisch bis breit eiförmig, 2–10 cm lang, 1–6 cm breit, ganzrandig, oberseits dunkelgrün, kahl, unterseits hell- oder bläulichgrün, am Grund behaart, jedoch bald verkahlend. Blattpaare an den Kurztrieben kontinuierlich von Knospenschuppen zu Laubblättern übergehend, im unteren Teil der Sprosse freiblättrig, nach oben hin miteinander verwachsen, die obersten runde Blatteller bildend. ▪ Blüten zwittrig, 5-zählig, mit doppelter, verwachsenblättriger Hülle, am Ende junger Kurztriebe kopfig genähert. Kelch sehr klein, 5-zähnig, bleibend. Krone zweiseitig symmetrisch, 4–5 cm lang, weiß bis cremefarben, außen oft rötlich überlaufen und schwach drüsig behaart; Kronröhre schmal-trichterförmig, bis 3 cm lang; Kronzipfel deutlich zweilippig; Oberlippe aufwärtsgebogen, 4-zipfelig; Unterlippe ungeteilt, nach unten gekrümmt; Staubblätter am Ende der Kronröhre entspringend, die Krone nicht überragend, kürzer als der fädige Griffel. Fruchtknoten unterständig, eiförmig, kahl. Frucht eine korallenrote, elliptische, 8 mm lange Beere mit mehreren, 4 mm langen, ovalen, abgeflachten Samen. ▪ Blütezeit: Mai bis Juli; Fruchtreife: August/September.

S Lichte Eichen- und Mischwälder, Waldsäume, Gebüsche und Hänge; im Schatten gedeihend, aber nur in vollsonniger oder halbschattiger Lage Blüten bildend.

Die Früchte sitzen kopfig genähert in Hochblatt-Tellern

Auf basen- und nährstoffreichen, oft kalkhaltigen, humosen, feuchten Lehm- und Tonböden.

V Von Südosteuropa bis zur Krim und zum Kaukasus. In vielen Teilen von Südwest-, West- und Mitteleuropa und im atlantischen Nordamerika verwildert oder eingebürgert.

Das Echte Geißblatt ist eine Nachtfalterblume. Ihre Bestäubung erfolgt durch Schwärmer und Eulen. Die Blüten öffnen sich erst in den Abendstunden und geben dann auch die meisten, wohlriechenden Duftstoffe ab. Die Nektarabsonderung ist beträchtlich. Oftmals ist die Hälfte der Kronröhre mit Nektar angefüllt, so daß auch kurzrüsseligere Insekten, Bienen und Hummeln, davon profitieren, ohne jedoch eine Bestäubung herbeizuführen. Die Verbreitung der Samen erfolgt durch Vögel.

Das Echte Geißblatt hat sich vor allem in den milden und sommerwarmen Gebieten Deutschlands eingebürgert und vermag oft dichte Bestände zu bilden. Von den windenden Geißblattarten sind noch Vertreter aus Nordamerika und Ostasien sowie farbenprächtige Hybriden in Kultur. Häufig angepflanzt sind die immergrünen, ostasiatischen *Lonicera japonica* mit weißgelben und *Lonicera henryi* mit rötlichgelben bis purpurnen Blüten. *Lonicera japonica* blüht von Anfang Juni bis Ende September.

Das lateinische Epitheton *caprifolium* enthält die Wortstämme »capra« = Ziege und »folium« = Blatt. Es bezieht sich auf die Wuchsform der Pflanze: wie eine Ziege kletternd; vielleicht auch darauf, daß die Blätter gern von Ziegen gefressen werden. Weitere deutsche Namen sind Jelängerjelieber und Wohlriechendes Geißblatt. Beide Namen beziehen sich auf den angenehmen Duft der Blüten.

Die Blüten haben eine lange Kronröhre

Vom Geißblatt verursachter Schraubenwuchs

Wald-Geißblatt

Lonicera periclymenum L.

K Sommergrüner, rechtswindender, über 5 m hoch kletternder Schlingstrauch. Junge Sprosse hellbraun, sonnenseits rötlich, anfangs behaart, später verkahlend, durch degenerierendes Mark hohl. Winterknospen länglich-eiförmig, zugespitzt, 3–8 mm lang, kahl. ▪ Laubblätter gegenständig, sitzend oder bis 7 mm lang gestielt. Spreite eiförmig bis schmal-elliptisch, am Ende abgerundet oder zugespitzt, 5–8 cm lang, 1,5–5 cm breit, oberseits dunkelgrün, kahl, unterseits anfangs behaart, später meist verkahlend, bläulichgrün; Blattrand bewimpert. Blätter schon im zeitigen Frühjahr austreibend. ▪ Blüten zwittrig, 5-zählig, mit doppelter Hülle, verwachsenblättrig, an den Enden junger Kurztriebe kopfig genähert. Kelchzipfel 1 mm lang, drüsig behaart. Krone zweiseitig symmetrisch, 3–5 cm lang; Kronröhre schwach gebogen, 1,5–2,5 cm lang; Oberlippe 2 cm lang, bogig aufgerichtet, mit 4 kurzen, abgerundeten Lappen; Unterlippe ungeteilt, nach unten gebogen. Staubblätter dem oberen Teil der Kronröhre entspringend, so lang wie die Lippen, vom fädigen Griffel überragt. Fruchtknoten unterständig, kahl oder drüsig behaart, 2 mm groß. Frucht eine 7–8 mm große, kugelige, dunkelrote Beere mit mehreren, abgeflachten, 4 mm langen Samen. ▪ Blütezeit: Mai bis August; Fruchtreife: August/September.

Winterknospen des Wald-Geißblattes

S Eichen-, Eichen-Hainbuchen- und Birken-Wälder, Erlenbestände, Waldränder, Gebüsche und Hecken, Kahlschläge und junge Schonungen. Auf feuchten, nährstoff- und kalkarmen, basenreichen bis mäßig sauren, humosen Lehmböden; bevorzugt in sommerwarmer und wintermilder Klimalage; Verbreitungsschwerpunkt im atlantischen Europa.

Windender Sproß mit gegenständigen Blättern und blütentragendem Seitensproß

V Nördlichstes Nordwestafrika, Portugal, Spanien, Frankreich, Italien, Korsika, Britische Inseln, Mitteleuropa, Dänemark, Südschweden und Südnorwegen. In Deutschland allgemein verbreitet, nach Osten zu abnehmend. Vom Tiefland bis zu Höhen von 800 m im Gebirge.

Die Blüten erscheinen am Ende 10–20 cm langer, beblätterter Kurztriebe an den Schlingsprossen des vorhergehenden Jahres. Im Gegensatz zu den strauchigen *Lonicera*-Arten mit 2-blütigen, lang gestielten Teilständen, sind die Teilblütenstände bei den meisten schlingenden Arten 3-blütig, ungestielt und zu einem kopfartigen Gesamtblütenstand vereinigt. Die Blüten sind zunächst weiß bis cremefarben, außen meist rötlich überlaufen. Sie färben sich nach der Bestäubung gelb bis gelbbraun.

Das Wald-Geißblatt hat Schwärmer- bzw. Nachtfalterblumen, die sich erst in den Abendstunden öffnen. Auch der Duft ist abends und nachts besonders intensiv. Angelockte Schmetterlinge, Schwärmer und Eulen, finden reichlich Nektar vor, den sie im Schwirrflug mit ihren langen Rüsseln saugen. Die lange, enge Kronröhre ermöglicht Bienen und Hummeln keinen Zutritt zum Nektar. Nur wenn die Kronröhren bis über die Mitte mit Nektar gefüllt sind, können auch Bienen davon profitieren.

Das Wald-Geißblatt gehört zu den rechtswindenden Schlingpflanzen: Die jungen Sprosse wachsen im Uhrzeigersinn um dünne Baumstämme oder Äste herum nach oben. Von wenigen Ausnahmen, z. B. dem heimischen Winden-Knöterich, abgesehen, ist die Winderichtung bei Schlingpflanzen genetisch festgelegt. Rechtswinder sind Blauregen und Hopfen, Linkswinder Zaun-Winde und Windende Osterluzei.

Durch das Dickenwachstum der Lianensprosse sowie des Baumstammes bedingt, schnüren sich die verholzten, festen, später fingerdicken Geißblattsprosse schraubenförmig in das Rindengewebe der Bäume ein und werden vom Rindengewebe überwallt. Häufig kommt es zu einer erheblichen Schädigung des Baumes, dessen Saftstrom durch den Würgeeffekt teilweise oder ganz unterbunden wird, was zum Absterben des Baumes führen kann. Auf diese Weise werden die eigenartig schraubenförmigen Spazierstöcke gebildet.

»Periclymenon« nannte Dioskurides, *periclymenum* Plinius eine rankende Pflanze, vielleicht eine *Lonicera*-Art. Das Wort enthält die Elemente »peri« = um, herum und »klymenon« = eine nicht näher charakterisierte Pflanze.

Bereits bestäubte Blüten färben sich gelb

Kopfige, reife und grüne Fruchtstände

Schwarzer Holunder

Sambucus nigra L.

K Sommergrüner, reich verzweigter, 5–7 m hoher Strauch oder gelegentlich über 10 m hoher, breit ausladender Baum mit überhängenden Zweigen und längsrissiger, graubrauner Borke. Junge Zweige graubraun, kahl, mit zahlreichen, großen Korkwarzen. Mark, vor allem das der Schößlinge, dick, weiß (!). Winterknospen breit-eiförmig, die Schuppen kahl, braun, nicht dicht schließend. Knospenschuppen bei der Laubentfaltung nicht abfallend sondern am Zweig verwitternd. ▪ Laubblätter unpaarig gefiedert, 10–30 cm lang, mit meist 5 eiförmigen bis elliptischen, lang zugespitzten, 6–10 cm langen, 3–4 cm breiten, zerrieben unangenehm riechenden Fiederchen. Spreite oberseits tiefgrün, kahl; unterseits anfangs behaart aber verkahlend, heller grün. Blattgrund mit nebenblattartigen Anhängseln, die eine Nektardrüse tragen. ▪ Blüten zwittrig, 5-zählig, mit doppelter Blütenhülle, in endständigen, reichblütigen, 10– 15 cm breiten Schirmrispen. Kelch unscheinbar, Zipfel bis 1 mm lang; Krone 5–9 mm breit, flach ausgebreitet, weiß bis gelblichweiß; Staubblätter zwischen den 3-eckigen Kronblattzipfeln stehend und diese etwas überragend. Fruchtknoten unterständig, meist 3-fächerig. Steinfrüchte saftreich, kugelig, 5–6 mm groß, fast schwarz und glänzend; meist mit 3 Steinkernen von 3–4 mm Länge. Blütezeit: Juni; Fruchtreife: August/September.

S Feuchte Wälder und Waldränder, Ufer und Gebüsche, Hecken, Straßen- und Wegränder. Häufig in Siedlungsnähe; auf frischen, nährstoffreichen, humosen, tiefgründigen Ton- und Lehmböden.

V Europa von Portugal bis nach Estland, dem Dnjepr, zur Krim und dem Kaukasus; nördliches Kleinasien. Im mittleren und nördlichen Skandinavien fehlend. Vorwiegend in der Ebene und in mittleren Gebirgs-

Sproßspitze mit gegenständigen Fiederblättern und Schirmrispe; Einzelblüte

Reife Früchte an roten Fruchtstandsachsen

lagen; in den Alpen bis 1500 m hoch ansteigend.

Der Schwarze Holunder ist ein Licht- oder Halbschattengehölz und gilt als Stickstoffzeiger. Häufig treffen wir ihn mit der Robinie vergesellschaftet an. Das Wurzelwerk ist flach- und weitstreichend.

Die Blätter beginnen sehr zeitig im Jahr, bei milder Witterung schon im Februar oder März, auszutreiben. Die gefiederten Laubblätter sind durch Übergangsblätter mit den ungegliederten Knospenschuppen verbunden. Alljährlich werden zahlreiche, bis 3 cm dicke Rutensprosse gebildet, deren Wachstum bis in den Herbst hinein anhält. Sie können 1–2 m lang werden und besitzen ein besonders dickes, weißes Mark.

Die Blüten haben einen intensiven und charakteristischen Duft. Es wird reichlich Pollen, aber kaum Nektar gebildet. Blütenbesucher sind Fliegen und Hautflügler.

Die reifen Früchte färben sich schwarzrot, die Blütenstandsachsen dagegen purpurn, wodurch es zu einem kräftigen Farbkontrast kommt. Die Fruchtstände hängen zur Reife weit über. Die Steinfrüchte sind sehr saftreich, der Saft ist dunkelrot gefärbt. Ihre Verbreitung erfolgt hauptsächlich durch Vögel, z.B. Amseln, Drosseln, Stare und Mönchsgrasmücken, doch auch Säugetiere und der Mensch tragen zur Verbreitung bei.

Blüten und unreife Früchte enthalten Sambunigrin, ein Mandelnitrilglukosid. Ihr Blausäuregehalt ist jedoch unbedenklich, reife Früchte sind frei davon. Der Fruchtsaft verdankt sein Aussehen den Anthocyanfarbstoffen Sambucin und Chrysanthemin. Er diente früher als Färbemittel, insbesondere für Leder. Die Früchte enthalten viel Invertzucker, Kalium und Vitamin C. Man verwendet sie zur Saftgewinnung und zu Marmeladen. Die Samen sind reich an fettem Öl. Das Holz ist hart, zäh und mittelschwer. Im Splint hat es eine gelblichweiße, im Kern eine gelbbraune Tönung.

Sambucus war der Name des Holunders bei den Römern. Das Wort Holunder leitet sich vom althochdeutschen »holuntar« bzw. »holantar« ab. Gebräuchlich sind auch die Namen Holler und Holder. Die Bezeichnung »Flieder« (vgl. S. 280) ist erst seit dem 16. Jahrhundert bekannt und stammt aus dem Niederdeutschen.

Holunderborke

Trauben-Holunder

Sambucus racemosa L.

K Sommergrüner, schwach verzweigter, 1,5–4 m hoher Strauch mit überhängenden Zweigen. Junge Sprosse spröde, hell graubraun, kahl, mit zahlreichen, großen, länglichen Korkwarzen. Mark der Zweige dick, porös, gelbbraun (!) gefärbt. Winterknospen eiförmig bis kugelig, 10 mm lang, mehr oder weniger zugespitzt, Knospenschuppen dicht schließend (!), braun bis braunrot, am Grund miteinander verwachsen; Endknospe fehlend. ■ Laubblätter gegenständig, unpaarig gefiedert, 10–25 cm lang, im Austrieb rötlich. Fiederblättchen meist 5, lanzettlich, lang zugespitzt, 5–8 cm lang, bis 3,5 cm breit, oberseits kahl, dunkelgrün, unterseits hellgrün, flaumig behaart; Rand scharf gesägt. Am Grund des Blattstiels 1 bis mehrere, rundliche Drüsen, die besonders vor und während der Blütezeit Nektar absondern. ■ Blüten zwittrig, mit doppelter, 5-zähliger Blütenhülle, verwachsenblättrig, in ovalen bis kegelförmigen, 5–10 cm langen Rispen am Ende junger Kurztriebe, die vorjährigen Rutensprossen entspringen. Kelchzipfel 3-eckig, 0,5 mm lang; Krone 4–5 mm breit, radförmig ausgebreitet, tief 5-spaltig, Zipfel zurückgeschlagen, grünlichgelb; Staubblätter 5, gelb, kürzer als die Krone. Fruchtstand aufgerichtet; Steinfrüchte scharlachrot, rund, 4–5 mm groß, mit 2,5 mm langem, 3-kantigem Steinkern. ■ Blütezeit: April/Mai; Fruchtreife: Juli/August.

S Verbreitet in der Hügel- und Bergstufe; in Schlucht- und Bergwäldern, vorzugsweise im Eschen-Ulmen-Ahorn-Wald, an Waldrändern und auf Waldlichtungen. Auf nährstoffreichen, frischen, meist kalkarmen, mittelgründigen, steinigen Lehmböden. Der Trauben-Holunder ist ein Halbschatten- oder Lichtgehölz und ein Stickstoffzeiger.

V Mitteleuropa und nördliches Südeuropa bis Westasien. Nördlich bis Belgien und Litauen; im Nord-

Sproß mit Fiederblatt und Winterknospen; Einzelblüte und Zweigquerschnitt mit Mark

deutschen Tiefland nicht ursprünglich, aber häufig angepflanzt und stellenweise eingebürgert. In den Alpen bis zu Höhen von 2350 m.

G Die Gattung *Sambucus* umfaßt ca. 40 Arten, die vor allem in den gemäßigten und subtropischen Zonen der Nordhalbkugel beheimatet sind. Einige Arten dringen jedoch auf den Gebirgen weit in die Tropen vor, in Südamerika und Australien sogar weit nach Süden.
In Europa gibt es 3 Arten, die auch alle in Mitteleuropa heimisch sind. 1 Art, der Attich *(Sambucus ebulus)*, ist eine Staude.

Die Blüten des Trauben-Holunders werden durch Käfer, Fliegen und Hautflügler bestäubt. Nektar wird nur wenig gebildet, dafür ist Pollen reichlich vorhanden. Die Nektarien werden häufig von Ameisen aufgesucht. Die leuchtend roten Früchte reifen viel eher als die des Schwarzen Holunders. Sie werden von zahlreichen Vogelarten, darunter auch Rotkehlchen und Hausrotschwanz, verzehrt. Das Fruchtfleisch enthält bis zu 5% fettes Öl und ist reich an Vitaminen. 100 g Fruchtanteil enthalten 25 bis 65 mg Vitamin C. Das Fruchtfleisch ist genießbar, die Steinkerne sind jedoch giftig. Aus dem Fruchtfleisch können Mus, Marmelade und Gelee bereitet werden. Roh genossen dienten die Steinfrüchte früher als Brech- und Abführmittel.
Schwarzer Holunder und Trauben-Holunder kommen nur selten am gleichen Standort vor. Sie lassen sich auch im laub- und fruchtlosen Zustand sehr gut voneinander unterscheiden: Der Trauben-Holunder ist zierlicher und erreicht niemals die Ausmaße des Schwarzen Holunders; das dicke Mark hat eine gelbbraune Farbe während das des Schwarzen Holunders weiß ist und schließlich haben die Winterknospen dicht schließende Schuppen!

Aufrecht stehende Blütenrispen

Überhängende, leuchtend rote Fruchtstände

Der Trauben-Holunder ist schnellwüchsig aber nur kurzlebig. Alljährlich werden neue Rutensprosse gebildet, an denen im folgenden Jahr die Blütenstände sitzen. Als Gartengehölz ist der Trauben-Holunder selten zu finden.
Das lat. Epitheton *racemosa* heißt übersetzt traubenartig. Weitere deutsche Bezeichnungen sind Roter, Wilder und Hirsch-Holunder.

Gemeiner Schneeball

Viburnum opulus L.

K Sommergrüner, schnellwüchsiger, reichverzweigter, bis 4 m hoher, weitausladender Strauch mit überhängenden Zweigen. Junge Triebe stumpfkantig oder gerieft, kahl, grau bis graubraun, mit zerstreuten Korkwarzen. Winterknospen bis 10 mm lang, rundlich-eiförmig, oft kurz gestielt, den Achsen dicht anliegend oder durch einen weißlichen, verfestigten Schleimpfropf mit der Achse verklebt. Die beiden äußeren Knospenschuppen am Grund verwachsen, zugespitzt, kahl und glänzend; ohne Endknospe. ■ Laubblätter gegenständig; Stiel 2–3 cm lang, am Grund mit 2–6 fädlichen, in einer Drüse endenden Zipfeln, kurz unterhalb der Spreite mit meist 4–5 napfförmigen Nektardrüsen. Spreite 3- bis 5-lappig, 8–12 cm lang, bis 8 cm breit; Lappen zugespitzt, unregelmäßig buchtig gezähnt, oberseits dunkelgrün, kahl, unterseits graugrün, flaumig behaart. ■ Blüten 5-zählig, mit doppelter Blütenhülle, in endständigen, bis 10 cm breiten Schirmrispen an jungen Kurztrieben. Randblüten unfruchtbar, auffällig vergrößert und lang gestielt, 1,5–2,5 cm breit, weiß; Kronlappen flach ausgebreitet, ungleich groß. Fruchtbare Blüten im Inneren des Blütenstandes; Kelch klein, unscheinbar; Krone verwachsenblättrig, glockig, 4–5 mm breit, Zipfel zurückgeschlagen, weiß. Staubblätter 5, die Krone überragend; Fruchtknoten unterständig. Steinfrucht kugelig, leuchtend scharlachrot, 10 mm groß. Steinkern 6–9 mm lang, abgeflacht. ■ Blütezeit: Mai/Juni; Fruchtreife: August/September.

Blütenstand des Gemeinen Schneeballs; Blätter mit Nektarien am Blattstiel

S In Auenwäldern, Hecken und Gebüschen, an Waldrändern; vom Tiefland bis in mittlere Gebirgslagen, in den Alpen Höhen von fast 1700 m erreichend. Auf nährstoff- und basenreichen, schwach sauren, humosen Lehm- und Tonböden. Der Gemeine Schneeball ist eine Halbschattenpflanze mit dichtem, flachstreichendem Wurzelwerk.

V In fast ganz Europa bis zum Kaukasus; West- und Nordasien, Nordwestafrika. In Mitteleuropa weit verbreitet.

G Die Gattung *Viburnum* umfaßt 200 Arten, vorwiegend in Ostasien und Nordamerika. Es sind sommer- oder immergrüne, gegenständig beblätterte Sträucher, seltener Bäume, mit reichblütigen Schirmrispen. In Südeuropa ist noch eine 3. Art, die immergrüne *Viburnum tinus,* vertreten.

Einen Blütendimorphismus – große unfruchtbare Rand- und unscheinbare fruchtbare Zentralblüten – treffen wir bei mehreren Arten der Gattung

Fruchtstände mit roten Steinfrüchten

an. Die Blüten werden vor allem durch Fliegen, aber auch Käfer und Schmetterlinge bestäubt, auch Selbstbestäubung ist möglich.

Die Früchte sind ungenießbar und außerordentlich sauer, sie gelten als giftverdächtig. Der Verzehr größerer Mengen kann Durchfall und Erbrechen, Magen- und Darmentzündungen hervorrufen. Reife Früchte werden von heimischen Vögeln weitgehend verschmäht. Inhaltsstoffe wie Saponin, Gerbstoffe und das bitter schmeckende Viburnin machen sie

Blütenstände mit sterilen Randblüten

wenig attraktiv. Sie hängen meist noch im Spätwinter am Strauch.

Reger Ameisenbesuch an den Pflanzen geht auf die reiche Nektarproduktion der Blattstielnektarien zurück. In den Gärten ist vor allem die Gartenform »Roseum« angepflanzt, deren kugelige Blütenstände nur aus sterilen Blüten bestehen.

Der Name *Viburnum* wird bei Vergil für einen Schlingstrauch gebraucht. Das lat. Epitheton *opulus* bezieht sich ursprünglich auf eine Ahornart.

Der Gartenschneeball hat nur sterile Blüten

Wolliger Schneeball

Viburnum lantana L.

K Sommergrüner, reich verzweigter, 1–3 m hoher, aufrechter Strauch. Junge Zweige rund, braun, von graubraunen Sternhaaren dicht filzig. Winterknospen bis 15 mm lang, ohne Knospenschuppen (!); Knospenhülle von Laubblättern gebildet, die in Knospenlage verharren und sich im Frühjahr zu normalen Laubblättern entwickeln. Endknospe stets vorhanden. ▪ Laubblätter gegenständig; Stiel 1–2 cm lang; Spreite lederig, breit-eiförmig bis länglich-eiförmig, an beiden Enden gerundet, oberseits runzelig, dunkelgrün, kahl oder schwach behaart, unterseits mit deutlich hervortretendem Adernetz, dicht graubraun-filzig; Blattrand gleichmäßig fein gezähnt. ▪ Blüten in endständigen, dichten, 5–10 cm breiten, filzig behaarten Schirmrispen, die bereits im Herbst ausgebildet sind und den Winter als 10–15 mm breite, von Schuppenblättern nur unvollkommen geschützte Knospen überwintern. Blüten alle gleichgestaltet, zwittrig, 5-zählig, mit doppelter Blütenhülle. Kelch mit 1 mm langen, schmal-3-eckigen Zipfeln; Krone kurz-glockig, 6–8 mm breit, weiß, außen oft gerötet, Kronzipfel rundlich, von den Staubblättern nur wenig überragt. Fruchtknoten unterständig, 2 mm lang. Steinfrucht eiförmig, seitlich abgeflacht, glänzend schwarz, 7–8 mm lang, 5–6 mm breit, vom bleibenden Kelch gekrönt. Steinkern gerippt, elliptisch, 1-samig, 6–7 mm lang, bis 2,5 mm dick. ▪ Blütezeit: Mai/Juni; Fruchtreife: August/September.

S Lichte Eichen- und Kiefernwälder, Waldsäume und Gebüsche; auf nährstoff- und basenreichen, meist kalkhaltigen, humosen, steinigen und sandigen Lehmböden. In Mitteleuropa vergesellschaftet mit Hainbuche, Hasel, Liguster, Els- und Mehlbeere, Schlehe und Rotem Hartriegel; in Südosteuropa auch mit Flaum-Eiche, Kornelkirsche und Manna-Esche wachsend.

Zweig mit Blättern; Blütenstandsknospe; Zweig mit nackten Knospen; Einzelblüte

V Nordspanien, Frankreich, Südengland, Mittel- und Süddeutschland; östlich bis Südrußland und zum Kaukasus; im Süden bis Mittelitalien, nördliche Balkan-Halbinsel, Nordostanatolien. In Deutschland von der Ebene bis in mittlere Gebirgslagen; in den Alpen (Wallis) bis 1900 m hoch ansteigend.

Der Wollige Schneeball ist ein wärmeliebendes, lichtbedürftiges auch Halbschatten ertragendes Gehölz mit dichtem, flachstreichendem Wurzelwerk. Die intensiv duftenden Blüten werden von zahlreichen Insekten, vorwiegend Bienen, Fliegen und Käfern, aufgesucht, die den reichlich vorhandenen Pollen sammeln. Nektar wird nur wenig gebildet. Auch Selbstbestäubung ist möglich.
Die Früchte sind zunächst grün, färben sich dann gelblichweiß, rötlich, korallenrot und schließlich, innerhalb weniger Stunden, glänzend-schwarz. Der Farbwechsel von rot nach schwarz verläuft nicht bei allen Früchten eines Standes gleichzeitig, so daß schon ausgefärbte Früchte in deutlichem Farbkontrast zu unreifen stehen, eine Anpassung an die Vogelverbreitung. Mit dem Farbwechsel ist auch das Fleischigwerden der Früchte verbunden, eine Erscheinung, die wir von den meisten Beeren her kennen.
Die Attraktivität der saftarmen, mehligen Früchte ist nicht besonders groß: Amsel, Drossel, Mönchsgrasmücke und Seidenschwanz verzehren sie nur bei großem Hunger. Oft hängen eingetrocknete Früchte noch im Spätwinter am Strauch. Sie gelten als giftverdächtig, verlocken jedoch kaum zum Verzehr. Früchte sollen Erbrechen sowie Magen- und Darmentzündungen hervorrufen.
Das lat. Epitheton *lantana* weist auf die Blattähnlichkeit zum Wandelröschen *(Lantana)* hin, einem tropischen Eisenkrautgewächs.

Schirmrispe mit gleichförmigen Blüten

Ausgewachsene Früchte in der Umfärbung

Farbkontrast durch unreife und reife Früchte

Schneebeere

Symphoricarpos rivularis Suksd.

K Sommergrüner, reichverzweigter, bis 2 m hoher, rundlicher Strauch. Schößlinge einem unterirdischen Sproßsystem entspringend. Junge Sprosse schwach kantig, graubraun, kahl, hohl; Rinde sich später in Längsstreifen ablösend. Winterknospen eiförmig-zugespitzt und kahl; Schuppen bewimpert, dicht schließend, nach der Entfaltung nicht abfallend, am Sproß verwitternd. ▪ Laubblätter gegenständig; Stiel 2–5 mm lang; Spreite eiförmig bis elliptisch, 2–6 cm lang, 1–5 cm breit, ganzrandig, oberseits dunkelgrün, kahl, unterseits anfangs behaart, verkahlend, blaugrün; Blattrand bewimpert. ▪ Blüten zwittrig, fast radiär, 5-zählig, mit doppelter Hülle, in end- oder achselständigen Ähren. Kelch kurzröhrig mit nur sehr kleinen Zähnchen, bis zur Fruchtreife bleibend; Krone glockenförmig, 5–6 mm lang, mit 2–3 mm langen, abgerundeten Zipfeln, weiß bis rötlich getönt, im schwach verengtem Schlund zottig behaart. Staubblätter am Ende der Kronröhre entspringend, die Krone nicht überragend. Fruchtknoten unterständig. Frucht eine Steinfrucht, kugelig bis elliptisch, 10–15 mm lang, weiß, mit 2 Steinkernen; Steinkern 1-samig, abgeflacht, elliptisch, 5 mm lang, 3 mm breit; Fruchtfleisch schwammig, weiß. ▪ Blütezeit: Juni bis September; Fruchtreife: September/Oktober.

S Von der Ebene bis zu Höhenlagen von 1300 m ansteigend. Flußufer, Auenwälder, Laubmisch- und Kiefernwälder, Hügel und Hänge. Auf nährstoffreichen, mittel- bis tiefgründigen Auen- und Lehmböden; seltener auch auf trockeneren, steinigen Böden.

V Pazifisches Nordamerika von Alaska bis Kalifornien, östlich bis Montana und Colorado. Im atlantischen Nordamerika gebietsweise eingebürgert.

G Die Gattung *Symphoricarpos* umfaßt 18 strauchige Arten, von denen 17 im atlantischen und pazifischen Nordamerika und 1 Art in Chi-

Zweig mit Blüten und heranreifenden Steinfrüchten; Einzelblüte

na beheimatet sind. Die sommergrünen Gehölze sind gegenständig beblättert und haben weiße oder rosa gefärbte Steinfrüchte.

Nach Europa kam die Schneebeere im Jahre 1906. Wegen der geringen Bodenansprüche, ihrer Raschwüchsigkeit und der ansehnlichen Früchte fand sie schnell Eingang in Gärten und Parkanlagen. Inzwischen ist sie vielerorts verwildert oder hat sich eingebürgert. Durch die unterirdischen Sprosse vermag sie innerhalb kürzester Zeit große Flächen zu besiedeln. Sie ist in Europa an ähnlichen Standorten wie in Nordamerika anzutreffen und besiedelt vorwiegend Ufer, lichte, feuchte Wälder und Waldsäume.
Die Blüten werden von zahlreichen Insekten aufgesucht. Zu ihrer Bestäubung sind Bienen, Wespen, Schwebfliegen und Käfer befähigt. Der Nektar befindet sich am Grund der Kronröhre und ist durch die Behaarung im Kronschlund geborgen. Weiße, beerenartige Früchte wie hier sind bei Sträuchern selten anzutreffen. In der heimischen Flora lassen sich die Mistel, unter den Kulturgehölzen nur nordamerikanische Kornelkirschen anführen. Unter den heimischen Vögeln sind es vor allem Amseln und Drosseln, die für eine Verbreitung sorgen.
Die Steinfrüchte enthalten neben Zucker und Fruchtsäuren auch Pektin und Saponin. Sie gelten als giftverdächtig. Der Verzehr weniger Früchte ruft meist keine Symptome hervor, größere Mengen sollen jedoch Leibschmerzen und Erbrechen auslösen. Bei Kindern soll die Berührung der Früchte zu Hautreizungen führen können, eine Angabe, die wohl der Nachprüfung bedarf.
Symphoricarpos rivularis ist keineswegs die einzige in Europa kultivierte Schneebeere. In den letzten Jahren werden häufig niedrige Arten und

Blüten und junge Früchte

Die »Beeren« bleiben bis zum Winter hängen

Formen als sogenannte Bodendekker angepflanzt. Es handelt sich zumeist um die Korallenbeere *(Symphoricarpos orbiculatus)* und die Bastard-Korallenbeere *(S.* x *chenaultii)* mit roten bzw. rötlichen beerenähnlichen Steinfrüchten.
Der Name *Symphoricarpos* setzt sich aus den griechischen Worten »symphoros« = vereinigt und »karpos« = Frucht zusammen und bezieht sich auf die knäuelig beisammenstehenden Früchte. Weitere deutsche Namen sind Knall- und Eisbeere.

Mäusedorn

Ruscus aculeatus L.

K Aufrechter, immergrüner, bewehrter Strauch von 20–80 cm Höhe. Oberirdische Sprosse nur wenige Jahre ausdauernd, fein gerieft, rundlich, 3–6 mm dick, reich verzweigt. ■ Blätter schuppenförmig, nur millimetergroß, 3-eckig bis lanzettlich, bald vertrocknet, aber an der Pflanze verbleibend. Die Assimilationsorgane sind laubblattartige, dunkelgrüne, glänzende, meist etwas gewellte oder nach unten umgedrehte Flachsprosse (Platykladien) von 1–3,5 cm

Flachsproß mit Blüten und männlicher Einzelblüte

Länge und 7–25 mm Breite, die in eine grannenartige, stechende Spitze auslaufen. ■ Blüten zu 1–2 in der Achsel schuppenförmiger Blätter, eingeschlechtig; Pflanze meist zweihäusig. Blütenhülle aus 2 Kreisen bestehend, 3-zählig, 3 mm lang, gelblichgrün. Staubblätter 3, zu einer 1,5 mm langen, violetten Röhre verwachsen. Weibliche Blüten mit einem Fruchtknoten, der in der sterilen Staubblattröhre geborgen ist. Frucht eine 10–15 mm große, rote Beere mit 1–2 Samen. ■ Blütezeit: Februar bis April; Fruchtreife: Oktober–März.

S In lichten Laubwäldern auf feuchtem oder wechselfeuchtem Boden, oft in dichten Beständen.

V Mittelmeergebiet bis Kleinasien und Persien; West- und Südeuropa.

G Die Gattung *Ruscus* enthält 7 Arten im Mittelmeergebiet. Sie gehört zur Familie der Liliengewächse *(Liliaceae)*.

Die jungen Sprosse werden im Mittelmeergebiet wie Spargel gegessen. Dieser ist übrigens mit dem Mäusedorn eng verwandt. Ausgereifte Sprosse werden gern zu Trokkensträußen verarbeitet und häufig silbern oder golden besprüht. Die reifen Beeren können noch monatelang an der Pflanze bleiben ohne einzutrocknen.

Ruscus ist der antike Name des Mäusedorns.

Blühender und fruchtender Zweig; Blüte

Trieb mit blattartigen Flachsprossen

Stechwinde

Smilax aspera L.

K Robuste, immergrüne, bewehrte Schlingpflanze mit 2–15 m langen Trieben. Sprosse 4-kantig, kahl, mit 2–5 mm langen Stacheln besetzt. ▪ Laubblätter wechselständig, in Form und Größe sehr variabel, schmallanzettlich bis rundlich-3-eckig, bis 10 cm lang. Spreite mit bogig aufsteigenden, sich netzig verzweigenden Seitenadern. Blattstiel 5–20 mm lang, mit 2 fädigen Ranken mit deren Hilfe die Pflanze an Sträuchern und Bäumen Halt findet. ▪ Pflanzen zweihäusig. Blüten radiär, weiß, oft rötlich überlaufen, in 5- bis 30-blütigen Dolden, in den Blattachseln und am

Sproß mit Rankenblättern; Blüten; Früchte

Sproßende. Kronblätter in 2 3-zähligen Kreisen, 2–4 mm lang. Frucht eine 3–4 mm große, dunkelrote, wenigsamige Beere. ▪ Blütezeit: September bis November; Fruchtreife: Februar bis April.

S In Felsnischen und Geröllhängen, schütteren Kiefern- und Stein-Eichen-Beständen und lichten, buschreichen Kork-Eichen-Wäldern.

V Südeuropa und Mittelmeergebiet.

G Die Gattung *Smilax* ist vorwiegend tropisch und umfaßt 350 Arten. 3 sind in Europa heimisch. Die

Blatt mit Ranken und männlicher Einzelblüte

Stechwinde gehört zu den Liliengewächsen *(Liliaceae)*.

Die Stechwinde zeichnet sich vor allem durch die eigenartigen Ranken am Blattstiel aus, ein im Pflanzenreich einzigartiges Phänomen.

Die Stechwinde ist eine Charakterart der Macchie und Garigue. Mit Lianenspargel *(Asparagus)*, Immergrüner Rose und Stechginster trägt sie zur Undurchdringlichkeit der Macchie bei. Sie ist selbst im Weinbauklima nur bedingt winterhart.

Smilax wurden in der Antike verschiedene Pflanzen, ursprünglich aber wohl nicht die Stechwinde genannt.

Zweige mit reifen Beeren

Literatur

Aichele, D., Aichele, R. und A. Schwegler (1976): Welcher Baum ist das? Franckh'sche Verlagsbuchhandlung, Stuttgart

Altmann, H. (1979): Giftpflanzen – Gifttiere. BLV Naturführer. BLV Verlagsgesellschaft, München, Wien, Zürich

Amann, G. (1984): Bäume und Sträucher des Waldes. 14. Aufl. Verlag Neumann-Neudamm, Melsungen

Bärner, J. (1942/43): Die Nutzhölzer der Welt. Band 1–4. Verlag Neumann, Neudamm. Neudruck Verlag J. Cramer, Weinheim 1961/62

Blab, J., Nowak, E., Sukopp, H. und W. Trautmann (Hrsg.) (1981): Rote Liste der gefährdeten Tiere und Pflanzen in der Bundesrepublik Deutschland. 3. Aufl. Naturschutz aktuell Nr. 1. Kilda Verlag, Greven

Buhr, H. (1964, 1965): Bestimmungstabellen der Gallen (Zoo- und Phytocecidien) an Pflanzen Mittel- und Nordeuropas. 2 Bände. Fischer Verlag, Jena

Dahms, K.-G. (1978): Kleines Holzlexikon. 2. Aufl. Wegra-Verlagsgesellschaft, Stuttgart

De Herder, W. und C. van Veen (1984): Unsere Bäume im Winter. Franckh'sche Verlagsbuchhandlung, Stuttgart

De Wit, H. C. D. (1964/65): Knaurs Pflanzenreich in Farben. Deutsche Bearbeitung von H. Paul. Band 1 und 2. Droemersche Verlagsanstalt, Zürich

Eberle, G. (1975): Pflanzen am Mittelmeer. 2. Aufl. Verlag Waldemar Kramer, Frankfurt/Main

Edlin, H. L. (1980): Taschenführer Bäume. Verlag Neumann-Neudamm, Melsungen

Edlin, H. und M. Nimmo (1985): BLV Bildatlas der Bäume. 2. Aufl. BLV Verlagsgesellschaft, München, Wien, Zürich

Eiselt, M. G. und R. Schröder (1977): Laubgehölze. Verlag Neumann-Neudamm, Melsungen

Ellenberg, H. (1978): Vegetation Mitteleuropas mit den Alpen in ökologischer Sicht. 2. Aufl. Ulmer Verlag, Stuttgart

Eschrich, W. (1981): Gehölze im Winter. Zweige und Knospen. Gustav Fischer Verlag, Stuttgart, New York

Fitschen, J. (1977): Gehölzflora. 6. Aufl. Quelle & Meyer Verlag, Heidelberg

Franke, W. (1981): Nutzpflanzenkunde. 2. Aufl. Georg Thieme Verlag, Stuttgart, New York

Genaust, H. (1983): Etymologisches Wörterbuch der botanischen Pflanzennamen. 2. Aufl. Birkhäuser Verlag, Basel, Boston, Stuttgart

Godet, J.-D. (1983): Knospen & Zweige der einheimischen Baum- und Straucharten. Verlag Neumann-Neudamm, Melsungen

Godet, J.-D. (1984): Blüten der einheimischen Baum- und Straucharten. Verlag Neumann-Neudamm, Melsungen

Harz, K. (1983): Bäume und Sträucher. BLV Naturführer. 3. Aufl. BLV Verlagsgesellschaft, München, Wien, Zürich

Harz, K. (1964): Unsere Laubbäume und Sträucher im Sommer. 3. Aufl. Neue Brehm-Bücherei, Wittenberg-Lutherstadt

Harz, K. (1966): Unsere Laubbäume und Sträucher im Winter. 4. Aufl. Neue Brehm-Bücherei, Wittenberg-Lutherstadt

Hegi, G. (1906–1985): Illustrierte Flora von Mitteleuropa. 7 Bände. 1.–3. Aufl. Verlag Paul Parey, Berlin, Hamburg

Hess, H. E., Landoldt, E und R. Hirzel (1967/72): Flora der Schweiz. Band 1–3. Birkhäuser Verlag, Basel und Stuttgart

Heywood, V. H. (1982): Blütenpflanzen der Welt. Deutsche Bearbeitung von K. und E. Urmi-König. Birkhäuser Verlag, Basel, Boston, Stuttgart
Hora, B. (Hrsg.) (1981): Bäume der Welt. Oxford Enzyklopädie. DRW-Verlag, Stuttgart
Horvat, I., Glavač, V. und H. Ellenberg (1974): Vegetation Osteuropas. Fischer Verlag, Stuttgart
Humphries, C. J., Press, J. R. und D. A. Sutton (1982): Der Kosmos-Baumführer. Franckh'sche Verlagsbuchhandlung, Stuttgart
Krüssmann, G. (1979): Die Bäume Europas. 2. Aufl. Verlag Paul Parey, Berlin und Hamburg
Krüssmann, G. (1965): Die Laubgehölze. 3. Aufl. Verlag Paul Parey, Berlin und Hamburg
Krüssmann, G. (1976/78): Handbuch der Laubgehölze. 3 Bände. 2. Aufl. Verlag Paul Parey, Berlin und Hamburg
Lang, K. J. (1979): Sommergrüne Laubbäume und Sträucher im Winterzustand. Verlag Paul Parey, Berlin und Hamburg
Marzell, H. (1943–1979): Wörterbuch der deutschen Pflanzennamen. 5 Bände. Band 4 und 5 aus dem Nachlaß herausgegeben von H. Paul. S. Hirzel Verlag, Stuttgart; Franz Steiner Verlag, Wiesbaden
Maurizio, A. und I. Grafl (1980): Das Trachtpflanzenbuch. 2. Aufl. Ehrenwirth-Verlag, München
Mitchell, A. (1979): Die Wald- und Parkbäume Europas. 2. Aufl. Verlag Paul Parey, Berlin und Hamburg
Mitchell, A. und J. Wilkinson (1982): Pareys Buch der Bäume. Verlag Paul Parey, Berlin und Hamburg
Müller-Schneider, P. (1977): Verbreitungsbiologie (Diasporologie) der Blütenpflanzen. 2. Aufl. Veröffentlichungen des Geobotan. Instituts der Eidgen. Techn. Hochschule, Stiftung Rübel, Zürich
Oberdorfer, E. (1983): Pflanzensoziologische Exkursionsflora. 5. Aufl. Verlag Eugen Ulmer, Stuttgart
Phillips, R. (1982): Das Kosmosbuch der Bäume. 2. Aufl. Franckh'sche Verlagsbuchhandlung, Stuttgart
Polunin, O. (1984): Bäume und Sträucher Europas. BLV Bestimmungsbuch. 3. Aufl. BLV Verlagsgesellschaft, München, Wien, Zürich
Quartier, A. (1978): Bäume + Sträucher. BLV Bestimmungsbuch. 3. Aufl. BLV Verlagsgesellschaft, München, Wien, Zürich
Reisigl, H. (1978): Blumenwelt der Alpen. Pinguin Verlag, Innsbruck; Umschau- Verlag, Frankfurt/Main
Roth, L., Daunderer, M. und K. Kormann (1984): Giftpflanzen – Pflanzengifte. ecomed Verlagsgesellschaft, Landsberg, München
Runge, F. (1980): Die Pflanzengesellschaften Mitteleuropas. 6./7. Aufl. Aschendorff, Münster

Register

Wissenschaftliche Pflanzen- und Tiernamen

Deutsche Pflanzen- und Tiernamen

Sachwortverzeichnis